말문을 열어주는 지식과 비법을 공개한 사주의 정석

實證哲學 四柱八字
강의노트
(下)

은산 김 동 환 정리
실증철학 연구회 편

도서출판 여산서숙

목 차

실증철학 사주팔자 강의노트 발행에 붙여 / 5
사주학을 새롭게 이해하자 / 6
실증철학 사주팔자 강의노트 발행을 축하드립니다. / 8
일러두기 / 9
강의노트 전3권 완간을 마치면서 / 10

<21> 자손론(子孫論) / 11
(1) 귀자 운명 / 11
(2) 무자 팔자 / 14
(3) 소실 득자 / 16
(4) 불구 자손 / 19
(5) 자손의 흉사 및 실종 / 21
(6) 무자 운명 / 25
(7) 타자 양육 / 30
(8) 총각 득자 / 32
(9) 혼혈 자손 / 34

<22> 격국의 분류 / 37
(1) 격국의 의의와 구성을 살피다 / 37
(2) 내격과 외격의 구성을 살피다 / 50
(3) 정격의 원칙을 살피다 / 57
(4) 월률 분야법을 살피다 / 62
(5) 격국 구성을 살피다 / 65
(6) 일주 대 시주로 구성되는 격 / 81
(7) 일주 자체로 구성되는 격 / 96
(8) 기타 여러 가지 격 / 100

<23> 격국과 용신 / 124
(1) 용신의 중요성과 응용 / 124
(2) 용신정법(用神定法) / 129
(3) 용신의 종류 / 139
    <1> 격국용신 / 139
    <2> 조후용신 / 149
    특집 : 실화사건 간명기 / 151
    <3> 병약용신 / 158
    <4> 통관용신 / 162
    <5> 억부용신 / 165
    <6> 행운지용신 / 167
(4) 인수격(印綬格) / 186
(5) 건록격(建祿格) / 213
(6) 양인격(羊刃格) / 228
(7) 식신격(食神格) / 251
(8) 상관격(傷官格) / 273
(9) 정재격(正財格) / 301
(10) 편재격(偏財格)/ 325
(11) 정관격(正官格)/ 345
(12) 편관격(偏官格)/ 368
(13) 종격(從格) / 391
(14) 시주성격(時柱 成格) / 408
(15) 잡기재관격(雜氣財官格) / 414
(16) 비천록마격(飛天祿馬格) / 419
(17) 암합으로 구성되는 격(暗合으로 構成되는 格) / 427
(18) 시지로 구성되는 격(時支으로 構成되는 格) / 432
(19) 공협으로 구성되는 격(拱挾으로 構成되는 格) / 435
일 년 신수란 무엇인가? / 437

'실증철학 사주팔자 강의노트' 발행에 붙여

 1999년 己卯年 단원 선생님께서 알기 쉬운 "실증철학"이라는 역술도서를 상. 중. 하권으로 펴내시고, 본서를 위주로 1년 동안 제자들에게 강의 하셨던 내용들을 제자들이 정성들여 기록하여 필사본으로 만들어 수학하였는데, 그 내용들이 어찌나 좋았던지 입소문으로 수년 간 많은 학인들이 "강의노트" 라는 제목으로 복사하여 사용하던 것을, 실증철학연구회 김동환 회장님께서 보충. 보완하여 새롭게 "실증철학 강의노트"라는 제목으로 발행하게 되었는데 워낙 내용이 방대하여서 상중하 전3권으로 발행하게 되었습니다.
 시중에 서점마다 널려있는 것이 역술도서지만 이렇게 간결하면서도, 쉽고 단어 하나하나마다 주옥같은 통변요령이 깃들어있어 명리통변술서로써 세상에 내 놓아도 손색이 없기에 늦기는 했지만 이제라도 세상에 빛을 볼 수 있게 되어 감개무량입니다. 본회 편집자가 오래전에 명리수강생들에게 부교재로 읽게 하였던바, 세월이 오래 흘러 복사를 거듭하다 보니 글자자체가 희미해지고 잘 보이지 않아 이 내용을 활자화 하여 신작으로 재탄생시키자는 생각만할 뿐 실행에는 엄두도 낼 수 없어 수년간을 미루어 오다가 근간에야 밤잠을 설쳐가며 직접 워드작업에 들어갔습니다. 보충설명까지 첨가하자니 자연적으로 시간이 지연 되는 등 여러 가지 어려움이 많았지만 그만큼 보람도 큽니다.
 세상에 완벽한 학문은 없습니다. 명리학은 "이혈령 비혈령"이라는 우스개처럼 떠도는 말이 있듯이 가르치는 선생님마다 해석이 다르고 통변이 달라서 어느 이론이 정답인지 혼란스러워하며 다른 점성술에 곁눈질을 하게 만드는 학인들의 안타까운 현실을 자주 보아왔습니다. 이 책을 만난 학인들이 이제는 자신감을 가지고 이 책에서 이야기 하는 단어 하나하나를 잘 정리하여 적재적소에 써 먹기만 하면 기가 막힌 통변술로 활용 하게 될 것입니다.

- 편집자 주 -

사주학을 새롭게 이해하자,

　　四柱學(사주학)을 우리는 推命學(추명학)또는 命理學(명리학)이라 부른다. 그런데 세상 사람들이 알고 있기에는 역술인들의 전유물로서 사람의 운명이나 보아주고 얼마의 대가를 받아 챙기는 비천한 학문으로 치부해 버리는 경향이 있어 매우 안타깝기 그지없다. 사실은 본 학문을 깊이 있게 연구하여보면 오묘한 진리와 철학적인 면에서 세계적으로 어느 학문보다도 우위에 있음을 알게 됨은 물론이거니와 따라서 본 학문이 목적하는 바가 인간의 운명감정에만 국한 된 것이 아니라 음양의 변화와 변화 된 오행의 生剋制化(생극제화) 법칙에서 오는 始生과 成長(시생과 성장)또는 衰滅(쇠멸)하는 자연의 이치를 스스로 터득하여 각자의 실생활에 응용하고 수양의 학문으로 계승 발전시켜 국익의 일환으로 활용하였으면 하는 마음이다.
　　이와 같이 본 학문을 통하여 나 스스로를 알고(自我發見)아울러 내가 설 땅이 어느 곳인가를 알게 되며 각자의 타고난 역량과 자질 또는 분수를 알아서 스스로 나아갈 길이 무엇인가를 좇아 방향을 설정하고 극과 극을 넘어서 中和之道(중화지도)를 구하며 進退(진퇴)를 시기에 알맞게 대처할 때 비로소 각자에 미치는 그 영향은 실제로 상상을 초월하는 좋은 결과를 얻게 하는데 목적이 있으니 알고 보면 각자가 편안해 질 때 사회가 안정 되고 더 나아가 한 나라가 발전하는데 초석이 될 것이니 이것이 바로 애국하는 길이라 아니할 수 없다. 자기의 타고난 운명을 알아서 본인의 직분을 다할 때 행복이라는 꽃은 피게 될 것이다.
　　본 학문은 바로 實學(실학) 이요 哲學(철학)이며 나아가서는 行動哲學(행동철학)이라 말 할 수 있다. 자체는 실학이고 철학이지만 그 오묘한 진리는 오직 거짓을 버리고 참된 진리를 찾는 것이고 과거보다는 현실 그리고 미래가 더욱 중요하다는 것을 자연을 통하여 깨닫게 되며 과거의 잘못을 인정하고 후회하면서 좋은 것은 현실에 맞추어 실현하고 미래를 향하여 정진할 때 비로소 이 학문의 진가를 알게 될 것이다.

眞理(진리)는 바로 평범한 곳에 있는 것이니 주야를 구별하여 낮에는 일하고 밤에는 잠자며 배고프면 밥을 먹고 병들면 치료하고 남녀가 만나 결혼하고 가정을 꾸리며 자손 낳고 행복하게 생활하다가 때가 되면 죽는 것 까지도 세상의 이치요 진리이니 이 모든 것은 정도로만 행할 때 진리가 되는 것이다.

예로부터 본 학문을 모든 학문의 제왕(萬學帝王)이라고 한 이유는 본 학문 자체가 그만큼 위대하며 어떤 학문과도 연결 되어 있어 본 학문을 연구함으로서 박학다식함은 물론이거니와 아울러 과학자가 보면 과학이고 의사가보면 의학이며 군사 경제 정치 외교까지 본 학문을 바탕으로 발전하여 왔고 앞으로도 계속 될 것이다.

이와 같이 좋은 학문을 가지고 개인의 운명에만 집착 한다면 종래에는 역술가로서 만의 역할을 할 것이지만 조금만 시야를 넓게 바라본다면 같은 사주를 가지고도 사회관 국가관 세계관 나아가서는 우주관까지도 관찰한다면 그때는 우물 안의 개구리가 아니라 세상사가 내 손바닥 안에 있다고 할 정도로 폭이 넓어지고 선이 굵어지며 사물을 이해하고 관찰하는 식견이 넓어져 매사를 편견을 떠나서 포용과 수용으로 생활할 수 있게 될 것이니 본 학문은 수양의 학문이 될 수밖에 없고 또한 모든 학문의 根幹(근간)이 될 것이다.

그러므로 본 학문을 연구하고 수학하는 자신부터 올바른 정신을 가져야만 되는데 그 이유를 말하자면 똑같은 물이라도 뱀이 먹으면 독이 되지만 양이 먹으면 젖이 되는 것과 같이 아무리 좋은 학문이라도 헛되이 익히고 사용하면 사회에 큰 누를 끼치게 될 것이며 후세에 미치는 영향 또한 클 것이기 때문이다. -중략-

실증철학 원문 중에서

실증철학 사주팔자 강의노트 발행을 축하드립니다.

 명리학의 바다에서 허우적대는 많은 학인들이 그러하듯 공부를 하다보면 조금 더 성장하고 싶은 욕심이 생기기 마련입니다.
 저 역시 그런 마음으로 서점을 기웃대다가 사주의 정석에 광고된 "강의노트라는 책은 필기한 필사본이라서 서점 판매는 안한다는 것"을 알고 특별히 주문하여 공부하였는데 내용은 대단히 만족하였으나 복사본이고 한문글자가 많아 읽기가 어려웠던 부분을 실증철학연구회에서 중요한 원문도 발췌해 수록하고 어렵게만 느껴졌던 한자도 해석까지 붙여서 자세히 설명해 놓은 "실증철학 사주팔자 강의노트"를 신간으로 발행하게 되어 이미 익힌바 있지만 다시 한번 정독하게 되었습니다.
 무수하게 많은 책의 홍수 속에서 유명한 고서는 현시대의 사주해석에는 이질감이 들고, 세상에 나온 유명한 분들의 책에 짜깁기 한 듯 싫증을 느끼던 제게 "강의노트"라는 책은 단비 같은 책 이었다고 감히 말씀드립니다. 핵심이 있는 글, 애매하거나 아집을 부리지 않는 글, 쉽고 재밌게 명리학을 배우고 싶으신 분들은 꼭 한번 정독하시길 추천 드립니다. 저 역시 소설책 읽듯이 다시 정독하다보니 어느새 쉽게 사주 여덟 글자를 바라 볼 수 있는 여유가 생겼습니다. 명리학을 음지의 학문이 아닌 밝은 곳의 학문으로 이끌어 가시는 실증철학 연구회에 존경하는 마을 담아 보냅니다.
 귀회의 무궁한 발전 있으시기를 진심으로 기원합니다.

己亥年 초여름에
창원에서 수현 올림

일러두기

　우리가 살아가면서 습관처럼 바꾸기 어려운 것도 있습니다.
 50-60년대 까지만 해도 서적들이 종으로 발간되었으나 요즘은 모두 다 횡간(橫刊) 서적들입니다. 우리 역술인들이 쓰고 있는 사주팔자 기록은 지금도 대부분 종서(縱書)로 즉 우측에서 내려써 좌로 기록합니다. 더 가관인 것은 생년월일기록은 좌에서 우로 쓰기 쉽게 기록하지요. 이것이 정해진 공식인양 바꿀 생각들을 하지 않습니다. 길들여진 습관들을 굳이 왜 고치느냐는 식이라면 그대로 써도 큰 문제는 없습니다. 그러나 바꿔야 합니다. 요사이 살아남으려면 다 바꿔야 한다고들 합니다. 다 바꿀 수 없는 것이 있습니다. 가족입니다. 우스갯소리로 마누라만 바꾸지 말고 다 바꾸라고 합니다. 우리가 2010년대를 살아가고 있는데 수십 년 또는 수백 년 전의 방식을 그대로 쓴다면 되겠습니까? 바꿔 보십시오. 바꾸면 여러모로 편리합니다. 그래서 본서의 사주구성은 횡간으로 작성되었음을 알려드립니다. (좌에서 우로 기록함)
　아울러 하권은 강의노트 원본을 가능한 한 보존한다는 취지에서 강의내용은 그대로 사용하게 되었다는 점도 첨언하는 바입니다.

"편집자에게 건의사항이나 상담 등 문의사항은 직통전화.
02)928-8123으로 하시면 친절히 답변 드리겠습니다."

강의노트 전3권 완간을 마치면서

참으로 감개무량합니다. 단권의 책도 아니고 많은 분량을 재조명하여 전3권으로 완간하기까지 많은 지원을 아끼지 않으신 실증철학연학구회 회원여러분과 바쁘신 일상에도 편집과 교정까지 도와주신 부산 김나경 회원님 창원의 정수현 회원님과 황상우님, 그 외의 많은 회원님들께 진심으로 감사드립니다.

처음 본 학회 발기취지는 고 이병철 선생님께서 오래전에 실증철학 전3권을 완간하시고 후학들을 위해 강의도 하셨지만 타계하신 후 본서는 절판되고 <유족들은 본서에 대하여 별로 관심이 없으셨기에>제자들이 선생님의 강의 내용을 수기로 기록한 강의노트를 역술을 배우고자하는 학인들이 음성적으로 복사하여 사용하였고 구전으로 많이 알려졌지만 실증철학 본서는 절판으로 구할 도리가 없었고 심지어는 본서도 희귀본으로 음성적으로 복사된 서적이 시중에 돌고 있는 안타까운 실정을 보고만 있을 수 없어 제자의 한사람으로다. 본 학회를 설립하여 선생님을 추모하자는 취지에서 시작된 것입니다.

본 학회는 앞으로 강의노트발행 판매분의 인지세 10%를 매월 적립하여 주기적으로 고인이 되신 선생님 추모 사업을 하고자합니다만 만약 유족들이 이 문제에 대하여도 동의하지 않으시고 다른 의견을 제시하신다면 유족들의 의사에 따르고자 합니다.

본 학회는 영리를 목적으로 설립된 학회가 아니라 역학도들을 위하여 이 좋은 내용의 서적을 사장 시킬 수만은 없다는 순수한 생각에서 설립되고 그에 맞는 추모 사업을 벌여나갈 예정입니다.

많은 역학도들이 본서로 공부하여 소기의 목적을 달성하고 참 역술인으로 멋진 인생을 살아가신다면 고인이 되신 이병철 선생님께서도 흡족해 하시리라 믿어 의심치 않으며 자신 있게 본서를 추천하는 바입니다.

實證哲學硏究學會 會長

金 東 煥 合掌

子孫論

<10> 子孫論

[실증철학 원문]

사주에서 男命은 자손이 관살이고 女命은 식상 我生者 食傷이기 때문이고, 남자는 자기 처가 낳은 자손이 본인의 자손이 됨으로 나의 처인 財가 生하는 관살이 자손인 것이다.

자손이 어렸을 때에는 부모의 양육을 받지만 성장하여 사회인이 되고 부모가 노쇠하면 자손에 의지하게 되므로 부모자식 관계는 상호공생으로 보아야 한다.

자손이 그의 사주에 귀성(貴星)이면 자손을 얻고 가정이 발영(發榮)하지만 만약에 흉성(凶星)이면 패가(敗家)하거나 그 집안에 문제가 발생하게 되니 자손이 성장하게 되면 빨리 분가 시켜야 한다.

또 사주가 중화를 이루면 아들딸 모두 낳을 수 있지만 일간이 지나치게 약하면 딸 자손이 많으며 심하면 자손이 없을 수도 있고 남자의 기가 강하면 아들이고 여자가 기가 강하면 딸이 되는 것이 음양의 원리이다.

<1> 貴子運命 (귀자 운명)
1, 身旺官旺 또는 財旺者(男命)
2, 身旺에 財官이 旺하거나 官局者(男命)
3, 身旺에 傷食이 得局者(女命)
4, 身旺에 傷食이 得局長生한者(女命)

남자는 나를 극하는 관성이 자손이기에 신왕하고 관왕하면 건강한 자손이 되고 귀자가 되며 여자는 내가 생하는 상식이 자손이기에 신왕하고 식상이 국을 이루면 좋은 어머니에 좋은 자손 귀한자손이다.

[강의노트]
<1> 귀한 자식을 낳는 법
男命인 경우 身旺官旺 四柱 : 신왕하면 본인도 똑똑하고 관왕이면 자손도 똑똑하다. 단 三合局을 이루어야한다. 兩代 정승이다. 아버지도 자식도 정승이다. 현세에는 총리다.
財가 旺한자 : 三合局을 이루고 財生官 할 수 있어야만 귀한 자손 둔다. 만약 재생관이 안 되면 돈복은 있지만 자식복은 없다.
丁 丁 辛 0   亥卯未 財局을 이룬다. 그러나 木生火가 잘 안 돼서
亥 卯 未 0   돈복은 있는데 자식복은 없다. <濕木이라 木生火 못 한다>

女命인 경우
1, 身旺四柱에 食傷이 得局 된 四柱
여자는 식상이 자손이지만 관이라는 남편과 대비시켜서 추리해야 한다. 즉 상식이 좋지만 남편궁이 미약하면 자식이 똑똑 할 수 있 겠는가?
2, 身旺에 食傷이 得長生한 四柱
丁 壬 甲 丙
酉 寅 子 寅   丙火 자식이 寅목 장생에 앉아있다.
남편복은 안 주어도 자식복은 주었네요. <酉官은 木多金缺로 남편복 적다>
己 己 戊 甲
未 巳 辰 寅   双己土 말 잘한다.
偏印格 健祿格 比劫太旺格 : 時上一位貴格
寅木이 아름드리나무로서 편인이 자손이다. 아들하나 잘 두었네요, 어디를 가나 대들보 노릇 하겠네요. 이 사주에서는 辰土가 濕土로 서의 작용을 하기에 내 자식이 잘 되는 것이다. 나의 형제가 힘이 되어주는 것이다. 나는 戊土로서 燥土가 되어 자식 키우기가 힘 드 는데 辰인 삼촌이 甲木 내 자식을 서울로 데려다가 공부시켜 출세 하여다다.

庚辰년이면 사고수, 이혼수, 관재수다, 역마가 沖 하니까 직 寅은 떨어지고 水 인 돈은 많아진다. <직장 퇴직으로 퇴직금 받는 해다>

丙 甲 丙 壬   羊刃格 身旺官旺 사주이다. 時上一位貴格
寅 午 申 辰   壬이 자식인데 申子辰水局을 이루어 자식이 길하다. 丙壬沖은 沖不沖이다. 壬이 辰에 入墓되어 자식하나가 속 썩이는 자손 있다. 羊刃이므로 군 출신이면서 총리 한자리 한다. 申이 財로 부자이고 申辰水局을 이루니 貴로 富貴兼全이다. 水가 없어도 申이 金生水 한다. 七年大旱에 逢甘雨이다.<火多로 가뭄이고 水局은 비>

위 사주는 외교관 사주이다. 나도 잘 되고 자식도 잘 되는 사주로 丙일주라서 할 말 하고 산다. 만약 이사주가 신생아라면 이 사주는 그냥 못 봐줍니다. 어디 상당료 배짱 것 내놔보세요, 조금 내놓으면 어허! 좋은 사주 버렸소이다. 이 놈 잘 키우면 투자 좀 해야 하는데 그렇게 그릇이 적어서야 어디 큰 자손 만들 것 소, 하하 이런 것이 術이다.

辛 辛 丁 己   從財格 사주다. 자식이 잘 되었다.
酉 丑 巳 酉   가끔은 從을 안 할 수도 있다. 이런 때에는 얼굴을 봐라, 또 火운에 좋았나, 나빴나, 물어 봐라. 從財라면 얼굴에 밥이 붙어있으니까, 턱도 두툼하게 퍼져있고 만약 從財格이 아니라면 財殺太旺이니까 갈비씨가 된다. 破格이다.

從財格 : 身旺財旺格과 똑 같고 처세가 참 좋다.

  從 1, 自意에 의한 것이 있고,
      2, 他意에 의한 것이 있다.

위 사주는 하고 싶어서 從을 한다.- 火生土 土生金으로 가니까, 만약 식상이 없으면 어쩔 수 없이 갈 경우이다. 즉 火金相戰으로 내가 죽으니까, 어쩔 수 없이 從한 경우가 된다.

從格四柱는 특이성 체질이 많다. 오장육부로 봐서는 從財 이니까 金이 당권 하고 있어서 폐(肺)가 다른 오장의 역할을 모두 대신한다. 그래서 특이성 체질이라고 하는 것이다.

己 戊 戊 辛
巳 辰 辰 酉 女命의 사주다. 자식이 군의관으로 출세했다.
辛金 딸만 잘 되고 아들은 안 된다. 木인 정충이 약하다. 木이 남편이고 정충인데 暗藏으로 되어 있다. 酉가 도화이고 머인이니까, 머스코러아갚이다. 辰酉合金으로 강하니까 딸의 사주에는 신앙관서가 되어 해로하기 힘들다.

辛 己 癸 甲
亥 亥 丑 寅 女命의 사주다. 癸水가 冬丑辰 急脚殺로서 土인 남편이 꽁꽁 얼었다. 다행이 寅시라서 용신이 甲寅木 자식으로 자식만 싸고돌더라, 남편이 아내 癸수 앞에만 오면 작아진다. 꽁꽁 얼어 버리니까, 水多는 물길인 甲寅목으로 흘려보내야 한다. 다만 甲寅木으로 흘려보내니까 인간사에서는 막힘없는 삶을 산다. 그러나 상관이 많으니까(亥中甲木까지 3木) 남의 자식 키워야 한다. 그러므로 유아원이 제격이다. 이 사주에서 庚 인수가 귀인이 아니라 원수가 된다.

秀氣 : 천간에 있는 것이 통근(通根)해서 힘이 있다(甲寅)
透出 : 천간에 나와 있는 것을 말한다.
時柱에 卯酉戌이나 戌亥가 있으면 의약업이나 법관 자손 둔다.
☾ 쌍둥이 잘 낳는 일간은 金일간이다.
　　인중에 제 있으면 쌍둥이 낳는다.

[실증철학 원문]
<2> 無子八字 (무자 팔자)
1, 日干甚弱에 官殺財旺者 또는 傷食太旺者
2, 孫宮에 空亡 또는 刑이나 沖이 臨한者
3, 지나치게 乾燥하거나 寒冷한者
일간이 허약하면 우선 기가 약하여 자손을 얻을 수 없는데 관살이 태왕하거나 상식이 태왕한자는 일간이 더욱 약하여지기 때문이다.

[강의노트]
<2> 無子八子(무자팔자)
1, 신약사주에 官殺 太旺. 2, 食傷太旺. 3, 조후가 안 맞을 때.

戊 庚 乙 戊   官殺太旺의 命이다. 多者無者로 아들 낳을 힘이
申 申 酉 寅   없다고 하더라. 化氣格도 생각해 보아야한다. 종살
은 안 될 것 같고 너무 신약해서 金이 내 것이 아니다. 官을 먹을
힘이 없다.

戊 庚 己 庚   傷食太旺의 命이다. 木인 官殺이 죽는다.
申 申 酉 午   그러므로 자식이 들어오지 못한다. 자식 없다.
상관은 할머니로 산소에 바위가 문제다.
☪ 자손궁인 時에 空亡이나 刑이거나 沖일 때
   자손궁이 깨졌다는 것으로 불러하다.
☪ 남편사주에도 자손이 없고 아내 사주에도 자식이 없으면
   해로는 하더라.
☪ 지나치게 乾燥하거나 冷寒한 사주
   사주에 건조하거나 차가움이 지나치면 씨앗이 발아가 안 됨과
   같은 이치다.

甲 戊 戊 乙
子 辰 申 卯   申子辰 水局에 官殺太旺의 사주이다.
 財生殺 하는 陰濕한 사주이므로 火가 반드시 필요하다. 時가 공망
이고 卯申은 귀문이고 官殺太旺이니 조후가 안 된 사주로 음지전답
이고 자손궁에 귀문관이니 "당신은 평생토록 자식 때문에 근심걱정
이 떠날 날이 없이 살라했으니 어찌 된 일입니까?"라고 해봐라 답
이 자신의 입에서 나온다. 이 사주는 火가 필요한 사주다.

甲 丁 壬 壬   眞傷官이다. 傷官太旺으로 자식 없다.
寅 卯 子 寅   時가 空亡이고 土가 관살로 자식인데 木이 많으니 木多土崩이다. 정층이 소멸되어 자손 못 낳는다. 상관에 양인으로 똥배짱 하나는 끝내준다. 金生水 못하니까 배운 건 없어도 상식이 많으니까 써먹는 것은 끝내준다. 하나만 가르쳐주면 열로 써먹는다. 세상 사는데 기준 없이 자기식대로 사는 사람이다. 생각 없이 행동하는 사람이다.

己 己 己 己   火土重濁으로 자식 없다. 너무 건조해서 木이 자
巳 巳 巳 巳   식인데 火多木焚으로 자식 없다, 스님팔자다.

戊 己 癸 乙   卯공망에 官殺太旺으로 자식 없다.
午 未 丑 卯   官殺太旺 : 자식 없는 것 5대조 때문이고
              傷食太旺 : 자식 없는 것 할머니 때문이고

[실증철학 원문]
<3> 小室得子 (소실 득자)
1, 身旺하고 官星이 虛弱한者와 食傷이 太旺한者
2, 官殺이 많고 일지와 合이 되거나 또는 財多者
신왕하면 자연히 剋財 하므로 財官이 허약하여 자손두기가 어렵게 되는데 첩을 얻으면 부족한 재를 보충하여 재관이 강해짐으로서 소실을 얻어 자손을 낳게 된다.

[강의노트]
<3> 小 室 得 子 <소실 얻어 자식 낳는 것>
옛날에는 대 잇기 위해 자식 없으면 소실 얻어 자식 낳았는데 요즈음은 드문 예이다

1, 身旺四柱에 官이 허약한 경우.
　　官이 자식인데 허약하면 財는 여자로 소실하나를 더 얻으면 財生官으로 똑똑한 자식 하나 얻게 된다.
2, 食傷이 太旺한 경우.
　　식상이 태왕하면 官이 부족하게 마련인데 食傷生財 財生官으로 通關도 되고 자손도 생기는 형상이다.

　　　　　　官鬼重重 敗亡剋 - 관귀중중 패망극
　　　　　　如無庶出必螟蛉 - 여무서출 필명영
　　　관귀 즉 관살태왕하면 패망함이 정해져있다는 말이고
　명령은 곤충으로 날아다니는 벌레 인데 날아다니면서 나 닮아하고
　　　　　　양자를 세우는 것이 필 명령이다.

☆ 남자팔자에 자식 되는 글자가 약하면 소실 통해 자식 얻거나 양자 세우는데 요즘은 양자 세우는 이가 없다.
3, 관살이 많고 일지와 합이 되는 사주는 소실 득자 한다.
　　관살이 많으면 본처에도 자식 있고 소실에게서도 자손 있다 만약 관살태왕이면 일주는 자연히 약해진다. 그러므로 키우지도 못하면서 뭐 하러 자식은 많이 낳으세요? 財가 많으면 바람 많이 피고 財는 財生官 하니까, 소실 득자한다. 소실 득자는 언제 하나? 관운에 낳는다.
4, 桃花官일 때는 小室得子다.
　　도화는 인기요 바람피우는 것이고 관은 자식이다.
　　官은 격식이고 벼슬이다. 그러므로 남자는 자손생기면 벼슬하는 것이고 여자는 시집가면 벼슬하는 것이다.
丙 丁 辛 癸
辰 酉 酉 巳 八月이므로 丙丁이 가물가물 꺼져간다.
신강사주로 시지의 巳화는 巳酉金局이다.: 金이 많아서 소리가 나지 않는다. 인간사에서는 삶 기복이 심하고 자식 얻기 어렵다. 午

년에 소식득자 한다. 庚辰년 만나면 알고도 당하고 도둑놈 엎구러 끼고 산다. 아내가 아프고 먹는 도끼에 발등 찍힌다.

丙 庚 壬 壬
子 子 子 寅   시지 공망에 無官星으로 자식이 없다.

여자라면 남편 되는 글자가 없다. 양인이 셋이다. 양인 놓은 자는 왼손잡이 꺼꾸로 통뼈로 성질 고약하다. 비겁태왕사주니 水氣太旺하다. 水聚旺洋으로 태평양 물이로구나 흘려보내야한다. 寅木이 용신이다. 이 사람은 살살 꼬셔야한다. 丙이 財인데 아버지와 아내가 많은 물에 의해 꺼져버렸으니 아버지 꺾고 아내 꺾고 돈 날리고 도대체 써먹을 구석이 하나도 없다. 여자라도 장녀요, 형제 뒷바라지 하느라 정신없다. 긴병 앓다죽고 술 먹어도 술이 안취한다. 어느 대운에 자식 얻을 수 있을까?

辛 壬 癸 甲 乙 丙 丁 戊
丑 寅 卯 辰 巳 午 未 申   丙午대운에 가야 50대 손자 같은 자손 본다.

甲辰대운은 申辰水局에 백호대살이라 안되고, 乙巳대운은 자손궁에 刑살이라 안 되고, 戊申대운에 죽는다. 양인이 셋이니 수술 세 번 받아보고, 목화가 필요하니까, 아내 말 잘 들어야 좋은데 이 사람 병 아내가 작게만 보여 아내 말 잘 안듣는 사람이다.

丙 丁 乙 庚
寅 酉 巳 辰

乙에게는 庚이 자식인데 巳中庚金 등 金이 많아 小室得子이다. 월에 편관으로 신약하니까 칠살격이다. 時上에 庚金이 있어 관살혼잡이다. 자연으로 비유하면 음목작은 나무에 열매가 과중하다, 가지가 찢어지기 직전이고 서리 맞아 만고풍상이다. 남자가 자식 많이 낳고 죽는 팔자 관살태왕사주.

甲 己 辛 辛   자식 낳고 죽는 사주다.
寅 巳 丑 卯   財殺太旺格으로 小室得子 후에 비명횡사했다.
殺인 자식이 病으로 작용한다(木生火 받음) 火극 金으로 辛金을 녹인다. 丑土가 용신이고 巳月에 寅巳 刑을 하니 人馬殺傷하는 봄이니까 봄 때문에 누가 다쳐도 다친다.

☾ 時柱의 官殺이 약하면 손자 같은 자식이다.
 0 0 庚 丙   金實無星이다 丙火 官이 죽었다.
 丑 酉 申 戌   時는 본인의 말년이고 자손궁이다.

☾ 財殺太旺 사주는 자식 낳고 得病한다.
☾ 官殺太旺은 자손한테 무시당한다. 지식이 나을 능멸한다.
0 庚 甲 己
寅 申 申 巳   寅巳申 三刑殺로 자식에게 멱살 잡힌다.

0 癸 丁 丁   財殺合局(財殺太旺과 같다)
丑 酉 酉 未   아내와 자식에게 왕따 당한다.

官殺이 忌神이면 자손 때문에 망한다. 남자에게는 자손인데 元命 뿐만 아니라 대운에서도 잘 대비해서 추론하라
[실증철학 원문]
<4> 不具子孫 (불구자손)
1, 官殺이 虛弱하고 凶殺再臨(男命)
2, 食傷이 虛弱하고 凶殺再臨(女命)
남자에는 관살이 자손이고 여자에게는 상식이 자손인데 그 자손이 허약한 중 또다시 흉살이 다시오면 병을 얻거나 난치병으로 불구가 되기 쉽다.

[강의노트]
<4> 不具子孫(불구자손)
1, 官殺이 허약하고 凶殺이 다시 두 번 올 때(男命)
2, 傷食이 허약하고 凶殺이 다시 두 번 올 때(女命)
불구자손은 자손흉사와 거의 비슷하다. 자손하나 흉사 했네요? 아닌데요, 그럼 불구자손 있네요. 그건 맞아요.
凶殺이? 沖이나 刑이고, 급각살 단교살 이면 소아마비다. 탕화살 이면 화상 음독 총상 등으로 불구되고, 귀문이면 정신이상 미친아 로 봐라.

☪ 남자 사주에서 財星 또는 財庫에 급각살 이나 단교살 이면 아내 수족에 이상이 있다.

오행의 증상 <모든 육친에다 똑같은 방법으로 응용해도 된다.>

木이 자손인데 허약할 때 : 정신이상, 奸病, 수족이상,
火가 자손인데 허약할 때 : 정신이상, 시력장애, 신장병,
土가 자손인데 허약할 때 : 농아, 난장이, 하반신불구, 척추장애,
金이 자손인데 허약할 때 : 백혈병, 폐병, 피부병, 뼈르 발육부진
水가 자손인데 허약할 때 : 성불구, 농아,

己 戊 己 甲
亥 辰 巳 子   자손의 수족에 이상이 있다.
春生亥子가 급각살 이다. 亥中甲木이 官殺인데 모두 급각살 이다.
巳亥沖 이고 亥水가 공망 이다. 辰中乙木은 백호대살에 木折이다.
이 사주는 신약이면서 조후가 안돼서 巳火가 용신이다. 양적으로는 土가 많은데 질적으로는 신약이다.

[해설]
  1火 4土가 되어 신강으로 보아야 한다고 항변하는 이도 있을 것이다. 필자는 辰土가 亥子水에 水로 변하였다고 보고 巳火는 巳亥 沖去로 본 것 같다. 그렇다면 천간에 뜬 3戊己土라서 무력하고 水氣태왕으로 조후가 안 된 걸로 본 것이다. 그런데 戊辰토로 3월에 뿌리 내린 土라 水로 변하지 않았다고 볼 수도 있다. 애매모호하다. 여기서는 크게 의미를 부여 하지 말고 자손의 수족에 이상이 있다는데 초점을 맞추자.
庚辰년이 되면 甲庚沖에 子辰合水局을 이룬다. 자식이 집나가고 심하면 가출이다. 상관년으로 직장생활 하는 사람이라면 사표 낸다. 누명 쓰고 나올 수도 있다.
격물치지로 응용하자면 자식이 속 썩인다거나, 내가 올해는 직장이 어렵겠구나 하고 생각하라. 자식궁이니까 같이 돌아간다.

壬　壬　庚　丙　　본처의 딸이 애꾸눈이다.
辰　子　寅　子　　冬丑辰이 急脚殺이다.
辰이 급각살이고 子辰水局으로 辰土가 없어져 버렸다. 그 작용은 辰土가 水局으로 물속에 들어가면 급각살 작용으로 다리에 쥐가 난다. 이 사주는 丙이 자식인데 水多火沒이다. 火가 시력이니까 딸이 애꾸눈이다. 官食鬪戰이다. 하루도 편할 날이 없다.

[실증철학 원문]
<5> 子孫의 凶死 및 失踪 (자손의 흉사 및 실종)
1, 官殺이 虛弱하고 凶殺再臨(男命)
2, 食傷이 虛弱하고 凶殺再臨(女命)
3, 官食이 역마이거나 지살에 임하고 또 형살이나 충을 만난 자.
남자에는 관살이 자손이고 여자에게는 상식이 자손인데 그 자손이 허약한 중 또다시 흉살이 다시오면 병을 얻거나 난치병으로 불구가 되기 쉽다.

[강의노트]
<5> 子孫의 凶死 및 失踪 (자손의 흉사 및 실종)
1, 官殺이 허약하고 凶殺이 다시 두 번 올 때(男命)
2, 傷食이 허약하고 凶殺이 다시 두 번 올 때(女命)
☪ 관살 식상이 자식인데 흉사란? 흉살로 연결하라. : 白虎 刑 沖 귀문 급각살 탕화 공망 등이다.

☪ 실종이란? 역마지살에 刑沖이 걸린 경우이다. 寅申巳亥에 刑沖이 걸리면 실종 감금 납치이다. 寅申巳亥가 길이요 도로이므로 刑沖이 걸리면 가기는 갔는데 돌아오는 것이요, 길이 없어졌다고 보면 된다.
☪ 자식이 실종 된 것을 물어올 때는 실종 된지가 얼마나 됐는지 물어보고 대운에서 찾아야 한다. 실종된 자식 생각이 난다는 것은 올 때가 됐다는 것이다.

辛 戊 乙 丙
卯 戌 亥 戌   광산 왕 처 창 학 씨의 사주이다.
3 13 23 33 43 53 63
丁 丙 乙 甲 癸 壬 辛
酉 申 未 午 巳 辰 卯   乙목의 자식은 辛금이다. 卯인 적지에 앉아 있고 乙辛沖으로 년에 있어서 첫 자식과 인연이 적다 또한 戌中辛금이 자손인데 백호대살에 앉장된 자손이다. 신금이 어렸을 때에는 火剋金 안 받다가 다 커서 올라오면 火극金으로 잡아먹는다. 고로 다 큰 자식 죽이는데 음독자살로 자식하나 흉사했다.
戊戌년이 정재 운인데 돈이 산더미처럼 쌓이더니 乙酉년에 해방되고 재산 몰수되어 거지가 되었다. 신약으로 그 운에 부자 되었다가 운이 지나가니 끝나더라.
甲 丙 壬 辛
子 寅 戌 丑   壬戌이 백호이고 戌이 공망이다.
丑戌형살에 탕화살이다. 그러므로 자식하나가 음독자살 했다. 재복은 잘 타고났다. 이런 사주는 득령 득지 따져 용신 잡으면 틀리기 십상이다. 寅月은 立春이 지난 지 얼마 안 되서 추우니까, 木火용신이다. 어느 때 자식이 상할 까? 未년이면 丑未沖, 丑년이면 丑戌刑, 戌년은 辰戌沖으로 관인 자식에게 해롭다. 戌이 財庫니까 돈 들어가면 안 나온다. 가끔 丙壬沖으로 아내와 다툼은 있지만 寅戌로 合이니 이혼까지는 안 된다.

戊 辛 壬 甲
申 酉 寅 辰   오늘 상담 온 사주이다. 과부사주이다.
戊土 官이 힘이 없고 水氣太旺(金生水에 水庫)甲辰 백호 공망에 官이 앉아있고 申辰水局에 甲寅목에 고립되어 官이 날아 간 거나 마찬가지다. 8세 연하와 궁합이 맞느냐고 물어보더라, 이 여자는 財인 火가 필요하므로 돈 많아야 시집간다고 한다.

癸 甲 庚 庚
丑 子 辰 辰   水氣太旺이다. 辰이 水庫이고 子丑子辰 水局이다. 웬 놈의 물귀신이 이리 많아요?
庚辰 庚辰으로 일주와 같고 남녀 공히 一子溺死다. 辰이 水의 고장으로서 물이 모여든다. 그러므로 물에 빠져죽게 된다. 子月의 庚金으로 물이 얼었다. 과강이 둘이다.

魁罡四日이 崔又先 <庚辰 庚戌 壬辰 壬戌>
疊疊相逢에 掌大權<疊자는 겹쳐질 첩, 첩첩상봉, 掌자는 손바닥 장,>
여자사주에 과강이 많으면 혼자 살아야 한다.<남편 꺾으니까> 冬丑辰으로 급각살 이다. 자손 하나가 수영하다 익사했다. 金水로 몰아야 하는 사주이다 金水가 용신이다. 甲庚沖으로 여자와 자주 싸운다. 이 남자에게 시집오는 여자는 甲木인데 뿌리 할 데가 없다. 항상 마음이 떠 있다가 결국은 보따리 쓴다.甲木을 沖할 때 沖去로 가더라. 종교인이 좋다.

甲 壬 乙 丙
寅 申 亥 戌 女命으로 7월 장마에 음습하니 丙화가 용신이다. 乙木에 丙火가 자손인데 제주도 비행기 추석사고로 죽었고 남편도

- 23 -

저격당해 갔다. 丙戌이 백호대살이고 火庫지이며 寅中丙火도 寅申 沖으로 갔으니 자식이 가는 것은 두 군데서 나온다. 역마지살이 沖하니까 객사요 흉사다. 金生水 水生木 木生火 火生土로 잘 빠져서 남편사랑도 받고 잘 살았는데 이런 흉사는 충형에서 발생한다. 육영사업하고 인수도 좋아 학교 설립자다. 또 戌亥 천문이 있어 중생제도가 좋다.

[참고]
이 사주에서는 寅中丙火가 자손인데 申으로 沖破 당하고 時上 丙火 자손은 백호에 인하여 비행기 추락사고로 죽었다.

壬 戊 乙 丁   女命으로 木火가 용신이다. 乙巳가 고란살이고
寅 申 巳 丑   寅巳申 三刑을 놓았다. 背夫棄子의 사주다.

☾ 背夫棄子란? 남편을 등지고 자식을 버려야 하는 사주란 뜻이다. 乙木이 無根之木으로 인수가 없어서 일의 순서가 없다. 생각 없이 행동하는 사람, 수술 관재가 항상 따라다니는 사람, 官食鬪戰에 걸린 사주로 매 맞고 사는 팔자다. 巳中庚金 暗合으로 애인 두고 사는 팔자에 만고풍상 겪어야하고 丁火 자손이 백호에 탕화로구나, 화재 나서 자식이 죽고 본인도 정신이상까지 왔다. 무근지목이라 파격이다.

[참고]
巳酉丑 金局에 寅巳申 三刑을 하니까 매 맞고 살고, 정신이상은 木火일주가 너무 신약하면 정신이상이다. 木이 肝인데 간경이 뒤집히면 미친다.

庚 辛 庚 庚
寅 巳 申 辰   男命으로 木火 용신이다. 庚寅 : 6.25. 牛山之木이다.

이 사주에서는 寅木이 忌神이면 財殺地이고, 木火用神이면 財官同臨으로 본다. 金氣가 너무 많아서 4월에 서리가 너무 많이 왔고 우박이 내리고 있어서 4월의 새싹 木이 부러진다. 寅中의 丙과 巳中의 丙이 자식인데 刑殺에 冲을 받아서 자식하나가 실종 됐다. 관운이 올 때 자식이 오는데 丙戌大運이라면 丙이 戌에 入墓되니까 병들어 있는 자식 만난다.

寅巳刑 없애는 데는 午火가 좋다. 金實無聲이다. 刑殺이니 깨진 그릇으로 破音이 나온다. 대운이 젊어서는 남방火운이라서 저는 한자리 할 꺼 그러지만 서방 金운부터 운이 안 좋아 한자리는 커녕 받자리도 못한다.

庚辰년 친구로 인해서 申辰合으로 변동수이다 土라는 문서를 내먹었는데 만약 해주었다가는 자기가 다 물어주어야 한다. 비겁이라 자라 의심 많고 배다른 형제 있고 다섯 번은 장가가야 한다.

[실증철학 원문]
<6> 無子運命(무자운명)
1, 印綬 太旺者 또는 食傷太旺者
2, 子孫 공망 또는 刑沖, 日時卯酉에 身弱者
3, 太過 燥하거나 冷寒한者

여자사주에는 인수가 태왕하면 자손 되는 상식이 受制되어 존재할 수 없기 때문이며 관성도 왕한 인수에 沒함으로 자손 두기 어렵고 식상이 태왕자는 일간이 허약하여 자손을 낳을 수 없을뿐더러 官星도 多逢受制되어 夫星이 沒한 중 多者無者되어 無子가 된다.

[강의노트]
印綬太旺한 四柱는 印剋食이다 : 여자는 식상이 자궁인데 자궁이 막혀 버리니까 자손이 존재하기 어렵다.
食傷太旺한 四柱는 식상이 많으면 多者無者의 원리로 자손이 없다.

☾ 식상이 태왕하면 관이 무너지므로 씨앗이 부식해서 정충이 죽어 버리니까, 식상태왕이니까 자궁이 너무 커서 자식이 자궁속에 헤매이다가 안주를 못하고 낙소 임신하면 제거해 내야하고 잘못하면 임신 못할 수도 있다.
☾ 자손궁에 공망이거나 刑沖이면 자식 없다.

　　女命에 신약하고 日時卯酉相沖이면 자궁 폐쇄증이다. 자궁이 막혀 임신 못한다. 신강하면 해당 안 된다. 특히 己卯일주가 己酉시를 만나면 그 확률이 높다. 남녀 모두 건조하거나 음습하면 無子다 (씨앗이 받아가 안 되니까)

癸　癸　乙　丁
亥　亥　亥　亥

　　이와 같이 인수가 많으면 친정 가서 초산하지 마라. 乙목이 인수인 물이 너무 많다 丁이 자식인데 만약 친정 간다면 (인수) 水가 하나 더 늘어난다. 두 몸 갔다가 잘못하면 혼자 돌아온다. 그러나 재다하고 신약하면 인수가 필요하니 친정 가서 애 낳으라고 한다.

☾ 身弱者는 難産이다 : 기운이 약하니까 애 낳기 힘들다.
☾ 食傷太旺자는 自然流産이다 : 冷寒해도 유산 경험하고 식상 多도 신약이니 유산 경험하게 된다.
☾ 식상이 합이 되면 바람둥이다 : 자식이 연애 잘한다. 관이 沖하고 식상이 합하면 남편 덕은 없고 자식 덕은 있고, 관은 합하고 식상이 沖하면 남편 덕은 있으나 자손 덕은 없다.
☾ 日干이 官하고 沖할 때 식상이 중화시키면 이별 했다가 자식 때문에 화합한다.

　　　乙　辛
ＯＯ丑　巳　乙辛沖으로 官이 沖해서 해로 못한다.
　　그런데 辛금 남편과 丙화 자식과는 丙辛합이다. 그런데 일지로 巳丑이 합한다 巳中丙火가 아버지 辛금과 합이니 관계가 좋다. 巳中 丙이 중간 역할해서 재결합 했다.

官食이 沖破는 背夫棄子다 :

```
    乙 0                    乙 庚
申 寅 巳 0  背夫棄子다.    申 寅 巳 辰  通情逃走다.
```

☪ 水木凝結 金水冷寒 濕 -丑 辰 급각살 단교살 산후풍 주의해야 한다.
☪ 식상이 충파되면 유종 앓아보고 낙태수술 받아보고 자궁파열 또한 유방이 빈약하다.

```
        丁 0
戌 未 丑 0   자식이 三刑을 한다. 수술해서 자식 낳는다.
```
자식 때문에 속 썩는다. 상식이 많고 財殺太旺이면 得子후남편이 죽는다.

☪ 印綬作合이면 사위가 바람난다.
```
丁 壬 乙 0   壬이 사위인데 丁壬합이다.
0 午 0 0   이런 사주는 사위가 바람난다.
```
印綬混雜은 代房 딸을 둔다 : 내 딸이 시집가서 죽고 대신 시집온 여자가 대방 딸이다. 인수혼잡은 상식이 죽으니까, 내 딸은 시집가서 죽고 사위는 두 번 장가간다.
```
丁 癸 乙 癸
0 酉 亥 未  丁화 딸이 丁癸沖으로 간다. 水 인수가 많아 많으
```
니까, 인수가 많으니 딸이 죽는다. 친정 엄마가 죄인이다.
☪ 상식이 약한데 인수 만나면 자손에 상신이다. ; 딸에게 재앙이다.
```
辛 壬 己 辛
巳 辰 亥 未  여자인데 乙亥년에 신수 보러 왔다.
```
干沖地沖(乙辛 巳亥)으로 상식이 깨졌으니 딸 네미 이혼 수 걸렸네요, 하자 일본으로 시집갔는데 속아서 왔다고 데려가라고 한단다.
☪ 食傷이 旺한데 食傷運을 만나면 자식 우환인데 자식도 나를 배신한다.

```
            丙
丑   未   戌   辰
```
木火용신인데 土운을 만나면 土가 病이므로 내가 낳은 자식한테도 배신당하는 운이다. 부모에게 와서 재산을 모두 빼돌려 도망가는 것이 傷食運이다.

☪ 辰戌沖 : 장이 꼬이고 배 아프다. 사돈 논 사는 구면?
　　甲戌일주가 庚辰년 만나도 辰戌沖이다. 이혼수, 수술수, 50대 여자면 자손에 대한 재앙수(戌이 상식의 庫니까)
☪ 食神生財에서 財用神이면 자손 낳은 후에 재산이 불어난다.

```
            壬
申   寅   午   0
```
身旺財旺이다. 이와 같이 식신이 용신인 자는 자식 낳고 만병통치다. 이런 사주는 자식 낳고 부자 된다.

```
      甲丙
0   丑   子   寅
```
미혼 때는 水木凝結로 죽을 지경인데 시집가서 자식 낳고 묵은 병까지 없어지고 아주 좋아진다. 多多益善 자손 많을수록 좋다. 또 官용신이면 시집가고 나서 만병통치다.
☪ 官과 食神이 싸우면 매 맞고 살고 運에서도 官食鬪戰이면 얻어 터진다.
　　관용신일 때 상식이 있거나 상식이 용신일 때 관이 있거나 나빠지는 건 같다. 단 그 원인 제공자만 다를 뿐이다. 상식이 용신이면 남편이 원인 제공자이고 관이 용신이면 자손이 원인 제공을 해서 나쁘게 되었다고 보면 된다.
☪ 식신이 용신이면 자식 때문에 모든 것이 좋아지니까
　　일흔 살 노인도 세 살 애한테 배운다는 말이 있잖아요, 내 자식이라도 아는 길도 물어보시오, 그러면 살길이 생깁니다.

☪ 金水雙淸은 자손이 물에 빠져 죽는다.
癸 乙 癸 辛   乙木 자식이 한강에서 수영하다 빠져 죽었다.
酉 丑 亥 酉   酉丑 金局이 급각살 이다.

乙 己 乙 丙
亥 丑 亥 子   丙火 상식이 깨져있고 辛이 남편인데 丑中에 있으니 급각살에 있는 것이고 물속에 있는 것이니 무슨 힘이 있어 자식을 낳겠는가, 無子八字다. 母子滅子로 결국은 친정에서 살아야 한다.

己 甲 丙 戊
未 戌 戌 戌   火土重濁사주로 無子八字이다.
자식이 없다. 할머니의 업이다 너무 뚱뚱해서 자식 못 낳는다. 남편이 없다, 水가 官인데 土가 많아서 흡수된 水이다. 이런 사주의 여자는 불감증이다.

甲 丁 戊 甲
子 丑 申 寅   無子八字이다. 신약에 寅申沖이다. 時가 공망이고 연하의 남자다. 자주 싸운다. 결혼 두 번 할 팔자다. 官이 沖刑을 먹으면 주말부부 떨어져 있는 시간이 많아야 한다. 즉 그 대가를 치뤄야 해로하게 된다는 말이다.<득령하고 丁화까지 있는데 왜 신약이라하나요? 子丑은 合水局으로 보아야 하고 편관성이 강해서 신약사주로 본 것이다>

己 庚 戊 戊
未 午 午 午   火土重濁 사주로 木이 없다. 無子八字이다
식상이 金인데 金이 녹아 자궁이 막혀 버렸다.

丁 丙 丁 庚
未 戌 未 戌   炎上格 사주로 木火가 용신이다. 火土가 많고 無官에 너무 건조하다. 선장이 셋이나 되어 배가 산으로 간다.

꽃 중에서도 보잘 것 없는 잡꽃이다. 丁未 일주가 월이나 시에 庚戌이면 의약(의사 간호사)과 인연이 많다. 時上에 庚金이 財인데 浮財다. 그러므로 목돈 갔다가 푼돈 만들고 뜬구름 잡는데 1등이다. 화끈하고 거짓말 안 하는 것까지는 좋은데 1급 비밀도 못 지킨다.

☾ 여자사주에 관이 입묘되거나 백호이거나 급각살 단교살이면 남편을 불구로 만드는 팔자이거나 이상이 있는 남자를 만나게 된다. 큰 수술을 했거나 큰 흉터가 있는 사람을 만나게 된다.

[실증철학 원문]
<7> 他子養育(타자양육)
1, 官殺多逢에 日支合 또는 傷食太旺者(男命)
2, 傷食에 日支合 또는 印綬多逢者(女命)

남자사주에는 관살이 자손인데 多逢則 자손이 많고 또 여기저기에 자손이 있어 남의 자손을 만나게 되어있다. 그런데 일지와 합이 되면 나와 만남이 되어 남의 자손 키워주고, 여자는 상식이 자손인데 多逢則 여러 자손을 만나게 되어 있는 것이고 일지와의 합은 본인과 인연이 있게 되므로 타자 양육하게 되는 것이다.

[강의노트]
남의 자식 키워주는 四柱는
남자인 경우 관살이 많으면 조카들이라도 키워주게 된다.
여자인 경우는 인수가 많으면 상식이 죽는데 남의 자식을 키워주면 상대되어 내 자식에게 흠이 있는 것이 감소된다.
☾ 남자가 상처하고 어린 자식 있는데 재혼하려면 남의자식 키워줄 여자 사주라야 한다.
☾ 庫藏 : 꼼짝 달싹 못하게 하는 것이고 集合(모여 듦)

丙 戊 庚 甲
寅 戌 午 申   官局을 이룬 사주로 財殺太旺이다. 丙丁火와 戌中 丁火 등 寅中丙火로 관살이 많아 일복은 타고 났고 官局을 이루고

있어 신약으로 변해서 고달픈 삶을 살게 된다. 남의 조카 키운다. 이런 사주는 목돈이 들어오면 몸이 아프고(財生殺) 돈 나가면 건강하고 양팔통에 신약이니까 음팔통만도 못하다. 金水가 펄요하니까 맨날 용신 따라 술집에서 살더라.

乙 戊 丙 壬
亥 子 寅 辰 寅목이 용신이다. 殺印相生의 사주다.
亥子水局 관살이고 壬이 官이고 辰이 官庫다. 그러므로 남의 자식 키워준다. 이 사주는 申금이 와서 寅申沖하면 두 손 든다. 申은 편재로서 역마지살이니까 길거리에서 만나는 여자인데 申子辰 三合으로 殺을 만드니 이 여자가 요물이다. 이 사주는 무재사주로 사업 안 되고 직장인 공직자가 좋다. 돈 벌려면 재를 따라가야 하니 財生殺로 또 貪財壞印에 걸린다.<貪財壞印:탐할 탐, 재물 재, 무너질 괴, 인수 인 -재를 탐하면 인수가 무너진다.>

戊 乙 丙 戊
戌 卯 戌 戌 女命으로 木用神이다. 戌土 自庫地로 이렇게 自庫臟을 많이 놓은 사람은 그 특징이 잔병치례를 많이 한다. 고장을 무덤으로 연결하면 죽었다 살았다를 반복하는 것이다. 평생 세 번은 겪어야 한다. 식상이 많아서 남의 자식 키워준다. 옛날엔 고아원장이고 현재는 유아원장이다. 무관성이라 항상 외롭고 몸에 도하니까 혼자서는 못산다. 土運에 자식 들어온다. 己丑이나 己未년은 丑戌 戌未 刑殺먹어 임신해도 유산될 가능성이 크다 조심해야 한다.

辛 庚 庚 丙
未 子 子 戌 女命으로 전처 소생 딸 키우면서 살아간다. 乙卯 일주 총각인 줄 알고 결혼 했는데 첫날밤 지나고 나니 세 살짜리 딸이 있다고 하더라 팔자소관이다. 내 사주에 상관이 강해 두세 번 시집 갈 팔자이니 이걸로 액땜했다 생각하고 살아야 한다. 金水 많은 사주는 근심 걱정 끼고 산다.

[실증철학 원문]
<8> 總角 得子 및 處女胞胎(총각 득자 및 처녀포태)
1, 財와 官이 日支와 合한 者(男命)
2, 官과 傷食이 日支와 合한 者(女命)

財는 처요 官은 자손인데 그 財나 官이 일지에 있거나 또는 타주에서 財나 官이 일지와 합이되면 총각이 득자 하는데 편재 편관이 더욱 확실하며 이는 결혼중이라도 해당된다. 또 관은 부군이며 애인이요, 식상은 자손으로 일지에 관이나 식상을 놓았거나 타주에서 관이나 상식이 합하여 오거나 상식이나 관이 합하여 일지로 들어오면 처녀 임신 또는 정부와 과부가 포태하니 부정포태라 한다,

[강의노트]
不正胞胎는 부정이란 과부도 유부녀도 결혼전 임신도 정부와 포태하는 것을 말한다.
男子 財官 同臨
女子 官食 同臨 일 때 만약 刑冲이 걸리면 유산시킨다. 일지와 합하면 동림과 같은 작용한다.
財官同臨 중에서도 일간별로 보면 金일주가 가장 잘 된다.
여자 乙巳 일주 巳中庚金과 관식동림이다. <庚金은 官이고 丙火는 傷官) 남자 庚寅 일주 寅中甲木과 재관동림이다. <甲목은 財이고 丙火는 官星)
여자 중에 土일주 金일주는 사랑에 미쳐놓으면 <그것도 유부남에게> 상대방의 자식 하나 낳고서 그 자식 키우면서 천년만년 살 수 있는 것이 土金일주 들이다. 특히 金일주가 더 독하더라.
만약에 남자가 庚
　　　　　　申 寅을 만나면 財官同臨 인데 寅申冲이니까 유산시킨다.
己 癸 乙 己
丑 酉 巳 卯　男命으로 木火용신이다. 총각득자다.
巳酉丑 金局이니 癸수로 통관시켜야 할 것인가? 木火가 부족하다.

金水가 많으니까 木火를 쓸 것인가? 목화를 용신으로 쓰는 것이 좋다. 巳中戊土가 財이고 庚이 官이니 財官同臨이다. 또 巳中戊인 財와 酉金官星이 巳酉로 합하니 재관동림 이다.

여자라도 巳中庚金인 官과 丙인 傷食이 관식동림 이니 부정포태다. 언제 총각득자 되는가? 財官이 같이 들어오는 해인 己酉년에 己土여자 만났더니 酉金 자식 생기더라.

戊 乙 癸 辛
戌 卯 未 酉   女命으로 木火가 많고 金水가 부족하다.
  일지의 未土는 상식고이고 卯인 식신과 未인 官이 官食同臨에 일지로 합해 들어오니 처녀가 잉태해 부정포태다. 기생팔자에 탁수요, 卯도화가 식상이 많으니까, 이 사주가 잉신하는 해나 결혼하는 해는? 戊寅년에 관식동림으로 잉신해서 결혼하는 해다.

癸 丁 甲 戊
丑 巳 寅 辰   女命으로 의상디자이너다.
언제 결혼 할 수 있나요? 결혼하기 틀렸네요, 너무 콧대가 높고 잘 난사람이라서 ..... 庚午년에 寅午 합으로 庚金 官이 식상 닿고 들어오는 해라서 가능하다. 이와 같이 식상이 강한 여자 팔자는 남자를 무시하는 경향이 있고 巳中庚金이나 丑中辛金이 남편인데 약하다.

乙 丁 庚 丙
酉 亥 寅 子
남자가 亥월의 子시 생이라 냉기가 강해 木火가 필요하다.
寅中甲丙이 있어 財官 同臨이고 寅亥합이라서 총각득자 했다. 乙이 본처인데 乙庚합은 좋으나 상지에 앉아 있어 해로 하지못했다. 寅酉 원진으로 원수가 인연 된 경우이다. 寅목인 처가 합이 되서 집안에만 있다. 그러므로 집에 가면 처갓집 식구들만 우글우글한다. 장모와 처는 寅亥 합으로 죽어도 안 떨어진다, 장모 모시고 산다.

庚寅 일주들은 午년이면 총각 득자 한다. 일지와 寅午합 하면서 午가 자식이니까 손만 잡아도 임신한다.

丁 戊 丙 庚
卯 申 子 寅

여자가 戊土 식신이고 水가 남편인데 申子합으로 들어온다. 처녀가 임신했다. 子도화가 관성이라 바람피우는 것이 직업이다. 연애박사요, 庚辰년에 申子辰 三合水局으로 더 잘 된다.

실증철학 원문]
<9> 混血子孫(혼혈자손)
1, 驛馬地殺 財官이 日支와 合한 者(男命)
2, 驛馬地殺 官食이 日支와 合한 者(女命)

驛馬 地殺은 해외요, 재는 처가 되며 관은 자손인데 일지와 합이 되면 해외 여자와 자손이 본인과 합하는 것이니 혼혈아를 얻게 되고 여명은 관이 부군이요, 상식은 자손인데 일지와 합이 되면서 역마지살에 임하면 해외 남자와 자손이 본인과 합하는 것이 되어 혼혈아를 얻게 된다.

[강의노트]
혼혈아는 참 영리하다 국제파다 국제적으로 논다.
혼혈아 자손은 타국에서 아기 낳는 것도 해당 된다.
男子 : 역마지살 재관이 일지로 합된 사주 - 역마지살이 재니까 외국 여자란 이야기다.
女子 : 역마지살이 재관이 일지와 합된 사주 - 역마지살은 寅申巳亥 뿐 아니라 午 未 水도 역마지살이다.

☾ 여기에 해당하면 본래 일지와 삼합 될 때 해외 나가지만 월에 해당 되어도 해외 나간다.

己 己 甲 乙
未 巳 子 亥   男命으로 일본 여자와 결혼해서 남자아이 낳았다.
巳 역마지살인데 巳中戊土 財이고 경이 자식인데 巳속에 있어서 자

식이 녹고 있으니 잘 크기가 어렵다. 甲 己 己로서 결혼시에 쌍립선다, (항상 둘이 나타나서 이리 갈까 저리 갈까 망서리다가 게도 우럭도 다 놓치고 만다)

丁 丁 丁 丁
亥 未 亥 未 女命으로 국제결혼해서 뉴욕 시청에 근무했다.
亥中壬이 남편인데 亥未로 없어졌다. 壬水남편이 未中己土 식신 자손과 亥卯未 三合이다. 식상이 일지와 합하니까 외국인과 결혼했다.

☪ 비견이 많아서 남편 빼앗기고 산다. 혼자 살아야 한다. 木火로 몰아야 한다. 火일주니까 외국어 잘 한다.

1981년음6월26일辰시생							
坤命	辛酉	乙未	丙午	壬辰			
수	4	14	24	34	44	54	64
대운	丙申	丁酉	戊戌	己亥	庚子	辛丑	壬寅

<상담사주입니다>

 오행전구(五行全具)한 팔자로 늦여름인 불 달(未月)에 태어난 병오(丙午) 일주라는 뜨거운 태양 불로 태어났습니다. 월 일 두 기둥에 목화(木火)라고 하는 양오행이 그룹을 이루고 있네요, 목화(木火)는 양(陽)이고 금수(金水)는 음(陰)으로 木火는 뜨겁다, 金水는 차갑다, 로 보고 사람으로 구분한다면 양은 남자이고 음은 여자의 기상으로 보기에 木火의 기운이 강하므로 남성의 기질이 사주학 상으로 강하여 활발하게 남자같이 활동하면서 살아가야 할 팔자이지 여자라고 해서 결혼해서 애기 낳고 내조만 하는 팔자는 아니니 이런 팔자를 보고 여성은 센 팔자 그렇게 말한답니다. 사주는 네 기

둥이 튼튼해야 잘 살아가는데 네 기둥이 튼튼하여 좋기는 한데 남자였다면 크게 출세하는 인물로 살아갈 것이지만 음인 여자이기에 좋은 점도 물론 있지만 안 좋은 점이 더 많다, 라고 할 수 있지요, 사주(四柱)는 년 월 일시 네 기둥이라는 것이 있는데 네 기둥이 튼튼해야 좋은 사주지요, 년을 년주(年柱)라 그럽니다. 년에 신유(辛酉)라는 상하가 金으로 有氣하니 좋고, 월은 을미(乙未)라는 木火여서 튼튼하고 좋은데 백호대살이라 아주 센 살이 있고, 일주는 내가 태어난 날인데 병오(丙午)라는 상하가 불로 좋기는 한데요, 양인살이라 하여 이런 날 남자로 태어나면 장군감이라 그러지요, 태어난 시는 07시에서 09시까지가 아침시간인 辰시라 그러는데 임진(壬辰)이라는 물과 물 창고를 가지고 있어 좋으나 이 역시 괴강(魁罡)살이라 하여 강한 살이랍니다. 괴강의 魁자는 으뜸 자이고 罡자는 별이름 강자이니 으뜸 우두머리별이라는 뜻이지요. 그래서 네 기둥 중에서 세 기둥이 센 살로 된 사주로 구성 되어 여자로선 팔자가 드센 팔자다 그런답니다. 그래서 이런 사주를 가진 여자는 결혼성사가 잘 안 되고 결혼해도 남편 덕이 적고 어쩌면 독신 팔자 그러기도 하지요, - 중략 40이 다된 여성이 아직 미혼이라서 엄마가 걱정 된다고 간명 의뢰한 여성의 사주입니다. -

格局의 分類

<1> 格局의 意義와 構成을 살피다.

[실증철학 원문]
　사주에서 格局이라는 것은 일주를 기준으로 주중(柱中)에 五行과 六親의 과다(過多) 또는 부족(不足)과 일주의 강약(强弱) 등을 살펴 사주의 판국(判局)을 정하는 것을 격국 이라고 한다. 쉽게 말하자면 그 사주의 그릇을 살피는 것이다. 나아가서는 사주 장본인의 능력여부를 측정하고 合 沖 刑과 吉 凶神을 구분하고 원류 통변 조후 병약 허실 진가 희비 화기 변종(原流 通變 調候 病藥 虛實 眞假 喜 悲 化氣 變從) 등을 종합적으로 파악하여 그 사람의 운세를 살펴 성패(成敗)를 가름하는 것이다.
　물품에도 물품 나름대로 규격이 있듯이 사주팔자에도 규격이 정하여 지는데 규격인 그릇을 알아야만 명리의 진수를 알게 되는 것이다.

[강의노트]
☪ 格局 : 그릇이다. 돈 버는 그릇, 일 하는 그릇, 장관의 그릇, 족병의 그릇, 등 역할 하는 그릇 사업하는 그릇인가, 공부하여 선비 하는 그릇인가? 그릇을 따지는 것이 바로 格局이다. 이러한 격국은 그 六親에다 格字를 붙이면 된다. 신살에도 격자를 붙이면 되는데 가령 桃花가 있으면 桃花格, 沖이 있으면 沖格, 刑이 있으면 刑格이 된다.

格은 크게 內格과 外格으로 나누어지는데
內格은 : 육친에 맞추어 보는 것.
外格은 : 내격 외의 것으로 보는 것, 沖 合 刑 또는 從을 말한다.
　따라서 이 격국에는 여러 가지가 포함된다. 흐름, 원류, 통변, 병약, 진가. 등을 총 포함하고 있는 것이 格局이다. 이러한 격에도 내격이나 외격이나 모두 成格과 破格이 있다. (병든 그릇 더러운 그릇)

☪ 격을 보는 이유는
1, 그 사주가 어떤 그릇인지를 알아야만 써먹든지 말든지 할 것이다.
2, 부모님과의 관계를 알아보는 것이다 즉 어떤 부모 유전인자를 가지고 태어났는지 부모님과 뜻이 잘 맞는지를 알기위해서다.
3, 때 즉 어떤 시기에 태어났는지를 알기위해서다. (잘 태어났는지 못 태어났는지를 알아야한다,

[실증철학 원문]
　우선 용어에 대한 궁금증을 풀어주기 위해서 구분하여 보자면 다른 것 같으면서도 맥이 통하고 있다는 점이다.

原流 : 일주를 기준으로 오행의 상생상극을 살펴 어느 지점에서 시작하여 어느 지점에 집결되고 흘러가고 잇는가를 살피는 것이다.
順局 ; 년주가 일주를 생하고 월주가 일주를 생하고 일주가 시주를 생하는 것을 살피는 것이다.
逆局 : 시주가 일주를 생하고 일주가 월주를 생하고 월주가 년주를 생하고 있는 것이다.
通辯 : 일주를 기준하여 사주의 흐름을 따라 전체적인 국면을 살펴 통하고 변화하는 것을 구분 하는 것을 살피는 것이다.

예를 들자면
戊 甲 壬 戊　시에서 원류가 시작된다. 본래는 逆局이나 신강
午 寅 子 申　하므로 順局으로 변했다.
戊토가 申금을 申금이 子수를 子수가 寅목을 寅목이 午화 에게 生을 한다,
　이런 사람은 거꾸로 가는 배도 바로 잡아 돌리고 망해가는 사람도 살려 놓는다. 특히 물은 水路가 확 트여야 인간사에서는 삶이 막힘없고 순탄하다.

그러나

　　　壬
戌　申　寅　午　이 사주는 본래는 순국이지만 申월 壬수라도 신약해서 역국이 되었다. <戌토에서 申금으로 申금이 바로 壬수로 壬수가 寅목에 寅목이 午화 에게>그러므로 이 사람은 잘 나가는 회사도 맡겨놓으면 적자로 만든다. 이와 같이 편리상 순국과 역국으로 구분해 놓은 것일 뿐 사주속에 모든 것이 다 들어있다. 참고사항으로 봐라 사주가 순국이고 신강하면 남이 잠잘 때 일하고 소실로 숨어 살고 바르게 살지 못한다.

戊　辛　壬　壬
申　酉　午　寅
　　이 사주는 木으로 흘러갔다가 寅午火局으로 일지로 다시 찾아온다. 일단 신강하고 水路가 탁 트였다(寅木으로) 그런데 午火인 일지 내 몸으로 들어오니 이것이 돈이더라, 그래서 食神生財라 하는 것이다. 내 손안에 있소 이다.

[강의노트]
☪ 通變(통변) : 通은 통할 통자로
(1) 막힌 것을 터주는 것.
(2) 相戰(상전) 서로 싸우는 것을 해소시켜주는 것.
여기서 막히는 것이란 주중 태양자가 막힌 것인데 육친으로도 연결하고 오행으로도 연결하면 된다. 또 필요한데 그것이 지나치게 허약하거나 없으면 이것도 막힌 것이다. 예를 들자면

丙　庚　甲　丙
申　子　子　寅　水木이 많아 막혔고 인수가 많아 막혔는데 丙화가 따뜻하게 해주니 丙화가 通이다. 춥고 겨울이니까 土보다 火가 우선이다. 木火通明의 사례이다.

만약

丙 庚 戊 己
申 子 子 未 水인 財가 많아서 막혔는데 己未土로서 土극水 해서 분산시켜야 한다. 원래는 火가 필요한데 火가 없어 土를 쓸 수밖에 없는데 이것을 대리용신이라고 한다. 土가 通이다

또한

壬 壬 丙 甲
午 子 寅 午 水火가 서로 싸운다.(相戰) 寅목이 와서 통기 시켜 (水生木 木生火) 水火相戰은 해소(解消)된다. 木이 통관용신이다.

여기서 살펴볼 것은 원서에서는 상전하는 경우에는 중간에서 통기(通氣)시키라고 했는데 가령

己 癸 乙 壬
丑 酉 未 午
乙목이 酉丑 金局으로서 金木相戰일 때 癸수로 통기시켜야 하나? 아니면 火극金 해야 하나? 이런 경우에는 火가 용신이다. 金水 陰이 많고 木火 陽이 적으니까 ... 이런 경우를 잘 살펴야 하는데 乙목이 뿌리 없는 나무이다. 그러므로 水生木 해주어도 못산다. (잘못하면 浮木 될 경우도 생각해야한다) 金극木으로 치고 들어오는 것을 火극金으로 막아주어야 내가 살게 되니 火가 우선이다.

變은 변할 변자로 변화되는 것이다.
변화라는 것은 모든 合에서 변화 되는데 인수가 합해서 인수가 되거나 상식이 합해서 상식이 되는 경우이고, 또 沖에서도 변화가 된다.
여기서 변화란 格局의 변화다.
<1> 從兒格이 변해서 從財格이 된 경우

　　　辛
亥 亥 亥 寅 金이 水로 변해 從兒인데 寅亥合木으로 從財格으로

변했다. 그러므로 金生水로 10년이고 이사람 인해 합목으로 20년은 내다보고 산다. 통변을 잘 하려면 사주가 잘 보여야 한다. 그래야만 통변을 할 수가 있는데 合이나 沖으로 통변하면 합이 되는 날이 좋고 吉日이고, 沖 刑 원진 귀문이면 좋지 않다. 비겁 년 운에는 객식구 늘고 밥 축내는 식구가 많다.

통변이란 막히는 것을 터주는 것이다.

```
        壬
申  子  寅  午
```
이사주의 경우 申子合水局으로 水生木 木生火로 나가는데 寅목이 이 사주의 순통이다. 고로 이런 통도 있다. 만약 申년을 만나면 寅申 沖으로 한방에 가버린다. 도식(倒食)이고 나가는 순통을 막아버리니 상기가 되어 혈압상승으로 한방에 간다.

```
○  戊  甲  丁
未  戌  辰  卯
```
너무 많아도 막히는데 이런 경우 土多해서 막혔다. 여자가 많아서 앞으로 나아갈 수가 없다. 木으로 木극土 해야만 나아갈 수 있다(疎土) 그래야만 土가 본산 된다.

```
       丁  辛
○  寅  酉  丑
```
丁화가 木生火로 축생시켜 잘 살아가고 있는데 밖에만 나가면 金 여자가 잡아 먹으려한다. 木生火로 북당겨서 살아가는데 금다화식(金多火熄) 불이 꺼지니 못나간다. 그러므로 이 사주는 金으로 막혔으므로 金을 억제하는 것은 水다, 비견인 火가 필요하다.

[실증철학 원문]
淸濁 : 사주가 청격(淸格)인지 탁격(濁格)인지 구분하는 것
調候 : 계절적인 감각으로 차가운지 더운지 한 서 조 습 량(寒 暑 燥 濕 凉) 등을 구분하는 것
病藥 : 주중과다(柱中過多)는 병(病)이고 그 병을 중화시키는 것이 약인데 병과 약으로 구분하는 것<병약에서는 일주지병과 용신지병이 있는데 일주지병 前者(柱中過多)를 말하고, 用神之病은 용신을 극하는 자를 말함, 따라서 그 병을 제거하는 자를 用神之藥이라 한다.>
虛實 : 지나치게 약한 것은 허(虛)요, 태왕한 것은 실(實)이 된다.

[강의노트]
淸濁(청탁) : 맑을 청 흐릴 탁자로 사주가 깨끗하냐, 더러우냐? 깨끗한 사주는 合과 身旺에서 많이 나오고, 더러운 사주는 沖 刑이 되거나 身太弱 또는 身太强에서 나온다. 또 金水雙淸은 淸하지만 너무 맑아도 사주 버린다. 독신주의자거나 종교인 팔자가 된다. 너무 깨끗해도 좋은 건 아니다 맑은 물에 고기가 못산다는 이치와 같다.

　合中에는 三合이 제일 깨끗하다. 肩劫太旺, 官殺太旺, 官殺混雜, 印綬太旺, 財殺太旺 등이 모두 濁格이라 보면 된다. 또한 육친 중에서는 재가 더럽게 하며 水일주가 水氣太旺하면 몸을 안 씻는다. 자기는 물이 있는 줄 알고 몸을 안 씻는다.

癸 庚 丙 辛
丑 申 申 卯　이 사주의 경우는 財多身弱사주다.
탁격이고 파격(破格)이고 깨진 그릇이다.
戊 己 壬 丁
戌 未 子 未　壬子가 물인데 흙이 많아서 흘러가지 못하고 썩고 흙탕물이 되어 더럽고 탁격이다. <육친으로는 관살혼잡으로 탁격>

```
      乙
亥 未 卯 未
```
곡직격(曲直格)으로 깨끗한 팔자다.
三合으로 깨끗해서 방위산업체에 근무하면서 병역 면제 받았다.

淸 : 진짜 맑고 깨끗한 사주는 돈이 없다. 즉 淸에는 貧(가난 빈)이 따라다닌다. 너무 깨끗하면 돈이 안 들어온다(새 돈 가지고 노름하면 다 나간다). 청격이 되는 기본은 신왕에서 온다. 신왕하면서 균형을 이루면 淸格이다.

```
      丁 辛
寅 午 酉 丑
```
이 사주는 身旺財旺이다 고로 淸格이다.

濁 : 身虛에서 제일 많이 오고 태왕하거나 刑 沖이 많을 때도 탁격이다. 적당한 탁은 부자지만 지나친 탁은 파격(破格)이다.

```
壬 丙 丙 丙
子 午 子 申
```
午월의 장마가 들었다. 육친으로 官殺太旺이다. 財殺 太旺이고 子午沖이다. 沖刑이 없어도 얼마든지 탁격이 될 수 있다.

調後(조후) : 온난조습 풍한서(溫暖燥濕 風寒暑) 조후는 계절감각에 맞추어 놓은 것이다. 또한 건조한가 윤습한가를 따져보는 것이다.

水多하면 추우니까, 火가 필요하고
火多하면 가무니까 水가 즉 비가 와야 하고 또 金多하면 서늘하니까 木이 와서 따뜻하게 하는 것이 조후이다.

```
      丙
丑 辰 辰 寅
```
濕이 많아서 木이 필요하다.
金水상관에는 要見官도 조후의 이치이다.

```
      庚
子 子 寅 午
```
득령 득지 못했지만 추워서 火가 필요하다. 金水陰이 많으니까 목화가 필요 하다는 것이다. 이처럼 상관이 있을 때는

관살이 내편이다. <내가 낳은 자식을 등에 업고서 신왕으로 군림한다.>
☪ 조후란 계절적인 감각에서 추운지 더운지 습한지 건조한지 서늘한지 따뜻한 지를 구분해서 균형을 잡아주는 것이 조후이다. 그래서 巳午未月生이면 水가 있는지 없는지를 보고, 亥子丑月生이면 火의 有無를 살펴야 하는 것이다.

```
      庚
丑 酉 寅 卯
```
酉丑으로 너무 서늘하다. 木을 용신해도 木도 봄이니까 춥지 않다. 이것도 조후가 된다. 寅卯方合이니 중간 부자는 된다. 木火용신이다 木이와도 火가 와도 좋다.

病藥(병약) : 많아도 병 적어도 병이다.
柱中太旺자가 병이다. <직접적인 병> 막혀있는 것과 같다.
柱中虛弱자가 병이다. <간접적인 병> 고로 除去病者가 藥이다. 이것이 용신이 된다. 여기서 병중에서도 중병이면 백약이 무효이고 합병증까지 온다. 약간 든 병이라면 치료가 된다. 병이 있는데 약신이 있으면 오히려 대발하기도 한다.

```
癸 乙 丙 庚
丑 丑 辰 寅
```
이 사주에서는 木이 약이다 土가 병이다.
조후로 보아도 추우니까 木生火 받아야 한다.

☪ 庚辛일주가 지지에 火局이면 피부 나쁘다.
약이란 중화시키는 것으로서 병을 제거하는 것을 약으로 본다. 다만 제거한다고 무조건 약으로 보면 잘못이다 제거해서 다스리는 것도 있고, 설기해서 다스리는 것도 있다. 예를 들어 水가 많을 때는 土로 土剋水 하는 것 보다 木으로 水生木 하는 것이 더 효과적이고 순리이다.
病에도 日主之病이 있고 用神之病이 있다. 같을 수도 있다.

```
      壬
申 子 寅 午
```
일주지병은 水가 되는데 용신이 火라면 이 수는

일주지병도 되고 용신지병도 된다. 나중에 화운을 만나면 용신지병도 없어지고 일주지병도 없어지니까, 일거양득이다. 겹경사가 일어난다. 경사가 두 번이나 생기네요.

丁 丙 乙 丁
未 午 酉 丑   食居先 殺居後이다. 制殺太過이다.
火가 너무 많아서 일주지병이 되는데 酉丑金이 일주 용신지병을 한꺼번에 없앤다.

虛實(허실 : 强者는 實이고 弱者는 虛이다.
의학에서도 맥이 약하면 虛脈이고 맥이 잘 뛰면 實脈이다. 기운이 약하면 모두 虛脈으로 나온다.
虛(빌 허) ; 지나치게 약한 것.
實(열매 실, 가득 차다) 지나치게 태왕한 것, 得局한 것, 長生한 것, 견실한 것.

[실증철학 원문]

眞假 : 사주가 보편적으로 종하는 격에서 사용하는 용어로 방해가 없는 종을 眞從이라 하고 종은 종이나 방해가 있을 때는 假從이라 하며 또 傷官格에서 상관이 태왕하고 일주가 약하면 眞傷官, 일주는 강하고 상관이 약하면 假傷官이라고 구분한다.
喜忌 : 사주에서 좋은 역할을 하면 喜神이고 나쁜 역할을 하면 忌神이 된다.
恩怨 : 恩神은 喜神과 같으며 怨神은 忌神과 같으나 이들은 간접적 작용을 한다.
羈絆 : 기반은 철저하게 합으로 묶여서 본분을 망각하는 것인데 천간에만 작용된다. <羈-굴레기, 絆-줄 반자로 굴레를 씌워 줄로 묶어 맴으로 역할을 못함>

化氣 : 일간이 천간의 合化法에 의하여 변화하는 것.
變 : 변이란 變化를 말하니 金이 변하여 水가 되고 水가 변하여 木이 되는등 오행의 변화를 살피는 것.
從 : 종이란 약한 자가 의지처가 없어 康旺한 세력에 따라가는 것이다.

眞假 (진가) :
眞 : 得局하고 있으면서 내 것이 되어서 쓸 수 있는 것. (用者)
假 : 죽어있는 것, 가짜이고 쓰지 못하는 것. 가짜(不用者)
육친에도 다 연결하고 길신 흉신에도 연결 할 수가 있다.
진짜 급각살이냐, 가짜 급각살이냐, 진짜 탕하냐, 가짜 탕하냐, 펄펄 살아있어도 내 것이 아니면 가짜다.
남자는 財官 여자는 食傷과 財官이 진짜인지 가짜인지를 보라. 진짜 내 자식인가, 진짜 신랑인가, 아니면 진짜 돈 버는가, 가짜인가? 格에도 진짜가 있고 가짜가 있다. 從格에도 眞從 假從이 분명 있다. 종격 중에서도 진짜 가짜가 많이 나온다. 진짜로 종을 했는가? 아니면 가짜로 했는가? 종을 하고 싶어서 했는가? 하기 싫어도 억지로 했느냐?

　　　丁
○ 酉 丑 酉   丁이 土가 있어서 火生土 土生金으로 하고 싶어서 종을 했다. 그러나

　　　丁
○ ○ 酉 酉   土가 없어 金多火熄으로 억지로 종을 했다. 여자라면 할 수 없어 억지로 시어머니 소리 하더라. 또

　　庚
申 寅 寅 午   庚이 寅午火局으로 從을 하는데 년지에 申이 있어서 가종 이다. 申이 방해자인데 寅申沖 받아서 불구자이고 병이 된다. 庚이 申인 형을 버리고 火로서 從을 해서 잘 먹고 잘 살고 있는데<처가살이>申운을 만나자 죽어있던 申이 살아난다. 복수의 칼

을 듣고서 寅申冲으로 모두 때려 부순다. 그런데 이 庚금은 운에서 들어오는 申이 다 때려 부수는 것으로 착각하고 있는데 실제로는 모든 정보를 년지의 申이 운에서 들어오는 申에게 보고한다. 같이 있으니까 못 당한다. 이것이 假從이다. 쉽게 풀어 말하자면 일간 庚금은 년지 申금이 있어도 무력하여 〈寅월 寅목이고 둘이나 되어 申금이 부러진다. 맥을 못 춘다. 도움이 안 되고 寅午 火局으로 변하여 극하니〉종을 하게 되었는데 지금 운에서 신금이 들어오면 죽은 듯이 엎어져있던 申금이 의기양양하여 덤빈다. 그래서 이런 경우를 가종이라고 하는 것이다. 또

辛 辛 丁 壬
酉 丑 酉 寅   이런 경우 재성이 많아 財多身弱이다. 寅목이 용신이다, 그러나 완전 財多身弱으로 못 산다. 寅이 있어 假從이다. 寅이 생기를 얻는 운엔 종이 떨어진다.

희기(喜忌)
喜(기쁠 희) : 사주에서 좋게 작용하는 것 - 藥
忌(꺼릴 기) : 사주에서 나쁘게 작용하는 것 - 病

은원(恩怨) 은혜 은 원망할 원 사실상 희기와 같다.

기반(羈絆)
羈(굴레 기) : 소고삐 같은 것
絆(줄 반) : 사물을 얽어매는 줄
즉 合去 된 것이 기반이다. 합해서 갔다는 것은 굴레에 묶여 역할이 안 된다는 의미로 不用, 쓸 수없는, 내 사람이 아니다. 따라서 용신도 기반 되는 경우가 있다. 일주와 합하는 것이 합신이고, 일주를 떠나 저희들끼리 합하는 것을 合去라고 한다. 本命뿐 아니라 運에서도 작용한다.
예를 들자면

```
    己 甲
午 卯 ○ ○
```
寅午戌에는 卯가 도화이다. 도화위의 己가 아내이다. 甲年이오면 甲己合으로 가버린다 천하의 바람둥이 아내다. 항상 운에서 들어오는 것이 새 것이고 원국에 있는 것은 헌 것이다. 오행은 새것을 좋아 한다.〈甲己合으로 가버렸다〉

화기(化氣)잘 되어있으면 처세 좋고 적응도 잘 한다.
化(될 화) : 모양이 바꿔다. 고쳐지다. 따르다.
氣(기운 기) :공기 대기 숨 쉴 때 나오는 기운.
合化法에서 나온 것이다(干合에서 온 말)

爭合(쟁합) : 남자 둘에 여자 하나.
妬合(투합) : 여자 둘에 남자 하나. 妬는 강샘 시샘 할 투.

합이불화(合以不化) : 합만 했지 변하지 않았다. 즉 합해서 변하는 것을 극하는 것이 있을 때를 말 하는데 이해를 돕기 위해서 아래와 같이 자세히 설명한다.
　甲己合해서 土가 되는데 木이 있어서 木극土하자 甲木 기준에서 형제가 있어 내가 도와줄 테니 가지 말라고 붙잡으니 합하고 싶은 마음일 뿐 행동은 변하지 않았다.
　乙庚合해서 金이 되는데 火가있으면 하는 자손이므로 乙목이 庚금 만나 나는 당신만을 사랑해요 하다가 자식 낳고(火) 부부가 금이 가는 형상이다.

```
       甲 己
戌 未 戌 巳
```
甲己合 土로 化氣格이다. (從財로 간다) 木이 있으면 不從하거나 假從이다.

```
乙 乙 乙 庚
酉 酉 酉 辰
```
乙庚合 金으로 化氣格이다. 從殺도 된다.

變(변) : 변해서 다른 격이 되는 것,
變(변할 변) : 변해서 달라지다 변경 등. 格이 변해서 다른 格이 되는 것.

從(종) : 從格 - 특이성 체질
종을 하는 경우 : 일간이 허약해서 의지처가 없을 때. 즉 柱中旺者를 따라간다. 강한 놈을 좇아간다. 단 관살이 있을 때 상식은 내 편이다. 이 말은 종을 안 한다로 봐라.
　그러므로 순수한 종격은
從兒格 : 자손 따라가는 것
從財格 : 처가살이 가는 것.
從殺格 : 남자 따라 가는 것.
　이러한 종격사주는 신앙과 같은 효력이 있다. 종은 어쩌면 항복하는 것이다. 종하는 것에도 三合局을 이루면 좋고, 천간에 대표자가 하나만 透干 되어야 하고, 둘이면 선장이 둘인 경우라 불리 함. 패턴으로 몰아 보는 것, 金水나 木火로 몰아서 보는 것.

　陰干은 從勢 不從氣 : 음일주는 세력을 따르고 氣를 따르지 않는다. 그래서 음일주는 종을 잘한다. 그러나 양일 주는 종을 잘 안 한다. 陰일주는 어지간하면 종을 하는데 陽일주는 약간의 의지처만 보여도 자존심에 종을 안 하려고 발버둥, 沖은 沖이로되 沖이 안 된다는 말인데 午 寅 子 申 이런 경우 子午沖도 寅申沖도 안 된다. 午 寅 申 子 이런 경우는 沖이 해소 된다. 寅申沖인데 寅목은 午화로 申금은 子水로 각자 합을 하기에 合不沖이 된다.
　　壬 丙
申 子 寅 午 丙壬 沖인데 沖이 아니다. 서로 균형을 이루고 있어 잘 살아보자는 沖으로 건설을 위한 파려라는 어쩌면 충격을 줌으로 잘 될 수 있고 서로 견제가 잘 되어 흔들릴 뿐 파려가 안 된다.
　사주에 沖이나 刑이 없으면서도 刑沖이 있는 것 보다 더 파격인 경우는 식상태왕, 관살태왕, 재다신약 등은 더 나쁘다.
가령

辛 辛 丁 壬
酉 丑 酉 寅   刑冲은 없지만 財多身弱으로 파격이다. 어설프게
형충이 있는 사주보다 더 나쁘다.

　상담할 때 평범한 사주라면 육친 신살로만 봐 주어도 잘 맞고 상격사주라면 격국으로 보아야 잘 맞다.

　易學은 多元論이면서도 歸一이 된다. 이 말은 각각 다른 말 인 것 같으면서도 그 맥이 동일하게 되는 것이다.

<2> 內格과 外格을 살피다.

[실증철학 원문]
　사주에서의 格은 크게 內格과 外格으로 구분하는데 내격에는 正印格, 偏印格, 食神格, 傷官格, 正財格, 偏財格, 正官格, 偏官格 으로 正八格이라 한다. 그러나 印綬格은 정편으로 나누지 않고 比肩格은 建祿格 比劫格은 羊刃格 으로 바꾸어 호칭하기도 한다.
　외격은 別格이라고도 하며 내격 이외의 모든 격을 말한다. 朝陽格, 六乙鼠貴格,등이고 또 暗冲으로 이루어지는 飛天祿馬格, 雜氣財官, 크게 나누어 從하여 이루어지는 從財格, 從殺格, 從兒格, 從印格 (從旺格) 등이 있고, 暗合하여 이루어지는 子遙巳格, 丑遙巳格, 六陰財官格과 변하여 이루어지는 化氣格, 일간오행과 똑같은 것으로만 구성 되는 曲直格, 炎上格, 稼穡格, 從革格, 潤下格,과 일주자체의 길흉 명칭과 구성원에 따라 합당한 이름을 붙이는 수많은 격이 있지만 혼동되기 쉬우니 내격에 치중하여 공부하다 보면 자연 이치를 터득하여 외격도 알게 될 것이다. 다만 격은 그 사주의 규격이요, 그릇 정도로만 알고 가기로 하자.

[강의노트]
內格과 外格 : 격은 크게 내격과 외격으로 분류한다.

　내격은 정팔격이고, 외격은 내격 이외의 격을 말한다.
명리정종에서는 편인과 정인으로 나누지 않았지만 여기서는 편인격과 정인격으로 나누어서 사용한다. 가령 편인은 외국어 아파트 양복이고 정인은 모국어 한옥 한복 이듯이 그 쓰임이 다르기 때문이고 월에 비견을 건록격, 겁재을 양인격이라고 하지만 이것은 양간일 때인 데 음일주라면 그대로 비겁격이라고 사용한다.
외격에서는
종아격(從兒格) : 예체능, 교육자, - 예술고 교장이 종아격이다.
　　　　　남자는 자손이 없다. 여자는 배우자궁이 나쁘다. (관을 죽임)
종재격(正財格) : 사업해야한다.
종살격(從殺格) : 관청, 권력을 쥐어야 한다. 위 두 격은 남녀모두
　　　　　배우자 궁이 나쁘다.
가령
癸 甲 己 乙
丑 子 卯 亥　己 土가 水木으로 從했는데 甲乙목이 透干 하니까,
주인이 둘이 나타난 격으로 남편이 둘이다, 甲이 본 남편이라면 乙은 애인으로 더 잘났다. 甲은 패지 목욕궁에 앉아있고 乙은 亥卯木局으로 더 잘났다.

暗合으로 格이 이루어지는 경우
자요사격(子遙巳格) 축요사격(丑遙巳格) 육음조양격(六陰朝陽格)
육을서귀격(六乙鼠貴格)이 있다.
暗合이라는 것은
　　　　甲
○ ○ ○ 亥　사주에 亥만있고 寅이 없을 때 亥따라 寅이 寅亥로 찾아들어 가면 甲에 寅이 正祿이 되니까, 이것이 暗祿이다.

六合은 부부의 합으로 亥가 있으면 寅이 저절로 들어온다, 이것을 引合이라고도 한다.

遙(멀 요)는 멀어서 동경할 요, 짝사랑 하는 것으로 暗合이라는 것은 결국 어두운 곳에서 멀리 아득하게 합하니 暗合으로 이루어지는 것이다.

子와 巳

丑과 巳 가 암합이 제일 잘 된다. 子中癸수와 巳中戊토, 丑中癸수와 巳中戊토는 戊癸합으로 제일 잘 되는 합이다.

자요사격 (子遙巳格)

우리가 명리를 공부하면서 자요사격의 의의 및 구성 정도는 알아야 할 것 같아 자세히 설명하고자한다.〈실전에 들어가서는 많이 안 써먹게 되지만〉

子遙巳格은 甲子일 甲子시로 구성 되는데 구성 원리는 자시의 子中癸수가 멀리 巳中의 戊토를 동경하여 합하게 된다. 이렇게 되면 巳中에 같이 있던 丙화가 戊토가 癸수와 연애 하는 것을 보고 자신도 마음이 움직여 酉中의 辛금에 丙辛합으로 辛금을 기발(起發)시키게 되는데 그 辛금은 곧 甲목에게는 정관이라 좋고 이는 바로 子中癸수로 하여금 자기가 사랑하는 戊토가 巳中에 멀리 있어 항상 巳를 동경하여 바라본다하여 子遙巳格 이라고 부르는 것이다.

子遙巳格의 喜忌

喜(기쁠 희) : 身旺 印綬 比肩 喜 官向運 - 신왕하고 인비가 많을 땐 대운이 官星운으로 흐를 때가 좋고

忌(꺼릴 기) : 庚辛 辛酉 丑午 - 塡實- 메울 전 열매 실, 가득 차다, 絆合-줄 반 합할 합-묶인, 沖害- 충살 해살.

子遙巳格의 例

辛 庚 甲 甲
丑 寅 子 子   甲子일 甲子시로 자요사격이 분명하지만 꺼리는 庚

辛금이 年月干頭에 나타나서 크게 흠이 되는 사례이다. 우리는 자 인사격이 면서도 이런 사주일 경우 어떻게 사주를 감정하게 될지를 알아보기 위해 자세히 실전으로 들어가 보겠다.

寅月의 甲子일주가 丑년 子시를 만났으니 寒氣가 가득한데 火는 보이지 않고 金水가 太旺하니 신강인 것 같으면서도 신약한 눈목 (嫩木-어린 눈 나무목)이라는 점을 생각해야 하고, 이 사람은 亥子 北方水운에 많은 공부도 하고 기반을 닦더니 丙戌운에 丙火로 하여 극金하고 寒氣를 없애니 制去其病하여 일약 大官職에 올랐다고 한다.

축요사격(丑遙巳格)
축요사격의 의의 및 구성에 대하여 설명하자면 癸丑일생이 多逢丑 으로 成格이 되는데 그 구성되는 이유를 설명하자면 丑中癸水는 巳 를 요합(遙合)巳中戊土를 하여금 癸水일주의 官으로 작용하는 까닭 이며, 辛丑일인 경우 역시 丑中辛금은 巳를 요합하여 巳中丙火로 하여 官으로 작용케 하는 까닭으로 성립되는 데 辛일과 癸일은 丑시가 巳를 요합하여 국이 성립된다 하여 丑遙巳格이라 일컫는 것이다.

丑遙巳格의 喜忌
喜(기쁠희) : 身旺 申酉 多逢丑 - 신왕하고 申酉와 丑토가 많을 때가 좋고
忌(꺼릴 기) : 身弱 丙丁巳午子 - 신약하고 火를 만나거나 子수를 만날 때가 흉하다.

丑遙巳格의 例
甲 丁 辛 辛
子 丑 丑 卯   辛丑일이 다시 丑토를 만나 축요사격이 이루어졌는 데 꺼리는 흉신 丁火 官과 絆合되는 子를 만나 불미하여 파격으로 보아야 한다.

暗沖(암충)

暗沖하여 이루어지는 격은 비천록마격 (飛天祿馬格) 잡기재관격 (雜氣財官格)이 있다.

飛天祿馬格의 意義와 構成

비천록마란 여러 무리(群衆)들을 모아서 합(聚合)하여 허충(虛沖)으로 록마(祿馬-財官)를 비천(飛天-沖出) 시켜 자신의 財官으로 작용하여 편하게 씀으로써(便用) 格이 성립된다.

이 격은 庚子일생이 子多逢, 壬子일생이 子多逢, 癸亥일생이 亥多逢, 丁巳일생이 巳多逢, 辛亥일생이 亥多逢, 丙午일생이 午多逢, 으로 6종인데 그중에서 庚子 壬子 辛亥 癸亥의 4종을 正飛天祿馬라 하고 2종은 倒飛天祿馬라 稱한다.

　　　辛
亥 亥 亥 亥　亥가 집단세력을 이루고 있으면 군중심리가 발동 巳를 沖하여 온다.〈飛天은 暗沖과 같다〉亥가 말한다. 야 亥水들아 너희들 모두 巳에게 항상 얻어맞았지?(巳亥沖) 그렇다면 우리가 이렇게 모여 있을 때 巳를 패대기 치자, 라고 한다. 그러자 亥수들이 巳를 불러 단체로 沖해 온다. 그러자 巳中 戊토 丙화가 正印 正官으로 작용되니 이런 경우 비천록마격으로 작용해준다. 戊亥는 天門에 水가 많고 천라지망이니 법관에 해당 된다.

여기서도 金生水해서 水生木으로 亥中甲木이 用神이고 甲에 핵이 집중되어있다. 결국은 자신이 잘나서 그런 것이 아니고 亥수와 甲목인 부하들이 똑똑해서 (식상은 부하) 잘 되는 사람이다. 이것이 辛亥일주가 水多逢의 특징이다.

그런데 만약
　　　辛
寅 亥 亥 亥　이런 사주는 더욱 좋다.
　　　癸
寅 亥 亥 亥　이경우도 사를 충해오니 비천록마다.

巳中 戊 庚 丙이 정관 인수 정재로 삼반물이다. 윤하격으로 역시 亥中甲목 이 용신이다.

```
      庚
子 子 子 子
```
금수쌍청이고 종교인 팔자다.

```
      丙
午 午 午 午
```
역시 비천녹마지만 자를 沖해 오는데 낮이 밤을 沖해 오므로 거꾸로다. (반대로 산다는 뜻) 고로 도충녹마다. 비천녹마의 작용이 안된다. 子中癸水는 정관 하나 밖에 없어 효력이 떨어진다. 항상 生剋制化가 우선이다.

雜氣財官格은 辰戌丑未가 雜氣이다. 본래에는 辰戌이 잡기인데 丑未는 같은 土라서 도매금으로 넘어갔다. 辰戌은 천을귀인 이 없고 더 강이고 丑未는 천을귀인에 해당한다.

辰속에는 乙 癸 戊   戌속에는 辛 丁 戊로 음양이 섞여 있다, 하여 잡기로 본다.

그러나 잡기재관중에서도 이런 경우는 완전 잡기재관이다.

```
    壬
○ 戌 ○ ○
```
戌中戊土官이(戌) 火의 庫라서 財庫이니까 잡기재관격이다. 그런데 戌이 火庫지이니까 완전한 잡기재관은 아님.

```
    壬
○ 未 ○ ○
```
未中丁 己가 재관이다. 술이 큰 금고라면 미는 작은 금고다.

이것이 暗沖에서 나오는 이유는 본래 庫藏은 沖을 해야 열려 쓸 수가 있다. 암충에서 나오는 것이지만 이것도 필요한 충이어야 한다.

```
    戊 壬
未 戌 戌 申
```
戌未刑으로 창고가 열렸는데 탁수가 되어 잘 못 열었다. 이런 경우는 나쁘고

만약에
　　　戊　壬
未　戌　子　申   이런 때에는 신강하니까, 형을 해도 내 것이 되니까 재고가 내 것이 되니까 좋다.

만약에
　　　戊　壬
○　戌　子　申   이런 경우 辰년이 와서 辰戌冲으로 財庫를 열었는데 申子辰 水局이니 돈 창고 옆자 도둑놈이 들어 왔다. 잘못 열었다는 것이다.< 水局이되면 群劫爭財 가능해서 도둑놈으로 본다.>그런데 만약 未년이 와서 戌未 刑殺을 하면 금고는 열었는데 未는 여름이고 이때는 좋게 작용한다. 금고문 잘 열었다.<巳午未로 연결 여름)

일간과 같은 오행으로 구성되는 격에는 曲直格 炎上格 稼穡格 潤下格 從革格이 있다

곡직격이다.
　　　甲　　　　　　　　　乙　　　　　　乙
亥　寅　寅　亥　　　　亥　卯　未　卯　　亥　未　卯　亥
　　　　　　　　卯月의 曲直보다 未月의 曲直이 좋다
　　　　　　　　염상격이다.　　　　　가색격이다.
　　　　　　　　　丙　　　　　　　　　戊
　　　　　午　寅　戌　午　　　辰　辰　辰　未

[참고]
일주자체의 吉凶에 따라 格名도 정해진 경우도 있다.
이 格에 대한 것은 內格에 치중하면서 공부하다보면 자연히 그 이치를 터득해서 外格에 대한 장단점을 파악하고 버릴 것은 버리고 취할 것은 취하는 것이 요점이다. 從格은 內格에 포함해서 공부하는 것이 좋다.

<3> 定格의 原則을 살피다.

[실증철학 원문]

사주에서의 格을 定하는 데는 日干 對 月支藏干 本氣로서 定格하고 둘째 柱中의 旺者도 格이 되며 셋째 용신도 격이 될 수 있다.

일주와 월지장간의 본기를 첫 번째로 정격해야 하는 이유는 월지가 주중의 사령임과 동시 부모의자리가 되어 부모님의 유전인자와 또 성장과정에서 부모님의 영향은 어떠하며 선천적으로 나타나는 모든 분야를 관찰하는데 우선이 되기 때문이다.

두 번째로 주중의 왕자도 격이 되는 것은 주중의 환경과 후천적인 면을 대비하여 吉凶을 논하기 때문이다.

다음으로 용신이 격이 된다함은 용신자체가 주중에서 제일수용(第一需用)이 되는 신으로 일주를 중화 조절하기에 가장 필요하기 때문이다.

이와 같이 격을 정하는 데는 세 가지 원칙이 가장 중요하며 사주에 따라 격이 하나만 존재 하는 것이 아니라 둘 또는 셋도 될 수 있다. 또 사주의 본명을 사람으로 본다면 격국은 그 사람의 이름이라고 생각하면 된다.

[강의노트]
격을 정하는 데의 원칙(定格의 原則)
<1> 일간 대 월지장간의 본기로서 정한다.
<2> 주중 왕자로서 격을 정한다.
<3> 용신도 격이 된다.
명리정종의 정격(命理正宗의 定格)
<1> 월지장간의 투출자로 정한다.
<2> 인신사해의 戊土를 삽입하여 정한다.
<3> 비견겁격은 없다.
<4> 월지장간의 투출자가 없으면 주중왕자로 격을 정한다.

일본식의 격을 잡는 법
월율분야(月律分野)의 기의 작용에 의해서 격을 정한다.
<1> 일간 대 월지장간의 본기로서 격을 정한다.
　부모님의 유전자이고 부모님의 영향이고 언제 출세했느냐를 살피는데 목적이 있다. 가령 똑 같은 木이라도 춘하추동 언제 태어났느냐를 보는 것이다. 부모님의 정서관계도 들어가고 어머니가 소실인가, 아버지가 두세 번 장가갔느냐? 배다른 형제가 있느냐? 부모님이 무엇을 하고 있을 때 태어났는가? 이런 것을 전체적으로 따지는 것이 일간 대 월지이다.
<2> 柱中旺者로써 格을 定한다.
　환경이다. 즉 좋은 부모님에서 태어나도 환경을 잘 못 만나면 작살난다.
<3> 용신도 격이 된다.
　용신이란 그 사주의 핵(核-씨 중심)이고 좌표다.
여기서 명리정종에서는 寅申巳亥속에 戊토를 삽입해서 그 것이 투출되면 격으로 정하는데 그 것이 맞는지 분석해 보자.

　　　戊　壬
○　寅　○　○ 이런 경우라면 명리정종으로 분석하면 寅속에 戊丙甲이 있고 7 7 16 으로 한 달 월분율인데, 寅中戊土가 투출했으면 편관격으로 본다. 그러나 천간의 戊토는 지지의 寅목에 木극土 받고 있어서 土극水 못하므로 戊토에게 壬수는 영향을 받지 않는다. 寅목에게 오히려 영향을 받기 때문에 식신격이다. 그러므로 명리정종에서의 格 정하는 것이 맞지가 않는다는 것이다.

　　　戊　甲
○　亥　○　○　亥월의 甲목이 년간에 戊토가 투출했는데 이 명리정종의 법대로 하자면 편재격으로 목신쟁이가 된다. 그러나 월에 인수로서 착하다. 이 것을 돈 버러지로 보느냐? 책 버러지로 보느냐? 이것은 책 버러지로 보는 것이 맞다. 성격도 월에 인수로서 그

렇게 순진 할 수가 없다. 이것이 다르다는 것이다. 년간의 戊土는 甲木과 월간이라는 한 단계 건너서 있기 때문에 甲木에게 영향을 못 미친다는 것이다. 이것이 명리정종의 다른 점이다.
〈이석영 선생도 명리정종을 따랐다. 단원선생은 이것을 뒤집어서 따르지 않는다고 하였다.〉

명리정종에서 비견겁격은 없다고 했는데 이것도 분석해 보자.

```
     乙
○  寅  ○  ○
```
이런 경우라면 건록격도 양인격도 아니다. 그러면 이것은 격이 없다는 것인데 나는(단원선생) 이격을 비겁격으로 잡는다. 월에 비겁이니까, 장남 장녀이고 아버지 대에 두 손 들었고 내가 일찍이 산업전선에 나서야 하는데 이것을 비겁격이 없다고 무시하면 월에 있어서의 부모와 나와의 인연관계를 설명할 수가 없다. 그래서 비겁격도 있다는 것이다.

만약

```
        丁  辛
○  寅  酉  丑
```
이런 경우는 월에 인수 놓아서 인수격으로 자라기는 착하게 곱게 자랐는데 주중에 재가 많아서 편재격도 된다. 금이 많아서 인수격이 편재격에 눌리고 있다. 고로 나갔다가 다시 들어오고 분가시켜 놓으면 다시 들어오고 적응을 못한다. 이것이 주중 앙자다.

월률분야에 의한 일본식 격을 정하는 것은

```
        甲
○  寅  ○  ○
```
이런 경우라면 寅속에 戊丙甲이 7. 7. 16.으로써 立春이 入節하고서의 그 기간을 기준해서 격을 정한다. 가령 甲木이 7일내에 丙火분야에서 태어났다면 식신격이고 寅木분야에서 태어났다면 건록격이다. 이것이 일본식 격을 정하는 원칙이다. 일본 책 보면 용신도 정해져 나오더라.

이런 경우도 일본식대로 하자면

○ 寅 ○ ○   乙   7일의 戊토로 태어났다면 이 것은 정재격이다. 그러나 내가(단원)아는 법대로 하자면 겁격이다. 그렇다면 이 사주를 비겁이 많은 사주로 볼 것인가? 아니면 일주가 강하고 신왕으로 볼 것인가? 이 것을 판단한다면 답은 정확하게 나온다. 즉 乙목은 비겁이 많다는 것이고 寅목의 氣를 받아서 태어났지 戊토의 기를 받고 태어나지는 않았다는 것이다. 이 것이 월률분야에서 격을 잡는 것으로 틀린 점이다.

정리하자면

格은 月支의 本氣로 격을 정하는 것이 옳다고 본다.
寅-甲 卯-乙 辰-戊 이런 순으로 그런데 丑토만은 섣달이고 土의 작용보다는 水의 작용이 강하니까 이런 점을 가감해서 격을 정해야 한다.

柱中旺者는 나의 환경이므로 중요하다.
 용신의 하나의 삶의 지표이고 핵이 되니까, 격이 될 수도 있다. 사주에 따라서는 格도 여러 가지로 나올 수도 있다. 사주가 몸통이라면 격이란 이름을 붙여주는 것이다.

상담사주 하나 보고가자

戊 己 庚 壬
午 未 子 午   格을 붙여주자면 未中 丁 乙 己 본기 己토가 투간 되었으니 正印格이다. 사주에 火土가 많다. 거기다가 년 월지에 午 未가 있고 午시까지 만났으니 未토를 土로만 볼 것인가 일단 土로 보아 格은 정하되 柱中旺者는 火인 官殺이 된다. 官印相生은 되나 일단 官殺混雜이다. (未中丁火까지 3개다) 42세까지 결혼 못하고 직업은 교육계통 회사에 다닌다니 배우자 인연은 적어도 직업 인연은 많은 것이다. 子未 원진에 子午沖까지 하고 있어 결혼 성사가 쉽지 않고 자신이 부단한 노력 없이는 독신으로 살 가능성이 보인다.

戊 辛 丙 庚
申 酉 申 寅 이런 사주는 財多로 일주가 신약하다. 財多身弱格 으로 본다. "재다신약격"이라는 이름 속에 아내에 대한 컴플렉스, 남의 돈 벌어주는 팔자, 가난하게 살아야 하겠고, 여자문제로 문제로 실패 봐야 하고 등이 나와야 한다.

　　甲 丙
○ 卯 子 寅 卯月甲木이니 羊印格이다. 丙이 용신이고 빛을 내니까 식신격도 된다. 격이 이름이므로 야! 양인격(칼잡이)하면 뒤 돌아보지 않고 야! 식신격하니까 뒤 돌아 보더라, 즉 格에도 主와 從이 있다. 이격은 주가 식신격이고 종이 양인격이다.

천간과 지지가 같을 때는 천간위주로 격을 정한다. <천간은 지지를 대표해서 있는 것이므로>
천간과 지지가 같은 것 : 辛酉 庚申 己未 甲寅 乙卯
오행은 같고 천간과 지지가(음양) 다른 것 : 壬子 丙午 癸亥 丁巳

격이 강해도 일주가 약하면 내 것이 아니다.
壬 丙 庚 乙
寅 午 戌 酉
寅午戌 火局으로 편관이 멋지게 잘 이루어 졌다. 그렇지만 신약해서 내 것이 아니다. 여자라면 丙이 남자가 三合 火局을 이루었으니 너무 똑똑하다 그러므로 이 여자는 남편 丙하고 결혼 못한다. 이것이 바로 내 것이 아니라는 것이다.

<4> 月律 分野 法을 살피다.

[실증철학 원문]
　이름 하여 月律分野는 藏干의 조화라고도 하며 글자 그대로 月令에 국한된 하나의 법칙이므로 월령에 한해서 응용하여야 한다. 아울러 이 법칙으로는 正月生 하면 무조건 하고 寅中甲木이 작용하는 것으로 알았지만 여기서는 좀 더 세분화하여 各 月의 지배하는 氣의 심천(深淺)을 대비하여 일주의 강약과 일주에 미치는 영향 등을 살피는데 목적을 두고 있으므로 참고사항이라는 점 잊지 말기 바란다.

[강의노트]
月律分野圖(月律分野法) : 월율분야도(월율분야법)은 月에만 국한 되어있는 법칙이다. 그러므로 암장과는 그 의미가 다르다. 이것이 월에만 쓰는 용어이다. 지지의 암장과는 완전히 다르니 혼동하지 말라 "월율분야도"는 참고만 하라,
각 월의 기후관계를 참고하는데 신중히 해야 한다.
寅月 : 1월달이지만 아직은 춥다. 고로 寅월 초에 난 사람과 末에 난 사람은 그 氣의 작용이 하늘과 땅 차이다.
辰月 : 3월초순은 木의 進氣이고 중순은 木의 退氣이고 하순은 火의 進氣이다.
가령

　　　　　丙
○　辰　○　○　오행으로 보면 火生土로 설기되고 火가 土氣되어서 약하다고 보지만 辰月 하순에 태어나고 며칠 뒤에 立夏하면 丙이 약하다고 보면 안 된다.
未月 : 6월은 삼복더위다. 고로 더위가 기승을 부린다.
申月 : 7월은 7월 초순은 아직은 덥다. 하순은 춥다. 그 차이는 아주 크다는 것이다.

戌月 : 9월 초순은 하복을 입지만 9월 하순은 동복으로 바꿔 입는다. 그 차이가 심하다.
丑月 : 12월은 섣달로서 아주 춥다.
이처럼 월율분야도 그 月의 특성을 더욱 중요시 하라는 것이다.

[실증철학 원문]

이 月律分野에서는 寅月이 되면 木氣가 바로 지배하는 것이 아니라 前月의 氣에 영향을 받아 立春이 入節한 날로부터 7일간은 丑월의 氣인 戊土가 지배하고 8일째부터 丙火가 7일간 지배하며 15일부터 16일간은 本氣인 甲木이 지배 한다. 이어서 경칩이 入節하면 卯월로 卯中乙木이 바로 지배 하는 것이 아니라 전월의 甲목이 10일간 지배하고 11일 되는 날부터 20일간은 乙목이 지배하게 되는데 응용하는 방법은 甲목 일주가 정월에 출생하였다 하여도 立春節入 후 7일 이전에 태어났다면 戊토가 지배하고 있어 甲목이 약하다고 보고 7일 이후 14일 전에 태어났다면 中氣인 丙火가 지배하고 있어 역시 木生火로 약하지만 초춘이라 아직은 추워서 丙火는 쓸 수 있고 그다음 14일간은 甲목이 사령하여 주관하기 때문에 일주가 왕성함으로 建祿格으로 본다. 매월 여기 중기 본기로 3등분하여 그 기운을 측정하는데 12개월 중 子午卯酉월 만은 中氣가 없고 餘氣와 本氣만 있다. <月律 分野圖 參照>

아래 月分律 도표를 자세히 만들어 보았다.
여기서 알아야 할 것은
寅申巳亥 生地는 7 7 16 이고
辰戌丑未 庫地는 9 3 18 이고
子午卯酉 旺地는 10일과 20일을
지배한다는 점이다.

月律分野 藏干造化圖

地支 五行	초기(初氣)	중 기(中기)	본기(本氣)
寅	戊 / 7일 2분	丙 / 7일 2분	甲 / 16일 5분
卯	甲 /10일3분		乙 / 20일6분
辰	乙 / 9일 3분	癸 / 3일 1분	戊 / 18일6분
巳	戊 / 7일 2분	庚 / 7일 2분	丙 / 16일 5분
午	丙 / 10일3분	己 / 10일1분	丁 / 11일 2분
未	丁 / 9일 2분	乙 / 3일 1분	己 / 18일6분
申	戊 / 7일 3분	壬 / 7일 2분	庚 / 16일 5분
酉	庚 /10일3분		辛 / 20일6분
戌	辛 / 9일3분	丁 / 3일 1분	戊 / 18일6분
亥	戊 / 7일 2분	甲 / 7일 2분	壬 / 16일 5분
子	壬 / 10일3분		癸 / 20일 2분
丑	癸 / 9일 3분	辛 / 3일 1분	己 / 18일 6분

<5> 格局 構成을 살피다.

제1표 日主 對 月支 成格

[실증철학 원문]

일간 격명 생월	甲	乙	丙	丁	戊	己	庚	辛	壬	癸
子	正印	偏印	正官	偏官	正財	偏財	傷官	食神	羊刃 劫財	建祿 比肩
丑	正財	偏財	傷官	食神	劫財	比肩	正印	偏印	正官	偏官
寅	建祿 比肩	劫財	偏印	正印	偏官	正官	偏財	正財	食神	傷官
卯	羊刃 劫財	比肩	正印	偏印	正官	偏官	正財	偏財	傷官	食神
辰	偏財	正財	食神	傷官	比肩	劫財	偏印	正印	偏官	正官
巳	食神	傷官	建祿 比肩	比劫	偏印	正印	偏官	正官	偏財	正財
午	偏官	食神	羊刃 劫財	建祿 比肩	正印	偏印	正官	偏官	正財	偏財
未	正財	偏財	傷官	食神	比劫	比肩	正印	偏印	正官	偏官
申	偏官	正官	偏財	正財	食神	傷官	比肩	劫財	偏印	正印
酉	正官	偏官	正財	偏財	傷官	食神	劫財	比肩	正印	偏印
戌	偏財	正財	食神	傷官	比肩	劫財	偏印	正印	偏官	正官
亥	偏印	正印	偏官	正官	偏財	正財	食神	傷官	比肩	劫財

[참고]
원문에서는 비견 비겁격은 없다고 하고 있으나 이는 비견은 건록 비겁은 양인격 으로 대체 되고 있기 때문이지만 건록이나 양인에 해당하지 않을 때는 그대로 호칭하여야 한다.

제2표 日干 對 時柱 成格

[실증철학 원문]

格 命	構 成 要 件
時上 官星格	時柱에 正官을 놓고 그 官星이 用神일 때
時上 一位格	時柱에 偏官을 놓고 그 偏星이 用神일 때
時上 偏財格	時柱에 偏財를 놓고 그 偏財가 用神일 때

[참고]
이格은 格命이 바로 용신인 점이 특이하며 身旺官旺 또는 身旺財旺일 경우에 더욱 완전하고 여기에 해당하는 者 貴格으로서 長 次官에 해당한다.

[강의노트]
<1> 日干 대 時柱 成格은?
시주로 격이 구성되는데 격이 바로 용신이다. : 貴格四柱이다.
時上官星格(時上 천간뿐 아니라 시주을 포함시킨 것)
時柱에 正官을 놓고 그 관성이 用神일 때인데 身旺官旺이라야 上格四柱가 된다.
가령
○ ○ 戊 乙
巳 巳 辰 卯   火生土 받은(신강)戊辰은 濕土라서 나무 키울 수 있다. 편인격에 정관격 신왕관왕격 시상관성격이다. 이처럼 時上 官星格은 格이자 용신이다. 용신을 따로 잡을 필요가 없다. 乙卯木은 濕木이고 음지나무이며 작은 나무로 3,8목이므로 30년 커야만 대들보가 되므로 공직생활 30년만에 장관되었다.

<2> 時上一位貴格(시주에 편관이 있는 것)

○ ○ 戊 甲
巳 巳 辰 寅   偏印格 偏官格 身旺官旺格 時上一位貴格四柱이다.
이처럼 時上偏官格은 장관이 되는 데 하루아침에 된다. 요즘은 사시나 행시 甲寅목이니까 그자체가 아름드리나무니까 하루아침에 대들보 된다.

여기서

　　　庚
丑 酉 午 寅   이런 사주라면 신왕으로 時柱 천간으로 官이 없어도 (寅午火局) 時上一位貴格이 된다.

그런데

　　　庚
丑 酉 申 午   이런 사주라면 신왕하고 午火가 용신이지만 金多火熄으로 午화 용신이 무력하여 시상관성격이 안 되고 버려진 사주이다. 金實無聲 火용신이 너무 허약하다.

<3> 時上偏財格(거부팔자 장관팔자)
시주에 편재가 있고 身旺財旺이면 時上偏財格이 된다.

丁 丙 丁 辛
未 午 酉 丑   신왕재왕이다. 본래는 비겁격이고 견겁태왕격에도 해당된다. 편재격도 나오고 그래서 신왕재왕으로 시상편재격이 된다. 시상편재격은 거부도 될 수 있고 장관도 될 수 있다. 그래서 시상편재격은 業則 총수요, 官則 장관인 것이다.
그럼 사업으로 가는 지 장관으로 가는 지의 구분은 어떻게 하나?
이 사주 사업한다. 왜냐하면 비견겁이 많아서 가난이 웬수다. 그래서 돈에 대한 원수 갚으려고, 좋게 말하면 食神生財하는 사업가사주로 부자 가능성이 많다 財庫(돈 창고)까지 차고 있다.

제3표 日干 對 柱中 全體 成格

[실증철학 원문]

格 命	構 成 要 件
從 殺 格	地支官殺局 또는 財殺局
從 財 格	地支全 財局
從 兒 格	地支全 傷食者
曲 直 格	木日柱 地支全 木局者
炎 上 格	火日柱 地支全 火局者
稼 穡 格	土日柱 地支全 土旺者
從 革 格	金日柱 地支全 金局者
潤 下 格	水日柱 地支全 水局者
福 德 格	陰日柱 地支全 巳酉丑 三合局
化 氣 格	日干合化의 五行이 地支全한 者
井 欄 叉 格	庚日柱가 地支全 申子辰 三合한 者
玄 武 當 權 格	水日柱가 地支全 火局 또는 全土일 때
天 元 一 氣 格	天干이 모두 同一 할 때
地 支 一 氣 格	地支가 모두 同一 할 때
干 支 同 體 格	天干과 地支가 모두 同一 할 때

[참고]
이 란에 기재된 예시와 풀이는 후에 자세히 설명하겠으나 우선 용어해석을 하여 보자면 다음과 같다.

[실증철학 원문]

[1] 從殺格 : 보다 무서운 者 殺이요, 살보다 더 무서운 것이 귀(鬼)가 되는데 지지가 전관살국(全官殺局)이 되면 일주는 최약(最弱)으로서 의지처가 없기 때문에 부득이 從을 하여야 되므로 종살격(從殺格)이라고 하며 이렇게 되면 財官을 기뻐하고 인수나 비견

상식을 꺼리며 貴가 우선이요, 득국(得局)을 하여야(三合) 더욱 吉命이 되나 또한 財星 동반을 좋아한다.(財生官함으로)

[강의노트]
종살격(從殺格) : 일주가 의지처가 없고 관살이나 재살로 사주가 이루어진 경우 三合局을 이루어야 上格이다. 내가 죽게 되니까 따라간다는 것인데 그러나 살지 작용으로 나타나는 것은 殺이 아니라 官으로 작용한다는 것이다. 그러니까 종을 하는 데 까지만 살로 작용하고 종 해버리면 전체적인 작용은 관이라는 것이다. 그래서 종살 격은 모두 貴로 가니까 명예를 우선한다. 고시합격에서 장관 그 윗까지 나라를 걱정하고 백성을 걱정한다. 자기주머니만 채우려고 하지 않는다.

가령 ○ ○ 乙 ○
　　　 巳 酉 丑 酉 이런 경우 三合局으로 멋지다.
官으로 구성 되어 있으니 貴로 출세에만 신경 쓴다.

그런데 ○ ○ 乙 ○
　　　　巳 酉 丑 辰 이런 경우 丑토와 辰토 財가 둘이나 있어
財官이 같이 있는 경우로 보아서 돈도 명예도 모두 있다.

이처럼 從을 하는 것은 身旺官旺格과 같아 貴格이다. 또한 처종부화(妻從夫化)한다, 이 말은 애내도 종을 해서 남편으로 바뀐다.

이와 같이 從殺은 貴格인데 만약 운을 못 만나면 때를 못 만난 것이니 용이 못된 이무기로 살아간다. 본래 꿈은 그게 아니었는데 알아주는 놈이 있어야지 세상 살기 고달프다.

이 종살격이 官生印 할 수 있느냐를 봐야 하는데 官生印을 할 수 없으면 아무리 좋은 종살이라도 집 없는 천사와 같아서 장관이 셋방살이 하는 것과 같다. 이런 것을 보는 것이 중요하다.

종살격에
희신(喜神) : 財 官운을 기뻐하고 財官 동반을 좋아한다.
기신(忌神) : 인수운 비견겁운 식상운을 꺼린다.

[실증철학 원문[

[2] 從財格 :: 일주가 **最弱**에 地支全財가 되어 財로 따라간다 하여 從財라고 하는 것이고 하나의 상식이나 官은 방해 되지 않으며 상식 財官운을 기뻐하고 印綬나 肩劫 운은 크게 꺼린다.

[강의노트]
종재격(從財格) : 의지처가 없고 財局을 이루어야 從財가 되는데 財生官을 할 수 있느냐 없느냐를 보아야 한다. 종재격도 식상을 동반하여야 더 좋은 팔자가 된다. 財局中에서도 三合局이어야 좋다.

가령

       丁
辰 酉 **丑** 酉 이런 경우 從財格이다. 酉丑에 辰酉로 全財다
만약에 酉금인 財를 없애도 식상인 土가 財를 다시 갖다 놓는다.
火生土 土生金하니까 제조회사 사장이다.

또한

       丙
申 酉 **申** 酉   이런 경우 종재라도 方合金이라 보통 부자지 큰 부자는 안 된다. 생산자 사주가 아니라 대리점이다. 土가 있어 火生土 土生金으로 가면 생산자인데 火극金으로 바로 가니 억지로 金을 취하는 형상이다<성격이 빡빡하고 요령이 없다.>

[실증철학 원문]
[3] 從兒格 : 지지가 모두 식상으로 구성되어 최약으로 어쩔 수 없이 식상을 따라간다 하여 從兒格이라 한다.

[강의노트]
종아격은 신왕 상식왕과 같다.
일주가 허약하여 식상으로 따라간다 하여 종아격이라 하는데 상식은 자손으로 兒가 된다. 육영사업 기예에 특출하다. 종아격은 예술고 교장이고 여자는 남편이 없고 남자는 자식이 없는 특징이 있다.
종아격은 식상운과 財운이 좋고 인수 견겁 관운은 안 좋다.

　　　　己
辰　酉　丑　酉　三合으로 깨끗하다. 土일주가 土金으로 잘 이루어지면 그림을 멋지게 잘 그린다. 그림 중에서도 金이니까 판화다.
　위에서 설명한 종격의 특징 : 자신을 버리고 왕한 오행으로 따라가서 그 속으로 깊이 파고 들어가 자기 마음대로 조정한다. 고로 처세가 능수능란하고 깊이 있게 파고드는 것이 바로 종격이다. 종격은 신왕 같아서 인수 운과 비견겁 운에 작살난다.

[실증철학 원문]
曲直格 : 木일주가 지지가 모두 木으로 구성된 사주를 곡직격이라 한다.
[강의노트]
木인 甲乙목 일주가 木多하면 曲直이다.
직업적으로는 교육계 의사 법관에 많고 명예가 우선이다. 돈과는 거리가 멀다. 즉 인술(仁術)이다. 木은 仁이니까, 어질게 살면 오래 산다. 곡직은 모두 火가 용신이다. 木火通明을 기억하라.
水木火운이 좋고 土金인 財官운을 꺼린다.
　　　　乙　　　　　　　　　　　　　甲
亥　寅　亥　寅　　　　　　　卯　亥　寅　寅

[실증철학 원문]
炎上格 : 火氣가 많으면 불꽃으로 炎 자가 되고 불은 위로 上昇하기에 炎上格이라 한다.

[강의노트]
불화자(火)를 두 개 겹치면 불탈 염(炎)이 된다. 그러므로 사주에 화가 많은 팔자는 炎을 생각하라. 만약 화가 많은데 금이 하나 있으면 그게 처인데 아내가 달달 볶인다. 불이 강하면 위로 불꽃이 올라가니 炎上이라 한 것이다. 丙丁일주가 火局을 이루거나 火가 많으면 炎上格이다. 예체능에 소질 있고 문화 언론 교육계 전자공학에 특기 있다.

```
        丙                    丙
     戌 午 午 戌          戌 寅 午 戌
```

위 두 사주는 염상격이다. 그런데 三合局을 이룬 사주가 더 좋고 木火 운은 좋고 土운은 무해무덕하고 金水 財官운이 흉하다.

[실증철학 원문]
稼穡格 : 흙인 土는 전답으로 토일주가 지지전국이 土로 구성되면 심고 거두어 드린다하여 가색격(稼穡格)이라 한다.

[강의노트]
戊己土 일주가 土가 많을 때 가색인데 가색이란 심을 가 거둘 색 자로 심고 거두는 일을 해야 한다는 말이다 가색은 辰월의 가색이 좋고 未월이나 丑월은 농사짓기 어려워서 上格가색은 되기 어렵다.

```
        戊                    戊
     未 辰 辰 未          戌 未 戌 未
```

辰월 가색은 농사짓기 좋은 땅이긴 한데 財庫(辰)를 둘이나 놓아 부자이긴 한데 아내가 아프다. 未월가색은 조열하다, 화토중탁(火土重濁)으로 농사 안 된다. 독신, 종교인이 많고, 가색은 財官운이 흉하다.

[실증철학 원문]
從革格 : 金일주가 지지전국이 金으로 구성 되면 從革格이 된다.

[강의노트]
바꾸는 데는 일등이다. 혁명 혁신으로 따라 간다 이것이 金이다. 庚辛일주가 金이 많을 때가 종혁이다. 금속공학 치과의사 군인과 인연 있다. 박정희 대통령이 庚申일주였다, 종혁은 아니라도 혁명하고 군인이었다.

　　　　辛
丑　酉　丑　酉　　종혁격은 金水 운이 좋고 木火 운은 흉하다.
　三合中에서도　巳酉丑 亥卯未는 陰三合이고,
　　　　　　　寅午戌　　申子辰는　　陽　　　三合이다.
　그러므로 陰일간은 陰三合을 만나야 좋고 陽일간은 陽三合을 만나야 좋다. 그렇지 않으면 격이 떨어진다. 만약에 丁일간이 寅午戌 火局을 이루면 음일간이 양삼합을 만나서 방합이 되어버린다.
만약에

　　　　　　　　庚
　　　　丑　酉　辰　酉

　위와 같은 경우는 辛일주가 巳酉丑 三合 한 것과 같이 봐도 된다. 辰酉가 六合이나 부부합 이라서 삼합 못지않게 좋다.

[실증철학 원문]
潤下格 : 水일주가 지지전국이 水로 구성 되면 물은 아래로 흐른다 하여 潤下格이 된다.

[강의노트]
壬癸수 일주가 水가 많을 때 윤하격이다. 윤하는 물로만 이루어졌으므로 雪景으로 봐라, 여기서 火운이 들어오면 눈사태가 난다. 오직 金水밖에 모른다, 윤하격은 법정 외교 종교와 인연 있다.

위에서 설명한 從格中에 八格의 공통분모는 財官운에 박살난다는 것이다 삼합이면 선장이고 방합이면 갑판원이다.

三合은 生하는 것즉이 계속 들어온다. (寅午戌-木生火 火生土)
方合은 生하는 것이 없다, (巳午未 그냥 불일뿐이다)
  쉬어가기 위해 사주하나놓고 풀어보겠다.

乾 乙 庚 壬 丁
命 丑 辰 寅 未

수 9 19 29 39 49 59 69
대 己 戊 丁 丙 乙 甲 癸
운 卯 寅 丑 子 亥 戌 酉

모친이 상담 의뢰한 사주이다. 항상 사주를 볼 때에는 특징을 찾아내어야 한다. 이 사주는 五行 全具에 좋아 보이지만 문제성이 많다.
1, 官殺混雜 : 관살이 혼잡 되면 官도 殺 역할을 하게 된다.(丑辰未)
2, 合多有情 : 합이 많으면 오행 본연의 역할이 안 된다.<丁壬 乙庚)
3, 財官得勢 : 三土가 官으로 강하고 丁화는 丁未로 有氣하다(得勢)
30대 중반의 남자인 데 편모슬하에서 자랐고 조울증이 있고 직업도 별 볼 일 없단다. 성격도 너그럽지 못하고 무슨 일에 전념하지 못하고 쉽게 바꾼단다. 이 사람은 위에서 말한 3가지 문제가 바로 다 적용 된 것이다. 관살혼잡이 되어 대인관계 원만치 못하고 성격 문제로 조울증 온 것이다. 신약한 壬수가 水生木 하려고 안간 힘을 쓰지만 허약하니 성질 더럽고 살아 갈려니 자연 성질나게 됨,
合多有情으로 주관이 뚜렷하지 못하고 생각이 자주 바뀌고 정이 약하니 지조 없는 사람이다. 월간 庚금은 乙庚합 하느라 壬水 돌 볼 생각 없는데 壬수는 도와 줄 것으로 착각하고 있다. 丁壬이 合하니 돈도 없어진 것이고 淫亂之合으로 속을 들어 내 놓지 못한다.
신약한데 財官이 得勢해서 財官에 이용당하는 형상이다. 항상 身旺해서 財官을 내 마음대로 부려야 하는데 말이다. 그래도 39대운부터 發福할 것이라고 안심시켰다.

위에서 설명한 종격은 대표적인 正八格으로 널리 알려진 格이고 지금부터 설명하려는 格은 특별한 격으로 많이 알려지지는 않았지만 역술인으로 알고 넘어갈 부분이어서 기록하여 설명하고자한다.

[실증철학 원문]
福德格 : 陰일주가 地支全 巳酉丑三合局이면 正八格에 들어가는 從格인데 金은 결실로서 沖破가 없어 淸格으로 보기에 福德格이라 한다.

[강의노트]
　이격도 역시 종격이다 金局은 항상 복을 가지고 다닌다하여 복덕격인데 음일주가(乙丁己辛癸) 지지에 巳酉丑金局이면 복덕격이라고 한다.
乙목 일주가 巳酉丑金局이면 從殺格이고
丁화 일주가 巳酉丑金局이면 從財格이고
己토 일주가 巳酉丑金局이면 從兒格이고
辛금 일주가 巳酉丑金局이면 從革格이고
癸수 일주가 巳酉丑金局이면 從印格이다. 그런데 沖破가 없어야만 淸貴格이 된다. 三合局中에서 金局만 복덕격이 되는 이유는 金은 결실이고 합작용이 강하게 잘 되고 거기다가 陰일주라서 從을 잘한다해서 복덕격이라 한 것이다.

　　　　　癸
巳　酉　丑　酉　三合局이니 큰 하나로 대학총장 사주이다.
<큰 하나로 라는 말은 세 글자가 모여 金이라는 인수 하나로 뭉쳤으니 인수는 학문으로 대학총장이라 한 것이다.>

　　　　　　癸
　　　申　酉　酉　申
　위 사주는 초등학교 선생감도 안 되는 사주다. 복덕격 사주는 富貴한 팔자이다.<비견 겁재 끼리 모여 인수가 많아진 경우라서 별로다>

[실증철학 원문]
化氣格 : 화기라 함은 변화하여 전혀 다른 기운의 오행으로 변화한 격을 말한다. 예를 들어 보자면

甲己 일주가 地支에 全土를 만난 경우
乙庚 일주가 地支에 全 金局 한 경우
丙辛 일주가 地支에 全 水局 한 경우
丁壬 일주가 地支에 全 木局 한 경우
戊癸 일주가 地支에 全 火局 한 경우를 말하는데 단 純粹한 成格이라야 하며 爭合이나 妬合되지 말아야 한다.

[강의노트]
화기격은 종격과 같다 처세가 좋고 외교에 능하며
化氣를 방해하는 운은 大忌하고
合化한 오행을 도와주는 운은 大吉하다.

[실증철학 원문]
井欄叉格 : 庚金 일주가 地支에 全 申子辰 水局을 이루고 있어야 하고 金生水로 우물에 비유하였고 欄자는 난간 란자로 水多하여 陰이 극에 이르고 있음을 말하고 叉자는 깍지 낄 차자로 교차됨을 말한다.

[강의노트]
정난차격은 종아격과 같다. 庚수운이 좋다.

　　　　　　　　庚
　　　辰 子 申 子 　이 사주는 종아격으로 보기도 하지만 정난차격이 되는 것은 申子辰이 寅午戌을 沖해오니 火局이라는 것인데, 이는 즉 陰極則始陽이고 陽極則始陰의 법칙에 의한 것이고 火를 沖해 와서 官으로 삼는다는 것이다.

[실증철학 원문]
玄武當權格 : 玄武는 壬癸水의 別稱이고 當權은 왕성한 세력을 말한다.

[강의노트]
水(壬癸)일주가 지지가 火局이거나 土가 많을 때로 從財나 從殺格이다. 현무는 水이다. 고로 壬癸 水 일주는 비밀이 많고 끄레묵런이고 현무는 신음으로 끙끙 앓다보니 항상 근심 걱정이 많다.

육수(六獸) : 여섯 짐승
청룡(靑龍) : 甲乙 木 - 경사 기쁜 희열
주작(朱雀) : 丙丁 火 - 구설 답변 소란 섣득 시끄럽고 톤이 높다.
구진(句陳) ; 戊 土 - 묵은 것 오래된 것 옛 것 살찐 것
등사(螣蛇) : 己 土 - 깜짝 깜짝 놀란다. 단거리 선수 도망
백호(白虎) : 庚辛 金 - 난폭 흉폭 숙살 사고 재앙을 끌고 다닌다.
현무(玄武) : 壬癸 水 - 비밀 근심 걱정 신음

이러한 육수를 사주에서 응용하려면
일을 성사되지 못하게 깨 버리려면: 螣蛇는 운무를 일으켜 감추다.
일을 늦게 이루어지게 지연하려면: 句陳은 오래 늦어지게 하다.
일을 귀신같이 아무도 모르게 하려면: 玄武로 써
일을 번갯불에 콩 구어 먹듯 하려면: 白虎로써
일을 조금 시끄럽게 하려면: 朱雀을 동원하고
일을 순조롭게 이루어지게 하려면: 청룡을 써라

사주를 잘 감정하려면 이야기를 재미있게 해야 하는데 이런 것들을 응용하면 좋다.

[실증철학 원문]
天元一氣格 : 天元一氣은 天干의 같은 기운을 말하며
地支는 무관하나 사실은 吉凶의 작용은 지지에 의해 좌우 된다.

[강의노트]
천간이 모두 같은 기운이어야 한다.
甲 甲 甲 甲 이런 경우 비견이므로 도둑놈 옆구리에 끼고 산다.
○ ○ ○ ○ 의처증 의부증 숱친구는 많으나 진정한 친구는 없다.
비견은 경쟁자 방해자 群比爭財 가능성 있다 그러나 生剋制化가 于先이다.

[실증철학 원문]
地支一氣格 : 地支가 一氣로 성립된 경우를 말하므로 地支가 子년 子월 子일 子시가 된 경우이다.

[강의노트]
지지가 모두 같은 기운이어야 하며 이는 同合작용을 하게 된다.
○ ○ ○ ○　　○ ○ ○ ○　　○ ○ ○ ○
寅 寅 寅 寅　　亥 亥 亥 亥　　子 子 子 子
寅이나 亥는 三合작용이라서 좋고 子와 같은 경우는 方合 정도로 보고 별 볼일 없다.

[실증철학 원문]
干支同體格 : 干支가 同體로 똑 같아야 성립되니 甲戌이라면 年月日時가 모두 甲戌인 경우에 해당한다.<60甲子中 10일만 해당된다.>

[강의노트]
간지동체격 이라고 하는 천간 지지가 똑 같은 것은 10개 밖에 없다. 역시 종격과 같고 천원일기나 지지일기에 해당 된다.

甲 甲 甲 甲
戌 戌 戌 戌

從財으로 보라, 그러나 燥土라서 모래성이다. 비견이지만 언젠가는 살아나서 내 것을 빼앗아 갈 것이다. 돈 자랑하면 다 빼앗긴다. 戌土인 돈이 각자 주인이 따로 있다.

乙 乙 乙 乙
酉 酉 酉 酉

從殺로 보라, 同合이고 상팔자는 못 된다. 여자라면 운이 나쁠 경우 4번 시집간다. 丑운을 만나면 酉丑으로 흩어졌던 것들이 모두 한군데로 모인다.

丙 丙 丙 丙
申 申 申 申

從財로 보라, 申金도 각기 짝이 있다. 내 것이 조금밖에 없다.

丁 丁 丁 丁
未 未 未 未

火土 重濁으로 보라, 木火운이 좋다. 여자라면 자식은 많은데 남편이 안 보인다. 고로 남의 자식 키운다. 옛날엔 고아원장 지금은 유아원장이다.

戊 戊 戊 戊　　　　　己 己 己 己
午 午 午 午　　　　　巳 巳 巳 巳 종교성이 강하다

火土 重濁 : 질그릇이다.　火土 重濁 : 자기를 두드리면 소리 난다.

庚 庚 庚 庚
辰 辰 辰 辰

이 명조는 김유신장군 사주로 동서남북이 모두 魁罡에 兩神成象 이다. 토금만으로 구성된 특별한 사주다.

辛 辛 辛 辛
卯 卯 卯 卯

從財로 牛山之木이다. 참으로 辛卯(神妙)하게 태어났다. 습목으로 財生官 못한다. 사주에 돈은 있는 데 벼슬은 못한다. (丙辛合去)

壬 壬 壬 壬　　　　　　　　癸 癸 癸 癸
寅 寅 寅 寅　　　　　　　　亥 亥 亥 亥

兩神이 相生되고 兒又生兒格이고 寅中丙火가 用神이다. 단 吉格인데 비견이 많은 것이 단점이다. 癸亥일주는 비견 겁재로만 구성된 특수한 팔자다 그러나 나쁜 사주는 아니다.

제4표 日柱 對 生時 成格

[실증철학 원문]

格 命	構 成 要 件	槪 要
子遙巳格	甲子일 甲子시	
丑遙巳格	辛丑일 己丑시 癸丑일 癸丑시	
六乙鼠貴格	乙일 丙子시	
六陰朝陽格	辛일 戊子시	
拱祿格	正祿을 끼고 있을 때	癸亥일 癸丑시 癸丑일 癸亥시
拱貴格	玉堂天乙貴人을 끼고 있을 때	甲子일 丙寅시 甲寅일 甲子시
拱財格	생 일시가 일간의 財庫를 끼고 있을 때	癸亥일 辛酉시
金神格	甲己일생 巳酉丑시	巳酉丑이 金神
貴祿格	時支에 正祿을 놓고 있을 때	日祿歸時格
專財格	時支에 財庫가 있을 때	丙丁일 丑시
時墓格	時支에 일간의 庫藏이 있을 때	丙丁일 戌시
甲趨乾格	甲일 亥시	合祿格
壬趨艮格	壬일 寅시	合祿格
刑合格	癸일 寅시	酒色
合祿格	戊일 申시	
飛天祿馬格	財官印을 暗沖하여 작용됨	癸亥일 多逢亥 辛亥일 多逢亥 庚子일 多逢子 壬子일 多逢子

日柱 對 時柱로 구성되는 格

[실증철학 원문]
子遙巳格 : 甲子일 甲子시로 구성되는 것으로 時支 子中癸水에 보이지 않는 巳中戊土가 戊癸로 합하기 위해 멀리서 그리워하다 못해 스스로 引合해서 들어오니 同宮에 함께 있던 丙火가 시샘하여 丙辛合으로 辛金을 유인함으로 辛金은 甲일에는 正官이요, 丙화는 식식과 더불어 水木凝結을 풀어 더욱 유익하게 작용됨으로 成格이 된다. 다만 柱中에 巳火(塡實)와 合하는 丑土(作用不能) 沖하는 午火(沖,破) 辛金, 丙火(塡實)가 없어야만 成格이 되고 이러한 것은 運에서도 同一하게 취급된다.

[강의노트]

○ ○ 甲 甲
○ ○ 子 子   塡 : 메울 전 實 : 열매 실

만약 巳 丑 午 辛 丙 이 있으면 塡實이라하여 메워져서 안 된다.

○ ○ 甲 甲
○ 丑 子 子

子丑으로 연애(合)하고 있어 자요사격이 안 된다.

○ ○ 甲 甲
○ 巳 子 子

이런 경우도 巳中戊土와 子中癸水가 합을 하고 있어 안 된다.
운에서 丑년이나 子년이 와도 안 된다.

[실증철학 원문]
丑遙巳格 : 丑中癸水와 辛金에 巳中戊土와 丙火가 합하는 것에 탐이 나서 멀리서 동경하다가 스스로 引合 하여(丙辛과 戊癸로) 들어와서 本命의 일주에 결정적으로 유익하게 작용하여 成格되는 것으로 癸수일주에 巳中戊토 丙화 庚금이 財官印으로서 三奇가 되고 辛金일주는 巳中戊土 印綬, 丙火 正官으로 二德이 되어 좋은 역할을 하게 되니 貴物이 된 것인데 만약 柱中에 子(축합하면 遙巳를 못함) 未(沖破) 丙 戊 庚 巳 등이(塡實)이 없어야만 眞格이 되고 運에서의 작용도 이와 같다.

[강의노트]
癸丑일주나 辛丑일주가 丑을 많이 만나면 축요사격이 성립 되는데
○ ○ 癸 癸
○ ○ 丑 丑
축요사격 이지만 말년에 도씨(盜氏)가 기다리고 있다. 丑中癸辛이 巳를 불러들여서 巳中丙戊와 합하니 癸수에게는 정재(丙) 정관(戊) 인수(庚)로 이것이 축요사격 이다. 축요사격도 三合局이면 더 좋다.
○ ○ 癸 癸   ○ 癸 癸
○ 子 丑 丑   ○ 巳 丑 丑
子나 巳가 나타나면 축요사격 성립이 안 된다.
○ ○ 癸 癸
巳 酉 丑 丑
巳酉丑 三合局을 이루어 좋은 팔자이다. 從印格으로 대학총장감이다. <癸日 癸時 겸 亥丑이면 魁名及弟 入翰林 이라는 말은 癸水일주가 癸丑시나 癸亥시를 만나면 한림의 박사가 된다.>
戊 己 癸 癸
戊 未 丑 丑 이런 경우 탁수가 되어 사주가 버렸다. 고로 한림박사가 될 수 없다. 金水용신 이런 것쯤은 구분 할 수 있어야함.

[실증철학 원문]
六乙鼠貴格 : 乙일 丙子시로 구성되며 子는 쥐로(鼠) 貴가 된다하여 鼠貴라고 하였다.

[강의노트]
```
○  ○  乙  丙
○  ○  ○  子    子는 쥐(鼠 쥐서)이다.
```
子에 巳가 따라 들어와서 戊癸 합이 된다. 이 격에서도 丑(子丑) 午(子午) 巳 戌 庚이 있으면 전실이 되어 격이 성립이 안 된다. 운에서도 역시 같다. 六乙鼠貴格이 잘 이루어지려면 명조 자체가 잘 이루어져야 한다.

```
○  ○  乙  丙
午  寅  亥  子
```
육을서귀격이 아니더라도 이 사주는 木火通明으로 잘 이루어지면 귀격이다. 丙화 용신이다. 다만 여기서 주의할 것은 時上傷官이라는 것이다.

時上傷官은 장관이냐? 사업자냐? 정경부인이냐? 기생이냐? 참 헷갈린다. 그러므로 본 명조자체가 잘 이루어져야 한다.

[실증철학 원문]
六陰朝陽格 : 辛금일주가 戊子시로 구성되며 六陰은 辛금을 말하고 朝陽은 이른 아침으로 子를 말하며 子中癸水에 巳中戊土가 戊癸合으로 引合 되어오면 同宮에 있는 丙火는 정관으로서 官印이 되어 二德을 얻어 작용하는 것을 말한다. 단 柱中에 丑(絆合) 午(沖) 丙戊巳 등 (塡實)이 있으면 복이 반감 되고 역시 운에서도 같다.

[강의노트]
```
         辛  戊
○  ○  ○  子
```
子가 巳를 불러들여 巳中戊土는 인수이고 丙은 정관으로 官印을 얻어 귀하게 된 것이다.

```
         辛 戊
○ ○ ○ ○ 子
```
여자라면 巳가 따라 들어오니까 丙이 정관으로 애인인데 暗合이니까 정당치 못한 사이이다. 사주에 丑午丙戌巳 등이 있으면 塡實되어 격이 성립 안 되고 운에서 들어와도 마찬가지다.

```
         辛 戊
子 子 酉 子
```
금수쌍청(金水雙淸)이다. 지나치게 깨끗해서 종교인 팔자다. 사주는 生剋制化가 우선이다.

[실증철학 원문]
拱祿格 : 정록을 끼고 있다하여 공록이라 이름 붙여진 것이다.

[강의노트]
사주에 정록이 있거나 刑沖이 되면 파격(破格)이다.

```
      癸 癸
○ 丑 亥 丑
```
이런 경우 丑과 亥사이에 子가 癸수의 정록이 되어 끼어드는데 子가 끼어든 후에 吉凶을 따지자면 여기서는 凍水로 凶으로 봐야 한다. 이처럼 지지 암장으로 들어오는 공록은 개도 안 짖고 도둑맞는 형국이고 나중에 쓰려고 하면 없어지고 없더라.

사주에 정록이 있거나 刑沖이 되면 파격(破格)이라고 하며 즉 子나 寅이 丑을 끼고 들어오는데 子나 寅이 刑沖이면 丑을 끼고 들어오지 못한다는 것이다.

[실증철학 원문]
拱貴格 : 일주의 天乙貴人을 끼고 있다하여 붙여진 이름이다.

[강의노트]
사주에 天乙貴人이 있거나 刑沖이 되면 성립이 안 된다.
天乙貴人은? 甲戊庚에는 丑未요, 乙己에는 子申이고, 丙丁은 亥酉이며, 辛에는 寅午이고, 壬癸는 巳卯다. 辰戌은 魁罡에 雜氣나

천을귀인이 없다. 甲木에 丑土는 凍土라서 뿌리 못 내린다, 이래도 천을귀인이 좋다고 할 것인가, 항상 참고사항일 뿐이다.

```
     乙 癸
○   丑 亥  ○   이런 경우 子가 天乙貴人인데 <亥子丑>으로 凍水라서   拱貴라도 흉하다 이런 경우는 길이 될 수 없다.
```

```
        辛
卯  丑  酉  ○   이런 경우는 卯寅丑으로 寅이 천을귀인이 좋게 작용한다.
```

```
     甲 丙
○  ○  子 寅   이런 경우 丑이 공귀인데 甲에게 丑은 관고다.
     丑        <자식 높이 무덤에 든 경우로 拱貴라도 不利>
```

天乙貴人, 拱貴는 아무 때나 쓰지 말고 똑같은 장관이라도 수석장관이 될 수 있나 볼 때 공귀를 써먹어라.

[실증철학 원문]
拱財格 : 일간의 財庫를 끼고 있다하여 붙여진 이름이다.

[강의노트]
財庫 : 木 - 戌 水 - 戌 火 - 丑 土 - 辰 金 - 未

```
        庚
○  午  申  酉   月에 정관을 놓고 있어 午火가 용신이다. 신왕 하
     未         고 사주에 財가 없는 데도 큰 부자이다. 午와 申
```
사이에 未土인 財庫가 끼어들어(拱財)부자가 된 것이다.

```
     癸 辛
○  午  亥  酉   戌인 財庫가 끼어들어 拱財格이 되었다.
     戌
```

[실증철학 원문]
金神格 : 甲己일생이 巳酉丑시일때 成格되며 巳酉丑은 金局이라 金神이라 命名되었다.

[강의노트]
이것을 응용 할 때는 巳나 丑 이나 酉가 월 일 시에 있을 때 해당된다. 년은 멀어서 작용이 약하다.
예를 든다면 己일 생이 巳는 인수요, 酉는 식상이고, 丑은 상식 고로써 매우 영리하다.

金이 많으면 火가, 火가 많으면 金이 필요하며 영리하다.
가령
　　　　　己
○　丑　酉　巳　金局에 金多하니 火가 用神이다.

　　　　　己
寅　午　巳　酉　火多하니까 酉金이 用神이다.

　　　　甲　癸
○　午　午　酉　火多하니까 酉金이 用神이다.

　　　　甲　癸
○　午　申　酉　金과 水가 많다, 火가 用神이다.

[실증철학 원문]
歸祿格 : 일주의 正祿이 시주에 돌아가 있다하여 歸祿이란 이름을 붙였다.

[강의노트]
建祿 : 정록이 月에 있으면 건록이라 한다. 일에 있으면 干如之同. 정록을 일지에 놓고 있어서 내 전용으로 쓰고 있다고 해서 전록이라고 한다. 이처럼 祿은 일간이 착근(着根)하는 데는 좋으나 신왕할 때는 비겁이 되어서 도둑놈이 되니 흉하고 신약일 때는 본인의 의지처가 되어서 좋다. 만약에

     乙
○ 卯 卯 卯 건록 전록 귀록이 모두 있지만 비견이 많아서 버린 사주다.

    甲 丙
子 子 子 寅 甲木이 水多하고 얼어있는데 귀록이 있어서 착근하고 꽃피우고 좋다.

    庚
○ 申 申 申 이 사람은 말년에 가서야 제자리 찾겠네요. 정록이 많지만 금실무성(金實無聲)으로 사주 버렸다.

[실증철학 원문]
專財格 : 시주는 일주와 가깝고 또 앞에 있다하여 專이라 하였고 財는 財星이 아니라 財庫를 칭한 것이며 身旺이라야 한다.

[강의노트
時에 財庫가 있을 때가 專財格이 된다.

   壬
○ 申 子 戌 身旺하고 時에 戌土 財庫가 있고 이것이 용신이다. 신약하면 전재가 안 된다.

만약에

```
        甲
戌 卯 戌 戌    이런 경우 財多身弱 으로 專財 작용이 안 나온다.
        庚                    庚
○ ○ 申 未    ○ ○ 申 午  이 두 사주중 어느 것이 더
```
좋을까? 1의 사주는 그릇이 크고 잘 산다. 未는 천을귀인 이고 財庫로서 전재격 이다. 2는 午가 庚의 패지로 목욕궁이다.

[실증철학 원문]
時墓格 : 일간의 묘궁이 시주에 있다하여 붙여진 이름이다(病死)

[강의노트]
일간의 墓가 시에 있을 경우

```
    木(甲乙)      火(丙丁)      金(庚辛)      水(壬癸)      土(戊己)
○ ○ ○ 未   ○ ○ ○ 戌   ○ ○ ○ 丑   ○ ○ ○ 辰   ○ ○ ○ 戌
```
특징은 모두 병들어 죽는다. 교통사고 같은 횡사는 아니고 자연사 이지만 말년이 불행 불리하다.

[실증철학 원문]
甲趨乾格 : 甲일주가 乾 즉 戌亥를 따라 격이 구성 되었다하여 붙여진 이름이다.

[강의노트]
갑추건격은 甲木일주가 亥시를 만났을 때(趨 : 달릴 추, 따를 추, 乾:戌亥)

```
        甲 乙
○ ○ ○ 亥  이사주의 경우 乙목 盜氏가 기다리고 있다. 그러므로
```
갑추건격으로 보지 말고 암록(暗綠)으로 봐 주는 것이 더욱 쉽다. 亥수로 인해서 寅이 따라 들어옴, 甲에 寅은 정록이고 寅中丙화로 양지나무가 되고 착근되어서 일거양득으로 寅목의 역할이 지대하

다.
원서에서는 갑추건격으로 亥와 같이 있는 戌中辛금이 정관으로 작용이 된다고 했으나 戌中辛금은 土多金埋로 용신 불가하다.

[실증철학 원문]
壬趨艮格 : 壬은 일간이요 **趨**는 달릴 추자로 쫓아간다는 뜻이며 艮은 艮方을 의미하며 즉 寅을 말함이라 자세히 설명하자면 壬일 寅시면 寅과 같이 있는 丑中의 己土 正官, 辛金 正印을 얻어 귀로 작용하는 것이다.

[강의노트]
임추간격은 壬水일주가 寅시를 만났을 때로

　　　　壬
○ ○ ○ 寅 이 격 역시 암속으로 써 먹어라, 寅시라면 인의 정속 해가 寅亥 함으로 따라 들어온다. 원서대로 축중기토를 정관으로 써먹기는 어려운데 그 이유는 꽁꽁 얼어붙었기 때문이다.

[실증철학 원문]
刑合格 : 癸일 甲寅시로 구성 되는 데 그 이유는 寅이 巳를 刑出하여 巳中의 財官印 三奇를 얻어 貴로 작용하며 다만 풍류가 심한 것이 일점 흠이나 일단 身旺 하여야 한다.

[강의노트]
刑合格은 酒色으로 몸을 망치는 경우로 봐라, 왜?
癸일 寅시가 刑合格인데 多困酒色에 傷其身이라 若臨羊刃 幷七殺로 定作黃泉 路上人 이라했으니 이 말을 풀어 말하자면
형합격은 주색으로 인하여 몸을 상하는데 만약 양인이나 칠살과 같이 있으면 길거리에서 객사하고 교통사고로 죽으라고 정해진 사람이다.

```
        癸 甲
○ ○ ○ 寅
```
寅이 역마지살인데 癸수가 역마지살로 인해 甲寅木에 흡수되어 없어진다. 고로 교통사고이다. 또 寅中의 丙화가 여자이니까 酒色으로 연결하라.
그러나
```
        癸 甲
○ 丑 酉 寅
```
이런 경우에도 여자와 놀아나겠는가?
丑酉 금으로 인수이니까 선비로서 寅中丙火가 아무리 꼬득여도 신왕해서 지조가 있어 안 간다. 그러나 신약하면 甲寅木에 휘둘려서 자제능력이 없어지니까 그래서 일단 신왕 해야 한다는 것이다.

刑合格은 寅목이 巳를 刑하여 들어오자 巳中 戊 丙 庚을 癸水로서는 정관 정재 인수 세 가지를 동시에 얻어 귀하게 된다는 것이다.
만약
```
        癸 甲
戊 申 巳 寅
```
여자라면 시상상관이니까 남편을 극한다. 巳중의 戊土가 남자인데 앞장이니까 애인이다. 戊癸합으로 사이좋게 지내다가 寅巳시키니까 甲木이 木剋土로 패대기 친다.

학인여러분 머리통 깨질 것 같지요, 그냥 읽어 내려가세요, 이 많은 격이나 내용들을 일시에 어떻게 머리에 저장합니까? 아하 이런 격도 있구나 하고 가볍게 받아 드리세요, 머리 좀 식힐 겸 실존인물 감정해 보겠습니다.

아래 사주의 주인공은 남대문시장에서 20여 년간 남편하고 의류 도매상을 하면서 살아온 여자인데 남편이 갑자기 병사했다고 부고가 왔습니다. 문상도 갈 정도로 10년지기 고객이었고 매사를 시도 때도 없이 상담해 주던 사이였으니 고정 고객이었지만 때로는 이 여성분의 마음을 다 읽을 수가 없었습니다. 항상 공식에 의거 조언을 해 줄 정도였답니다. 그런데

坤命	庚子	丙戌	癸未	甲寅

수	5	15	25	35	45	55	65
대운	乙酉	甲申	癸未	壬午	辛巳	庚辰	己卯

　이런 사주를 보면 癸水가 신약해서 甲寅목 상관에 휘둘리겠구나 보이지요, 庚子 金水가 년에 있지만 나에게 전혀 도움이 안 됩니다 丙戌이라는 월주가 火剋金 土剋水로 패대기쳐서 아이고 나 죽겠네 하고 癸水를 돌보지 못하지요, 戌未 官殺이 刑을 합니다. 시상 상관이 강하므로 남편의 덕은 전혀 없고 내가 노력해서 돈 벌어야 하고 남자노릇 가장 노릇해야 하지요, <그렇게 살아왔답니다.>그런데 허약하니 운의 기복이 심하고 자신감이 없어서 우리 같은 철학원 하는 사람들에게 의지하지 않고선 못사는 팔자입니다. 평생 사주 안 보고도 잘 사는 사람들 많은데 이 사람들은 자신감이 넘치는 사람들이거든요, 이 사주는 월지 정관을 놓고 있어 정확하지만 때로는 부정확하게 되고(戌未형살을 함> 丙戌로 丙화는 재성이고 재고인 戌토를 놓아 부자 같아 보이지만 戌未刑을 먹어 開庫<돈 창고가 열려>로 재물이 정거장이죠, 아무튼 열심히 돈 많이 만져봤지만 부자도 못되고 그냥 그렇게 살았습니다.

　癸巳년 丙辰월 丙辰일에 남편이 사망 했는데 이 여인의 사주로 그 해 운세를 보면 癸巳년은 寅巳刑을 합니다. 丙辰월일은 정관 辰토 남편에게 문제가 발생한다로 보아야 하지요, 그런데 말입니다.
남편사주가
己 庚 乙 戊
亥 午 亥 寅　癸巳년 丙辰월 丙辰일에 죽었다.
이 사람에게는 상관성이 발동하는 해로서 몸 다친다로 보아야 하지요, 辰亥 원진살이고 辰土가 水庫지이니 어쩌면 물로 인해 몸 다칠 수가 보이던 군요, 그런데 젊은 사람이 죽기까지야 할 까, 寅巳刑이 문제가 될 것 같았습니다. 사고수라고 확신 했습니다.

그런데 문상 갔을 때 전혀 그런 기색이 보이지 않아 문상만 하고 왔습니다. 몇 달이 지난 후에 이 여인이 상담 차 필자를 찾아왔습니다. 단도 직입적으로 남편이 사고사지요? 라고 물었습니다. 그랬더니 깜짝 놀라서 사주에 그런 일이 보이나요? 그래요, 물에 빠져 죽었으면 몰라도 자연사로 보이질 않습니다. 그제서야 실토를 하더라고요, 몸이 안 좋아 종합병원에 입원해 있었는데 환자가 감쪽같이 사라졌다는 병원측의 연락을 받고 백방으로 찾아보던 중 3일만에 경찰서에서 연락이 왔는데 한강에 빠져죽은 시체를 건져놓고 연락이 와서 알게 되었다 네요, 다 팔자소관입니다, 라고 위로 했죠,

왜? 이 여인의 사주이야기를 이렇게 장황하게 늘어 놓았느냐 하면 팔자도 刑合格으로 보지 않고 신약사주에 관살이 刑을 먹고 식상 상관이 강하여 남편의 덕이 없고 노력하며 살아가는 팔자라고만 누누이 말해주었답니다.

사주는 生剋制化가 우선이라는 말을 하고 싶어서였습니다,
격은 참고용으로 써 먹으면 되는 것이고요.

　그 후로 몇 해를 잘 견디나 싶었는데 戊戌년에 파산신청 해 놓고 폐업했습니다. 왜일까요? 戊 雙刑하니 관재구설이고 형벌이죠,

[실증철학 원문]
合祿格 : 戊日 庚申시로 성립 되는데 申금이 戊일의 正祿 巳화를 巳申으로 引合하여 온다하여 붙여진 이름이다.

[강의노트]
合祿이란 일간의 정록과 육합이 되는 것을 합록이라고 하고 이것이 암록이라고도 한다. 고로 언제든지 정록을 합하는 것이 있으면 이것이 합록 이다.

```
        甲
○  ○  ○  亥    이런 경우 寅亥 합이되니 寅인 甲목이 정록과 六合
```
이 된다.
모두 六合되는 것이 일간의 정록인데 시 일 월을 모두 봐준다.
合祿格은 戊일 庚申시로 구성 되는데

```
        戊  庚
○  ○  ○  申    戊의 정록이 巳다. 고로 巳申합이다.
```
戊에 庚申시면 설기가 많아서 巳화가 들어와야 火극金과 火生土로 균형을 이룬다. 그러나 나중에 형작용이 생기므로 결국은 刑이라는 것이다. 합록격 중에서도 戊일의 庚申시는 합록을 못 써먹는다는 것이다. 이것이 많은 합록중에서 언급하는 이유이다.
그러면

```
        甲                              壬
○  ○  ○  亥              ○  ○  ○  寅
```
　합록이든 암록이든 간에 그 사주에서 좋게 작용한다는 것이다. 원래 암록 합록이 되면 눈에 보이지 않는 귀인이 따라드니 음덕을 입게 되고 선영의 덕을 입게 되는 것이다.

[실증철학 원문]

飛天祿馬格 : 비천은 暗沖을 말하고 祿은 正官 馬는 正財를 말하는데 다시 말하자면 필요한 財官印을 暗沖하여 貴로 작용한다하여 불여진 이름이다.

[강의노트]

비천은 暗沖을 말하는데 지지에 같은 글자가 셋 이상일 때 암충은 비로소 성립된다. <子가 많으면 子午沖을 해오고> 丑多하면 未를 寅多하면 申을 卯多하면 酉를 沖해 온다.

비천록마격은 원서에는 6개를 말하지만 실제로는 辛亥일주가 多逢 亥하거나 癸亥일주가 多逢亥일 때 만 성립된다.

辛
亥 亥 亥 亥 이 사주는 水多金沈이고 從兒格이다. 亥中甲木으로 氣가 몰리니 從財格으로 변했다. 이와 같이 從兒가 從財로 변하는 것을 아우생아격(兒又生兒格)이라 하는데 이런 경우 세상 앞을 내다보는 예지력이 뛰어나다. 亥 천문성에 천라지망이며 水가 많으니 법관의 팔자이다. 법관도 급수가 있는데 검찰총장감이다.

이 많은 亥수가 사화에게 모두 한방씩 얻어맞는데 亥수가 여럿이 모이자 군중심리로 巳화를 건드려서 충기(沖起)시킨다는 것이다. 그래서 巳화속의 戊 丙 즉 인수와 정관을 투출시키기에 飛天祿馬가 된다는 것이다 그러나 여자면 남편궁이 안 좋고 남자면 外方 자식 두게 된다.

乙
亥 亥 亥 亥 이런 사주라면 亥가 巳를 沖해 오므로 巳中戊庚이 정재 정관이 된다. 그러므로 남자는 외방자식 여자면 남의 남편이다. 비천록마 따지지 말고 이렇게 추리하면 된다. 가령 辛巳년에 신수보러 왔다면 亥수와 申금이 따라 붙는데 巳는 亥를 沖하고 辛은 巳와(巳中丙火와) 합하니 乙木 일주의 여자라면 巳中의 庚이 생기고 申中의 庚이 생기니 삼각관계가 발생하니 조심하라고 해야 한다.

　　　　　癸
亥 亥 亥 亥　癸亥일주가 多逢亥해도 飛天祿馬다. 潤下格이고 同合 (亥 亥 亥 亥)으로 삼합과 같은 작용 생긴다. 癸水일주고 천문성이니 법관의 팔자이다.

　원서에서는 아래 사주도 비천록마로 보는데
　　　　　庚
子 子 子 子　이런 사주라면 金水雙淸이고 원리원칙자이다.
　　　　　壬
子 子 子 子　이런 경우라도 寒冷之水로 同合에 양인이 쫙 깔려 있으니 법관은 법관인데 문제아이고 동네 변호사다. 항상 사주는 생극제화가 중요하다. 비천록마에 너무 연연하지 마라.

제5표 日柱 自體 成格

[실증철학 원문]

格　命	構成要件	概要
專祿格	日支에 正祿을 놓은 경우	甲寅 乙卯 庚申 辛酉
日貴格	日支에 玉堂天乙貴人을 놓은 경우	丁酉 丁亥 癸卯 癸巳
日刃格	日支에 양인을 놓은 경우	丙午 戊午 壬子
魁罡格	魁罡 日柱인 경우	庚辰 庚戌 壬辰 壬戌
日德格	甲寅일 丙辰 戊辰 庚辰 壬戌 일생인 경우	理工係
壬騎龍背格	壬辰일생이 多逢辰 또는 寅한 경우	壬寅 壬寅 壬辰壬寅
財官雙美格	日支에 正財 正官을 동시에 얻은 경우	壬午일 癸巳일

[실증철학 원문]
일주자체로 구성되는 격
專祿格 : 일지는 자신으로 전용물이라서 일지에 정록을 놓은자는 정록격이라 이름 하였고 身旺과 刑沖을 꺼리며 身弱에는 吉로 본다.

[강의노트]
일지에 정록을 놓은 경우는 60甲子중에서 4개밖에 없다.
甲 庚 乙 辛
寅 申 卯 酉 干如支同으로 부부궁이 나쁘고 형제관계 문제 있고 너무 똑똑해서 문제고 고집불통이다.〈甲寅은 고란살, 庚申은 道路神, 乙卯는 바람둥이, 辛酉는 멋쟁이〉 刑이나 沖이 된 상태라면 건속의 가치가 없다.〈역마는 도로, 도화는 바람, 또는 멋쟁이〉

[실증철학 원문]
日貴格 : 日은 日干을 말하는 것이고 貴는 天乙貴人으로 日支에 천을귀인을 놓았을 때 日貴格이 성립된다.

[강의노트]
일지에 玉堂天乙貴人을 놓은 자
丁 丁 癸 癸
酉 亥 卯 巳 일주는 귀공자 타입이다.
丁酉 丁亥는 재관으로 보고 일귀격이 되나 癸卯는 日貴보다는 風波로 보고 癸巳는 巳中戊土와 戊癸合이다. 남자는 財官 同臨이나 여자는 暗合이니 日貴格이 못된다.

　　　　丁　　　　壬 丁 壬
巳 酉 丑 寅　　○ 子 亥 寅
財多身弱 얼굴은 귀공자 마음은 목신쟁이,〈巳酉丑金局이면 도화와 합하여 귀공자고 財星多로 목신쟁이〉 丁亥일주 바람둥이 기생〈丁壬妬合〉

[실증철학 원문]
日刃格 : 日은 日柱를 말하는 것이고 刃은 羊刃殺을 말하는 것으로 日支에 양인살을 놓은 경우에 성립된다.

[강의노트]
일지 양인은 丙午 壬子 戊午는 천간은 양이고 지지는 음이다. 겉 다르고 속 다르다. 丙午 戊午는 탕화 하나를 더 갖은 자다. 壬子는 바람둥이 스테머너 짱이고 신장 방광이다. 남자면 丁이 처인데 子中癸水가 丁癸沖하니 배우자궁이 나쁘다. 戊午도 남자면 바람둥이다. 일지 양인을 놓은 자는 양인은 총칼 무기이니까 신약자는 吉 작용하지만 신약자는 凶器가 된다.〈신강 자는 칼 손잡이 잡은 거고 신약 자는 칼날 잡은 격〉

[실증철학 원문]
魁罡格 : 괴강 日柱를 말하는 것이고 강성이라 한번 실패하면 再起不能이 특징이고 武官으로 효신하게 된다.

[강의노트]
괴강은 군인 경찰로 연결하라. 남자는 영웅호걸, 여자라면 괴수로 남편 꺾는다.
庚辰 丙丁火가 남편인데 일지 辰이 濕土라서 衰沒 된다.
庚戌 丁火가 남편인데 戌土에 入墓된다.
壬辰 辰이 편관 남편이고 水庫지이니 남편 때문에 으메 나죽겠네.
壬戌 편관 백호이고 官庫이니까 남편의 무덤으로 無德하다.

여자 괴강 일주들은 남편궁이 나쁘고 사회생활 해야 한다. 군인 경찰관 남편 만나면 상쇄 된다. 월에 괴강이면 군인가족.

[실증철학 원문]
日德格 : 일지에 복덕을 놓았다하여 불여진 이름이다.

[강의노트]
일지에 복덕을 놓은 者 刑沖을 꺼린다.
甲寅 丙辰 戊辰 庚辰 壬戌 모두 이공계이다.

[실증철학 원문]
壬騎龍背格 : 壬수 일주가 辰인 용 위에 있다하여 붙여진 이름이다.

[강의노트]
壬辰 일주가 辰이나 寅을 많이 만날 때

丙 壬 壬 甲
寅 辰 辰 辰 이런 경우 임기용배격 이다.

[실증철학 원문]
財官雙美格 : 日支 藏干에 正財와 正官을 同宮에서 얻었다하여 붙여진 이름이다.

[강의노트]
癸巳 壬午 일주로서 祿馬同鄕이고 財官同臨이다. 똑 같은 말이지만 格局으로 써먹을 때는 財官雙美요, 祿馬同鄕이고 總角得子로 써먹을 때는 財官同臨이라고 한다.<祿은 正官, 馬는 正財>

癸
巳 일주는 巳中의 戊庚丙이어서 戊토 정관과 丙화 정재 또 庚금 인수까지 고로 재관쌍미격이 된다.
壬午 일주역시 財官이 同臨이다. 그러나 己亥역시 재관 동림이지만 亥는 밝이니까 안 써먹는다.

　　　　壬
丑　酉　午　寅　壬수 일주로 재관쌍미격이 되려면 身旺財旺으로

생극제화가 잘 되어야 한다. 그러나

```
      壬
○ 子  午  子
```
이런 경우 子午沖으로 깨져서 재관쌍미 작용이 안 온다. 고로 刑沖이 없어야 하고 身旺해야 한다.

```
      乙
卯 卯 卯 卯
```
이 경우 全祿格이지만 太剛則折로 망하고 만다. 이런 사람은 약초재배 화원 등을 하면서 살아가야 한다.

```
      甲
午 寅 午 寅
```
이런 사주라면 지나치게 건조해서 木火通明으로 좋게만 보면 안 된다. 수족이상 발육부진으로 보아야 한다.

日刃格

```
丙 甲 丙 壬
午 午 午 辰
```
남자인 데 교통사고로 중환자 되어 병원에 입원해 있다. 양인이 3개면 귀먹어리, 말 못하는 벙어리 불구자에 해당한다.

魁罡格

```
      庚 戌
戌 酉 戌 寅
```
괴강에 양인을 놓고 있다. 寅戌로 火局이니 官이 좋아 남편이 투스타로 남편 잘 만났다. 자신이 군경이 아니라면 남편을 군인이나 경찰관 만나 살면 좋다.

其他 여러 가지 格

[실증철학 원문]
 위에서 열거한 格 외에도 多數의 格이 있지만 중요한 격 즉 알고 넘어가야할 격들을 추가하니 참고하시기 바란다.

[강의노트]
오행구족격(五行俱足格)
오행을 모두 갖추었을 때를 말한다.

戊 辛 癸 甲   甲 戊 丁 丁   甲 丙 甲 丙
午 酉 丑 寅   子 辰 巳 未   子 寅 子 寅

 위에 기록한 癸丑일주는 五行全具에 생생불식(生生不熄)으로 세상살이가 편안하고 막힘이 없으며 丁巳일주는 子辰水局되고 있어 조열한 사주이므로 水가 용신이다. 甲子일주는 월시지에 뿌리 내리고 있어 丙火용신으로 木火通明의 命이다.

양간부잡격(兩間不雜格)
천간이나 지지가 동일 오행으로 구성될 때인 데 너무 청백한 것이 흠이다.

甲 乙 甲 乙   ○ ○ ○ ○
○ ○ ○ ○   亥 卯 亥 卯

천간에 비견 겁이 많아 의처 의부증 있다. 지지에 비견 겁이 많아도 동일하다. 술친구는 많아도 진정한 친구 없고 가는 곳 마다 시기질투 방해자가 있다.

순중부잡격(旬中不雜格)
旬中이라 함은 六十甲子중 甲子旬 甲戌旬 甲申旬 甲午旬 甲辰順 甲寅旬 으로 六旬이 있는 데 그 旬中에서만 사주가 이루어진 경우를 말하며 不雜이니까 너무 청백함이 특징이나 너무 신경 쓰지 마라.

오행취집격 (五合聚集格)

年月日의 일간이 같은 오행일 때 인데 爭財 하지 않는 것이 특징이다.

甲 甲 甲 ○　　　乙 乙 乙 ○
○ ○ ○ ○　　　○ ○ ○ ○　이런 경우인데 만약에 土가 하나 있다하자. 서로 차지하려고 싸우지 않는다는 것이다. 오히려 공주같이 칙사 대접 하더라.

지지공협격 (地支拱夾格)

지지사이에 하나씩 끼고 있는 것으로 없어도 있는 것으로 간주하는 것이 특징이다.

戊 戊 丙 丙
寅 辰 午 申　　木火가 강해서 金水用神이다.
　卯 巳 未　　이와 같이 사이에 끼고 들어온다는 것이다.

천간순식격 (千干順食格)

천간이 年 月 日 時 순으로 生하는 것을 말하는데

戊 辛 癸 甲
辰 酉 亥 寅　土生金 金生水 水生木으로 천간이 生生不熄이다.
順局으로서 세상사는 것이 너무 편하다. 지지도 역시 순국이다.
그런데 지지가 지지고 볶으면 별 볼일 없다.

사위순전격 (四位順全格)

지지에 순서 관계 없이 子午卯酉 寅申巳亥 辰戌丑未가 다 있을 때
子午卯酉 는 四旺之局으로 왕성해서 잘도 간다.
寅申巳亥 는 四生之局으로 두령으로 매사가 자신 있다.
辰戌丑未 는 四庫之局으로 돈이 들어가면 안 나온다. 욕심쟁이다.

丁 辛 庚 戊
巳 亥 申 寅   고 박정희 대통령의 사주이다. 장단점이 다 있다.

丁 壬 己 壬
亥 寅 巳 申   女命으로 16년 연상의 老郎을 만나 잘 살고 있다.

辛 庚 辛 甲
卯 子 酉 午   2011년 12월 8일 午시생 남명의 사주인데 필자에게 작명 의뢰한 신생아 팔자이다. 큰 인물이 될 거라고 믿는다. 만약 여자였다면 팔자가 드세다.

戊 乙 己 甲
辰 丑 未 戌   고 김영삼 대통령의 사주이다.

천지덕합격(天地德合格)
年月과 日時가 합이 될 때인데

庚 乙 癸 戊
辰 酉 未 午   乙庚合 辰酉合 戊癸合 午未合 으로 천지가 다 묶여버렸다. 고로 무능력하다. 합은 묶임으로 각자의 역할이 안 된다.

　　癸 戊
酉 丑 巳 午   金局을 형성해서 신강하다 土가 용신인데 만약 土용신이면 직장인이고 火용신이면 사업자인 데 추워서 조후로 火를 써야 하니까 土보다는 火가 좋다
천지덕합격에서 주의 할 것은 사방이 다 묶여버리면 안 된다는 것이다.

ㅇ 戊 癸 戊
午 午 未 午   從財인데 동서남북으로 묶여 무능력자다.

지금까지는 여러 가지 格局 構成에 대한 설명을 하였는데
여러 가지 격은 참고용이다. 이런 격도 있구나,
정도로 알면 된다.
지금부터는 格局만 가지고서 사주를 보는 방법을 사례를 들어가며
자세히 설명하려고 합니다.

甲 丙 丙 壬
申 子 寅 辰

[강의노트]

　　본래 子中癸水로서 정관격으로 정직하고 착하니 공직으로 가야 한다. 거기에 申子로 水局을 이루니까 得局해서 중앙 부처에 해당 한다. 金生水로 財生官 하니까 財政官이다. 그러나 申子辰 水局에 壬水가 天干에 投出 되어 偏官格이 된다. 사법권을 쥐고 있네요, 해라 정관격이 편관격으로 변했으니까 본래는 일반직 공무원으로 들어갔는데 졸병이라 서럽더라, 고로 나도 寅木 印綬로서 공부해서 높은 사람이 되어야 하겠다. 그래서 편관격을 따라서 권력을 찾으 니까 법으로 간다. <丁己일 財官格(火土日柱 財官格) 이니까 운만 잘 만나면 일반직 공무원이 판검사로 간다>. 水生木 木生火로 연결되니까 殺印相生格이다. 고로 처세가 좋은데 殺印 원수를 내편에 서게 하 는 지혜를 가지고 있다. 단 사업하면 안 되는 사주이다. 왜냐하면 財를 쓰면 金剋木하게 되는데 본래 이 사주는 살인상생에 三合水局 약되어 약간 힘이 부족하니까 寅木을 용신으로 써야 하는데 剋木하 게 되기 때문이다.

甲 丙 丙 壬
申 子 寅 辰

申금이 子수를 子수가 寅목을 寅목이 丙화 나를 生하니 일주인 丙 火에 핵이 집중되어 있다. 그런데 火生土로 설기시키면 좋겠는 데

식신 辰토는 변신했고 설기신이 약하니까 자기위주로 살아가는 사람이고 오직 자기 입만 생각하고 처자식도 별로 생각 안 한다. 로 보는 것이며 희생은 없고 받아만 먹으니 소화불량으로 인생사에서는 막힘이 많고 답답하고 고지식하다 로 보는 것이다. 申년이면 寅申冲이 되는데 운에서의 申금만이 아니라 원국에 있는 申까지 덩달아 冲을 하게 된다. 寅목이 당하게 되어 丙이 낯아가게 된다.

[요점정리]

위 사주 丙화 일주가 子월 生이니 正官格이다. 그런데 申子辰 水局을 이룬 족보 있는 사주로 천간에 壬수까지 나타났으므로 偏官格으로도 볼 수 있다. 그런가 하면 年干에 甲木은 절지에 앉아있으면서 三合水局을 이루므로 浮木에 凍木 濕木이 되어 있으나 다행인 것은 일지 寅木이 있어 印綬格으로도 보고 아울러 편관 水가 水生木 木生火 火生土로 相生시키니 일명 殺印相生이라고 호칭하며 이런 사주는 막힘 없이 살게 된다.

辛 辛 戊 戊
卯 卯 申 午

[강의노트]

이 사주 卯中의 乙木인 正官格을 따라 직장을 택했는데 卯목이 두 개라서 일복이 무지 많다. 또한 천간의 辛金 식상이 싹둑 잘라 버리니까 일만 죽도록 시키지 승진은 안 시키더라. 관성이 식상과 同柱하면 혼탁하다. 〈官食鬪戰〉 결국은 사표내고 〈金이 金극木하니까〉 金이 생하는 財이니 이것이 바로 퇴직금이다. 財를 따라 사업 시작 했는데 水인 재를 따라갔더니 탐재괴인(貪財壞印)되어 용신인 午火를 꺼버린다. 고로 다 말아먹고 역학 공부하였다. 상관성이 강해서 말은 잘 하니까.

[요점정리]

위 사주는 戊토 일간이 卯월에 태어나서 正官格인데 年月上에 辛

근이 있고 일지에 申금 까지 놓아 傷官格에다가 食神格까지 兼備하고 있다 그러나 卯木 正官은 상관에 의하여 受制되어 官食이 싸우는 형국이다. 일반적으로 상관성이 강하면 잔머리 잘 굴리고 현침살이 많아 의료인이요, 기능공이므로 면허나 자격증으로 살면 좋다고 해야 한다. 일단 下格 사주이다.

戊 辛 丙 甲
辰 酉 寅 午

食神生財格, 身旺財旺格, 正財格.

[강의노트]

이 사주 일단 上格 사주이다. 四柱인 네 기둥이 튼튼하고 年柱 食神 有氣하고 月柱 正財가 辰酉로 得局 했으니까 집안이 탄탄하고 조상 유산 있고 아버지가 똑똑하며 아내가 잘났다,> 식신생재 하니까 돈은 쓰면 쓸수록 생기고 身旺財旺하니 巨富팔자다.

格인 그릇에도 上中下가 있다.
上格 중에서도 上中下가 있고
中格 중에서도 上中下가 있고
下格 중에서도 上中下가 있다
上格은 身旺財旺, 身旺官旺, 時上一位格, 時上偏財格 종격 등
中格 은 조금 신약하지만 운이 좋게 들어온 경우
下格 은 身虛하고 破格이다 운이 좋아도 별로 발전 못한다.
단 上格 사주라도 운이 나쁘면 용이 못된 이무기다.
格의 차이는 가령 印綬 운이 들어오더라도
上格은 빌딩올리고
中格은 양옥집이고
下格은 월세에서 전세로 간다.

戊 辛 癸 甲
辰 酉 亥 寅

印綬格, 正官格, 官印相生格. 傷官格 淸格 順格

[강의노트]
　이 사주는 월에 편인이고 편인이 투출 되어 偏印格이다. 천간이 生生不熄으로 相生 된다. 官印相生이니 국비 장학생이고 국공립학교와 인연 있고 공부하기 싫어도 공부해야하고 박사 사주이다.
寅亥가 合木해서 傷官格이지만 좋게 작용하니까 食神格으로 봐야 한다. 癸水라도 강하고 수신이 깊은 물이니 傷官 巨木으로 흘려보내야 한다. 그릇이 큰 선비형 학자 사주이다. 상식으로 인정과 배려있고 인수로 덕이 있으며 머리가 영리하다(水는 지혜+상식)
이 사주가 庚申년을 만나면 파료상관 (破了傷官)이 되어 정신적인 문제 활동적인 문제 수족문제 등 건강과도 연결 되고 또 큰 실수를 하는 등의 문제가 발생한다.

破了傷官이란 무엇인가?
　破는 깨트럴 파자요, 了자는 마칠 료자로 깨지고 끝났다는 뜻인데 예를 들자면 위 癸亥 水 일주는 辛酉금의 생을 받아 폭포수요, 강한물인데 水路인 상관 甲寅목이 용신으로 쓰이게 되는 사주로 만약 庚申년을 만나면 甲庚沖 寅申沖으로 甲寅木이 상하게 되는 상황을 파료상관 이라고 한다.

[요점정리]
　위 사주는 맑고 깨끗한 사주로 막힘 없는 삶을 살아가게 된다. 四柱는 기둥이 튼튼해야 한다. 各柱가 有氣하고 天地가 年에서부터 時까지 막힘없이 상생된다. 金生水 받는 물이라 큰물인데 물은 반드시 水路가 확 트여야만 삶이 順한데 甲寅 목으로 상관으로 쭉 빠져버리니 인생사에서는 막힘없는 삶으로 보아야 한다.

```
乙 己 庚 庚
未 卯 申 辰
```
正財格, 專祿格. 身旺財旺格

[강의노트]
　이 사주는 비록 失令은 했어도 得地 得勢로 신왕한 데 卯未 합해서 木局이되고 乙木이 투출하여 소문난 부자다. 신왕하여 財를 부릴 수 있으니 巨富다. 木火를 써야 하지만 火가 火극 金해야만 庚金이 제련되고 비겁 작용을 못한다.
대운이 寅 丑子亥 戌酉申으로 역행인데 말년 酉운에서 卯酉冲으로 木이 서리 맞고 대들보가 부러진다.
　이 사주는 정재라도 得局해서 편재로 변했고 未토가 財庫이므로 큰 부자다.

```
辛 甲 乙 丙
未 午 卯 戌
```
食神格, 傷官格. 食神變傷官格, 專祿格, 虛花無實格.

[강의노트]
乙木일주가 丙戌시를 만나면 1子가 형사한다. 年上의 辛금이 乙辛冲에 午未火局으로 녹아 버린다. 원래는 午中丁火로 식신격인데 丙辛合하고 午戌 午未合 火局되어 상관격으로 변했다. 근본은 식신으로 착한 데 자꾸 상대하다 보니 상관기질이 나오더라. 보기와는 다르다. 午월의 乙목이 꽃이 활짝 피었는데 꽃이 너무 많아 얼핏 보기엔 예뻐 보여도 볼수록 멉다. 辛금 열매가 녹아 없어 졌으니 勞多功少다 이런 사주는 기술로 승부해야 한다. 보통직장은 3개월 버티기 힘들다. 재주는 많은 데 끼니 걱정하고 말이 함부로 나온다.

```
癸 癸 甲 丙
亥 亥 寅 寅
```

印綬格, 專祿格, 貴祿格. 食神格, 天干順食格, 木火通明格.

[강의노트]
 위의 癸亥는 水生木도 水剋火도 할 수 있고〈지지는 陽 천간은 陰〉戌亥가 천문성이어서 亥中甲木이 있다. 정인격에 학자형이고 부모덕 있고 법관이나 의사 집안도 되고 일지에 전록 시지에 귀록이 있으며 인해합목이니 곡직격 상속수다. 10월의 나무가 곧게 자라서 동량지재(棟樑之材) 같아서 국가에서 보호해주는 나무니까 국가적 인물이다. 인수격 전록격 木火通明으로 上格 四柱가 된다. 직업적으로는 교육계에 해당하며 자기를 희생해서 온 세상을 밝혀준다. 깨끗한 성격이어서 부정과 타협을 모르고 살아가는 사람이고 식신유기승재관(食神有氣勝財官)으로 이 말은 식신이 잘 구성 되어있으면 재나 관보다 낫다는 말이다. 학자 고집이 있어서 한번 아닌 건 절대 아닌 외고집 형이다. 만약 金剋木 하려면 목다금결(木多金缺)로 쇠가 부러지니 이런 사람은 달래야 한다. 順局으로 水生木 木生火로 가니까 丙火가 核이고 용신이다.

[요점정리]
 위 사주는 맑고 깨끗한 사주로 면허나 자격증으로 살아가는 학자형 이어서 교수 연구원 의사가 천직이다. 金을 쓸 수 없어 일반 직장인은 안 되며 만약 일반 직장인이면 정년 안 되고 자주 옮겨 다닌다.

癸 甲 辛 己
亥 寅 酉 丑

正財格, 食神生財格, 專祿格, 印綬格. 身旺財旺格.

[강의노트]
　위의 명조는 水木과 土金이 반으로 나누어진 형상으로 寅亥와 酉丑으로 각각 局을 이루고 있다. 일명 身旺財旺格으로 辛金이라도 甲木을 다스릴 수 있다. 正財가 得局하였으니 돈이 단단하고 財가 좋으니 아내도 처가도 좋다. 木인 아내 입장에서 보더라도 辛酉金 남편이 이 정도면 책임감도 있고 야무지게 잘 한다.
식신이 유기하고 생재하니 돈은 쓰면 쓸수록 더 들어오고 말만 하면 돈이 들어온다. 財局으로 튼튼하고 身旺하니 내 돈이고 내 마음대로 쓸 수 있다, 만약 신약하면 多財無財로 내 돈이 아니다.
　時에 自庫를 놓아서 時墓格으로 인수인 丑土가 변해서 비견이 되니 보증서에 도장만 찍으면 물어줘야 하는 사주이다. 사주는 上格이고 木이 용신이지만 火가 필요하니 木火는 좋고 특히 午火가 더 좋다.〈寅午合〉 寅과 午가 千乙貴人이고 빛이 휘황찬란하니 네온싸인과 같다. 좋은 역할 하는 眞局의 사주이다.

[요점정리]
　위 사주는 네 기둥이 튼튼하고 좋은 데 火가 없는 것이 일점 흠이 되는 사주이나 年月은 水木이고 日時는 土金으로 얼핏 보면 金木相戰 같아 보이지만 傷食 癸亥水가 통기시켜 좋다, 다만 강한 財가 財生官 못하는 것이 흠이다. 상격의 사주로 궁색하지 않고 잘 살아가는 팔자로 보아야 한다, 행운에서 火가 오면 아주 좋다.

```
癸 甲 庚 乙
亥 寅 申 酉
```

偏財格, 傷官生財格, 專祿格, 身旺財旺格.

[강의노트]

　위 사주는 寅申이 沖하므로 破格으로 보아야 할 것인가? 원래 月支沖이면 破格이다. 그런데 寅亥(六合)와 申酉(方合)가 合하여 파격을 면했다. 년월은 木氣이고 일시는 완전한 金氣이다.

　이 사주를 실전에 들어가서 인상한다고 한다면 첫마디 말이 어떻게 나와야 할까? 주관이 뚜렷하고 반듯하고 배포가 크십니다. 해야 한다.<庚申으로 강하고 편재성에 상관성까지 강하니 권모술수도 능하다> 본처 외에 다른 여자도 보이는데 본처와 이혼은 안 되고 주말부부하면 좋겠어요.<寅목이 편재지만 본처로 보고 甲寅이니 똑똑하고 庚金은 乙木보다 甲木을 더 좋아한다, 그러나 寅申沖 寅亥合 申酉 方合이니 절대 이혼 안 됨> 이 사람은 편재성이 강하고 상관성이 강해서 돈 욕심과 비상한 머리로 사업가 기질이 강하다. 누구의 간섭이나 지시 받는 걸 싫어하고 자기식대로 살아가야 직성이 풀린다.< 火가 없어 브레이크 없는 자동차다,>

　이 사주는 생각보다 기복이 심하다 운의 적용을 잘 받는 사주이니 매사 조심하면서 살아야 한다.<合이 많고 沖까지 겹쳐서 때로는 각자 오행의 역할이 잘 안 될 수 있다, 예를 들자면 申운이 오면 財가 沖을 받으니 손재수 관재 수가 발생하게 되고>

癸 辛 乙 乙
丑 酉 丑 卯

偏官格, 陰八通格, 貴祿格, 濁格. 七殺格, 破格.

[강의노트]

 偏官格인데 칠살이 변해서 鬼가 되어서 病이다(酉丑金局) 고로 濁格 破格 下格으로 깨진 그릇이다. 너무 신약해서<乙卯3木이 있어도 칠살 辛酉金이 강해서> 항상 헛발질이고 하는 짓이 호미로 막을 걸 가래로 막게 되고 만고풍상 다 겪는다. 七殺이 鬼로 변하면 귀신이니까 접신으로 항상 귀신 따라다닌다. 일복은 타고 나서 힘들고 어려운 일 죽도록 일해도 살기 힘들다.

 억부(抑扶)로 보면 水生木해야 하지만 金水의 기운이 강해서 木火의 기운이 와야 한다. 火운이 좋다고 하나 巳火는 巳酉丑으로 金局을 만드니 배신 때리고, 예를 들어 辛巳년 이라면 일지 三合에 乙辛沖 하니 정신 나가고 돌기 일보직전이다. 壬午년은 조금 낳은 편이지만 丙午년은 乙목이 辛금을 가장 싫어하는데 묶어버리고(丙辛) 午화는 制金 하니 좋아진다. 그러나 원국이 부실해서 좋아도 좋은 줄 모르고 살아간다. 이런 사주는 火가 필요하니까 자식 낳으면 병 없어진다. 또 여름 한철 벌어서 일 년 동안 먹고 사는 팔자이다.

[요점정리]

 위 사주는 陰八通에 合沖이 많이 연결되는 사주로 下格이요 賤格이다. 아무리 좋은 운이 와도 좋은 줄 모르고 힘겹게 살아간다. 스스로 독립해서 살아갈 수 없으니 누구에게 의지하고 살아가야 하는데 사람에 의지하기 보다는 신에게 의지하고 살 수 밖에 별 도리가 없는 팔자니 무당 박수의 팔자다. 사주는 첫째 음양의 조화를 이루어야 하고 생극제화가 잘 이루어진 사주라야 살아가는 데 별 걱정이 없으며 이와 같이 陰으로만 구성 되고 合沖이 많이 연결되면 살아가면서 문제가 많이 발생하게 된다.

```
壬 辛 乙 丁
辰 亥 亥 亥
```
印綬格, 食神格, 母慈滅子格, 破格.

[강의노트]
　위 사주의 주인공은 묵호 출신으로 경찰에 첫사랑 바쳤고 어머니가 둘이고 식모생활에 양공주까지 했던 여인의 사주이다.
辛이 남자인데 편관이고 戌亥 천문성이니까 경찰인데 호구조사 나와서 이 여자를 건드렸다고 한다. 그런 일이 있은 후 서울로 도망 식모생활 하다가 동두천에서 양공주까지 했던 여자로 그 시대엔 비일비재 했었던 일들이다.
　원국을 살펴보니 부목(浮木)이니 떠돌이 인생이고 모자멸자(母子滅子) 이다. 부모님들이 이 자식 모두 버려 놓았어요, 일지에 흉신살로 어머니가 일찍 돌아가셨고 아버지가 다른 여자와 살더라.
월에 인수니까 정인격으로 착하긴 한데 뼈 없이 착하다 만약 지지에 木局이면 깡다구 뼈다구가 있지만 (비겁으로) 인수로만 연결 돼서 수경재배 같아 단단함이 없어 착하기만 하다는 것이다 時上의 丁火가 용신인데 水극火 받아 몰광(沒光) 직전이니까 파격(破格)이다.
　亥月 乙木이 천지 사방에 물바다이니 浮木으로 떠 있고 辛이 직장인데 4, 9金이니 어디 가든 9개월 못 버틴다. (이런 사주는 조상이 불러낸다고 하는데 그 이유는 역마가 사주에 많아서 이다) 丁火 역시 꺼지기 일보 직전이니 있으나 마나한 것이고 나무구실 못하니 인간구실 안 되는 것이다. 火가 꺼 요하니까 자식 낳고 모든 병 없어지고 無花果로서 자식으로 연결하면 丁火 식상이 자손인데 沒光 되었으니 자식이 없는 것과 같지만 식신이니 딸을 낳는다 해도 亥中 壬水와 좌우로 通情하니 (丁壬合) 모전여전이 아니겠는가,　이 사주는 무조건 火를 써야 하는 사주이므로 여름 한철 벌어서 1년동안 먹고 살아야 하는 팔자다, 라고 해야 한다.

[요점정리]

 위 사주의 核은 浮木이라는 것이다. 흙은 있어도(辰)진흙으로 乙목이 뿌리 내릴 수 없고(물로 변했고) 金이 있어도(辛) 金沈(금침-물에 잠겨)되어 金 노릇 못하니 결실도 없고 결과도 끊고 맺는 것도 없으니 무골호인 우유부단(無骨好人 優柔不斷)이고 火가 있어도(丁)이 沒光(몰광-水剋火로 꺼진 불)되어 소극적이고 활동성이 약하다. 인간으로 비유하자면 사람만 좋지 결단력도 없고 되는 일도 없으며 떠돌이 인생으로 살아가야 하는 팔자이다.

己 庚 戊 戊
未 午 戌 午

羊刃格, 印綬格, 火土重濁格

[강의노트]

 위 사주는 午月午時의 戊土라서 燥土로 無用之土로 보아야 한다. 火土重濁이고 火가 많아 金은 녹아버렸고 土生金도 못한다. 거기다가 無官無財이니 쓸모 없는 백사장 먼지만 펄펄 휘날린다.
 비견겁재가 너무 많아 버는 놈 따로 쓰는 놈 따로 있다. 여자라면 남편 없고 官庫까지 놓아 과부팔자요 불감증이다. 양인을 둘이나 놓아 아내 꺾는 팔자다. 종교인 파계승 팔자다.

戊 戊 丙 戊
戌 午 午 戌

羊刃格, 日刃格, 炎上格, 火土食神格, 火土重濁格.

[강의노트]

 이 사주도 火土重濁에 양인격, 일인격 이므로 성질이 고약하고 무관으로 가면 좋고 언론계 교육자가 좋고 炎上으로 보아 木火가 좋고 金水는 꺼린다.

```
己 癸 丁 壬
丑 酉 酉 寅
```
偏財格, 財多身弱格.

[강의노트]

　　偏財格으로 財多身弱한 사주이니 욕심 많고 성질 급하고 財多는 無財라 했다. 財生殺하고 官殺混雜으로 죽도록 일해도 대가가 적고 왕따 당하기 십상이고 동네북이다. 丁壬合하려고 하는데 丁癸沖으로 깬다. 신약하니까 지구력 약하고 인내력 부족이다 그래서 매사가 용두사미(龍頭蛇尾)로 끝난다. 財殺이 강하니 혼잡사주로 濁格이다. 이런 사주에는 木이 더 좋은가? 火가 좋은가? 火가 더 좋다. 庚辰년이 되면?

　　辰酉合하면 돈을 껴안고 뒤로 넘어진 격이 된다. 金多火熄 으로 해가 넘어가고 이혼 수가 연결된다. 庚辰년에 여인 생기면 辛巳년에 이혼 한다. 증권 하면 망하고 아내가 품 밖으로 돈다.

　　申년이면 寅申沖이면서 巳酉丑에 申이 망신살이다. 아이구~ 여자 때문에 망신수 들어오네요.

　　巳년이 되면 火가 필요한데 巳酉丑으로 가면서 寅巳刑殺이 되어 배신당한다.

　　丑年이면 아랫사람이고 財庫인데 아랫사람에게 돈 심부름시키면 가지고 도망간다, 주의해야 한다.

```
辛 辛 丙 庚
酉 卯 申 寅
```

印綬格, 偏財格, 財多身弱格, 金木相戰格. 火金相戰格, 濁格.

[강의노트]
　이사주의 특징은 財印鬪戰하는 命造이다. 寅申과 卯酉가 沖을 한다. 金木相戰이니까, 두통 치통 골통 신경통이다.
　재가 돈인 데 년 월 시에 있으니까 은행도 여러 군데 거래하고 재가 여자이니 여자 조심하라 천지사방에 널려 있는 것이 여자다.
丙辛合만 해 놓았을 뿐 힘이 약하니 내 것이 아니므로 죽 쒀서 개 좋은 일 시킨다. 卯酉沖에 寅申沖 卯申 귀문관살 어디 하나 편한 곳이 없다. 귀문으로 신경만 예민하고 丙申일주로 병신 짓만 하고 망신살만 달고 다니더라.
寅木 用神이 상했으니 팔부인 팔푼이다. 이 사주에서는 戌土인 개가 들어가면 사주가 조용해진다.〈寅戌, 卯戌, 申酉戌〉개 키우라고 조언한다.

[요점정리]
　위 사주와 같이 合沖이 많은 사람은 삶이 시끄럽다. 조용하고 편안하게 살지 못한다. 土가 있어 火生土 土生金으로 通氣시키면 좋으련만 火金이 相戰하니 돈 욕심만 많을 뿐 돈과 인연이 적다.

```
庚  戊  庚  乙
午  寅  午  酉
```
偏財格, 偏官格, 合而不化格, 財殺混雜格.<財生殺>

[강의노트]
　위 庚午 일주가 여자라면 남편이 바람둥이고 끼가 많다. 남자라면 끼가 다분한 데 午가 홍염살이기에 도화 작용을 톡톡히 한다. 寅午火局으로 財殺이 많아서 財生殺과 같아서 돈 들어오면 몸이 아프다. 돈 나가면 건강해진다. 乙庚合은 合以不化로 용두사미다.
이 사주는 火가 많아서 金이 끓어 터진다. 그래서 결실 전에 다 끓어 빠지고 火는 전류로 심장인데 뇌일혈로 급사할 수 있다. 남녀불문하고 관절염이 있다. 성격은 단순하고 일복은 타고났고 金水가 용신이고 土도 좋다.

[강의요점]
　위 사주는 조열하여 水용신해야 한다. 남자라면 운에서도 金水가 늦게 나온다. 여자라면 초년에 북방 水운에서 金운으로 역행하여 다행이다.
<1> 왜 合而不化인가? 妬合(庚庚 乙)에다가 지지에 酉금을 놓았어도 火氣가 강해서 합만 했을 뿐 化로 金의 역할은 못한다.

<2> 왜 성격이 단순하다고 했나요? 火氣가 강하여 칠살인 경우는 부드러움이 없다, 水가 있어야 金生水로 배려도 하고 여유도 갖으며 대인관계도 좋은 데 한마디로 꽉 막힌 삶이다.

<3>왜 일복은 타고났다고 했는가요? 관살 혼잡이거나 관살태왕 者는 일이 많고 삶이 고달프다. 官은 일이니까. 여자라면 남자가 많은 것이니 남자의 복이 적다고 봐야 한다.

己 壬 甲 丙
亥 申 子 子

偏官格, 印綬格, 子遙巳格, 食神格.

[강의노트]
　위 사주는 浮木이고 7월 장마에 破格이고 下格 이다. 일지에 桃花이고 패지 목욕궁이고 申子水局이다. 偏官格이고 丙火가 식신인데 죽어있다. 모자멸자(母慈滅子)로서 부모가 자식 버렸고 인수는 조상이고 가문이니까 조상 무덤에 물 들어갔네요, 왜? 당신의 집은 물구덩이에 墓 썼네요, 己土 아내를 壬水 엄마가 갈라 놓았군요, 떠돌이 팔자이고(浮木) 수목응결(水木凝結)로 저능아 신체장애가 될수 있다. 寅木을 넣어야 안정을 되찾게 되는 데 寅申沖을 해서 生水 구멍을 막는 경우요, 壬水가 편인이지만 丙을 때려 부숴 도식(倒食)이다. 할아버지 형제에 배다른 형제 있고 본처와는 해로 못한다.

壬 辛 辛 己
寅 亥 酉 丑

傷官格, 傷官生財格, 專祿格. 印綬格, 丑遙巳格.

[강의노트]
　傷官格이지만 신왕해서 상관이 식신 작용한다. 食傷生財하므로 無에서 有를 창조해 내는 팔자다. 상관생재는 신왕 해야만 쓰는 말이며 특징으로는 2세기를 내다보고 남보다 두수 앞을 내다보며 돈을 쓰면 쓸수록 생기고 말만하면 돈 되고 사주에 金水가 많아서 木火를 용신으로 써야 하는 데 寅亥合木으로 년지에 용신이 있어 조상 부모덕 있고 財生官하는 사주라서 돈을 돈답게 쓸 줄 알고 맑은 사주이다. 신왕해서 알부자이고<財局> 연상의 여인과 산다.

본래는 逆局 이지만 身旺하니까 順局으로 변했다. 거꾸로 가는

壬 辛 辛 己
寅 亥 酉 丑
木 -水- 金- 土

배도 바르게 잡아놓으며 망해가는 회사도 살려놓는 사람이다.

木운이 좋지만 巳운이 오면 巳亥冲이고 巳酉丑 金局을 이루니 寅巳 刑까지 하니 亥수인 통로를 막아버리고 순통을 조이니까 작살난다.

[요점정리]

상관은 머리가 비상하다, 하나를 가르쳐 주면 둘로 써먹는 팔자요, 망하는 회사도 이사람 손만 닿으면 살려 놓는다. 身旺해서 내 것 지킬 수 있고 辛금 보석은 불을 무서워하고 물을 좋아한다,

庚 庚 庚 庚
辰 辰 辰 辰

魁罡格, 印綬格, 干支同體格. 天元一氣格, 兩神成象格.

[실증철학 원문]

本命은 庚金 일주가 辰中戊土로 印綬格이나 魁罡인 庚辰을 많이 만나서 괴강 위주로 推命하여야 한다. 天元一氣格에 地支도 一氣에 兩神으로 구성된 兩神成象格에도 해당 한다. 그러므로 이런 두 오행으로 상을 이룬 경우 타 오행을 꺼리므로 土金을 기뻐하며 군인 법관으로 입신하는 특별한 사주로 취급된다.

[강의노트]

위 사주는 김유신장군의 사주이다. 비견과 인수로 구성된 특별한 명조이다. 財官이 모두 沒해 버려 군인 법관으로 대성하는 팔자이다. 群比爭財 일덕이고 이공계로 본다. 土金운은 기쁘고 木火운은 흉하다.

```
癸 丁 庚 庚
亥 巳 申 辰
```

正官格, 專祿格, 官食鬪戰格.

[실증철학 원문]
本命은 庚金 일주가 巳中丙火 偏官格이나 月上의 丁火가 대표자로 되므로 正官格으로 보아야 하며 일지전록에 시주의 뒷받침으로 身太旺이 되었다.

[강의노트]
위 사주는 일지에 전록을 놓고 신왕한 데 월주 丁巳가 火극金(패대기 친다) 巳申刑 巳亥沖 천간에서는 丁癸沖하니 破格 사주다. 그런데 관식투전(官食鬪戰-식상 癸亥 관성 丁巳가 강하게 싸운다)으로 하루도 편할 날 없고 골육상쟁이 난다.

骨肉相爭이란?

골육상쟁의 뜻은 부모형제들이 물고 뜯고 하는 더러운 팔자이다. 庚申金인 무쇠덩어리를 丁巳 용광로로 녹여야 되는데 冲을 맞았으니 금실무성(金實無聲)으로 소리가 안 나니까, 나를 찾는 이가 없다. 인간구실 못한다. 그릇이 되다가 말았다. 金일주에 역마지살에 沖刑이니까, 직업적으로는 자동차 정비기술이 좋다. 고집불통에 혼자 잘난 맛에 산다. 자극 받아야 하고 사랑의 매가 필요하다.

이런 파격 사주팔자에는 반드시 처방이 필요하다. 未가 필요해서 상(祥)자 넣어 이름 지어라. 未가 들어가면 巳未 亥未에 未土는 庚金의 財庫이고 天乙貴人이고 未申 坤方으로 合이 되니까, 巳申刑도 없어진다.

女子라면 丁巳 남자 만나면 巳申刑이니까, 악연이고 丁癸沖으로 남편인 저를 무시한다고 귀 떡 해준다. 火가 꺼져있어서 남자를 봐도 전기 안 통한다.

丁 辛 庚 戊
巳 亥 申 寅

食神格, 專祿格,

[실증철학 원문]
　　위 사주는 박정희 전 대통령의 사주이다.
專祿格에 寅申巳亥가 모두 있어서 사위순전격(四位純全格)이다 寅申沖 巳亥沖이지만 신왕해서 破格으로 보지는 않고 육신 추리에 있어서만 刑沖을 그대로 적용시킨다. 모두 沖이 되면 다자무자(多者無者)의 법칙과 극과 극은 같으며 철저히 깨지면 오히려 귀인이 된다. 寅中의 丙이 박지만인데 탕화이고 寅木 머리가 沖 받아서 마약 속에서 헤어나지 못했다. 月에 식신이고 월에 상식이면 부역행위 하는데 이 집 형이 부역행위 했고 이 분도 여순반란사건 때 조금 걸렸다. 金水가 강하니까 木火가 필요하다. 己未년 10,26에 돌아가셨다. 己未 甲戌 丙寅일을 다시 생각해 보자면 己未년은 과식운이다.(土生金으로) 甲戌월이면 甲庚沖 寅戌로 火局이되며 丙寅이 문제다 丙火는 七殺이고 寅은 寅巳申 三刑殺로 죽고 사는 문제의 사고수로 보아야 한다.

[요점정리]
1979년 10월 26일 己未 甲戌 丙寅 일에 사망했는데 月運을 살펴보면 財生殺의 運이고<甲은 財星이고 戌은 寅戌로 三合火局으로 살이다> 日運 역시 殺星이 강하면서 寅申沖 寅巳申 三刑을 한다, 月의 甲목은 甲庚沖이고 이와 같이 合 沖을 만나면 변화인 데 殺星이 發動한 不吉한 변화였다.

```
甲 丙 丙 壬
申 子 子 辰
```

[강의노트]
從殺格의 사주이다. 申子辰 三合 水局이고 壬水 하나만 투출하여 멋지다. 甲木 인수가 있다 하더라도 젖지라서 뿌리가 없어서 인수를 버리고 따라 갔다 하여 기인종살격(棄印從殺)이라 한다. 종격의 특징은 처세 좋고 특이 체질이다. 상격이고 큰 그릇이다.

```
壬 壬 壬 壬
寅 寅 寅 寅
```

[강의노트]
위 사주는 干支同體格의 사주이고 키신저 팔자이다. 능수능란하고 寅中의 丙火에 핵이 몰려서 木火가 필요하다. 從兒格으로 木의 三合과 똑 같다.

```
丁 丙 乙 乙
未 午 巳 酉
```

[강의노트]
傷官格의 사주이고 食居先 殺居後 制殺太過格 眞傷官格 으로 본다. 상관격 이니까 부모의 대에 망했고 내가 부모를 도와주어야 하고 데모 주동자 앞잡이이고 똥배짱에 무서운 것이 없는 팔자이다.

<1> 食居先 殺居後란 무엇인가?
柱中 年月에 傷食이 있고 日時에 官殺이 있을 때 쓰는 용어이다. 殺居先 食居後란 이와 반대의 경우일 때 쓰는 용어인데 용어의 한문 글자를 잘 이해하면 된다. 위 사주는 년월에 상식이 있고 일시에 관살이 존재하여 이 용어를 쓰게 된 경우이다.

<2> 制殺太過란 무엇인가?

柱中(사주 네 기둥가운데)에 상식과 관살이 병림(幷臨-나란히 함께 나타난 경우)하고 있을 때 관살이 약하고 상식이 태왕하여 상식이 관살을 제거하는 것이 지나칠 때 쓰는 용어인데, 위 사주도 역시 丙丁午未 상식이 巳酉金 관살 보다 강한 상태라서 制殺太過에 해당되는 사주여서 제살하는 상식이 지나치게 많다고 한 경우이다.

<3> 眞傷官이란 무엇인가?

四柱에 官이 없고 印星보다 傷官이 왕성한 경우를 眞傷官이라 한다. 위 사주도 인성이 없고 관살이 있다 해도 巳酉合去되어 있는 상태에서 상관이 왕성한 경우로 眞傷官으로 보게 된다.

<4> 破了傷官이란 무엇인가?

傷官이 用神일 때 행운에서 인수를 만나 용신 상관이 당할 때 쓰는 용어이다.

위에 열거한 네 가지 용어는 명리서적에 자주 등장하는 역술용어여서 자세히 설명하는 차원에서 기록한 것이니 참고하시고 이런 역술용어에 집착하지 말고 사주를 감명할 때는 생극제화 등을 살펴 감명하면 되는 것이지 용어가 사주감명에 큰 역할을 하는 것은 아니라는 점을 알려드리고 우리가 명리학을 공부하면서 이정도의 역술용어는 알아야 한다고만 생각하기 바란다.

위 乙巳일주가 女命이라면 자식 키우느라 정신없이 살다가(食居先 식상인 자손을 위해 살다가) 나중인 뒤에 좋은 남자 만나서 행복하게(殺居後)한 팔자의 사례이다.

☪ 定格에서 주의 할 점(격을 정하는데 유의해야할 사항)

1, 格局은 항상 일주가 튼튼하면서 강해야 한다.
2, 沖이나 刑을 만나면 파격이 되는데 이는 무격하다는 의미다.
3, 月支의 지장간의 本氣로서 格을 정한다.
4, 사주에서 왕성한 것도 格이 된다.　　　　　　丁
   旺한 것이란 그 사람의 환경을 말한다. ○ 寅 丑 酉 이런 경우
   丁화가 寅월에 태어나서 인수로 좋은 집안인 데 밖에만 나가면
   酉丑 여자들로(財星)둘러싸이니 밖에만 나가면 환경이 바뀐
   다. 바람둥이가 안 될 수 있을까? 일지와 도화가 합하든 일지에
   도화가 있어 외부와 합하면 이성의 문제가 반드시 발생하더라.
5, 사주의 용신도 格이 된다.
6, 丙午 壬子 丁巳 癸亥 월은 천간으로 격을 정한다. (항상 천간이
   대장이다)
7, 격도 변화 될 수 있다.
8, 四位純格은 破格이 아니다.
   寅申巳亥 子午卯酉 辰戌丑未을 갖춘 사주로 身旺해야 한다.
9, 格에도 主와 從을 구분해야 한다.
10, 格은 內格을 위주로 정리한다.
11, 外格은 특별한 것만 참고하고 신경 쓰지 마라.
12, 격이 없는 사주는 없는 데 無格이 바로 破格이다
    깨진 그릇은 파격이다. 多者無者가 破格이다.
13, 格이란 그 사주의 代名詞다.
14, 格은 구획정리 통변 조후 등을 살피는 데 첩경이다.
15, 부귀빈천을 구분하는 데 가장 중요하다.
16, 印綬格은 정인격 편인격 구분하고 비견 비겁격도 구분한다.
17, 從格은 內格에 포함시켜 구분한다.

格局과 用神

<1> 용신의 중요성과 응용을 살피다.

[실증철학 원문]

用神이라는 것은 그 사주에서 가장 수용(需用: 구할 수, 쓸 용 -구하여 쓰다)이 되는 것을 호칭한 用語이다. 그러므로 사주에서는 생명선이요, 핵심이며 또 일주가 균형 즉 중화를 하는 데 가장 중요한 역할과 위치를 차지하고 있기에 첫째 健旺함을 要하며 得局을 하여야 좋고 지지에 있는 것보다 천간에 나타난 것이 우선이고 년 월보다는 일시에 있어야 하며 무엇보다 중요한 것은 피상(被傷) 되지 않아야만 좋은 용신으로 용신 역할을 할 수 있다.

그런가하면 용신은 일주를 위한 것이기에 일주를 떠나서는 존재할 수 없을 뿐 더러 용신 없는 사주는 없고 용신은 주내(柱內-사주 여덟 글자 안에)에서 정해야 되므로 가능한 한 柱中 用神이어야 좋다.

그 뿐만이 아니다. 용신은 사주 구성에 따라 백이면 백이 다 다르고(百件百異) 천이면 천이 다 다른 (千件千異) 것은 사실이지만 용신잡기가 그리 어려울 것도 없다. 다만 용신 정하기가 쉬운 사주가 있는가 하면 어떤 사주는 용신 잡기가 너무 어려워 평생을 사주 공부한 사람도 자칫 오판 할 수 있는 경우가 있어 용신공부는 절대 게을리 하거나 쉽게 생각해서는 안 된다.

사주를 감정할 때 용신 잡기가 쉽고 용신이 건왕하면 그 사람의 삶은 순조롭게 잘 살아가지만 용신잡기가 어렵고 용신이 피상(被傷-상처를 입었다함은 형 충 파 해 등으로 되어 무력하든지)되었거나 허약하면 인간사도 힘들고 고생하며 살아가게 된다.

[강의노트]

格없는 用神 없고 用神 없는 格이 없다. 格局과 用神은 떨어질 수 없는 밀접한 관계가 있다. 먼저 格局을 정하고 그 격국에 의하여 용신을 정하게 되는 데 격국이 몸이라면 용신은 정신이고 격국이 차라면 용신은 운전수다 용신을 정하는 이유는 사주에 균형을 잡기 위해서이다. 金水 陰과 木火 陽의 균형을 이루기 위한 목적이 바로 용신인 것이다.

用神 : 그 사주에 있어서 생명선이자 核이다. 사주에 있어서 전권을 위임 받은 자이고 제2의 육친이며 일주와 그 사주에 있어서 중화를 이루게 하는 데 가장 중요한 글자이다. 고로 한번 용신은 영원한 용신으로 변치 않으며 용신이 살아야 재수가 있다. 또 用神은 四柱 內에서 잡아야 한다.

用神은 첫째 健旺 해야 한다.

   둘째 得局을 해야 좋다.

   셋째 日時에 있는 것이 좋다.

   넷째 用神은 被傷 되지 않아야 한다.

日과 時는 미래이기에 용신은 일시에 있는 것이 좋다고 하는 것이고 말년이기 때문이며 앞이며 보이는 곳이기에 그만큼 희망이 있다는 것이다. 용신이 년 월에 있으면 매사 지나고 나면 후회를 많이 한다. 또 용신이 피상 되면 무력해서 즉 화가 용신인 데 꺼져있으면 눈 감고 있는 것과 같아 볼 수가 없다.

사주 여덟 글자는 모두 나이고 내 환경이다. 일간만 나라고 생각하지 마라 가령

壬 壬 甲 丙
申 子 寅 寅 여덟 식구가 모여 가족회의를 한다. 일간인 甲목을 기준으로 살아가는 데 어떤 사람을 앞세워서 살아가야만 우리 여덟 식구가 행복하게 살아갈까요? 우선 年上의 壬水가 연장자이고 조상자리이니까 추천했더니 겨울에 태어나서 추워 죽겠는 데 壬水가 더 이상 뭐가 필요해? 또 언젠가는 丙화를 水극火 丙壬沖으로

도식작용을 일으킬 거니까 안 된다고 반대한다. 申을 추천해도 역시 寅申沖이 되고 金生水해서 더욱 춥게 만드니까 안 되고 寅木을 추천 했더니 水生木은 잘하나 따뜻하게 하기에 초봄이라 약하고 어쩔 수 없이 時上 丙火를 앞장 세웠다. 丙火가 조후용신이 된 것이다. 木火通明으로 조화를 잘 이루게 된다. 그래서 편인격이고 식신이 용신이니 偏印用食神격이 된 것이다. 그러나

丁 丙 甲 乙
未 午 午 亥   이 사주의 경우 金水木이 用神이고 상식이 너무 많아서 가르치기 위해 배우는 팔자이다.

용신은 사주구성에 따라 수많은 변화가 생기지만 그 유형별로 간주한다면 그리 어려울 것도 없다. 10正格인 열 개의 격으로 분류한다면 상중하로 나누어서 30개 정도로 크게 분류 할 수가 있다. 사주에서는 신강신약 구분하가가 가장 어렵다고 봐야 한다.

[실증철학 원문]

  다시 말 하건 데 용신은 제2의 육친으로서 다른 육친의 대역을 하고 있기 때문에 용신이 좋아져야 비로소 타 육친도 안정을 찾게 되고 용신이 피상 되면 자연히 타 육친도 불안하게 되어있고 또 운에서도 용신이 살아야만 목적 달성도 수월하게 할 수 있는 것이다.

  우리가 보통 알기로는 官운에는 승진(昇進)하고 財운에는 취재(取財)하며 인수 운에는 귀인을 만나거나 문서나 공부 잘 한다고 보아 왔지만 만약 官운에서 용신이 피상 되면 승진은커녕 퇴직에 관재가 발생하고 재운에 용신이 피상 되면 돈 벌기보다는 돈벌러갔다가 돈 없애거나 부도 맞고 인수 운에 용신이 피상 되면 귀인이 아니라 원수요, 공부 잘 하는 것이 아니라 공부 때문에 스트레스 받게 되는 등 용신을 도우는 자는 吉이요 용신을 상하게 하면 凶이 된다는 사실로 알아야 한다.

  사주팔자에서 일주는 가구주요 격국은 가정의 구성원이며 용신은 전 가족을 대표하는 생명선이요 핵이 된다. 사회적으로 회사에 비

유하자면 일주는 사장이요 격국은 구성원이며 용신은 사장을 대리하여 회사를 운영하는 중요 책임자인 전무가 되고 자동차에 비유하자면 차가 일간이라면 승객은 격국이고 운전기사가 용신이며 대운이 도로가 된다.

[실증철학 원문]
　다시 사주보는 법을 설명하자면 용신은 길흉을 구분 할 뿐이고 어느 운에 무엇 때문에 좋고 나쁜 것을 알고자 할 때에는 일간을 기준하여 운의 육친을 살펴 결론을 내려야 되니 가령 官운에서 용신을 도와주면 승진하고 관청으로부터 도움을 받지만 만약 관운에 용신을 살상시키면 좌천하거나 퇴직하거나 아니면 관재구설이 발생하게 된다.

다시 자세하게 정리하자면 다음과 같다.
1, 용신은 일주를 중화시키는데 목적이 있고,
2, 용신은 사주의 꽃이요 핵심이며 구해서 쓰는 길신이고,
3, 사주에 전권을 위임 받아 행세하며,
4, 제2의 육친에 대역을 하고,
5, 용신 없는 사주는 없으며 柱內에서 정해야 하며,
6, 健旺해야 하고 得局을 요하며,
7, 용신에 따라 길흉이 달라지고,
8, 용신이 살아나면 길운이 되고 피상 되면 흉한 운이다.
9, 무엇 때문에 하는 이유는 일간과 운을 대비하여 육친을 살펴서 결론한다.
10, 용신이 대운과 세운에 의하여 병살(倂殺)되면 생명까지도 다한 경우가 된다.

[강의노트]
　그 사주의 용신이 무엇이냐에 따라서 길흉의 작용이 서로 바뀌어진다. 가령 天乙貴人이라도 용신이어야만 그 작용이 생긴다는 것이다. 만약

　　　　　甲
　丑　丑　子　丑　　甲의 天乙貴人이 丑인데 셋이 있지만 모두 얼어있어서 쓰지 못한다. 天乙貴人 작용이 나올까요? 또한

　　　　　甲
　丑　丑　寅　午　　겨울의 甲木으로서 木火가 용신이다. 그러나 寅午가 탕하지만 용신이니까 좋은 작용이 나온다. 이 사람 볼나는 집에 이사 가면 부자 된다. 또 좋으면 인수요 귀인이고 나쁘면 도식이고 원수다. 좋으면 승진이고 돈 벌며 나쁘면 좌천이고 파산이다. 그러므로 용신을 모르고는 과거 현재 미래에 대한 것을 예지(豫知)할 수가 없다.

☾　用神은 제2의 六親이다.
用神이 좋아야만 다른 육친도 안정을 찾는다. 본래는 官운에서 승진하고 財運에서 돈 벌고 印綬운에서 귀인 만나고 공부하지만 용신이 被傷되면 관운에 관재 발생하고 재운에 돈 나가고 부도 맞고 인수 운에 도와준다고 온 놈이 원수 된다.
가령 甲木이 庚辰년에 甲庚 沖이지만 金이 用神이거나 喜神이면 승진하고 忌神이면 누명쓰고 쫓겨나고 관재구설에 오른다.

☾　급각살이나 단교살이 흉신이라고 하지만 그 사주에서 그게 喜用神이라면 불구자가 나를 도와주니 비록 흉살이라도 그 사주에서 忌神인가 喜神인 가를 구분하여 말해야 한다.

☾　用神은 吉과 凶을 구분할 뿐이고
육친을 살펴서 운과 연결해서 언제 어디서 누가 무엇을 어떻게 왜?

라고 상황을 설명 하면 된다. 예를 들자면 官운에서 용신을 도와 준다면 직장인이라면 승진하고 도움을 받지만 官운에 용신이 피상 되면 좌천이거나 퇴직 관재구설이다.

◐ 用神이 大運 歲運 즉 年運에서 한꺼번에 깨지면 생명도 위험하고 인간사에 막히고 답답한 안 좋은 일들이 많이 발생한다.

<2> 용신정법과 응용을 살피다.
[실증철학 원문]
　用神의 중요성을 다음과 같이 말한다,
용신만 제대로 잡을 줄 안다면 사주공부는 다했다, 라고 그러나 용신을 정하기가 그리 만만치 않아 이렇게 구체적으로 설명 하는 것이니 용신정법의 순서에 따라 정하기만 한다면 쉽게 잡는 방법을 알 수 있다.
　용신을 정하는 데는 첫째 干支體性論을 잘 알고 일주의 강약을 구분하여야만 쉽게 정할 수 있는 것이지 강약을 구분 못하면 용신을 정하기 어려울 뿐 아니라 용신을 잘 못 잡으면 정확한 監命을 할 수가 없다.

용신정하는 방법은?
1, 일주를 기준하여 격국을 정하고 일주의 강약을 구분 한 다음 강하면 격이자 용신이 되고 일주가 약하면 일주를 도와주는 인수나 비견 겁이 용신이 된다. 더 구체적으로 설명 하자면 월령을 기준으로 성립된 격은 어떤 격이든 좋은 격이 되므로 일주가 강하면 바로 그 격을 소유 할 수 있어 필요하므로 용신이 되며, 일주가 약하면 강왕하여야 격을 일주의 소유로 하겠기에 일주를 도와주는 자가 용신이 되어야 하고 아울러 일주를 중화시키고 네 기둥의 균형을 이루게 되는 데 다만 주의 할 것은 印綬格 建祿格 羊刃格은 본래가 신왕 하므로 격이자 용신이 될 수 없다.

[강의노트]

用神 : 귀신도 부린다. 고로 용신만 잘 잡을 줄 알면 귀신도 부릴 수 있고 귀신이 범접을 못한다. 귀신을 부릴 수 있다고 해서 用神(귀신을 쓴다)이다.

사주에 식상이 많은 사주(制殺太過)는 귀신을 꼼짝 못하게 하고 관살이 많아 식상이 맥을 못 추는(食神制殺)사주는 귀신을 더욱 붙여 놓더라.

☾ 상담시에 용신이 애매하면 어느 운에 좋았는지 물어봐라 사람은 신이 아닌데 神인 것처럼 행동하는 데서부터 부작용이 생긴다. 물어보는 것이 자존심이 상하면 돌려서 물어봐라. 어떻게? 태어난 시간 확실해요? 정확성을 기하기 위해 물어보는 것이니까 어느 운에 좋았어요? 하고 물어보라는 것이다. 크게 水운과 火운을 물어보라는 것이다.

[1] 格局을 정한 후에 일주가 강하다면 格이 용신이 되고 일주가 약하다면 도움을 받아야 하니까 印綬나 肩劫 운이 用神이다.

○ 辛 丙 ○
丑 酉 ○ ○   正財格이다. 신강하면 格이자 用神이고 신약하면 丙火 일주는 도움을 받아야 하니까 印比가 용신인데 金이 강하니 인수인 木보다 비견 겁인 火가 더 좋다.

○ 辛 丙 ○
丑 酉 寅 ○   여기서 酉丑金局까지 되었으니 財인 金이 강하다. 時에 火가 있으면 비겁을 쓰지만 그렇지 않을 경우 인목을 써야 하는데 용신은 주중에서 선택해야 하니까. 그러나 행운에서 오는 火는 좋다.

癸 辛 丙 甲
丑 酉 寅 午   이런 경우는 身旺하니까 木火가 용신인데 寅午 火局까지 이룬 사주이므로 火用神 해야 한다.

[2] 身弱하다면?
1, 印綬가 用神이고, 2, 肩劫이 用神이고, 3, 官殺이 극성이면
   식상이 내편이 된다는 이론이 적용된다.
[3] 身旺하다면?
 1, 食 財 官 순서로 용신을 정하지만 사주구성 상황에 따라 우선
    순위가 달라진다. 비겁으로 강한가, 인성으로 강한 가를 말하
    는 것이다. 비겁이 강한 사주는 식상으로 설기시킴이 좋고 인
    성으로 강하다면 재를 쓰는 것이 더욱 효과적이다.
[4] 身弱하던중 印綬나 肩劫이 하나도 없다면 從 해야 한다.
    從兒 從財 從殺을 말하는데 이는 格이자 用神이 된다.
[5] 지나치게 太剛하다면 曲直 炎上 稼穡 從革 潤下 격으로 格이자
    用神이 된다. 다만 財官運을 꺼린다.
☞ 일주가 약간 약하면 신강 쪽으로 봐주어야 한다.
1, 인수가 용신이면 : 부모에게 의지하고 산다. 덕이 있고 공부
    에 연결하고 순진한 면도 있다. 부모니까 안 갚아도 된다.
2, 견겁이 용신이면 : 형제에게 의지하고 산다. 깡다구가 있다.
    형제니까 갚아야 한다. 비겁은 나눔을 의미 하니까
3, 官殺多逢일 때
   食傷多逢일 때
   財多하면서 肩劫이 없으면 무조건 印綬用神이다.
壬 壬 丙 戊 이런 경우 殺居先 食居後로써
申 子 戌 戌 관살이 있을 때 식상이 내편이다. 土극水해야 하
니까 식상이 우선이다. 土용신이 된다.
癸 辛 乙 壬 이런 경우 金水가 강해서 차가운 사주로써
丑 丑 未 午
食傷을 조후로 用神해야 한다. 이런 경우 득령 득지 득세 가지고는
안 통한다. 관살과 식상이 같이 있으면서 허약일 때는 식상은 내편
이 된다. 이 것이 制殺太過이고 관식이 균형을 이루지 못하면 官
食鬪戰이 된다.

2, 또 하나의 방법은 격을 정한 다음 일주의 강약을 구분하고, 일주가 강하면 우선적으로 관살을 용신으로 정하고 만약 관살이 없으면 재성으로 재성도 없으면 상식으로 용신을 정하는 데 그 이유는 신왕자는 受制를 당하여야 중화를 이루기 쉽고 강자를 만나야만 발전하기 때문이다.

財星이 用神이 되면 자연 財生官하여 일주를 억제시키고 傷食의 排泄口를 확장시켜 中和를 이루기 쉽게 하고 상대를 극하여 일주의 氣를 역으로 소모케 함이다. 다음으로 財官이 없을 때 傷食이 용신이 됨은 일주가 강하면 官을 필요로 하며 官인 명예가 없을 때는 畜財하는데 뜻을 둘 것이므로 財가 필요한 것이고 財도 官도 없으면 富貴를 떠나서 희생으로서 본인의 뜻하는 바를 이루어야 하기에 강왕자의 일주를 설기시켜 일주의 균형을 이루게 하기 때문이다. 그러나 일주가 허약하면 아무리 좋은 격이라 하여도 무용지물이 되기에 일주의 氣를 살리기 위하여서는 인수나 비겁을 써야만 신왕해져서 육친과 균형을 이루게 함이다.

그러나 여기서 주의해야 할 점은 官殺이나 食傷으로 身弱해진 경우라면 印綬가 우선이 되는 데 그 이유는 官殺多逢은 殺印相生을 시키기 위함이고 傷食이 太旺하면 극 상식하면서 일주를 도우기 때문이다. 또 財多에는 肩劫이 우선이지만 肩劫이 없으면 印綬라도 써야 되는 데 잘못하면 壞印 되기에 허약한 용신이 될 수 있다.

지나치게 太剛하여 財 官 傷食이 俱沒(구몰)하였거나 없을 때는 일반적인 사주가 아닌 別格으로 木일주는 曲直格 火일주는 炎上格 土일주는 稼穡格 金일주는 從革格 水일주는 潤下格 이라하여 格이자 用神이 되고 財官運을 꺼리게 된다.

最弱으로 의지처가 없어도 從(좇을 종)을 해야 하는 데 식상이 많으면 從兒格 財가 많으면 從財格 官殺이 많으면 從殺格으로 이 역시 格이자 用神이 된다. 여기서 주의해야 할 것은 식상과 관살이 함께 어우러져(竝立)서 최약일 경우는 식상은 의지처가 된다고 하였으니 종이 안 되므로 식상이 많으면 일주가 왕한 것과 같아 官殺과 서로 싸우지 않아야(官食鬪戰) 하고, 사주가 균형을 이룰 때 비로소 의식과 복록이 함께 오게 된다.

또 비견이 용신일 때는 비겁으로 호칭하고 상관용신이 制殺 하고 있을 때는 식신으로 호칭하는 데 그 이유는 비겁 즉 겁재로 불러야만 그 만큼 강하게 나타나고 상식(傷官)도 용신이 되면 사주에 쓸모 있게 되기 때문에 식신이라고 부르게 된 것이다.

[강의노트]
[1] 인수를 많이 만났을 때의 용신
○ ○ 甲 ○
申 子 子 戌   이런 경우 戌土인 財用神이다. 火가 필요하지만 土를 썼으니 대리용신이다. 火土運에 발복한다.
<1> 戌土인 財用神이다.
<2> 食傷인 火가 조후용신이다.
<3> 官殺 자체가 건왕해 있을 때는 官殺이 용신이다.
<4> 재성 식상 관살이 없으면 인수로 從한다.
壬 辛 甲 甲
辰 亥 子 戌
이 경우 火土運에 발복했다. 이 사주에서는 戌土가 대리용신이고 행운에서 오는 운은 火土가 가장 좋고 木도 뿌리 하니 좋고 金은 水를 生하니 나쁘고 水가 忌神이다.

[2] 비겁이 태왕일 때의 용신
<1> 官殺이 用神이다.
<2> 官殺이 없으면 財星이 용신이다.
<3> 食傷이 용신이다.
<4> 比劫으로 從하는 사주를 從旺格이라고 한다.

[3] 食傷이 多逢일 때의 용신

<1> 印綬가 用神이다.

丁 丙 乙 丁
未 午 未 亥 食傷인 火가 많다. 인수인 亥수를 용신으로 쓴다.
이 사주는 불이 많아서 물 용신이 좋다.

<2> 印綬가 없으면 肩劫이 용신이다.

癸 辛 戊 己
酉 酉 申 未 식상인 金이 많은데 인수인 火용신을 했으면 좋겠
는데 火가 없어 할 수 없이 己未土를 용신한다. 대리용신이고 破格
이다. 형제에 의존하고 살아야 한다.

丙 己 丁 庚
戌 亥 未 戌

食傷土가 4개나 되어 인수인 木용신해야 하는 데 木은 亥中甲木밖
에 없다. 지장간을 용신 하는 경우도 있지만 丙화가 나타났으니
겁재 丙화를 대리용신으로 쓸 수밖에 별 도리가 없다. 이 사주는
강약을 구분하기 애매하다 未토가 봄에 가까운 土이면서 未中丁乙
己가 있기도 하지만 亥未 반합으로 木局을 형성하기 때문에 아주
신약하지 않지만 일단 약한 것은 사실이다. 戌未刑殺이라서 파격이
다.

<3> 食傷으로 從해야 한다 從兒格이다.

癸 辛 戊 壬
酉 酉 申 子 金水로 따라가야 한다.

<4> 식상이 많으면 制殺太過인지를 살펴야 한다.

癸 辛 戊 甲
酉 酉 申 寅 制殺太過이다.<木인 殺이 甲寅木으로 강하다>
제살태과인 경우는 무조건 식상이 용신이다. 印綬인 火가 필요한
사주이다.

[4] 財星多逢일 때의 用神
<1> 比劫이 최우선 用神이다. : 財를 다스리는 것은 比劫이다.
<2> 印綬가 용신이다. : 印綬가 壞印 된 경우라면 印綬 못쓴다.
<3> 財로서 從 해야 한다. : 財가 三合局이면 식상이 있어야 하고

[4] 官殺多逢일 때의 용신
<1> 무조건 인수가 최우선 用神이다.
　　官殺이 많으면 일주와 전쟁하고 있는 것으로 일주가 극을 당해서 일주가 괴로움을 당하는 것이니까 인수로써 협상하는 것이다.<通氣>
<2> 비견 겁이 용신이다. : 이런 경우는 미인계와 같다.
<3> 식상이 용신이다. : 食神制殺로서 마지막 카드다.
　　에이 쌍~ 네가 죽거나 내가 죽거나 해보자 전생에 죄를 많이 지어서 내가 베푸는 상식으로 죄를 씻고 가야 한다. 만약 木일주가 金을 많이 만난다면<金剋木> 가을에 서리 맞고 제 살 깎아먹고 공작한다고 하되 파괴만 있다. 만약 水가 와서 통관시킨다고 들어간다면 金水인 陰이 더욱더 많아지는 데 이점을 잊지 마라.
<4> 살을 따라가는 종살격이다.
　　이러한 종살격에도 財가 있어야만 財生官으로 부귀겸전(富貴兼全)이다. 財가 있는 從殺은 富貴요. 財가없는 從殺은 淸貴다.

壬 癸 壬 甲
子 丑 戌 辰　이 사주는 려강 백호 양인으로 네 기둥이 구성된 전과 관살혼잡에 身旺하니 身旺官旺한 팔자이다.
인수로 通氣시키면 좋겠는 데 인수가 없다. 다행인 것은 식신 甲목이 時上에 나타났으니 약신 역할을 한다. 官이 깨졌으니 못 쓰는 官인 것으로 보아 남편 인연 박하고<일본인 현지처> 다행이도 대운이 청 장년기 30년이 서방 金운인 것으로 인하여 삶이 궁색하진 않았다.

丁 丁 庚 癸　남자사주인 데 未월 未시에 일지에 午火까지 만나
丑 未 午 未　고 년 월간에 丁火가 쌍으로 나타났으니 불덩어리

용광로다. 그런데 초년 운이 남방 火운이니 아무리 천하의 庚금이라도 버텨낼 수 있었을까? 이 사람 지체장애자이다.

육친에 의한 용신의 특성
<1> 官이 用神이면 : 貴를 위주로 명예롭게 살더라.
　　직장을 가져야 한다. 처보다 직장이 우선이다.
　　법을 지켜야 한다.
　　여자가 官이 용신이면 남편 없이는 못 산다
　　남자가 官이 용신이면 자식이 우선이다.
☾ 官은 나를 극하는 것이어서 용신의 지배를 받아야 한다. 신강하면 官은 내가 부리는 것이니까 治外法權者가 된다. 官이 용신이면 官印相生의 여부를 살펴라 공부 잘 되고 사택관사도 생긴다.

<2> 財가 用神이면 : 돈을 우선하므로 돈 모으는 데는 1등이더라.
　　돈 관리능력 있다. 가정이 우선이고 아내가 우선이다.
　　단 재고가 용신인 사람들은 아내가 죽는다고 해도 돈 안 쓴다.
　　財가 용신이면 내가 극하는 것이 용신이니까 내가 용신을 내 마음 대로 부릴 수 있다. 그래서 영웅호걸로 환경을 지배한다.
　　계산이 빠르다, 고로 월에 재를 놓으면 수학과이다.
　　재가 용신이면 財生官 여부를 살펴라, 돈답게 돈을 쓰고 타산적이고 계산적이다.

<3> 食傷 用神이면 : 생재할 수 있는지 여부를 보라.
　　生財 할 수 있어야만 자신이 노력한 대가가 온다.
　　희생이 갱생이니 내가 먼저 주어야 한다.
　　두뇌가 보물이고 아이디어 뱅크다.
　　이공계 예체능이다. 교육 언론계도 많다.
　　자손이 우선이고 보좌관 수하 사람이 돈 벌어 준다.
　　상식이 생재하지 못하면 베푸는 것으로 끝내라 보상은 기대치 이하다. 쉽게 산다, 쉽게 돈 번다. 말만 하면 돈 된다.

<4> 印綬 用神이면 : 무조건 공부하고 부모님 말 잘 들어야 산다.
　　학자이고 책 속에 길이 있다. 직장이 최고요, 선비 직장이다.
　　승진하고 결단력이 없다 윗사람 말을 귀담아 들으면 자다가도 떡이 생긴다,

<5> 比劫이 用神이면 : 무조건 배워야 한다.
　　인수가 없어서 배움에 대한 미련이 있더라.
　　직장이 최고다. 형제 친구가 귀인이다.
　　사업하면 망한다. 자수성가형이고 인수가 없으니 부모덕이 없다.
　　본인 위주로 살더라, 우선 내가 살고 보아야 하니까.

☪ 官이 用神이면 : 財官 運이 좋다.
　　財가 用神이면 : 食傷 財官 運이 좋다.
　　傷食이 用神이면 : 財 食傷 運이 좋다.
　　印綬가 用神이면 : 印綬 比劫 運이 좋다.
　　比劫이 用神이면 : 印綬 比劫 運이 좋다.

상식이 용신일 때 비견 겁재 운은? : 두 가지 종류가 있다.
1, 신왕에 설기처로써의 상식을 용신으로 쓰는 경우에는 비겁 운이면 일주가 다시 강해져서 겁재작용을 하므로 좋은 운이 아니다.

癸 癸 甲 丙
亥 亥 寅 寅　火土용신이다. 丙이 木火通明으로 용신인 데 木이 당권하고 있다. 火가 용신인 데 木운을 만나면 비견겁재가 되어서 내 것을 빼앗아 가고 방해한다. 주의 할 것은 지지의 寅목은 그래도 괜찮고 卯木은 羊刃 작용을 하고 지나가지만 천간의 甲乙木은 겁재작용을 한다.

2, 관살이 많아서 식상으로 방어하는 식신제살에서 상식을 용신으로 쓰는 경우에는 비견 겁재 상식 운이 모두 좋다.
　　辛 甲 丙　食神制殺로 丙화가 용신이 된 경우이다.
　　酉 酉 申 寅　이런 경우는 木火운 모두 좋다.

인수가 용신일 때 관살 운은?
1, 신왕하고 관왕 할 때의 관살운은 좋지만
2, 신약해서 인수를 용신할 때는 관운이 흉하다.

☾ **有病에 有藥이면 方爲貴라** : 병이 있을 때 약이 있으면 귀하게 산다. 용신을 극하는 자가 있으면 용신지병인 데 그 용신지병을 제거하는 오행이 柱中에 있으면 약이 되어 크게 발전할 가능성이 있다. 또 운에서 만나도 좋아진다.

壬　壬　丙　甲
申　子　寅　午　　이 사주는 水가 病이고 火가 약이다.
水가 용신지병도 되고 일주지병도 되는데 약신이 寅午火局으로 기가 막히다. 이런 경우 火土는 좋고 金水는 나쁘고 인데 食神制殺도 되는 것이다. 殺이 극성할 때는 식신도 내편이 된다.

☾ 어떤 사주든지 병이 있는데 병과 약이 균형을 이루면 멋지다. 그런데 중병에 약이 약하면 효력이 적다. 약이 있다고 무조건 좋다고 하면 안 된다.
가령　己　癸　庚　壬
　　　　丑　酉　申　午　金이 병이고 火가 약인데 병은 중하고 약은 약하다, 약한 이유< 金水가 태왕한 사주에 午火가 뿌리도 없고 촉촉 단신이다. 그래서 좋은 사주가 못 된다.

☾ 용신에 의해 사주가 균형을 이루면 좋은 사주지만 만약 그렇지 못하면 파격으로서 밑 빠진 독에 물 붓기다. 좋은 운을 만나도 균형을 이루지 못하니 좋은 것이 적게 된다.

<3> 용신의 종류(用神의 種類)를 살피다.

[실증철학 원문]
  用神의 類型을 크게 나누어 보자면 다음과 같다.
1, 格局用神(격국용신)
2, 調候原理用神(조후원리용신)
3, 病藥原理用神(병약원리용신)
4, 通關原理用神(통관원리용신)
5, 抑扶原理用神(억부원리용신)

<1> 격국용신이란 일주를 기준하여 격을 정하고 다시 신강 신약을 구분한 후 신주가 왕하면 격이자 용신이 되며 신약하면 격을 소유하기 위해 일간을 도와주는 인수나 견겁으로 용신을 정하되 印綬格처럼 본래 身旺格은 財 官 食傷順으로 정하는 데 判局을 정하고 用神을 잡기 때문에 사주를 추명하기 쉬울 뿐 아니라 한마디로 사주를 대변하여 주기에 用神中에서는 제일 우위로 하고 있다.

[강의노트]
용신의 종류<자평진전 格用>
자평진전에서의 格局用神편에서 이르기를 用神의 유형(類型)을
크게 나누어 보자면 5가지로 구분한다고 하였다.
격국용신 조후용신 병약용신 통관원리용신 억부원리용신으로 대별(大別)하지만 이 중에서 최우선은 格局用神이다.
격국용신 위주로 하는 것은 조후나 병약 통관 억부에는 그 그릇이 나오지 않고 上格 中格 下格 破格 등은 格局에서만 나오기에 格局用神을 최우선하는 것이다.
<1> 격국용신 : 격을 먼저 정하고 그 격국 속에서 용신을 정한다.
  원칙적으로는 이 격국 용신 속에 조후나 병약 통관 억부 등이
  모두 들어있다.

가령

戊 甲 癸 癸
午 寅 酉 丑   일간 癸水가 得地 得世는 했지만 寅月은 추우니까 눈에 보이지 않는 得令도 있다고 보아야 한다. 이 사주는 원래 傷官格이지만 生財를 하니까 상관격으로 태어났지만 살기는 財로 산다. 이 말은 상관격으로 태어났지만 財가 있으면 財로 살고 <상업이나 사업가로 살고> 官이 있으면 官으로<명예니까 선비로 월급자로 공직자로> 산다는 애기인 데 한 등급 높게 산다.

  그러나 殺居先 食居後나 食居先 殺居後라면 태어나기는 식신인데 살기는 사로 살로서 살아가야 하니까 격국과 용신이 헷갈릴 수 있다. 예를 들자면

  辛 乙 辛
丑 酉 未 巳   이와 같이 태어나기는 殺로 태어났는 데 살아가기는 食傷으로 살아가더라(巳오未) 그릇인 몸체는 칠살이고 정신은 火인 食傷 이니 몸과 정신이 따로 놀게 되므로 살아가기가 힘겹다. 그러나

丁 丙 癸 辛
未 午 未 酉   스님 사주인 데 재가 너무 많아서 목신이 너무 많다. 午未合까지 하여 財多身弱이다. 고로 金生水 받아야 하니까 金水용신이다.

戊 辛 丁 壬
辰 酉 亥 辰

  月에 桃花니까, 어머니가 재취이고 일지 亥수가 망신이고 辰亥 원진이고 귀문관살이다. 여자사주라면 丁壬 合으로 안방에서 뒹굴고서 밖에 나가니까 다시 壬水가 丁壬合하려고 한다. "합다합귀 좋다마소 사랑통에 죽어나니 홍등가에 祿酒부어 기생 몸이 된답니다."에 해당 된다. 丁이 편재격 이면서 도화격이다. 辰酉合金으로 財多身弱이고 財生殺로 이어지니 고달픈 삶이다.

8월의 丁火인데 서리가(金) 너무 많이 왔다. 학마(學魔)가 많아서 공부 못 했고 계산은 빠르고 욕심이 많으나 남에게 돈은 잘 빌려주지만 받기는 힘들다. 木火가 吉神이고 亥中甲木이 용신이다. 格局으로 보면 偏財用印格 이므로 돈 벌고 싶거든 공부해라, 아버지한테 인정받고 싶거든 공부해야 하고 자기세력을 키워야 한다.

1, 재산관리는 어떻게 해야 하나?
  인수가 필요하므로 현금가지고 있지 말고 건물을 사놓고 임대료 받아먹고 살아야 한다. 편재 현금가지고 있으면 누가 가져가는지 모르게 없어진다.
2, 조후로서 사주를 설명하자면?
  8월은 기온이 하강하고 있으며 일조량이 부족한 시기인 데 사주에 金水의 기운인 음이 많고 목화 양이 부족하다. 고로 따뜻하게 목생화를 해야 한다. 그래서 木이 용신이고 火가 희신이다.
3, 병약의 관점에서 사주를 설명하자면?
  金水가 病이고 木火가 藥이 된다. 단 병은 없이다. 그러므로 중병인데 金은 용신 木을 극하므로 병이고 목화가 약이 되는 것이다.
4, 통관의 관점에서 사주를 설명하자면?
  金水가 많아서 막혀 있으므로 金을 분산시키는 火가 약이다. 火가 사주에 없으므로 木으로 대신하여 水生木으로 通氣시킨다는 것이다.

여자라면 날라리 팔자이고 아버지는 천하의 바람둥이로 辰酉合金으로 들어오니 丁火로서의 火剋金이 안 통한다. 어떤 방법으로 용신을 정하든 木이 용신으로 일치한다. 신년이 오면 대들보 부러지고 집 날라 간다.

```
乙 己 庚 庚
未 卯 申 辰
```

年月의 卯未 木局에 己土가 죽어있다.
木局 : 正財格이다. 正財格에 局을 이루니 건실하므로 부자다. 乙木이 투출되어 있으니까 소문난 부자다. 先弱後强의 사주로 申辰이 水局 되어 설기 된다고 해도 金水의 陰이 많고 陽인 木火가 적은 사주가 된다. 正財用財格이지만 財가 得局하고 있으니까 偏財格으로 보아야 한다. 이런 사주는 신왕해서 格이자 用神이다. 이처럼 격이자 용신인 사람의 특징은 돈으로 태어나서 돈으로 죽는다. 일방통행이다. 돈에 목숨 걸고 산다. 어렸을 때의 꿈이 끝까지 가더라. 오직 財에 초점 맞추어 살아간다. 비견이 많아서 버는 놈은 어떤 놈이고 쓰는 놈은 어떤 놈이요? 정재격이지만 목적은 火인 官에 있는 것이다. 旺한 金을 제련하려면 火가 필요한 것이지 木이 필요한 것은 아니다 라는 것이다.

調喉 : 2월 왕성한 봄이지만 사주구성상 온도가 급강하 하고 있다. 木火로 따뜻하게 해야 하니까 木이용신이다.
病藥 : 金이 병이고 火가 약인데 火가 없으니 대리로 木이 약이다.
通關 ; 金이 많아서 火로 분산시켜야 하지만 水로 通氣함이 좋다.
抑扶 : 신왕함으로 官이 필요하지만 無官으로 財에 초점 맞춘다.

금년이 庚辰년이라면 천간의 비견 庚金이 겁재 작용하니까 친구 형제 동료 등 방해자 많고 구설 시비 모략 손재로 보아야 한다.
乙庚合去로 財가 도망간다. 고로 의처증 생기고 돈도 없어진다. 乙庚으로 묶이는 것이니까 돈이 묶인다. 재산 압류로도 본다.
地支의 辰은 편인으로 동업 수 새로운 일 시작 이지만 동업 하면 나쁘다.
지금부터 월별 신수 보는 법을 배우기로 한다.

戊寅 月運 : 인수와 편재 운으로 寅申沖 寅卯辰 木局되어 천간의 인수가 죽어서 들어오고 沖이 걸려 궤도수정이 나온다. 즉 내 마음대로 되지 않는다. 집 짓는다면 설계 변경하게 되며 財가 沖에 걸려 돈 나가고 시비구설에 처와 싸울 일 발생하며 돈 주고 받을 때도 반드시 영수증 챙겨라 엉뚱한 소리 나올 수 있다. 편재 편인이므로 뜻밖의 일이 자주 터진다. 그러므로 財局을 이룬다고 좋게만 보지마라.

己卯 月運 : 1월과 大同小異 하다 土木의 달이라는 것이다.
申卯 기문이니까 돈 때문에 신경 쓸 일 생긴다. 돈거래 잘 살펴라

庚辰 月運 : 일지가 申辰으로 三合으로 바쁘다 친구와 놀러가도 돈은 내가 낸다. <경이 넷이나 모이니 군중심리 주의하고 아내가 아프며 도둑 식물수로도 연결한다.>

辛巳 月運 : 辛이 巳에 죽어서 들어오나(火극金) 원국에 금이 있어 되살아난다. 물에 빠진 놈 건져 놓았더니 내 보따리 내 놓으란 격으로 탈재의 역할(劫財)을 한다. 巳申이 刑을 하니 관재구설 송사 걸린다.

壬午 月運 : 食神 正官 운이다, 여름을 맞났으니 좋다(正官) 午未 火局을 이루니 명예 감투가 들어온다.

癸未 月運 : 未가 庚에 財庫이다 묵은 돈 들어온다. 받는다.

甲申 月運 : 甲庚 沖이고 비겁 운이다. 고로 돈과 전쟁한다, 바로 爭財한다는 것이다. 돈과 싸우고 아내와 이별이다. 그래서 돈 떨어져 신발 떨어져 애인 떨어진다. 浮財로서 눈은 풍년인데 입은 흉년이다. 뜬구름 잡고 있다. 돈과 싸운다.

乙酉 月運 : 乙庚合인데 비겁이 하나 더 늘어난다. 卯酉가 相沖하니 돈 나간다. 특히 지지로 들어오는 비견 겁재는 개도 안 짖고 도둑 맞는 거다.

丙戌 月運 : 편관 丙화가 火剋金으로 시상 비견을 없애 버린다. 이제부터 일이 술술 풀린다.

丁亥 月運 : 丁火 희신이 亥水를 닿고 들어와서 亥卯未 木局을 형

성하니 돈 들어온다. 내가 먼저 베풀어야 좋다.
戊子 月運 : 戊土가 子水를 달고 들어오니 凍土에 申子辰 水局까지 하고 도화가 三合이니 애인하고 여행 떠난다.
己丑 月運 : 己土가 凍土인 丑土를 달고 들어와서 모든 것이 동결이니 묶이고 답답하다. 인간사에서는 되는 일이 없다 문서가 묶이니 조심해야 한다.

戊 丁 戊 壬
午 巳 辰 子

　　四柱 네 기둥이 튼튼하고 身旺財旺에 火土가 많다. 正印用財格으로 공부의 목적이 돈에 있다. 時上偏財格이다. 月에 인수니까 착하고 학자풍이다 고로 財旺해도 사업은 못한다. 金이 없어 수단 방법이 적다.

調候 : 七年 가뭄에 逢甘雨다. 火土가 많아 水가 반드시 있어야 하는 사주이다.<巳午未月生은 柱中에 水가 있나 살펴야 하고 亥子丑月生은 반드시 火가 있나 살펴야 하는 것이 조후의 기본 상식이다.>
病藥 : 火가 병이고 水가 약인데 有病有藥에 균형을 이루어 아주 좋다.
通關 : 火가 많아 인수를 막혀 있다. 水인 財로 분산시켜야 한다.
抑扶 : 火生土로 3土3火로 구성 되어 신강 하니까 水로 억제해야 하므로 水인 財用神이 된다.
　위 사주의 주인공은 가문도 좋고 아내도 똑똑하고 처갓집도 잘 산다. 자손이 조금 미진해 보이지만 부친보다 더 똑똑하다. 참으로 균형을 잘 이룬 사주이다.
　년 월에 인수 놓아 가문 좋은 것이고 壬子수가 재성이라 애내가 똑똑하긴 한 데 일지 배우자궁에 財庫놓아 배우자가 약하다. 자손은 관성인 木인데 辰中乙木자식이 暗藏 되어 미진한 것 같지만 자손 궁인 시가 좋아 큰 인물이다.

```
癸 丁 戊 乙
未 巳 辰 卯
```

위 사주는 木火는 강하고 金水가 약하다. 巳未 火局에 丁癸沖이니 癸수가 온데간데없이 날아가 버렸다. 正印格이라 뼈 없이 착하고 좋은 사람이다. 身旺 官旺에 時柱 正官 놓아 공무원이 좋다 사시보다 정관이니 행시가 더 좋다.
調候 : 火가 강해 水가 반드시 필요한 데 癸수가 죽었다.
病藥 : 火土가 많아서 土가 막혔으므로 木으로 疎土해야 한다.

이 사주는 일지 財庫를 놓아 돈복은 타고 났으나 아내는 아프다.
火土 운은 불리하고 金水운에 發福하는 사주이다.
庚辰년 운세라면 정관 乙木이 묶였다 처첩이다.

```
己 丙 辛 己
卯 寅 酉 丑
```

위 사주는 年月支에 卯寅木이 강해서 年干 己土는 죽은 土라 土生金 못한다. 時柱의 己丑土는 土生金도 하고 酉丑合으로 똑똑 뭉쳐 있다. 酉丑 득국으로 身旺하고 寅卯 木局이니까 正財格에 財 또 得局해서 아버지가 똑똑하고 돈 많으며 잘 산다.
正財用官格 사주는 財官 二德을 兼備하고 있어 富貴兼全이다.
위 사주는 淸格으로 아주 깨끗한 사주이다. 金일주의 財星은 木인 데 나무는 자주 옮기면 죽으니까 고로 한자리에 묶어놓아야 한다. 寅목이 正財인 데 申이 들어와서 寅申沖하면 丙火까지 같이 죽는다. 이것을 세부적으로 분석하자면 친구 잘못 만나서 대들보 부러지고 돈 날아가고 서리 맞고 명예마저 없어진다. 친구에게 배신당하고 애간장 타니까 肝에 병이 와서 生死의 기로에 서게 된다.

乙 己 辛 甲
　　　　酉 丑 巳 午

　위 사주는 편인격이 변해서 비겁격이 된 경우이다. 그래서 火인 官이 용신이다. 여기서 巳화가 巳酉丑 金局으로 더욱 金이 많아진다. <巳午는 方合이고 巳酉丑은 三合으로 金局으로 간다.> 火의 기운이 조금 약해서 木火운에 발복한다. 이 사주는 자극 받아야 하고 사랑의 매가 필요하다. 명예주의자고 사업가는 아니다, 직장을 택해서 가야하고 木운보다 火운이 더 좋다.
　여자라면 죽어도 혼자는 못 산다. 午도화가 남편인데 멋쟁이다.

　대운을 살펴 보자면 월지를 沖하는 운이 50대에서 60대에 만나는데 월지가 용신인 사람들은 60 전후가 위험하다.

　　　　癸 癸 甲 丙
　　　　亥 亥 子 寅

　위 사주는 正印格 사주로 甲목이 得局해서 身旺하므로 官이 필요한데 無官 사주이므로 土를 썼으면 좋겠는 데 土도 없다. 無財 사주이니 丙火 식상을 용신한다. 亥子로 꽁꽁 얼었으니 丙화 사장을 만드는 기계는 된다. 교육학자로 교수나 연구원이 좋은데 戌亥 천문성이 있으니 의대교수 의사 또는 문학박사도 된다.
財官이 없으니까 돈도 명예도 싫고 오직 내 몸을 봉사라 木生火 하는 것이 좋다고 하니 봉사정신이 투철하고 여자라면 시집가면 자식 위해 희생하고 살아야 한다. 火土운에 발복하는 팔자이다. 만약 丙寅시가 아니고 밤 시간에 태어났다면 지체장애인이 될 수도 있다.

1959년11월19일18시생						
坤命	己亥	丙子	甲戌	癸酉		
수	6	16	26	36	46	56	66
대운	丁丑	戊寅	己卯	庚辰	辛巳	壬午	癸未

<상담 사주이다>

이 사주는 印綬過多에 寒濕한 사주이므로 木火運에 발복한다. 대운의 흐름이 좋아 무난하게 살 팔자지만 세운에 의해 기복이 심한 팔자이므로 항상 水운이나 晦氣되는 己土운에 조심해야 한다.

壬午대운 己亥년 癸酉월 癸丑일 운세를 보자면

丙壬沖 子午沖으로 월주가 박살이 나는 운세인 데 특히 己亥년이라면 己土는 丙火를 晦氣無光시키고 亥水는 연합을 이루어 물 폭탄을 맞는 형국이므로 酉金 正官 남편이 물에 빠져 죽는 형상이다.

己亥년 癸酉월 癸丑일에 술 한 잔 하고 반신욕 한다고 욕조에 물 틀어놓고 심장마비로 급사 했답니다. 年月日時의 기운이 丙화가 꺼지니 심장마비요, 水가 연합하니 물 폭탄이고, 정관인 酉금이 남편인 데 水多金沈으로 물에 빠져 죽는 형상이다.

위 여인은 사주에 비해 대운이 무척 좋았다. 木火운이어서 다행인 데 壬午 대운이 문제다 월주를 沖剋하는 대운이다. 월주에 용신이 있고 이런 경우 세운이 나쁠 때 죽고 사는 문제가 발생한다. 누구나 50-60대에 월지를 沖하는 데 **월주에 용신이 있는 사람들은 60전후가 위험하다**. 위 여인도 61세 己亥년에 이런 변을 당했으니 이런 점을 잘 살펴서 간명하기 바란다.

```
       壬 壬 辛 戊
       申 子 亥 戌
```

　이 사주는 傷官格 사주인 데 金水雙淸이고 水多金沈이니 破格 사주이다. 시주에 戊戌토 인수가 있어 말년에 공부해야 하니 역술 공부다. 戌亥 천문성에 상관성이 강하니 하나를 가르쳐 주면 둘로 써 먹을 수 있는 사람이다. 수입은 둘이라면 지출이 다섯이니 쥐뿔도 없는 것이 성질 한번 더럽게 까다롭다. 傷官用印格 사주로 격과 용신이 상전한다.

　辛금이 水인 상관을 따라가면 못된 길로 가는 데 戊戌토인 어머니가 土生金하면서 土剋水하니까 무조건 공부해야 하고 戊戌토 어머니에 의존해 살아간다. 공부는 종교 철학 신앙을 가지고 살아가야 할 사람이다.

　사주가 지나치게 冷寒하여 火를 써야 하는 데 火가 없으니 土를 쓰는 것이니 대리용신이고 간접용신이다.

病藥 : 水가 병이고 土가 약인 데 水가 많아 중병으로 약이 부족하니 이 사람 황토방에서 살면 좋다.
通關 : 水가 많아 막혔으니까 土剋水로 분산시키고 水生木으로 通氣시켜야 하는 팔자이다. 木火土는 좋고 水는 忌神이다.

辰戌冲이면 둑이 무너지는 데 잘못하면 여러 사람 피해 본다.
辰亥 귀문에 冬丑辰 급각살로 나이 들면 중풍 든다. 土金水 3神의 사주에 木火가 없어 막히고 답답한 일 많이 발생하게 된다.

[실증철학 원문]

<2> 조후용신(調候用神)이란 차가운 사주는 따뜻하게(寒冷者는 溫熱로) 불타는 사주는 차가운 물로(炎熱者는 水冷으로) 마른 사주는 물기로 축축하게(燥枯者는 潤濕으로) 습하고 차가운 사주는 마른 기운(濕冷者는 乾燥하게)으로 中和시키는 것으로 용신을 정하는 것을 말한다.

[강의 노트]

계절 감각에 맞추어 추운지 더운지 습한지 건조한지를 살피는 것으로 특히 亥子丑月生이면 柱中에 火가 있는지를 살피고, 巳午未月生이면 水가 있는지를 살펴야 한다.

壬 壬 庚 丙
申 子 寅 子

子月 庚金이 壬水가 투출되어 食神格인데 金水가 當權하고 있어 食居先 殺居後이다. <사주의 구성 요건만 말한 것이고 용신은 나와 있지 않다. 고로 식상과 관살이 어느 것이 많은지 비교해야한다> 식상이 많고 관살이 부족하니까 관식투전 될 가능성이 높다. 골육상쟁이고 하루도 편안할 날이 없다.

丙火가 용신이지만 制殺太過(살을 억제하는 식식이 많다)이다. 제살태과격은 관청 브로커가 많다. 이 사주는 申子水局을 이루어 폭포수 같은 홍수인 凍水로 水生木이 잘 안 될 수 있다. 火土를 써야 하는데 土가 보이지 않는다. 목화를 보강해서 살아야 한다, 만약 午화가 들어와 子午沖해도 좋다, 申金이 合에서 떨어져 金의 역할을 하게 되기 때문이다.

亥子丑月生에 소속 된 사주라서 조후용신으로 火를 써야 하는데 丙子시로 무력할 것 같지만 寅목의 生을 받아 아주 힘이 없는 용신은 아니다.

```
癸 乙 乙 癸
亥 丑 巳 未
```

　　丑月生 乙木이라서 조후로 巳火를 써야 하는 데 巳丑으로 변신할 가능성이 높다. 일단 無官 사주에 乙巳일주 고란살까지 놓아 조혼은 실패할 확률이 높으므로 늦게 결혼해야 해로 할 텐데 일찍 결혼해서 己亥년에 이혼 했단다. 배우자 궁이 巳亥 沖殺로 깨졌다.

　　삼십대 후반의 여성이 상담 의뢰 해 와서 첫마디가 30대 후반에 결혼해야 좋은 남자 만나 잘 살 텐데 일찍 결혼하였다면 안 좋은 남편을 만났을 것이고 만약 결혼했다면 금년 己亥년이 고비입니다. 라는 말이 끝나자마자 한 달 전에 헤어졌어요, 라고 하면서 앞으로 좋은 남자 만날 수 있을 까요? 라고 해서 38세 庚子년에 좋은 이성 인연 맺어져서 어쩌면 辛丑년에 결혼 성사 되겠네요, 라고 답변 해 주었더니 그제 서야 환하게 웃더라,
　　왜 그런 말을 했을까? 사주 원국을 살펴보기로 하자
첫째 無官사주에 丑中辛金이 官星인 데 丑中에 暗藏된 상태에 丑 土가 忌神이라 좋은 남편이 아니라는 것이고 乙巳일주는 고란살이기에 외롭게 살 팔자이기도 하고 己亥년은 財生殺 하는 운에 巳亥沖으로 배우자궁이 깨졌다, 그러므로 고비라고 말한 것이다.

```
丙 甲 丙 丁
寅 午 辰 酉
```

　　羊印格 사주로 군인 출신이면 좋다. 아니면 배우자라도 군인이어야 한다. 신왕사주에 인수인 木이 있어 羊印 작용이 약하다, 그러므로 군인이라도 정훈장교가 좋다. 身强하니 매사에 자신감 있고 적극적이다. 누구한테도 지지 않고 말로라도 이겨야 한다.
　　이 사주의 핵은 財에 있고 여기서 중요한 것은 배우자 궁이 辰酉 合으로 가버렸다는 것인 데 항상 도화가 배우자궁에 있거나 배우자궁이 월시지 도화와 합을 하게 되면 배우자 문제가 발생한다.

實話事件看命記

평택에서 필자에게 보낸 편지 한 통이 가슴을 아프게 합니다.
2019년 09월04일 대전 일가족 자살사건의 당사자들의 생년월일시가 적힌 편지에는 생년월일시는 물론이고 사망일자와 시간 그리고 전화번호까지 상세히 적힌 쪽지에는 이 사람들에게 유난히도 4자가 많이 들어가 숫자에 대한 관심을 가지게 되었다는 내용이었는 데 편지를 써 보낸 사람은 친정어머니였습니다. 더 가슴 아프게 하였던 것들은 언론매체에 실린 글들이었습니다.

일가족 사망은 생활고 끝에 남편이 가족 살해 후 자살

지난 4일 대전에서 발생한 일가족 4명 사망사건은 남편이 생활고 끝에 아내와 두 자식을 살해한 뒤 자살한 것으로 결론이 났다.
대전 중부경찰서는 남편 이모(44)씨의 유서와 국립과학수사연구원의 부검 결과 등을 토대로 이씨가 아내(33)와 딸(9), 아들(6)의 목을 졸라 숨지게 한 뒤 인근 아파트 고층에서 뛰어내려 스스로 목숨을 끊은 것으로 잠정 결론 냈다고 9일 밝혔다.
국과수 부검 결과 대전 중구 중촌동 모 아파트 이씨의 집에서 숨진 채 발견된 아내와 두 자녀의 사인은 질식사다. 경찰은 이씨가 지난 3일 귀가한 뒤 4일 오전 8시 30분쯤 집을 나서는 모습이 담긴 폐쇄회로(CCTV)를 확보했다. 집을 나온 이씨는 아파트 주변을 배회하다 이날 오후 4시쯤 자택에서 걸어서 5분 거리인 인근 아파트 25층으로 올라가 투신자살했다.
이씨의 옷 안 소지품에서 나온 유서에 '가족들이 집에 숨겨 있으니 시신을 수습해 달라'고 적혀 있었다. 투신 아파트 주민의 신고를 받고 출동한 경찰이 이 유서를 보고 이씨의 자택을 찾아가 이불에 덮여있는 아내와 아들·딸의 시신을 발견했다. 이씨 집 현관에는 월 3만 7000원인 우유 대금을 6개월 간 밀려 22만 2000원이 체납됐다고 통보한 고지서가 있었다.
경찰조사 결과 이씨는 소규모 건축업을 하다 실패하면서 사채까지 얻어 쓸 정도로 경제적인 어려움이 심했던 것으로 밝혀졌다.

라는 기사를 보는 순간에 마음이 찡하였습니다.
도대체 어떤 사주를 가진 사람이었을까?

사례<1> 사망 이 씨의 사주

45세. 1975년 음4월21일생				
乾命	乙卯	辛巳	丁丑	戊申
수	8	18	28	38	48	58	68
대운	庚辰	己卯	戊寅	丁丑	丙子	乙亥	甲戌

사례<2> 아내의 사주

			34세.1986년양2월14일06:45			
2	木	3	坤命	丙寅	庚寅	己丑	丁卯
2	火	2					
2	土	2	수	3	13	23	33	43	53	63
2	金	1	대운	己丑	戊子	丁亥	丙戌	乙酉	甲申	癸未
0	水	0								

운세 분석부터 해 보도록 하겠습니다. 45세 남자 본은 시를 정확히 몰라 확실하게 말하긴 좀 곤란 하지만 2019년 己亥년이 되면 월의 巳와 년운의 亥가 巳亥沖을 하는데 역마 沖으로 교통사고 조심해라 월주는 가정 궁이므로 가정이 깨지는 형상이다. 라고 해야 하는 데 사망일시가 己亥년 壬申월 甲辰일 壬申시로 沖 刑(부딪치고 사고 나고)이 겹치는 사고수의 날이었습니다. 시는 추정한 시간으로 상관성이 강한 사람만이 저지를 수 있는 끔찍한 사건이어서 申시로 보게 된 것입니다.

이 씨의 사주이야기를 하려고 합니다.

乙卯라고 하는 토끼 띠 해 辛巳 월이라고 하는 초여름 丁丑이라고 하는 소날 丁화라는 뜨거운 불로 태어났는 데 巳와 丑이 金局을 이루어 金이라는 재물이 사주에 많아졌다고 해야 합니다. 이런 사주를 역술용어로 재다신약(財多身弱) 이라고 하는데 이 말을 풀어 말하자면 재물이 사주에 턱 없이 많아 내 몸이 허약하니 재물에 끌려 다니는 사주라고 함축해 말하면서 이런 사주를 가진 사람은 운이 나쁠 때 재물로 인한 난리가 나다, 라고 말하지요, 옛날 어른들이 말씀하시기를 팔자는 못 속이는 거여, 라고 했는데 오랜 세월이 지나 오면서 술사들이 엉터리로 혹세무민(惑世誣民) 하면서 미신이라고 말 할 수 있게 만든 역술인들도 책임이 있다고 말해야 합니다. 지금부터 사주팔자를 학문적으로 풀어보겠습니다.

丁丑 일주로군요, 丁丑은 백호대살(白虎大殺)입니다.

白虎는 흰 호랑이입니다. 殺은 죽일 살자인 데 앞에 큰 대자를 붙였으니 무시무시한 살이라는 의미도 되지요, 그래서 백호 일주인 사람들은 형권을 잡는 일을 하면 좋다고 합니다. 형권의 刑은 형벌형자고 權자는 권세권자로 칼자루를 휘두르는 사람이면 좋다고 하여 사법권을 쥔 검 판사 또는 칼 쓰는 사주라하여 의사, 총 쏘는 군인 등의 직업이 좋다고 하지만 무조건 그 길이 아니고 사주구성에 따라 달라질 수 있는 데 망자 이씨는 財를 추구하는 팔자이므로 사업이나 상업을 하는 사람이 맞지만 센 일을 해야 하니 건축업이 직업성으로는 잘 갔노라고 해야 합니다. 그런데 말입니다. 위에서 언급했듯이 재다신약이라, 財는 재물재자로 사주는 허약한데 재물이 많이 실리면 사람이 재물을 끌고 들어오는 것이 아니라 재물에 끌려다니는 형상이 된다고 합니다. 혹자들은 이 사주가 신약하지 않고 신강하다고 보는 이들도 있을 겁니다. 그럴 수 있다고 생각합니다. 그러나 사주는 합형충파해(合刑沖破害)의 작용에 따라 변화무쌍해서 잘 살피지 않으면 오답을 낼 수 있습니다. 이 사주가 오답을 내기 쉬운 사주이지요, 왜냐고요? 신강하다고 괘변을 늘어놓는 술사들 입장에서 사주 설명을 하자면 巳월의 丁화가 乙卯목의 생(生)을 받아 신강(身强)한 사주이지 어찌 신약(身弱)한가? 라고 할 것입니다. 그런데 그렇게 됐더라면 이런 불상사가 났을 리 만무하지요, 부자의 사주이니까. 그런데 말입니다. 일간 丁화 이 씨는 자신이 신강하다고 믿고 지금까지 살아왔던 것입니다. 그래서 과욕도 부리고 자신 있게 행동했던 것인데 그런데 아니지요, 巳月生이라도 일지에 丑이 앉아 있고 월간에 辛금 편재인 金이 투출 되어 巳화가 三合 巳酉丑 金局을 이루게 되며, 乙卯목은 강한 것 같지만 乙辛 沖 金극木을 당하여 힘이 없는 화초나무로 木生火를 못합니다. 그래서 재다신약으로 보아야 하는 것이지요, 그런데 사람에게는 운이라는 것이 반드시 있어 사주보다 운이 좋아야 한다고들 하지만 사주팔자가 우선 튼튼해야 운의 적용을 덜 받는 데 이렇게 허약한 사주가 대운까지 나쁘면 사정없이 무너진답니다. 그런데 망자 이씨의 운세를 살펴보자면 37세 대운까지는 아주 좋은 동방 木운이었습니다, 봄날을 만난 것이지요, 힘없던 丁화는 살판났습니다. 천방지축으로 이일 저일 가리지 않고 하게 되는데 정(丁)화라는 불은 경(庚)금이라는 원석을 제련하여 그릇을 만들어 돈을 내 것으로 만들어야 하는데 월상에 나타난 신(辛)금은 보석금으로 庚금을 쪼개서 만든 보석금 일진 데 뜨거운 불로 지져 대면 헛발질 헛된 일이 잘 된답니다. 그래서 이 사람은 헛발질을 잘 하는 사주라고 말 할 수 있답니다. 재다신약의 사주를 가진 사람들은 욕심이 많은 데 정당한 욕심이 아니라 허욕이고 시시한 돈은 돈으로 보이질 않습니다. 그래서 항상 큰돈을 추구하게 되고 과욕을 부리게 된답니다. 그런데 말입니다. 38세 정축(丁丑)대운부터는 하향 길을 걷게 되지요, 대운이 거꾸로 흘러서 봄에서 여름으로 흘렀더라면 좋았을 것을 봄에서 뒤로 빠꾸해서 겨울 운으로 흘러갑니다. 축자해(丑子亥)는 월로 말하면 12월 11월 10월로 겨울이고 차가운 기운이고 오행으로는 물인 水운입니다. 丁화라는 불은 물을 가장 무서워하지요, 신강해서 불이 많은 사주라면 물 운을 만나면 금상첨화로 좋아지기도 하는 데 이 사주에서는 물인 겨울 운은 절대 안 좋은 운이지요, 그래서 이런 운에는 내리막길이니 욕심부리지 말고 현상유지만 하다가 몇 년 후 봄 여름 운을 만났을 때 고하고 배팅 잘 하면 부자도 될 수 있는 건데 글쎄요,

2019년 己亥년이라는 돼지띠의 해는 물 운으로 대단히 불리해서 잘못하면 사고치고 관재구설(물이 이 사람에게는 관재구설 잘못하면 감방가고) 이 극 성하는 해였답니다.

더군다나 사고 친 달이 壬申월 甲辰일 壬申시로 달라 시운이 申卯라는 귀문관살이라서 정신이 돌아 버린다, 이고 巳申은 형살로 사고치는 달과 시가 어찌 우연의 일치라고 하겠습니까?

아쉬운 것은 망자 이씨는 따뜻한 사람 활동적인 사람 다만 생각하는 머리가 너무 좋아 자기가 죽고 나면 닥쳐 올 아내와 자식이 안쓰러운 나머지 극단적인 선택을 하였던 것입니다
.

34세 아내의 사주는 관살혼잡이라 하여 나를 극하고 치는 별이 많아 단명하다고 말 할 수 있는 팔자이긴 하지만 그래도 그렇지 죽고 사는 문제는 운명일진 데 이렇게 허망하게 죽다니 말입니다.

2019년 9월 4일 04시 45분이라면 己亥년 壬申월 甲辰일 辰戌 충 丑戌 형 甲庚 충 등으로 발동이 걸리는 운세였고 백호대살 피를 보고 죽는다고 했으니 사고 수가 있는 운명이었답니다. 물론 숫자도 4자는 죽을 사자의 의미도 되지만 4자 때문은 아닐 것이고 운명으로 돌려야 할 것 같습니다. 고인들의 명복을 빕니다. <할 말은 많지만 오늘은 여기까지만 하겠습니다.>

2019년10월02일 오후

김 동 환 글 씀.

위 글은 의뢰인 망자의 친정 어머니께 답신 형태로 보내진 사연의 글입니다. 망자인 사위 사주는 공식에 입각해서 사식대로 감정했지만 망자 이씨 처의 사주는 차마 그럴 수가 없었습니다. 잘못 말하면 내가 딸 사주를 잘못 만들어 태어나게 한 죄인의식을 가질 수 있다는 생각에서 위와 같이 간단하게 설명형식을 빌었지만 이왕에 이 사주를 접했다면 사식대로 이야기해야 하지 않을까라는 마음에서 다시 원칙대로 풀어 보겠습니다.

坤命	丙寅	庚寅	己丑	丁卯
수	3	13	23	33	43	53	63
대운	己丑	戊子	丁亥	丙戌	乙酉	甲申	癸未

<이씨 아내의 사주팔자>

寅月의 己丑土로 문전옥답으로 표현해야 하는 작은 흙인 土에 나무인 木이 많습니다. 年 月 時支에 모두 木으로 이런 사주를 관살혼잡(官殺混雜) 그러죠, 거기에다가 배우자궁인 일지에 동토(凍土)인 丑土를 놓았으니 이 많은 나무들이 꽁꽁 얼은 땅에 뿌리 내릴 수 있었을까요? 그래서 남편의 덕이 적은 사주요, 힘들게 살아가야 하는 팔자에, 또 관살이 극성을 부리니 몸이 허약한 경우이므로 단명하다고도 말하지요, 그런데 말입니다. 이렇게 많은 나무들을 키우려면 물이 반드시 있어야 조화를 이루겠는데요, 물인 水가 사주 원국에 보이지 않습니다. 다만 丑中癸水가 있긴 한데 이 작은 물로 이토록 많은 나무를 먹여 살릴 수 있었을까요, 다행이도 32대운까지 북방 水운으로 흘러 나름대로 조화를 이루어 잘 살아올 수 있었겠는 데 33세대운인 丙戌운을 만나면 건조한 戌土라서 木들이 난리를 치게 되는 데 己亥년이라는 돼지가 물인 亥水인데요, 亥卯合木 寅亥合木으로 木들이 쟁탈전을 벌여 木인 나무로 만듭니다. 일간 己土는 죽을 지경 이고요, 壬申월의 운세 역시 壬水는 丁壬合木으로 변하고 申金은 寅木과 寅申沖을 합니다, 이런 경우를 왕신충발(旺神沖發)이라고 하지요, 왕성한 기운을 가진 木을 申金이 沖하고 부딪치면 왕신이 대노(大怒)해서 죽고 사는 生死문제를 발생시킨다는 논리입니다. 寅목은 대들보인 데 대들보가 무너져 짓눌리는 형상이니 목 졸려 죽는 질식사인 것입니다.

다시 사주원국 해설로 돌아갑니다. 관살혼잡에 대해 설명하자면 官은 벼슬관자로 나를 지켜주는 별이라 남녀 공히 직업성으로도 보고 또 女命

에서는 官을 지아비 부자를 써서 남편의 별인 夫星으로 보는 데, 殺은 편관 七殺을 칭하는 말로 관성인 정관과 살성인 편관이 섞여 있으면 관살혼잡 그러는데요, 관살이 혼잡 된 여성에게는 나를 극하고 치는 관살이 많으므로 남자가 사주에 많아 불리하며 내 몸을 극하는 별이라 몸도 허약할 수 있고 끈기인 인내력도 부족하며 직업성도 좋지 못해 힘겨운 일 힘겨운 삶을 살아가게 되며 남편의 덕도 적다고 하지요. 사주에는 병도 있고 약도 있는데요, 이 사주에서는 病이 木인 관살이고 약은 상관성인 庚金이 약신 이지요, 병은 중한 데 약인 庚금은 절지인 木의 달 위에 앉아 있어 약발이 잘 안 받는 사주라 그런답니다, 목다금결(木多金缺)이라 하여 木은 강한 데 金이 金극木 한다고는 하지만 오히려 나무를 다듬지 못하고 쇠인 金이 이지러진다, 라는 말로 사주 구성도 좋지 않고 조화도 이루지 못한 사주에 대운까지 매우 불리한 운으로 접어 들었던 겁니다. 만약 이번 고비를 잘 넘겨 살았다하여도 30년간 서방 金운이라서 金인 식상과 木인 관살이 상전(相戰)하여 서로 싸우는 형상이라 삶이 고달프고 아울러 40대초인 戌대운에는 생리사별(生離死別)로 해로(偕老)하지 못하는 일이 벌어질 수 있었겠다고 예추(豫推)해 봅니다. 이 여성의 사주도 이 정도만 하려고 합니다. 말을 하자면 한이 없을 것 같습니다. 그런데 철없는 어린 것들이 무슨 죄가 있다고 목 졸라 죽이는가, 어린 망자들의 사주는 각자 숙제로 남기려고 명조만 올려놓겠습니다. 학습 차원에서 열심히 생각해 보시기 바랍니다. 여자 아이 2011년 09월 03일생으로 **辛卯**년 **丙申**월 **辛酉**일이고, 남자 아이는 2013년 06월23일생으로 **癸巳**년 **戊午**월 **庚申**일에 태어 났습니다.

"참으로 우울한 하루였습니다."

```
丙 甲 丙 壬
申 午 子 辰
```

이 사주도 羊印格이다. 得令만 했지 失地 失勢로 先强後弱이다. 고로 시작은 그럴 듯한데 마무리가 없다. 월지 양인을 놓아 큰소리 잘 치는데 옆에 壬水 七殺이 까불면 죽어 하고 겁주니까 고개 숙이더라, 신약해서 비견겁재에 의존하니 양인격이라고 해도 偏官用劫格으로 보아야 한다. 5월에 장마가 들었다.〈申子辰水局〉꽃이 피다말고 벌과 나비가 안 오니까 결실이 없고〈金이 약하다는 말〉만물이 부패했다, 썩은 사주로 빛 좋은 개살구다. 원래 양인격에 편관이 있으면 洋印合殺로 좋은데 이 사주에서는 子午沖 되서 못 쓰는 사주가 되었다. 午火가 용신인데 용신이 월지 부모자리에 앉아있으면서 沖 되니까 이불 속에서 주먹 쥐고 폼 잡는 놈이다. 밖에만 나가면 맥을 못 추니 집 안에서만 폼 잡고 있다. 그래서 부모 슬하 떠나면 고생하게 된다, 고로 결혼하면 그날부터 고생길에 접어든 것이다.〈남여 모두 財官이 忌神이면 결혼 후부터 고생이더라.〉丙이 午에 의지하여 살아가는데 子운이 오면 子午沖으로 노인이 지팡이 부러지는 형상으로 "넘어지고 쓰러지는 운이네요"라고 한다. 이 사주는 寅木이 필요하다 寅午合도 되고 殺印相生으로 만약 庚辰년이 되면 庚이 재성으로 아내이고 돈이다 辰은 일지 삼합이니 없는 것은 들어오고 있는 것은 나가니 아내가 폼 밖으로 돈다. 밖에 나가니 바람나더라.

[실증철학 원문]

<3> 병약용신(病藥用神)이란 柱中에 한 오행이 많아 병이 되었을 때 그 병을 제거하는 오행이 약이며 약을 바로 용신으로 정하는 것을 말한다. 다만 하나의 병은 용신을 극하는 용신의 병과 그 약을 제거하는 용신의 약을 혼동해서는 안 된다.

[강의 노트]

柱中에 너무 많은 것이 病이다. 고로 制去病者가 약으로써 藥이 바로 用神이다.

己 戊 庚 戊
丑 辰 辰 寅

이 사주는 3神으로 木土金으로만 구성 되어있는 데 土가 많습니다. 土가 병이고 특히 丑辰濕이 병일 수 있고 木이 藥神이므로 寅木이 용신입니다. 偏印格이고 偏印用財格으로 공부의 목적은 돈 버는 데 있고 종교 철학 중국어가 좋고 土가 많아서 막혀 있는 것을 목으로 트이게 해야 좋고 木용신인 사람들은 金운에 불리하다.

戊 癸 甲 庚
午 亥 午 午

이 사주는 甲木이 뿌리가 없어 水生木 받아 자라났으므로 뼈 없이 착하기만한 사람이다. 이토속 어지러운 세상에 어떻게 살아 갈지 염려되는 사람, 그러므로 인내력 길러야 하고 격투기 같은 운동시켜 담력을 길러 줘야한다. 선강후약으로 시작은 있으나 끝이 없는 신약 사주이다. 식상은 이공계요, 기술자 팔자이므로 면허나 자격증으로 살아가야 좋은 팔자이다. 이 사주는 공부해야 하고 지구력 인내력 길러야 하고 사업하면 탐재괴인으로 망한다, 水木이 용신이고 火가 기신이다.

```
丁 丁 丙 丙
巳 未 子 申
```

이 사주는 월지상관으로 상관격이지만 巳未가 합하여 비견격으로 변했다. 火氣 太旺한 사주로 金水가 반드시 있어야 살아가는 데 申子水局으로 財官이 잘 구성 되어있다. 가문은 별 볼 일 없는데 개천에서 龍났다. 경쟁자, 술친구 많고, 방해자 내 것 뜯어가는 놈이 너무 많아 운이 나쁠 때 丙丁火가 모두 있어서 설쳐 대는데 이것이 군겁쟁재(群劫爭財)다.

조후 : 七年大旱에 逢甘雨다. 金水가 용신이고 火가 기신이다.

병약 : 火가 병이고 水가 약이다.

火일주에 화가 많아 잘 보인다. 투시력 예지력 뛰어나다.

申子辰년에 변화가 있는데 모두 용신 년이라 좋은 변화가 된다. 바다 건너 외국 가서 살면 좋고, 비견 겁재가 많은 사람은 의심이 많아 자기가 반드시 마무리하고 확인해야 직성이 풀린다.

```
己 戊 甲 丁
丑 辰 辰 卯
```

위 사주는 편재격인데 일주가 약하니까 편재용겁격으로 자수성가 해야 한다. 상관생재로 통기시켜 언젠가는 부자가 될 가능성도 보인다. 寅년이 되면 寅卯辰 목국이 형성 되면서 많은 돈을 내 것으로 만들 수 있다. 욕심 많고 돈 버는 데는 땡삐다.

財多身弱이면서도 완전 신약은 아니라는 것이 장점인 사주로 辰土에 뿌리 내리고 卯木 양인에 근하기 때문이다. 다만 백호에 여자 관계가 많은 것이 흠인데 연상의 여인과 인연 있고 甲木의 본처는 己土인데 戊土가 차지하고 己土는 재 넘어 갔다.

調候 : 濕이 많으니 木으로 濕氣를 빼 내고, 土가 많아 病이 되니까 木이 藥이 되고, 일주가 좀 약하니까 卯木으로 扶助하고, 어차피 이리 보나 저리 보나 木用神이고 상관인 丁화가 通氣시킨다.

　　　　戊 癸 己 乙
　　　　戌 亥 丑 亥

위 사주는 3개의 오행으로만 구성 된 특이한 팔자이다.
세 개로 구성 된 사주라도 상생되는 사주가 있는가 하면 이와 같이 상극되는 팔자도 있는 데 이런 팔자는 삶이 일단 고달프다.
대운이 甲 乙 丙 丁 戊 己 庚 辛
　　　　子 丑 寅 卯 辰 巳 午 未 東方木 운에는 官운이 와서 열심히 일하면서 살아왔다.< 土가 많아 疎土시키고 水가 많아 濕하니 水生木으로 빼내고> 남방 火운에는 습기를 말려 조후 운이어서 무난하게 살지만 戊辰대운은 산전수전 다 겪고 살았을 것이다.<비겁운으로 재물의 난 여자의 난으로 악몽 같은 세월을 보냈을 것이고> 이런 사주를 가지면 막히고 답답한 일이 많이 발생하고 金운에는 일이 잘 풀린다. 이 사람이 서방 金대운으로 통기 시켰다면 좀 쉽게 살았을 터인 데 말이다. 현재 건축 일을 한다는 데 己亥년에 돈이 좀 나와야 한다는 데 안 풀린다고 언제쯤 풀리느냐고 물어 와서 庚子년에 풀린다고 말해 주었다. (金이 通關之神이다)

　　　　己 丙 甲 乙
　　　　亥 子 申 亥

이 사주는 위 己丑 일주와 동거하고 있는 부인의 사주인 데 이 두 사람은 중간에 오다가다 만나 살고 있다고 한다. 여자는 봉평에서 장사를 하고 있고 남자는 건축일을 한다는 데 이 여자의 팔자는 오행전구로 좋아 보이지만 지지에 申子水局을 이루고 있어 뿌리 없는 甲乙木은 浮木이 되어있고 官星은 없어지고 (申子水局) 재성인 己土는 水多土流되어 財도 역시 약한 팔자이다. 印綬過多로 인수가 忌神인 데 官星이 印星을 生하니 역시 남자도 남편도 덕이 적고 일부종사 못하고 다른 남자를 만나도 역시 도움이 안 되고 피해만 주는 팔자인 것이다. 궁합적인 면을 살펴보자면 일간이 甲己合 되고 土가 네 개나 되어 뿌리 내리려는 甲목이지만 역시 남자 사주에 토는 물 먹은 濕土라서 甲木이 뿌리 내리지 못한다. <돈을 도와주는 것이 아니라 돈을 빼앗아 간다>

乙 甲 戊 壬
　　　丑 申 戌 戌

　이 사람은 학생인데요, 그런공부 하는 데 시켜도 되겠느냐고 물어온 팔자로 월지 식신이라서 기예에 뛰어난 소질이 있으므로 인테리어 그래픽 디자인 계통의 큰지막한 그림은 잘 그리는 팔자이긴 한 데 火가 없어서 색채 감각과 明暗이 부족하므로 거기에 집중적으로 교육시키시오, 했더니 알았다고 하면서 그림 잘 그린다고 칭찬 많이 받는다고 하더라.

　　　戊 辛 乙 壬
　　　辰 酉 未 午

　위 女命은 월에 녹방도화로 양귀비 같이 예쁜 사람이다. (辛酉와 乙卯만 녹방 도화다) 乙未일주는 백호에 일지에 재성을 놓고 財多身弱이라 돈 욕심 부리면 내가 죽는다. (財生殺로 辛酉가 면도칼인 七殺이라 힘이 세지면 (土生金 받으면) 乙木은 작살나서 하는 말이다. 辰酉合 午未合으로 殺居先 食居後다.<이런 경우 이렇게 말하라 : 전생에 많은 죄를 지어서 이생에는 많이 베풀고 살아야 한다>
관살이 강해서 식신제살 해야 편안한 삶을 산다. 내가 생하는 팔자니까 내 머리 지혜로 살아가야 하고 노력으로 삶을 바꾸어 살아가야 하는 팔자다. 女命으로서 辛酉가 남편인데 "녹방도화"라서 남편이 천하의 바람둥이다.

도화살(桃花煞) : 好色 淫亂 酒色 등을 의미한다. 좋게 작용하면 인기 살 나쁘게 작용하면 음탕하다.<桃花는 年支 도화와 日支 도화가 있다>
三合앞자 다음자가 도화다<寅午戌 卯, 巳酉丑 午, 申子辰 酉, 亥卯未 子>
1, 나체도화 : 甲子 丁卯 庚午 癸酉일주가 타주에 도화가 있는 경우
2, 편야도화 : 子 午 卯 酉 가 모두 있는 경우
3, 도삽도화 : 일지를 기준하여 년주에 도화가 있는 경우
4, 홍염도화 : 甲午 乙巳 丁未 戊辰 庚戌 辛酉 壬子 癸酉 일주인 경우
5, 녹방도화 : 도화가 12운성으로 장성 건록 제왕에 해당되는 경우

[실증철학 원문]

4, 통관용신(通關用神)이란 막혀 있는 것을 터주고 旺者를 分散시키며 相戰하고 있을 때 關通시켜 주는 者가 用神이 되는 것이다.

[강의 노트]

通關이란 빗장을 풀어 통하게 하는 것.
예를 들자면
水火가 相戰하고 있는 경우 木이 들어가서 水生木 木生火로 연결시켜 주는 것을 通氣라고 한다. 또 柱中에 過多한 것을 터주는 즉 극해서 터주고 설기시켜 터주고 하는 것.

```
癸 甲 戊 戊
亥 寅 寅 午
```

年月과 日時가 나누어졌다. (水木과 火土) 偏官 用印格인 데 殺印相生도 된다. 이러나 저러나 인수가 용신이다.
病이 木이고 火가 약이 되는 팔자이다. 金이 없기도 하지만 木月에 甲寅 3木이니 金으로 다스림 보다 火로 설기시킴이 더 좋다.
抑扶로 보면 신약이니 인수를 써야 한다. 이 사주에서 자운은 일단 불리하다 火용신에 水운을 만나면 좋을 리 없다 특히 子운이라면 子午相沖으로 용신지병이 된다.〈貪財壞印도 된다.〉

```
癸 辛 丙 甲
丑 酉 申 午
```

正財格으로 得局했다. 신약이니까 正財用劫格이다. 金이 많으니 火로 분산시켜야 한다. 완전 財多身弱인 경우 서출이고 조실부모하고 거짓말도 잘한다. 여자는 많이 따르지만 오래는 못 간다.
本命은 丙火 일주가 辛酉丑申으로 金財多逢하여 金으로 막혔으니 시지 午火로 火극 해야 旺한 金을 분산시킬 수 있다.

丁 丙 丁 己
未 午 丑 酉

이 사주는 午월의 丁화가 午未 火局에 丙丁이 年月干에 떠서 火氣 太旺한 데 일시에 己丑토가 설기시키고 酉금까지 놓아 酉丑 金局을 이루어 食神生財格 또는 食神用財格이라 하여 말만하면 돈 생기고 돈을 쓰면 다시 생기고 세상을 쉽게 사는 팔자이다.

이 사주는 金水 용신이고 말 잘하고 설득력 있고 영리하며 명랑하다.

壬 壬 丙 戊
申 子 子 戌

이 사주는 子월의 丙화가 年月柱에 壬申 壬子에 일지까지 子수을 놓아 水氣 太旺하여 시주에 戊戌토가 制水하니 水가 병이고 土가 藥이다, 사실 이런 경우에는 土보다 木으로 通氣시키면서 목생화로 병화를 도우면 좋으련만 木이 없어 식신을 쓸 수밖에 별 도리가 없다. 남편이 호랑이로 보이고 독신으로 살 팔자다, 문제는 건강인데 辰년을 만나면 辰戌 冲으로 둑이 무너지는 형상으로 冬丑辰 급각살로 풍 맞는다. 일지가 三合으로 水局을 이루니 병이 중하여 입원 하게 된다.

己 己 辛 己
巳 巳 巳 亥

상담사주인 데 아침 일찍 찾아온 손님으로 사주를 적어 놓고 보니 참 희한한 사주로구나 라는 생각이 들더라고요, 3火 3土 1金 1水로 구성 되어 있으나 다행인 것은 官印相生된다는 점이고 시지 亥수가 조후하여 좋은 데 3己土가 있음에도 辛금은 三巳火에 극 당하는 형상이라 허약한 辛금이고 巳亥가 冲을 하면서 지지에 모두 역마라 서 활동하면서 스트레스를 많이 받겠는 데 금년이 己亥년이라 스트레스로 병 되는 해입니다. 라는 말로 운을 떼었더니 사실은 지금 이 시간에 직장에 가 있어야 할 시간인 데 스트레스 받는 일이 있어 출근 안 했습니다. 하더라고요, 스트레스로 병 되는 사주이니 스트레스 받지 말라고 당부하면서 사주이야기를 이어 갔습니다.

 이런 사주는 공무원 공직자라야만 잘 살아갈 수 있습니다. 착하고 정직하고 맡은 바 임무는 충실히 하는 데 대인관계 사회생활에서 두리뭉실 넘어 가는 성격이 아니라서 이런 점은 장점도 되지만 단점이 될 수도 있으니 참고하라고 조언 해 주었더니 그렇지 않아도 현재 직장은 금융권에서 대우도 받고 월급도 많고 좋은 데 주변 사람들이 싫어져서 공무원 시험이라도 볼까 생각 중이라면서 교정직이 어떨까요? 라고 물어 와서, 이 사주가 어린 학생의 사주라면 법무 검 경 군인 등 형권을 잡는 일을 하면 좋다고 조언 했을 터인데 지금 전직한다면 교정직도 좋을 것이라고 말해주었답니다.

 이 여성분은 현재 31세인데 명문대학 출신으로 결혼도 하였고 직장 그만두고 공무원 시험 보겠다고 했더니 친정 부모님들도 남편도 왜? 이렇게 좋은 직장에서 좋은 대접 받는 데 전직하려고 하느냐고 극구 말린답니다.

 성격상으로 회사 일은 맞지 않습니다. 공무원은 맡은 바 임무만 충실히 하면 되지만 일반 회사일은 이윤 창출을 해야 하므로 상사 눈치 비위 맞추어야 하고 경쟁하면서 매일 전쟁하듯 살아가야 하는데 이 여성의 적성에 맞지 않고 스트레스가 쌓이고 쌓이면 그 것이 바로 큰 병으로 발전 할 수 있으니 스트레스 푸는 방법으로 한 달에 한 두 번씩 노래방에 가서 소리소리 지르고 스트레스 풀어야 한다고 조언해주면서 인생 상담으로 들어갔더니 들어 올 때는 근심 걱정이 쌓인 얼굴이었는데 환하게 웃으면서 고맙다는 인사까지 하고 나가더라고요.

 [참고] 학인들이시여 이 사주 분석 잘 해보시라고 숙제 드립니다.
 혹 안 풀리시는 분들은 전화로 문의하세요, *010-9293-2367*

[실증철학 원문]

5, 억부용신(抑扶用神)이란 格局 관계 없이 일주가 강하면 눌러 억제하는 官으로 용신하고, 官이 없으면 財星으로, 財도 없으면 食傷으로 용신을 정하고 일주가 허약하면 扶助해 주는 扶神인 印綬나 肩劫을 쓴다.

[강의 노트]
 강하면 억제로 눌러주고 약하면 도와주는 부조해 주어야 하는 것을 억부법(抑扶法)이라고 한다.
신강한 사주라면
1, 관살로 억제하라,
2, 관살이 없으면 재성으로 억제하라,〈내가 때리는 것도 힘이 빠진다.〉
3, 식상으로 억제한다,〈힘 빼기 작전이다.〉
 신약한 사주는 도와주어야 한다.〈인수나 비견 겁재로 도와준다.〉

丙　庚　丙　壬
申　子　寅　辰

 월지 정관 子수가 壬수로 시간에 투출해서 正官格인데 申子辰 三合 水局을 이루었으니 偏官格이 되었다. 국가공무원 하다가 사법공무원으로 전직했다. 金生水 水生木 木生火로 寅木이 핵이고 용신이다, 官印相生하니 官職이 좋다.
 신약하니 부조해 주는 木이 용신이고 양팔통 사주에 땡삐로 제 목심만 차리는 사람이다. 받아 먹기만 좋아하고 줄 줄은 모른다. 아주 신약한 사주가 아니라서 약간만 도와주어도 힘이 넘치는 사주이다.
 財官이 좋아 좋은 사주로 보아야 한다, 목신부리면 탐재괴인(貪財壞印) 되므로 오직 축세로 명예롭게 살아가야 하는 팔자이다.

丙 甲 戊 辛
申 午 申 酉

偏官格이고 洋刃格이다. 身弱해서 正印 用印格이지만 偏官 用印格이라고 해야 한다. 인정도 많고 좋으나 적분이 너무 많은 戊토라서 농사짓기가 어렵다. 午화에 의지하고 살아야 하므로 공부 많이 하고 부모님 상사 말 잘 들어야 한다.

辛 辛 癸 甲
酉 丑 亥 寅

金生水 받아 水生木으로 잘 빠져 나가는 멋진 사주로 木火가 용신이다. 물은 빠져나가는 水路인 상관 甲寅목이 있어야 삶에 막힘이 없다. 다만 관성인 자손의 별이 酉丑으로 없어졌고 丑이 급각살에 탕화살이고 凍土이며 丑이 공망이고 또 시상 상관이라서 자식의 별인 관성이 두들겨 맞고 있으니 자식농사는 버렸다. 그러나 선비형이고 대학총장감이며 박사 받고 연구기관에 종사하면 좋다.

己 戊 甲 丁
未 辰 戌 卯

이런 사주는 격국으로 보는 것 보다 신살로 보는 것이 쉽다. 財多身弱에 辰戌沖까지 하고 있어 배우자 궁이 깨졌다, 寅午戌에 卯가 있지 眞桃花이고 양인살이다. 이런 것이 보여야 사주를 신살로 볼 수가 있다. 아이구~ 이 남자 분 여자가 천지사방에 널려 있네요, 그런데 신약이라 숨길 데가 없고 여자들이 억세고 싸우니 재난이 벌어집니다 재난이란 여자의 어려움이 아니면 재물로 인한 고통을 받는 사주라는 것이다. 이 남자의 본처는 己토인 데 큰 산 넘어에 있으니 머나먼 당신이고 애인이 더 세다. 偏財用劫格으로 土가 병이고 약이 木이다 서방 金운을 만나면 특히 卯酉沖하는 운에 대들보 부러진다.

[실증철학 원문]

 그 외에도 행운지용신(幸運之用神)이란 단어가 있지만 이것은 운이 좋을 때 지칭하는 말이며, 日主之用神이란 것도 역시 일주를 도와주는 印綬나 肩劫 일 때 하는 말이고, 六神之用神이란 것은 일주와 직접적인 관계가 없는 식상이나 재관이 용신일 때 쓰는 말이고, 아울러 조후용신에서도 반드시 水火로만 극한 된 것이 아님을 알아야 한다.

[강의 노트]
행운지용신(幸運之用神)
 만나는 운이 좋은 때 쓰는 말로 아래 사주와 같이 甲木일주 사주에 火가 없을 때 火운을 만나면 행운지용신이라 하는 것이다.
○ 壬 甲 ○
○ 子 子 ○ 凍木이라 火운을 만나야 산다.

종합용신(綜合用神)

丁 癸 庚 戌
酉 丑 戌 寅 庚戌 괴강살에 癸丑 백호살이다.

 丁癸沖으로 丁이 갔다. 丑이 급각살이다. 격국으로 보면 正印格이 변해서(酉丑合金) 比劫格이 되었다. 신강사주인 데 金水寒冷으로 꽁꽁 얼었으니 火로 덥게 해주는 것이 급선무다.
 庚戌은 괴강살로 괴수요 군인 출신이고 신기가 대단히 강한 데 월주 백호까지 놓았으니 더욱 심할 것이며 寅戌이 午火를 협공시켜 三合 火局을 만드니 편관 성질도 나온다. 신왕 관왕으로 이 사람은 官職에 가야 할 사람이다. 印綬에 형살 끼어 형법 공부요, 사법권으로 형권 잡아야 하고 財官이 모두 있어 富貴兼全이다.

```
丁 丙 甲 乙
未 午 午 亥
```

　상식이 혼잡된 사주로 眞傷官으로 변했다. 傷官用印格으로 보아 인수가 반드시 필요한 사주이다. 상식이 많은 사주는 남의 신부름 해주는 사람, 고용인 비서, 인수가 용신이니까 학교에 근무하면 좋다. 사주가 가벼워서 환히 다 보여 감출 데가 없다. 비밀 못 지킨다. 항상 구설이 따르니 말조심 해야 하고 행동 조신해야 한다.
火가 많아 重病 들었다 水가 약이다.

```
丙 己 丁 庚
戌 亥 未 戌
```
丁未 일주는 홍연도화로 바람둥이다. 未土가 印綬庫니까 종교 철학 좋아한다. 印綬가 용신이므로 학교요, 공부이며 책이 되므로 이사람 평생 출판사운영하면서 책 만들고 지금은 역술가로 역술 서적 글 쓰고 책 만들며 불교인으로 철학원 하면서 살아간다.

```
癸 辛 甲 乙
巳 酉 寅 亥
```
　巳酉合金局을 이루어 金木이 싸울 것 같은 데 癸亥水가 通氣시켜 좋다. 干如支同의 특성상 형제 끼고 살고 아내가 아프고 고집불통인 것은 어쩔 수 없다. 身旺官旺으로 좋은 직장이고 중앙 부서이며 신앙하니 官을 내 맘대로 부릴 수 있어 좋다. 正官用官格으로 格이자 용신이 된다.
　결혼문제는 결혼 나이를 알기 위해서는 早婚 晩婚을 구분하는 방법으로 년월에 財가 있거나 桃花가 놓이면 일찍 결혼하고 비견 겁재가 많은 사주이거나 배우자궁이 묶지와 沖刑을 먹었으면 늦게 결혼 한다, 그러나 예외는 있다. 이 사주는 워낙 똑똑하고 酉도화가 월에 있어 빨리 결혼이 오간다. 戊午년 26세에 戊土 財가 일지로 寅午합이니 결혼 수 든다고 해야 한다.

☪ 木이 용신인 사람은 목적이 火에 있으며
　金이 용신인 사람은 목적이 水에 있으며
　또 財가 용신일 때는 財生官 여부를 살피고
　식상이 용신일 때는 傷食生財의 여부를 살펴라.
이러한 것은 복을 어디까지 주겠는가를 따져야 하니까 살펴야 함.
丁 辛 辛 己
卯 亥 酉 丑　失令은 했어도 身强해서 亥卯 木局이 용신인 데 습목이라 木生火가 어렵다. 그러므로 재목은 주었는데 감투복은 어렵고 돈복은 주었지만 남편복은 어렵고 아내 복은 주었지만 자식복은 어렵다는 것이다.

☪ 지장간중에서 용신이 되는 오행은?
　寅中丙火, 申中壬水, 亥中甲木, 未中丁火, 丑中의 癸 辛은 용신이 될 수 있다. 그러나
　辰中의 乙 癸나 戌中의 辛金은 용신이 안 된다. 또한
　巳中의 庚金은 용신이 되는 경우도 있다.
○ ○ 丁 ○
○ 巳 巳 ○ 炎上이지만 金水運이 좋을 수도 있다.

한 가지 특이한 경우가 있는데
○ ○ 庚 壬　　　　　○ ○ 庚 癸
○ 酉 申 午　　　　　○ 酉 申 未
위 두 사주는 未시가 더욱 좋다. 未토가 庚금의 財庫이면서 玉堂天乙貴人이고 未속에는 丁乙己라는 삼반물이 모두 들어있다.

☪ 상식이 용신일 때 비겁운의 작용은 ?
1, 신왕해서 설기신인 식상이 용신일 때는 식상과 재운이 좋다.
2, 관살이 많아 식상을 용신으로 쓸 경우 비겁운과 식상운이 좋다.

癸 辛 辛 ○   이런 경우는 신왕하여 식상으로 나가야 한다.
丑 酉 亥 ○   고로 식상인 水나 재성인 木운이 좋다.
              그러나 金운을 만나면 겁재는 도둑놈 만난 경우다.

○ 壬 丙 戌   이런 경우는 신약하여 식상으로 제살해야 한다.
○ 子 子 戌   그래서 식상을 용신으로 쓰는 경우이므로 비겁이
              나 식상운이 좋다.

☪ 사주가 身太弱으로서 인수가 용신일 때는 ?
壬 壬 丙 ○   칠살이 많아 허약해진 경우이다.
申 子 寅 ○   殺印相生을 한다. 고로 寅목이 용신이 된 경우인데 水가 寅목을 생한다고 좋다고 보면 안 된다. 수운은 죽도록 일만 해주고 대가는 못 받는다. 火운이 좋고 午화 운이 제일 좋은 운이다. 그래서 사주는 중화를 이루어야 한다고 하는 것이다. 관살이 용신인 寅목을 생하여 준다고 착각하지 말아야 한다.

☪ 용신이 入墓되는 운은 안 좋다.
단 이런 경우는 예외로 본다.
壬 壬 丙 ○
申 子 午 ○   午火가 용신인데 戌운이면 入墓 운이지만 午戌合火局이 되기에 걱정 없다.

 金이 용신일 때 丑운이 오면 金의 庫藏이지만 이때는 丑운이 좋다. 그러나 亥수가 용신일 때 辰운이 오면 土剋水 받고 용신 水의 墓宮으로 이때는 완전 갇다. 또한 木의 墓는 未土인데 木용신은 木火가 필요하기 때문에 未가 여름이므로 나쁘지 않다.

☪ 용신이 病死면 안 좋다. <그러나 이런 경우에도 예외는 있다.>
○ ○ 丙 丙   申금이 용신이다. 子운이 오면 死宮이지만
○ 未 申 午   申子水運이 되어 制火하므로 아주 좋다.

그러나

○ ○ 丙 ○   午火 용신인 데 申酉금운을 만나면 死宮으로
辰 子 申 午 해 넘어가니까 이때는 안 좋다. 이처럼 모든 사주
의 구성에 따라서 가감 할 줄 알아야한다.〈계절의 반대가 적지 이
니까 이때는 모두 나쁘다〉

☪ 대운과 세운에서 合 刑 沖을 모두 살펴라
가령 辛巳년에 대운이 亥나 申이면 巳亥 沖 巳申 刑 등 영향이 모
두 나타난다. 이럴 때는 싸우기는 대운과 세운이 싸우는 데 피해는
일주가 본다.

☪ 용신에 각 육친을 대비해서 일어나는 상황〈이런 것이 비법이다〉
어떤 환경의 변화가 오고 어떻게 대처를 해야 하는가? 천간과 지지
를 모두 참조하는 데 단 천간은 살아서 들어와야 한다. 지지는 싸
우는 가 안 싸우는 가를 살펴라.

印綬가 用神일 때
1, 인수 년이면
壬 壬 丙 ○
申 子 寅 ○ 이 사주는 寅木 印綬가 용신이다.

　이때 木운인 印綬운을 만나면 어떤 일이 일어나고 어떻게 통변해
야 할까? 답은 다음과 같다.
　귀인이 나타나서 도와주고 생각지도 않던 귀인이 나타나서 자신
이 려하는 일을 도와 줄 것이다. 부모님 경사요 상사의 사랑받으며
이제는 고생 끝...〈왜냐하면 木운 이전이 水운이었으니 얼마나 춥
고 배고팠을까, 승진 수, 공부 운, 매매 수, 이사 수,
매매수는 두 가지 유형으로 보아야 한다.
1, 2-3년 전의 운이 아주 나빴으면 팔아먹는 운
2, 2-3년 전의 운이 좋았으면 사들이는 운이다.

고로 무조건 인수운에 잘 산다고 하지 마라.
건강 좋아진다. 새로운 일 시작 수, 환경이 좋아지는 변화의 수를 보아야 한다.

2, 비견겁재 년 운이면
　자립하고 독립하는 운이다<지금까지는 木인수에 의존하다가 비겁이 오면 내 힘으로 살아가게 되니까.> 전성기이고 형제가 도와주고 친구가 도와준다. 특히 신약할 때는 비겁이 좋은 역할을 한다.
　우리는 이런 것도 알아야 하고 생각해서 말해야 하는데 비견 겁재 운이 지나면 바로 土운이 오기에 "결실에 주력하세요." 금년의 일은 금년에 매듭짓는 것이 유리합니다. 단 비겁의 힘을 빌렸으니 독식은 안 됩니다. 매사에 자신 있고 목적 달성되고 환경에 변화도 있다.

3, 食傷 년 운이면
　위 사주에서는 辰戌丑未가 식상 년인 데 戌과 未는 좋은 데 辰과 丑은 나쁘다. 子辰 子丑으로 水가 되므로 내가 키운 사람 내 수하로 인하여 얻어 맞는다.<水극火로 土가 水로 변했다>
　火生土로 洩氣니까 盜氣로 나가는 것 많네요, 반항하는 운이네요, 아랫사람 주의하세요, 내 것 주고도 구설 따르네요, <즉 火生土로 주었는 데 土剋水로 배신하더라,> 관재 사고 따라오고 죽도록 노력해도 허사더라. 女命은 자손걱정 남편걱정 생기고 망하는 줄 모르게 망하고 병드는 줄 모르고 병들고, 사표내고 좌천하고, 불법행위 저지르고, 투자는 금물이다. 정도로 살아야 탈 없다.

4, 財년 운이면
　財剋印으로 용신이 없어지고 달아나 버린다. 과욕은 금물이고, 여자 조심해야 하고, 처가 품 밖으로 돌고, 부도나는 해(貪財壞印)로 집 날아가고 사기당하고, 내가 극하니까 계산 착오, 건강 나빠

지고 위장병 조심, 이혼 수 조심, 뇌물 먹으면 관에 구속되고, 증원하면 거지되고,

5, 관살 년 운이면
　殺印相生으로 용신 인수를 돕기는 하는 데 일주가 죽도록 일해도 공은 다른 사람이 가져간다. (勞多功少) 관재 생기고, 도처에 함정이오, 만사가 동결이고(겨울 만났으니까) 여자는 남편과 싸우고 남편이 호랑이보다 더 무섭다.

比肩 劫이 用神 일 때
壬　壬　戊　○
申　子　戌　○　　비겁이 용신인 경우에는
<1> 식상이 많아서일 때 <火는 조후용신이고 비견은 財多로 필요하다>
<2> 관살이 많아서 일 때인 데 위 사주에서는 戌土 比劫이 용신이 된다. 그러나 사실은 火가 더 필요하다<조후용신>

1, 인수 년이면
戊土가 巳화를 만나면 祿으로서 지금까지는 세상 사는 것을 방황했으나 이제는 내가 설 땅을 알게 되고 내가 이 길로 가야겠구나, 하는 것을 알게 되는 운이다. 또 午운이 와서 子午沖을 해도 걱정 없다. 다만 沖을 하는 데 沖을 해서 일주를 극하는 경우는 잠자는 호랑이 수염 건드린 경우와 같다는 점만 주의하라,

　부모님의 경사 있다. 단 위 사주는 財多身弱 이니까 조실부모하고 일지에 印綬庫를 놓았으니 부모님 안 계신다, 고로 부모님이 안 계시는데요, 하면 돌아가신 부모님이 살아 돌아오신 것, 만큼의 큰 경사가 있다는 말이라고 말을 돌려라. 술사는 절대 말에서 지면 안 된다. 일단 엎도해야 한다.

　貴人 만나다. 산타크로스 만나네요, 문서 수, 이사 수, 노력 이상의 좋은 일이 벌어집니다. 시험 보면 합격하는 운이고 공부하는

운이고, 건강이 회복 되는 운이고,〈관살운에는 몸이 아프고〉음지가 양지되는 운이네요, 뭔가 새로운 일 시작하는 운이고요. 가정도 안정된다.

2, 비견 운이면 〈木 다음 운이 土 운이 온다, - 寅卯木다음이 辰土로〉
　戌과 未가 안 좋다. 戌未 刑이지만 燥土니까 보수공사 제방공사와 같아서 좋다.
　형제의 경사다, 형제가 친구가 귀인이다. 매사에 자신감 있고 독립하게 된다. 동업 수 들어온다. "財多身弱은 동업 하지 않는 것이 좋다" 만약 동업한다면 어떤 수단 방법을 동원해서라도 상식 운이 오기 전에 빠져나와야 한다. 빠져 나오는 방법은 나이롱 환자로 입원해서 아파서 일 못한다고, 내 배 째라는 식으로 빠져나와야지 만약 그렇지 않으면 폭망이다.
　항상 비겁운에 아내가 아프고, 도적 수, 실물 수, 또한 독신은 안 된다.

3, 상식 운이면 〈土生金으로 설기해서 金生水로 財를 도와준다.〉
투자 투기하면 망한다.
위법행위를 하게 되면 그것이 재앙이 되어 돌아온다.
내 것 주고 뺨 맞고 자기 꾀에 자기가 넘어간다.
부하가 배신하고 사표 내게 된다. 직장에 권태가 오고 부하가 속 썩이는 데 남에게 말도 못하고 속 상하게 된다,
남편과 자식 때문에 골병든다.
매사를 쉽게 생각하는 데 이것이 모두 비뚤어진다. 고로 호미로 막을 것 가래로 막게 된다. 사업하지 마라 여기서 유념할 것은 관살운에 당하는 것을 상식 운부터 살살 시작 했더라.

4, 재성 운이면
　내가 극하는 운이기에 모든 것이 자신이 생기지만 돌다리도 두들

거 가라 즉 자신은 군물이다.
돈 버는 것이 아니라 돈이 오히려 나간다. 그림 속의 떡이다. 버는 놈 따로 있고 쓰는 놈 따로 있다. 여자 주의하라, 누명 모략 연결되고 되는 일 없다, 위의 사주에 水운이면 凍土요, 水多土流로 제방이 무너지기 일보 직전이고 음지 전답이고 날 찾아주는 이가 없다. 눈에는 풍년인 데 입은 흉년이다. 실속이 없다는 말도 된다. 가정적으로는 이혼으로도 연결하고 아내가 품 밖으로 돌게 된다.

54, 관살 운이면
 초조 불안에 끈자리 사납고 누명 모략 들어오고 관재구설이다. 몸 다친다. 쓸 데 없는 일복만 터진다. 건강 나빠지는 데 그 이유는 무리해서이다.
이런 운에 살아갈 수 있는 방법은? 시키는대로 일하고 주는 대로 받아먹어라, 여명은 시댁 식구와 불합하고 土가 적은 데 木운이 오면 제방이 무너진다. 고로 세상사는 데 종노릇만 해야 한다.

傷食이 用神일 때
상식이 용신인 경우에는 신왕자 설기, 식신제살, 로 두 가지인데
여기서 身旺者 洩氣로 연결해 보면
　　　　甲　丙
○　亥　寅　寅　木火通明으로 상식이 용신이다.
<1> 인수 운이면
 倒食이고 破了傷官이고 순통 막힌다.<인수가 들어와서 나쁘게 작용하니까, 배부르게 과식하여 소화불량인 것이고 소화기능인 상식이 파괴되어 마침내 죽어가는 형상이다>
 매입하면 손해보고 이사하면 손해 보는 데 만약 대운까지 연결하여 불리하면 생명까지도 위험하다, 이사하고 죽는 경우가 바로 이런 운이다. 인수가 흉신인 데 집지으면 준공검사 안 되고 보증서면 물어주고, 투서사건, 퍽화사건, 혈압 오르고 숨통이 막힌다.

<2> 비견 겁운이면
  모략 주의하고 경쟁할 일 생기는 데 경쟁하지 말고 자중하라. 손실 도적 아내가 아프고 술친구 많고 객식구 늘어나며 뜯어가는 사람 손 벌리는 놈 많 생긴다. 동상이몽 멀는 도끼 발 찍히고, 주위 사람이 다 경쟁자요 도둑이다.

<3> 식상 운이면 < 식상이 용신일 때>
  매사가 잘 풀리고 회전이 잘 된다. 수하인 손아랫사람 경사 있으니 부하가 기쁘게 해주고 자손이 잘 되어 기쁘고 본인이 계획한일이 적중되고 투자하면 재년에 거두어들이고 말만 하면 돈 생기고 행동하면 이득이다. 순풍에 돛 달고 항해하는 선장의 심정이다.

<4> 재성 운이면

　　　　辛
丑 酉 亥 ○ 金生水로 빠져 나가는 상식이 용신일 때
財運인 寅年이 오면 寅亥合木으로 財局이 된다.
이런 경우 어떻게 통변해야 될까? 기대 이상으로 좋은 운이네요, 수확의 계절이고 노력의 대가가 현실로 나타나는 운이다. 연애하는 운이고 재수있고 계산대로 적중되며 만인에 군림하고 매사에 자신있고 처자에 경사요, 한마디로 삶의 보람을 느끼는 운이랍니다.
운이 좋을 때는 가만히 있어도 돈 들어올 일이 생기고 빌려준 돈 못 받던 돈 들어오는 데 더 이상 투자하면 안 된다. 財운 다음은 官운이 오는 데 만약 식상제살일 경우 재운 만나면 아주 나쁘다.

<5> 관운이면 <官 殺>

　　　　戊
巳 巳 辰 酉 酉금이 용신인데 木운을 만나면 용신이 저지되고
傷官見官으로 위화백단(爲禍百端) 이럴 때의 통변은? 용 상관이 관살운을 만나면 죽기 아니면 살기다. 관재구설로 연결되고 매사가

막히고 모략에 누명 쓰고 건강 나빠진다. 자손과 남편이 전쟁하고 몸 다친다. 명예 손상에 퇴직도 할 운이다. 이별 수도 보이고 지금까지 살아온 운 중에서 최고로 나쁘다. 만약 위의 사주에서 卯년을 만나면 卯酉충이 되니까 광맥이 끊기고 순통 막히고 아랫사람이 사고 친다.

財가 用神일 때

```
        壬
申  子  寅  午
```
항상 신왕 사주에 財용신이 나온다.

<1> 인수 운이면

財印이 相戰하는 운이니 이럴 때는 귀인이라고 온 사람이 원수요, 시작이 잘 못이고, 설계 변경해야 하고, 실수 연발이고, 인수 운이라고 투자 확장 하는 데 이것이 빚더미에 오르는 계기요 시작이다. 금년에 보증서면 내년에 압류 들어오고 꼼짝 없이 갚아줘야 한다. 들리는 소식마다 답답한 소식뿐이다.

만약 庚子년이 되면 인수에 비겁 운이니 타인의 명의로 사게 되는 데 庚午 운이라면 아내 명의로 사게 되고 庚戌년이라면 자녀 이름으로 사게 된다. 그런데 결과는 나쁘다.

<2> 비견 겁재 운이면 < 비견 겁재 운이 제일 나쁘다>

위 사주에서 子년이 되면 子午沖으로 寅午火局이 깨진다. 친구한테 사기 당한다. 친구 배신, 친구 꼬임에 실패, 동업으로 실패, 지출이 많아지니 전쟁이나 경쟁하지 마라, 형제걱정, 도적 수 들고, 비겁년에 양인으로 들어오면 교통사고 당한다. 의처증, 의부증, 이혼수로도 연결하고, 비겁년 뒤에는 상식운이 오니까 결국은 시간이 말해준다. 인내하고 참아야 한다.

<3> 상식 운이면
財운을 돕는 한마디로 吉運이다.<食傷生財>

시작은 불안하나 결과는 좋고, 먼저는 나가고 나중에 들어온다. 못 먹어도 고~ 다 계속 財運이 오니까 앞으로 6년은 좋은 운이다. 계획이 적중되고 매사가 마음대로 순리대로 잘 풀린다.

배짱에 따라 달라지는 운이다. 모험하면 그 결과도 다르고 안전 위주로 가면 그 결과 역시 다르게 나타난다. 즉 재산과 목숨을 걸고 모험하면 결과는 따따블로 나타난다.

<4> 재성 운이면 <용신 운>
내 세상이다, 재수있고, 생각하지 않던 묵은 돈도 들어오고, 옛날 애인 만나고, 새로운 애인도 생기고, 내가 극하는 운을 만나면 여명은 남편에게 경사 있다.<財生官> 일학천금이다.

<5> 官殺 운이면 <財가 용신이면 官운까지 좋다.>
위 사주에서는 돈은 있으나 감투가 없는 데 들어왔다. 기대이상으로 하는 일들이 잘 풀리고 생각지 않은 감투 명예로 기쁘다. 이런 때 부귀겸부(富貴兼富)란 말을 쓴다. 官이 들어와 좋은 작용하니까 관청과 하는 일이 잘 풀리고 좋다. 은행 대출도 잘 되고 명예도 감투도 저절로 따라 들어와서 중책을 맡는다. 이때 土가 官이면 종교단체의 감투이고(신도 회장) 官은 비견 겁을 극하니까 경쟁자가 없어지고 모든 것이 풍족하다.

官이 用神일 때

　　　庚
丑　酉　午　戌　　官용신이면 무조건 직장인이고 사업가 아니다.
위 사주는 午戌 火局으로 官用神이다.
<1> 인수 운이면
學으로 보면 凶이라고 해야 하지만 크게 흉 될 것 없이 무난하게 넘어간다. 여기서 좋게 넘어가는 것이 교육이고 공부하는 운이다. 서류 주의 하고 결재할 때 서류 잘 살펴보고 보다 내실이 중요

하다. 인수를 집으로 보면 집수리 하는 것은 무난하지만 새집 짓는 것은 좋지 않다. 원래 옛날부터 새 집 짓고 3년 나기가 어렵다고 했다, 인수운 다음이 비견 겁재 운이 오기 때문에 적응하기 힘들다는 것이다.

<2> 비견 겁재 운이면
  경쟁자가 생기고 누명 모략이 들어온다. 내 자리를 빼앗긴다. 나와 똑 같은 놈이 들어와 자기 자리라고 자리 비키란다. 勞多功少로 노력은 많이 해도 소득이 적다. 겁재는 헛된 지출이 많다. 도적 수 인 데 신하면 마음까지 도둑 맞는다. 처자에 근심 걱정 있고 이혼 수 뜨고 의부증 의처증 생긴다, 친구가 배신하니 이 세상 믿을 놈 하나 없다.

<3> 상식 운이면 <관이 용신에 상관이다>
  최고로 나쁜 해이다. 관이 용신일 때 상관 운은 나쁘다. 직장 직업에 권태기가 오고 상사나 상관이 미워지고 결국은 직장에 적응하기 힘들다. 그래서 상사에게 대들고 하극상이 일어나는 것이다. 말조심 하라 구설 수 따른다. 위법행위로도 연결한다. 송사 마당에 서야 한다. 상관이 나쁜 때에는 하다못해 증인으로라도 법정에 서게 되더라, 자손의 불행으로도 연결하고 내 자식도 멉게 보인다. 모든 것이 역행하니까 뒤로 넘어져도 코가 깨진다, 女命은 남편이 미워지고 권태기 오고 이혼 수로도 연결하고 많이 거칠어지고 목이 많이 나온다.

<4> 재성 운이면
  財生官이고 二德이 구비되니까 고생 끝이다. 재수있고 봉급 오른다. 가정이 안정 되고 처자에 경사 있다. 매사에 자신감 붙고 모든 일이 쉽게 풀린다. 재관을 모두 갖춘 형상이니 관운도 부자도 무조건 전진하라.

<5> 官殺 운이면

관이 용신일 때 관이 들어오면 무조건 승진이다. 영전이고 윗 사람에게 인정받고 상관과 잘 통한다. 이런 운에 전근가면 가고 싶은 데로 가게 된다. 자손경사 있고, 중책 맡고, 어려운 일들도 쉽게 풀린다. 여명은 남편에 경사 있고 목적 달성한다. 근래 최고의 좋은 운이다. 그런데 사주 나쁘면 이런 때 애인 생긴다.

통변의 실례 <1>

```
        庚 丙
丑 酉 午 戌
```

酉월의 庚 酉 丑合 金局을 형성 하고 있다. 金氣가 太强한 데 다행인 것은 일시지가 午戌火局을 이루면서 丙화가 시간에 떴으니 有力한 火用神이다. 이런 경우에

甲　　　甲庚沖
子 년이면 子 午沖 으로 이별 수요, 甲목 財가 들어 왔지만 죽어서 들어 왔고 財로 시작해서 傷食으로 끝나니까, 재물로 인한 송사 수와 구설로 연결된다. 子午沖으로 내 官이 날아가 타의에 의한 변화요, 돈 떨어지고 신발 떨어지고 애인까지 떨어진다. 이 사주는 火用神이니까 여름만나야 하는 데 子수 11월 겨울이니 꽁꽁 얼었고 한밤중이니 캄캄하다.

乙
丑 년이면 乙庚合이지만 헛다리짚었고 뜬구름 잡는 해다. 丑午 귀문에 탕화 원진이니까 신경 곤두서고 세상을 원망한다. 쉬어가는 운 놓아라, 노는 것이 상책이다.

丙
寅 년이면 편관으로 "생각지도 않았던 승진이고 최고의 운이네요." 원수가 은인 되고 財官이 살아나고 명예와 돈이 寅午戌 火局으로 멋지게 나를 도와주는 형상이다. 자손의 경사요 아내의 경사다. 庚금이 완전한 그릇 되고 일지가 삼합 용신되니 마음대로 움직이고 변동해도 좋다.

丁
卯 년이 되면 병인 보다는 못하지만 좋은 운이다. 丙寅년이 워낙 좋아서 금년은 무난하다. 三合이 六合으로 변해 卯가 도화이니 나도 바람 좀 피워 볼까 한다.

戊
辰 년이 되면 土生金으로 인수인 데 편인이다. 辰酉合도 되고 辰戌冲도 된다. 좋은 문서는 아니므로 옛날 같으면 보증서지 마라 그러지만 요즘은 보증이 없다. 고로 물건 사고 팔 때 세심히 살펴라 이다. 문서에 문제가 발생하니까, 인수는 귀인이지만 여기서는 귀인으로 보지 마라 土生金으로 해주고 辰酉 合 辰戌冲으로 午戌火局이 깨지니 官이 흔들리고 돈이나 빼앗기는 형상이다.

己
巳 년이 되면 己토는 정인이고 巳화는 三合 金局을 이룬다. 기대 이하네요, 배부른 데 밥 더 먹고 소화가 불량인 형국이다. 동료들로 인한 빼앗김이니 축의금 많이 나가고 여자면 시댁 식구들이 와서 손해 끼친다.

庚
午 년이 되면 庚금은 비견이고 午화는 용신이 힘을 받으므로 좋은 운이나 巳酉丑에 午가 眞桃花이므로 친구가 여자소개 시켜주더라.

辛
未 년이 되면 미토가 재고이므로 묵은 돈 받거나 옛날 애인 만나게 된다. 단 아내 아픈 것은 어쩔 수 없는 사실이고 丑未冲 戌未刑으로 쓸모 없는 것들은 없어지는 데 독살은 안 이다. 탕화가 걸려 음독자살도 가능하다.

壬
申 년이 되면 金生水로 力을 부리는 데 (丙壬冲) 죽을 힘만 내고 신금은 역마지살에 나쁘게 작용하니까 길거리에서 돈 잃어버리거나 도둑맞고 사기 당한다.

癸
酉 년이 되면 癸수는 상관이고 酉금은 양인이므로 직장에 권태가 생기고 하극상으로 상사가 밉게 보이고 잘 못하면 관재구설이고 고집부리면 손재로 이어진다.
甲
戌 년이 되면 甲庚 沖이지만 午戌 火局으로 용신이 힘 받으니 좋게 바주어라, 단 아내와 불화는 어쩔 수없는 운명으로 받아드려라.
乙
亥 년이 되면 乙庚合으로 애인 생긴다. 〈庚午일주가 홍염살로 끼가 있으므로 財合이니 애인으로 본 것이다〉
丙
子 년이 되면 子午沖으로 午戌 火局이 깨진다. 관재구설로 좌불안석이다 여자라면 남편과 이별 수이고 일지충이니까 자신이 마구 흔들린다.
丁
丑 년이 되면 巳酉丑 金局이고 丁화는 죽은 불 꺼진 불로 들어와 역할이 안 되고 丑戌 刑殺에 金의 창고이니 나쁜 작용만 하더라. 〈왜 죽은 불 꺼진 불일까? 火生土로 晦氣無光이고 丑中癸水와 丁癸沖함〉

　　　　위와 같이 1년 12달의 운세분석을 해 보았다.

통변의 실례 <2>

辛 庚 丙 戊
亥 寅 子 戌   이 사주는 坤命으로 戊戌년에 합의 이혼 했다.

本命은 식신생재 하는 사주로 남편보다 돈을 더 좋아하고 사업가 기질이 다분하다. 배우자궁의 子수 정관이 죽을 지경이다. 水生木 해줬더니 寅亥合去로 가버렸고 土剋水 당하므로 남편 역할이 잘 안 된다. 식신이 유력한 데 戊戌년을 만나면 식신태과로 官星이 맥을 못 춘다. 남편의 팔자는 乙巳 癸未 甲戌 일주로 戊戌년이 되면 財亂이 발생하게 되는 데 반드시 여자문제로 구설이 따르고 戌未刑을 하므로 법원에 가야 한다. 甲戌일주는 사주 구성상으로 보아 허약한 財多身弱이라 재성으로 인한 난리가 반드시 일어나게 되는 사주로 조강지처와 해로하기 어렵다고 보아주어야 한다.

통변의 실례 <3>

1984년 01월 12일 15시생 37세 여자의 사주팔자입니다.
사주는 음력 그리고 입춘을 기준으로 하여 기록하기에 음력으로
1983년 12월10일이고 시간은 未時로 봐야 합니다.

坤命	癸亥	乙丑	乙巳	癸未
수	8	18	28	38	48	58	68
대운	丙寅	丁卯	戊辰	己巳	庚午	辛未	壬申

상담사주입니다.

丑月의 乙목으로 작고 여린 화초목이 寒冬에 반드시 火가 필요할진데 巳일 未시라서 다행이긴 하지만 乙巳 일주라서 배우자 궁이 좋지 않아 첫마디로 늦게 결혼하면 좋은 남자, 일찍 결혼하면 나쁜 남자인데 두 번 결혼해야 할 팔자요, 만약 결혼 하였다면 금년(己亥)에 이혼 수 보이는 해인 데 결혼하셨나요? <금년에 이혼 했습니다.> 팔자는 못 속인다더니 이 여인도 팔자대로 살아가는구나 하

고 여인의 얼굴을 쳐다보니 눈가에 이슬이 맺혀 있었습니다.

　무관(無官)사주에 乙巳 고란살 이고 비견이 월간에 떠서 첫 남자는 잡아가는구나(乙庚合)어쩌면 다행이다 싶은 생각이 들었습니다. 官庫를 놓은 女命은 일부종사 어렵다 이거든요,<金이 官星인데 金의 庫地가 丑土다> 안쓰러운 마음에 걱정 마세요, 庚子년에 좋은 남자 들어옵니다. <혼자 살 팔자는 아닌가요?> 이 여성이 어디서 무슨 소리를 들은 건 아닌지, 남편 없어 혼자 고독하게 살아가는 팔자여 막말 좋아하는 술사들이 할 수도 있는 팔자이긴 한데 37세 젊은 여성에게 그리 악담 같은 소리를 섣따 했을까, 다시 그 여인의 얼굴을 쳐다보니 미소가 보였습니다.

　지금부터 이 여성의 사주팔자를 학문적으로 사실대로 풀어보려고 합니다. 인생 백세시대라고는 하지만 살아 움직이는 나이 80을 기준해서 이 여인은 전반부는 힘겨운 삶이라면 후반부는 즐거운 삶을 살아가게 될 것이다. 그 이유를 말하자면 丑월의 乙木이 凍土에 뿌리 내리기 어렵고 년 월을 각 20년씩 40세까지는 힘겹지만 乙巳 癸未 시기인 41세 이후는 따뜻하여 활발하게 살아갈 것으로 본 것이다.

　살아가면서 만나는 대운 역시 27세운까지는 東方木운이라 좋은 운으로 부모덕에 공부도 많이 하고(比劫運 乙木이 木運에 뿌리 됨) 젊으니까 그럭저럭 살아 왔을 것이나 戊辰대운은 財多身弱이 되는 형상이라 불리합니다. 다음 대운이 己巳대운인데 乙木은 안정되고 평안한 삶을 살아가게 될 것이다. 그 이후의 庚午 辛未운은 남방 화운에 관운이 들어 부부해로 하며 잘 살아갈 운이며 무난하게 살아가게 될 것이다.

　사주는 財官이 중요 하므로 사주를 감정할 때는 財官의 有無와 喜忌를 살피고 대운의 흐름을 보아야 하는 데 앞에서 대운의 흐름은 살폈으므로 財官에 대한 이야기를 하기로 하겠습니다.

財星은 丑未토가 되겠는 데 偏財星이 강하고 有氣하므로 돈복은 타고나서 이런 사주를 가진 사람은 가난하게 살지 않고 돈과 인연 있는 일도 하게 된다고 하였더니 금융권에서 일한다고 하더군요, 참 잘했다고 말해주었답니다.

官星을 살펴볼 차례인데요, 앞에서 이야기 한 대로 無官四柱인데 무관이란 관성이 없다는 말도 되므로 남녀공히 직업성이 약하다고 보아 전문가로 살아가야 할 사람이고 이 여성의 경우도 역시 많이 배워 전문가로 살아감이 좋고 무관이므로 운이 나쁘면 정년하기 힘들고 자주 이동도 한다고 하지만 본명은 대운에서 정년도 할 수 있는 관운이 62세까지 든 경우라서 좋고 또 女命에서 官을 夫星으로도 보기에 남편이 사주원국에는 없지만 대운에서 말년까지 함께 하므로 늦게 만난 남자하고는 해로할 수 있다고 보아야 한다. 그러므로 財官運은 대체적으로 좋은 운으로 보아야 하고 삶의 질도 전반부 보다는 후반부가 더 좋은 사주라고 극찬해야만 하는 팔자입니다.

참고로 이혼한 남편의 사주를 시주 없이 기록해 보겠습니다. 庚申년 己丑월 丁酉일 生이므로 財多身弱한 팔자라서 사업성이 강한데<사업을 한답니다.> 운의 흐름에 따라 기복이 심할 수 있고 또 부자 될 가능성도 실패할 확률도 많은 사주이다.

대운의 흐름이 동방 木운에서 남방 火운으로 흘러 대체적으로 좋게 흘러가지만 이 사람에게는 아주 불리한 운으로 작용한다. 丁화는 丁癸冲하고 巳火는 巳酉丑三合으로 金局을 이루어 財多身弱이 되어 財難이 일어나게 되는 데 반드시 돈 문제나 여자문제로 난리를 겪게 된다.<己亥년에 아내와 이혼함> 己亥년의 己토는 晦氣無光으로 丁화에게는 구름이 亥수는 대운 巳화와 沖살을 먹어 삶의 변화를 예고하는 형상이었다.

인 수 격(印綬格)

<1> 인수격의 구성요건과 응용을 살피다.

[실증철학 원문]
　印綬格 이라는 것은 원칙적으로 正印格 偏印格으로 구분 하여야 하는 데 보통 인수격으로 공부하게 되지만 차이점이 있다면 정은 정도요, 편은 편도로서 상대적이라는 것에 주안점을 두고 추명 해야 한다.

[강의노트]
인수격은 정인 편인으로 正印은 正道요, 偏印은 偏道로서 예를 들자면 인수는 소식, 집짓는 것, 매입, 공부, 옷, 집으로 본다면
1, 소식으로 보면 정인은 기다렸던 소식 편인은 뜻밖의 소식이고
2, 집짓는 것으로 보면 정인은 계획 된 집, 편인은 뜻밖의 집이고
3, 매입으로 보면 정인은 욕심냈던 것, 편인은 예상치 못했던 것
4, 공부로 보면 정인은 한복이고, 편인은 양복이다.
2, 옷으로 보면 정인은 계획 된 집, 편인은 뜻밖의 집이고
3, 집으로 보면 정인은 한옥이고, 편인은 양옥집이다.
여기서 정인도 편인도 그 사주의 작용에 따라 다르다.
예를 들자면
丙에게는 甲목은 편인이고 乙목은 정인인 데 더욱 좋은 작용은 편인인 甲목이 더 좋은 작용이 나오고 乙목 정인은 濕木이라 木生火가 잘 안 되니 작용력이 약하다.
1, 印綬格이란?
月逢印綬일 때인 데 언제나 정인인지 편인지를 구분해야만 한다.
왜냐하면 ○ 甲 丙 ○ 이런 경우라면 편인이지만 부모덕 있고
　　　　 ○ 寅 ○ ○ 공부도 잘하고 전교 1등이다.

○ 乙 丙 ○   이런 경우라면 정인이지만 부모덕 적고
○ 卯 ○ ○   공부도 잘 못하더라.

2, 柱中에서 印綬多逢일 때가 印綬格이다.
3, 用神이 印綬일 때도 印綬格이다.
　이것이 차이가 있다면 1,은 부모님 관계를 살피고, 2, 환경에서 오는 것, 3, 그 사주의 핵으로서 삶을 추구하는 데 방향을 말한다.

印綬格은?
1, 身弱해야만 한다.
2, 透出 되어있어야 하고
3, 刑 沖이 없어야 한다. 형 충이면 파격이 되는 데 인수가 형 충이 되면 벌써 부모덕이 없다는 것이 나온다. 가령 인수가 어머니인데 형 충이면 부모가 서로 싸워서 이혼했다는 것이다. 밤낮 없이 치고 박고 싸우니 무슨 부모의 덕이 있겠는가,

　　　丁
○ 卯 酉 ○ 이 사주는 인수격 이지만 卯酉가 沖받고 있다.
卯는 어머니이고 酉는 아버지인데 서로 싸우고 있으니 무엇을 배우고 자랐겠는가?

　　　丁
寅 卯 酉 ○ 이런 경우라면 충을 받았어도 다시 살아날 수도 있다〈寅卯聯合〉또한 이런 경우

　　　丙
亥 寅 申 ○ 寅申 沖으로 일단 파격인 데 寅亥 合木으로 다시 좋아졌다. 이런 경우 申(父)이 寅(母)을 쫓아내려다가 자기가 쫓겨난다.〈寅亥合木으로 申이 고립되었다.〉
인수격은 월령을 얻음으로 得令했다, 그러는데 부모와의 관계로서 부모덕이 있느냐 없느냐를 살피는 것이다.〈得地는 배우자요, 得勢는 환경이다.〉

☾ 인수와 환경 : 문화시설, 학교근처, 재성과 환경 : 시장근처,
　관성과 환경 : 도청 시청근처, 역마지살과 환경 : 터미널근처

☾ 印綬格이 身弱할 때는 印綬나 肩劫을 써야 한다.
어떤 사주든지 일주가 약한 경우에는 부모에 의지해야 하니까 인수 용신이고 인수가 없을 때는 형제에 의지하고 살아야 하니까 견 겁을 쓴다. 만약 인수도 견겁도 없다면 종을 해야 한다.

　　　壬 丙
午 酉 寅 午　得令은 하였으나 신약한 경우로 어머니인 酉금을 의지하고 살아야 하니까 印綬用神이다. 壬水보고 寅午 火局(재물) 네 것이니 가져가라고 해도 못 가지더라, 하다하여 물이 증발되어 버린다, 즉 힘이 없어 내 돈으로 만들 수 없다. 이런 때는 어머니인 인수를 써서 힘을 보강해야만 내 돈으로 만들 수 있게 된다.

☾ 印綬格은 대체적으로 身旺하므로 1,官 2財 3,食傷을 用神으로 쓰게 된다.
☾ 印綬格으로서 身太旺은 母慈滅子요, 마마보이다.

戊 辛 癸 戊
辰 酉 酉 午　이 사주는 부모의 사랑이 많아 자식 버려 놨다, 즉 모자멸자다. 인수로만 강한 사람은 뼈 없이 착한 사람이다, 癸水의 어머니가 癸수가 할 일을 다 해주어서 나이 먹어서도 자신이 할 일을 제대로 못한다, 어머니가 자식 버릇을 잘 못들인 탓이다. 이것을 역술용어로 母慈滅子 그러는데 어머니의 사랑이 너무 많아 자식이 멸망했다는 뜻이다.

☾ 印綬格인 데 身太弱은 주체가 너무 약해서 어떤 운에도 크게 발전하기가 어렵다.

　　　丙
子 卯 申 丑　이 사주는 得令했어도 子水가 水生木 못한다, 水

木凝結로 보아야 하고 卯木이 濕木이라 木生火가 안 된다.

그런 가운데 卯목은 申에게 극을 당하니 힘이 없다. 인수격 이지만 너무 신약해서 별 볼일 없다. 이러한 격은 깨진 그릇과 같다.

☾ 印綬가 순수해서 삼합이나 육합으로 격을 이룬다면 모자명자가 아니라 대학 총장감이다. 일주가 조금 약할 때는 조금만 도와주어도 크게 발전한다. 아래 사주는 인수격 이지만 정월 생이 해 넘어갈 무렵이라 조금 약하고 춥다.

癸 甲 丙 丁
亥 寅 辰 酉 그러므로 조금만 도와주면 저절로 발전한다. 때문에 身旺官旺格, 身旺財旺格, 身旺食傷旺格은 일주가 조금 약한 경우이기 때문에 언제든지 發榮 할 수 있다는 것이다.

　 戊 甲
巳 巳 辰 寅 이 사주는 인수격 이지만 신왕 관왕으로 법정 외교로서 國事에 참여한다.

己 戊 辛 甲
酉 辰 未 午 이 사주도 인수격 이면서 신왕 관왕으로 정치한다. 월에 인수 놓으면 깨끗한 정치한다.

☾ 身旺財旺格은 경제계로 간다.

　 戊
巳 午 申 子 인수격 이면서도 신왕재왕이다. 水火가 균형을 이루었다. 돈도 저절로 벌어진다. 여자 사주라면 돈복은 주었는데 남편복은 안 주었다고 하고 남자 사주면 아내복은 주었는데 자식복은 안 주었네요 해야 한다.<경제학자 선비사주이기에 큰 사업가는 아니다>

☾ 身旺食傷旺格은 학교로 입신하고 박사에 대학교수에 영리하다.

　 癸 甲
○ 亥 寅 午 寅午 火局으로 木火通明이다. 寅亥合 寅午合으로 잘 구성 되어 있다.

☪ 인수격은 아니지만 身旺官旺한 팔자를 한번 보자.

甲 丙 丙 ○
辰 子 午 ○   20대 국회의원 이철희 의원의 사주입니다.

2019 10월 15일 총선 불출마선언을 하면서 국회의원 한 번 더 한다고해서 우리정치를 바꿀 자신이 없다. 멀쩡한 정신을 유지하기조차 어렵다는 솔직한 심정 소회를 밝히는 것으로 보아 그래도 이 사람은 양심적인 사람이구나 하고 생각해서 사주를 찾아 기록해 본다.

더욱이 현 시국이 조국이라는 사람 하나로 인해 발칵 뒤집혀진 상황에서 조국이 법무장관 사퇴하면서 정치권에서 누구 하나 책임지려 하지 않는다며 나라도 함께 책임진다는 자세로 이 시기를 택했단다. 이 철희 의원을 존경한다. 다시 사주이야기로 돌아가 보자.

子月의 丙午 일주가 子辰合水局을 이루었으니 신왕관왕한 데 년간에 甲목과 월간의 丙화가 扶助하니 조화를 잘 이룬 사주로서 이 사람은 정직 정확한 사람으로 진흙탕에서 굴러 먹기는 힘든 사주이다. 옥 곧은 사람으로 잘잘못을 가려주는 일이 적성에 맞을 것이다.

☪ 인수격은 財星을 가장 싫어한다.

왜일까? 財剋印으로 학마이고 괴인(壞印)되기 때문이다. 만약 인수가 태왕하여 병이 되는 경우라면 오히려 財가 있어야만 中和를 잘 이루어 귀하게 될 수 있다.

학마(學魔)는 소년시절 이나 공부할 때 쓰는 용어로 여기에 초점을 맞추는 것이고, 괴인(壞印)이란 나이 들어 쓰는 용어로 삶에 초점을 맞추어 쓰는 것이다.

丁 丙 戊
未 午 申 子   인수가 많아서 火土重濁으로 戊土를 달달 볶아 버리는 데 申子로 財印 水局을 이루어 아주 좋다. 이처럼 인수가 병일 때에는 財가 오히려 貴星으로 나타난다.

☆ 인수격이 官을 만나면 인수의 뿌리가 되고 관인상생으로 좋다. 그러나 인수가 태왕하면 관성이 무력하여져서 종교 철학에 심취한다. 가령

　　　　丙
子　寅　○　○ - 子가 水生木 못한다 내편이 아니다.

○　○　丙　○
亥　寅　○　○ - 寅亥合木으로 木生火가 잘 되어서 官印相生이다.

☞ <참고>
印綬가 太旺하면 기예(技藝) 종교 철학에 심취한다.
인수가 공부도 되지만 잘못하면 딴따라로서 무용 춤추는 데로의 예능계통이고 인수는 평생 공부로 종교 철학이라는 것이다.
印綬가 많으면 官이 몰(沒)하는데
癸　甲　丙　○
亥　寅　寅　○ 木인 인수가 많아서 수인 관이 작용 못한다. 고로 남자는 취직이 잘 안 되고 여자는 결혼하기 어렵다.

☆ 인수격이 식상을 동반하면 수입과 지출이 균형을 이루어 좋다.
1, 언제든지 인수는 수입이고 상식은 지출이다.
2, 상식이 태과하면 盜氣요, 子旺母衰로서 죽도록 남 일만 해준다.
庚　己　丙　戊
戌　卯　戌　戌　木生火 하나 받아서 나가는 것은 5개로 나가야 하니 항시 허덕인다. 빚 살림해야 하고 밑바닥 기어야 한다.
3, 인수가 많고 식상이 적으면 倒食이요, 傷官傷盡에 母慈滅子다.
壬　壬　甲　丙
申　子　子　寅　丙화가 용신인 데 水가 많아 水가 火를 거꾸러트린다. 이것이 도식으로 밥그릇 엎어버리고 壬申 운을 만나면 완전 도식이 된다. 재물도 생명도 다 부도나니 거지된다.

4, 傷官傷盡 ; 상관은 본래 나빠서 쳐부수라고 했더니 완전히 죽여 없애 버렸다. 가령

癸 癸 甲 丁
亥 亥 子 卯   이 사주는 정화가 용신인 데 癸亥水등이 몰려가서 丁火를 거덕 냈다. 이때 癸酉 운을 만나면 丁癸冲 卯酉冲으로 파료상관(破了傷官)되어서 상관용신이 죽어 버리면 파료상관은 손수원(損壽元)이라 하였으니 生死 문제가 발생하게 된다.

인수격이 신약할 때
<1> 관살이 많아서 신약 할 때는 살인상생으로
壬 壬 丙 甲
申 子 寅 午   殺印相生으로 관살이 있어도 인수가 있으면 아무일 없다. 즉 괜찮다는 것이다.

癸 癸 丙
亥 亥 寅   ○ 官印相生, 亥中의 壬水가 편관인 데 寅목이 있으면 寅亥合木으로 묶인다. 고로 水극火 안하고 도리어 木生火로 나를 도우니까 좋다.

원수를 은인으로 만들어서 살고 그러나 官과 印綬가 서로 상연(相連)되어야 한다.
壬 壬 丙 辛
申 子 子 卯   이런 경우는 卯木이 水生木 木生火를 하지 못한다. 파격이다. 상생상연(相生相連)이 안 된다. 子卯 刑까지 걸려있으니까 그 추운 子월에 젖은 이불을 덮고 자는 신세다. 卯가 인수로서 내 몸을 가려주는 집이자 이불인 데 刑이 되었으니 북풍한설이 들어온다. 또한

        甲 癸
○ ○ 申 酉   甲木이 뿌리 없어서 죽어있는 것 같아서 水生木을 해도 살지 못한다.

<2> 재성으로 신약 할 때는
　格과 用神이 서로 싸우므로 나쁘다. 계절 자체를 제거하지는 못하니 그만큼 방해와 세상사가 순조롭지 못하다

○ 庚 丙 ○
酉 寅 申 酉　偏印格인데 金이 많아서 財印鬪戰으로 파격이다. 財印鬪戰하니까 부모가 서로 밤낮없이 싸우고 있다. 丙화는 어머니 편이다. 金이 백호대살의 작용으로 지독한 아버지가 되어서 아무것도 모르고 완력으로만 어머니를 다스리려고 한다. 만약 이 사주에서 金이 삼합으로 되어있으면 아버지가 똑똑하다. 그러나 寅木자체를 金극木 해도 寅월 달이라는 계절을 바꾸어 놓을 수는 없다는 것이다. 그러나 金木相戰과 財印鬪戰은 어쩔 수 없으니까 그 현상은 일어난다는 것이다.

戊 丁 己 戊
申 巳 丑 辰　이 사주는 편인격이다. 巳丑합과 巳申 刑으로 巳가 아무리 쥐어터지고 시달린다고 해도 印綬는 살아 있다는 것이다. 金이 病이다. 만약에 庚申년을 만난다면 巳申 水局이 된다. 의사 사주인 데 의사는 식상이 환자다. 己土에게 식상 태왕운이 되니까 환자들이 의사를 잡아먹으려고 하더라. 식상이 잘 못 작용하면 의사들은 욕 받는다. 거기다가 巳申 刑殺이니 수술 실수 하면 크게 당한다. 財多에는 肩劫이 우선이다.

<3> 상식이 많아서 신약 할 때는
　행동이 무거운 것 같으면서도 가볍고, 팔랑개비 같더라, 빈틈없어 보이나 허점이 많고, 일주가 허약하니 허점투성이인데 식상으로 모두 새나가니 내 것 지키지 못하는 팔자다.
　일반 상식은 많으나 전문지식이 모자라서 정곡으로 찌르면 결국은 당한다. 월에 인수이니 착해 보이는 데 사실 깊이 들어가 보면 못 됐더라, 공부하라, 책속에 길이 있다.
　인수격 중에서도 상중하로 나눌 수 있는 데 신왕관왕, 신왕재왕,

신왕식상왕은 上格에 속한다. 일주가 조금만 약하면 中格이고 壞印財印鬪戰 상식이 태과한 경우는 下格에 속한다.

印綬格에 肩劫太旺한 경우 : 부모님 사랑을 경쟁한다.
癸 甲 乙 ○
○ ○ ○ ○   乙목은 甲목 때문에 부모사랑 못 받는다. 항상 부모님 사랑 놓고 경쟁 아닌 경쟁을 한다.

　　甲 乙
○ 申 亥 未   이 경우 甲목 형님 보다 乙목 동생이 더 잘한다, 힘이 있고 가까이 있으니까,

일단 인수격을 놓은 사주는 부모님 덕 있다.
　　甲 丙
○ 寅 ○ ○   무조건 부모덕 있다고 봐야한다.

　인수는 윗사람의 사랑이다 : 인수는 윗사람이고 나를 생해 들어오니까 부모계열이고, 가정교육이 좋고, 순진하고 환영받는다. 학자로서 학문과 인연 있고, 그러나 매사를 본인 위주로 처리하는 단점이 있다. 받아먹기만 하고 줄 줄은 모른다. 월에 인수는 직속상관이고 년은 사장이나 회장이다. 학자라서 원리원칙을 중시하더라.

印綬格에서 身旺하고 財가 用神이면
가장 좋은 운은 食 財 官운이 좋다.
1, 왜 官운이 좋을까? : 財의 목적은 官에 있으며 〈財 生 官〉또한 財官이 합신해서 일주의 균형을 이루게 하고 官은 肩劫을 억제(制)해서 財를 보호해 주기 때문이다.

　　　己 辛
丑 丑 亥 寅   인수격이고 金水가 寒冷해서 너무 춥다. 寅亥合 木이 용신이다. 그러나 火인 官에 목적이 있다. 조후로 火가 좋다.

2, 印綬 운이라면 財용신이 절지가 되고 몸이 강해져서(身太旺) 일주를 자멸(自滅)케 한다.
3, 비겁운은 돈 줄줄이 막힌다. 믿는 도끼에 발등 찍히고 믿던 사람에게 배신당한다.

印綬格에 官이 用神이면
1, 財운 官운이 좋다.
```
    戊 庚
丑 辰 午 寅   木(財) 火(官) 運이 좋다.
```
2, 食傷 운이 최고로 나쁘다.
  위 사주에서 子운이 오면 子辰 子丑 水가 되어 官용신을 극한다. 나를 도와주던 사람들이(印綬) 모두 배신 때려(水로 변해서) 흉한 일을 만든다. 심하면 옷 벗어야 한다.
3, 比劫운은 용신이 힘을 못 쓰게 된다.〈絶地로 病死宮이다〉
  내 자리 빼앗기고 투서 모략 연결 된다. 잘 못 하면 처자 근심까지 따라든다.
4, 印綬 운은 크게 나쁠 것 없이 무난하게 넘어간다.

印綬格에 食傷이 用神이면
食傷운과 財운이 좋다.
```
      甲
亥 亥 寅 午   寅午 火局이 용신이다. 득령 득지에 寅午 火局을
```
얻었다. 火土운이 좋고 土인 財운은 火生土로 설기구를 확장하고 土剋水해서 水剋火를 못하게 하니 이중의 경경사다. 木生火로 그동안 갈고 닦아 놓은 것이 재운을 만났으니 돈도 들어오더라, 그러므로 상식운과 재운이 좋다.

1, 印綬운은 倒食에 破了傷官이다.
  여기서 子운을 만나면 子午沖으로 꽃이 떨어지고 浮木된다.

식신이 용신인 데 인수운 만나면 倒食이다. 위 사주에서 도식 운을 만나면 부도나겠는가? 아니면 어떤 사건으로 고통 받을 것인가?

위 사주는 구성자체로 보아서 사업가 사주는 아니다, 그러므로 부도는 아니고 편화사건이라 해야 맞는 데 子도화가 (亥卯未 三合에 子眞桃花)가 성추문이 될 수도 있다, 이런 때는 함정에 걸리기도 하고 구설에 말려든다, 우리는 이정도로 그 사람의 사건까지도 구분 할 줄 알아야 한다.

2, 肩劫운은 어떨까 ?

용신을 생하여 좋을 것 같지만 비견 겁재가 합세해서 일주에게 방해한다. 천간의 甲乙은 모두 나쁘고 寅목은 좋고(寅亥合하여 水를 묶는다) 卯목은 나쁘다 같은 木이라도 이런 차이가 있다.

3, 관살운은 金운인 데 꽃이 서러 맞다. 傷官見官에 위화백단이고 쫓겨난다. 자식(男) 남편(女)에 문제 생긴다.

印綬格에서 身弱하고 印綬가 用神이라면
財官과 食傷운을 꺼린다.
　　　　丙
酉　寅　辰　丑　인수가 용신이다.
木운은 좋고 土金 운은 나쁘다. 財운은 貪財壞印이 된다.
1, 인수운은 좋고
2, 관운은 인수 용신을 생하므로 좋으나 단 신약사주일 때는 일간을 극하는 것이 우선이므로 흉하게 작용한다.

印綬格에서 肩劫이 用神이라면
식상운 관살운 재성운 모두 흉하다. 여기서 주의할 것은 식상운이다. 관살이 병일 일 때(많을 때)는 병을 제거하니 좋은 운이 된다.

辛 辛 丙 甲
酉 卯 申 午   이 사주는 財印鬪戰으로 卯木인수가 작살났다.
그러므로 午火를 용신해야 한다. 이런 경우 인수지만 부모덕 없고
(무력하므로) 형제에 의존하고 자수성가해야 한다.

肩劫이 용신인 이런 사주가

印綬 운을 만나면 좋다 : 木生火 받으니까

肩劫 운을 만나면 좋다 : 火운으로 내가 힘을 받으며 뿌리가 된다.

傷食 운은 丑辰 운은 나쁘다 火용신이 濕土 만나면 가물가물 꺼져
간다(晦氣無光) 고로 죽는 줄 모르고 죽고 골병드는 줄 모르고 골
병들며 내가 주는 식상이니까 내 것 주고 뺨맞고 자기 꾀에 자기
가 넘어가고 말 한 번 잘못하고 돈 나가고 구설에 휘말린다.<戌未
土는 무해무덕하다>

財星 운을 만나면 해 넘어간다, 서러 맞고 잡았다가 놓치니 돈을
잡았다 해도 나가는 돈이 더 많다. 판단도 흐려지고 실수 연발이
다.

官星 운을 만나면 水운인데 子수는 子午沖이니 의지처가 없어지고
나무에 올라가라고 해 놓고 마구 흔들어 댄다.

☾ 용신과 관계없이 인수격이 파괴 되면 환경의 변화와 인수에 해
  당 되는 모든 인자가 영향을 받게 된다.

          丙
○ 寅 ○ ○ 이 사주는 용신이 무엇이든 印綬格이 분명한데 申
운을 만나면 寅申沖으로 인수가 깨진다. 인수격 그 자체가 깨지면
심리적인 변화가 와서 그렇게 착하던 사람이 돈 돈 돈 하더라. 또
인수격에 원국에서 沖이 된 경우도 역시 착함이 아니라 안 착함 으
로도 변하니 잘 살펴야 한다.

印綬格에서의 용신을 구분 하자면
印綬用印格, 印綬用劫格, 印綬用傷食格, 印綬用財格, 印綬用官格,이 있다.

<1> 印綬用印格 : 格도 되고 用神도 된다.
이런 경우에서도 관살이 많아서
상식이 많아서
재성이 많아서 일주가 약해진 경우에도 차이가 있다 여기서도 상중하의 구별을 할 수 있어야 한다.
무조건 선비로 살아야 하고 교육계로 가라, 또 직장에서 시키는 대로 일하고 주는 대로 받고 먹고 살아라, 신약하니까, 건강도 항상 주의하고 박력 없음이 흠이고 인내력 지구력 부족함이 단점이니 이 점을 보강해야 한다. 사업하면 망하니 선비로 맑게 살아야 후환이 없다.

<2> 印綬用劫格: 1선은 무너지고 2선에 의지하며 살아야한다.
1선은 인수격인 데 인수가 깨지고 재성이 많아서 할 수 없이 견겁을 써야 하니 바로 2선에 의지하는 형상이다.

辛 辛 丁 丙
酉 卯 酉 午 이 사주는 1木 3화 4金으로 월에 인수 놓아 인수격이지만 인수가 卯酉沖으로 완전히 날아가 버렸다. 재성을 극하는 것은 비겁이니 재는 병이고 견겁이 약이다, 고로 印綬用劫格이 된 것이다. 인수가 깨져서 공부 관심 없고 돈에 관심을 돌리지만 남의 돈 벌어주는 사람으로 사업 불가요, 욕심 부리면 財亂이 발생하는 데 돈의 난이 아니면 여자의 난이 반드시 따라 다닌다.

<3> 印綬用傷食格: 배워서 가르친다, 교육계로 진출한다.

배우는 목적이 가르치는 데 있고 후배 양성에 있으니 전형적인 교육자다. 상식이 용신이니까 감투인 官도 필요 없고 자기를 희생해서 세상을 밝게 하는 데 목적을 두어야 한다.

　　癸 甲 丙
○ 亥 子 寅　印綬用傷食格이다. 水生木으로 배워서 木生火로 충분히 써먹는다. 단 사장 만드는 기계이지 본인의 출세는 어렵다.
☞ 남자가 상식이 용신인 사람은 항상 자손과 불화요, 자손궁이 미진하니까 자식 인간 교육 시켜라.
　여자가 상식이 용신인 사람은 남편궁이 나쁘니까 자식 보고 산더라.
☪ 음덕 베풀고 살아야 하는 팔자 먼저 주고 나중에 받는 팔자요, 부자는 아니라도 절대 궁색하게는 안 산다. 직업적으로는 독립된 직장(연구기관)이고 자유업이다. 남의 간섭 받는 것 싫어한다.

<4> 印綬用財格 : 공부의 목적이 돈 버는 데 있다.
　그러나 멋지게 짜여진 인수격은 돈 버는 데 초점을 맞추지 않는다.　　丁 戊
　　午 巳 子 申　인수격이니까 학자이면서 재물과 연결하면 경제학 박사이다. 상대교수 경제연구소장이다. 印綬用財格은 富貴兼全이다. 처덕 있고 관리능력과 통솔력 있다. 많은 인 위에 군림한다. 인수가 좋아서 가문이 좋고(丁巳로 有力) 子수인 처갓집도 가문이 좋다(申子水局) 또한 처가 똑똑하다.
　돈 버는데 일가견이 있지만 실제적으로 나타나는 현상은 부모덕이 있으니까 돈 걱정 없고 경제학 박사로 경제 연구소장으로 이런 감투나 쓰면서 살아야 한다.

<5> 印綬用官格 : 二德을 겸비했다.
　공부의 목적은 권력에 있고 관리에 있고 명예를 우선한다.

인수로 일단 신강하니까 자기 일은 자기가 알아서 한다.
재가 없으니까 청백한 것이 흠이니 청빈한 삶을 산다. 인수용관격은 공직에 꿈을 키워라, 고로 행정고시 보시오, 관인상생 되니까 결제자로 직인 관리하니까 마패차고 옛날 같으면 암행어사요, 요사이는 감사원 검찰국이다. 국립대 가고 관비 장학생이고 그릇이 사업가는 아니다.

☞ 術士의 應用
1, 상식이 용신일 때는 상식이 得局해서 든든해야 하고 生財하는 가를 보아야 하고
2, 財가 용신일 때는 財生官 하는 가를 보아야 한다.
3, 남편이 미국 갔는데 돈 좀 보내겠어요?
   언제 갔는데요, 이제 3년 되었어요, 많이는 안 보내겠는데요, 왜? 이런 말을 했을까 처음 미국가면 밖의 사정 잘 모르니 돈 쓸일 없다가 2-3년 지나면 미국사정 잘 알아 버리니 돈 쓸 데가 많아 집에 보내줄 돈이 줄어든다. 바로 이런 것이 술(術-꾀 술)이다.

乾 戊 甲 丁 辛　月柱 정인 신강한 경우로 볼 수 있으나 初春이고
命 辰 寅 酉 丑　酉丑金局을 이루고 辛금이 천간에 나타나서 약
7 17 27 37 47 57 67　간 신약하기에 조후용신으로 木火를 써야 할
乙 丙 丁 戊 己 庚 辛　것이다.
卯 辰 巳 午 未 申 酉

正印格에 偏財用印格이다. <財多身弱 이니까>

　寅월의 丁화로 이른 봄에 꽃피워서 멋지게 결실을 하는 데 꽃(火)에 비해 열매(金)가 조금 많아 목신이 많다.<辛丑시로 酉丑金局> 그러므로 木火가 용신이다. 先强後弱 이고 火일주는 설단생금(舌端生金)으로 혀끝으로 돈 번다. 丁화가 寅월이고 정인격이니 인품 좋고 부모덕 있다. 약간 신약하니 조금만 도와주어도 발복한다. 財로 인하여 신약해졌으므로 인수보다는 肩劫이 더 좋지만 원국에 印綬밖에 없어 用印을 할 수밖에 별 도리가 없다. 火운에도 발복한다. 상대교수 경제학박사 운만 좋게 들어오면 법정계로 정치한다. 사업하면 망한다.<貪財壞印> 처복도 있고 자식복은 미진한데 辰이 官庫라서 자식에 대한 근심 걱정 않고 산다.<이럴 때 방법은 처음 자식 유산시켜 없애 버리면 官庫가 없어진다.> 甲寅목이 좋아 어머니 치마 바람이 좋았고 공부도 잘 한다. 이 팔자는 공부할 때 여자 만나면 공부 안 된다. 변화가 없고 일방통행이며 소년시절의 꿈이 끝까지 간다. 印綬格은 조용한 것을 좋아하고 시끄러운 것을 싫어하고 뼈 없이 순진하다 (無骨好人)

　공부는 잘해서 서울대 간다. 財局이니 서울 상대다.

다음 장에서 대운을 살펴보기로 하자

舌端生金 : 혀끝으로 돈 번다는 말은 상식이 말이고 행동이므로 食傷生財
　　　　　한다는 말이다.
貪財壞印 : 재물을 탐하면 인수가 무너진다,

乙卯 大運 : 乙卯목은 濕木으로 木生火가 잘 안 된다. 별 도움 안 되고 卯酉沖으로 財印이 싸운다. 부모가 싸우는 데 財多하면 父가 일찍 돌아가신다.<丑이 財庫로 父先亡으로 연결하고 대신 돈복으로 도 보라 또 처가 아프다>

丙辰 大運 : 丙이 辰을 보면 晦氣無光으로 죽어서 들어오니 丙이 나를 도와주지 못한다. 丙辛合水 辰酉合金으로 오히려 나를 힘들게 한다. 이때에는 친구관계를 조심하라<丙화가 겁재이기에 친구 동료> 30년 전체적으로 보면 동방 木운이지만 항상 辰戌丑未대운은 잘 살펴보아야한다

丁巳 大運 : 丁巳는 나에게 肩劫으로 좋으나 사람 놈이 배신을 때 린다. <巳酉丑> 거기에다가 寅巳 刑으로 집이 흔들리고 기둥뿌리가 흔들거린다. 친구에게 돈 심부름 시키면 그놈이 꿀꺽 먹어버린다 (群劫爭財)조심해야 한다. 다만 남방火운으로 좋은 기운이고 사주 원국이 허약하지 않아 크게 문제는 안 될 것이다.

戊午 大運 : 戊午 10년은 걱정 없다 午 도화라서 여자도 따라 붙는 다. 戊土 상관으로 시작 했지만 결과는 좋다. 寅午火局에 꽃이 활 짝 피었으니 못 먹어도 고다 결식은 걱정마라

己未大運 : 己未 10년 썩 좋은 운은 아니다. 인수 甲목을 습으로 묶고 未토는 印綬庫라서 그러나 남방 火운으로 보아 죽이지는 않는 다.

庚申大運 : 甲庚沖 寅申沖으로 용신 甲寅木 용신을 파괴시켜 퇴직 하는 운이다. 壞印으로 하는 일 마다 깨지고 아내가 아프거나 죽겠 고 인수는 집이니까 집 날아가고 불안한 시기가 된다.

辛酉大運 : 辛酉대운은 財星이 강하게 들어오는 대운으로 壬申년인 65세를 잘 넘겨야 장수하게 된다.

乾 癸 戊 戊 辛　　명조를　　辛 戊 戊 癸 乾
命 亥 午 申 酉　좌우로 해 봅니다　酉 申 午 亥 命

大 丁 丙 乙 甲 癸 壬 辛　　　　辛 壬 癸 甲 乙 丙 丁 大
運 巳 辰 卯 寅 丑 子 亥　　　　亥 子 丑 寅 卯 辰 巳 運

☞ [참고사항]

　독자들의 건의에 의해 명조기록을 좌우로 두 개씩 해 봅니다. 종서로 기록해야 하지만 편의상 횡서로 그동안 사용해 왔는데 기초를 배울 때 종으로 배운 학인독자들의 불편하다는 건의에 의해 참고하시라고 두 개로 기록합니다.

　月柱 戊午로 득령 신강해 보이지만 식상 과다하여 火土를 용신해야 한다.<火土 用 金水 病> 이런 경우를 득령은 하였으나 失支 失勢 하였다고 한다.

　正印格　傷官格　印綬用印格 : 정말로 착한사람이다.
金傷官이 많아서 인정이 많은 데 金이니까 쓸 데 없는 의리 지키지 말라, 火生土 받아야 하니까 공부해야 하고 남방 火운이 좋다.
　일간 戊토가 지층이 엷어서 火生土로 보토(補)해야 한다.
傷官用印格 이다. <식신과 상관이 혼잡되면 식신도 상관 역할 한다.> 羊刃用印格 이라고도 한다. 金水가 많고 火土가 적어 金이 병이고 火가 약이다. 木은 火를 도와주어 좋은데 寅목은 좋고 卯목은 濕木이라 木生火가 어렵다. 그런데 寅申沖 卯酉沖으로 木이 지지로 들어오면 문제가 된다.

丁巳大運 ; 巳酉합이지만 천간에 丁을 안고 들어와서 좋다. 丁癸冲 巳亥冲으로 用神之病을 제거하여서 좋다고 하는 것이다.

丙辰大運 ; 丙辰은 戊土 입장에서는 좋은 운은 아니다 丙화가 인수 역할이 안 된다 辰土가 丙화를 晦氣無光으로 제 코가 석자나 빠진 셈인 데 어찌 도와주겠는가, 문제는 辰토인 데 육친으로 비견이다. 이놈이 辰酉合金이고 申辰合水로 용신지병이 드는 경우이기에 안 좋다고 보는 것이다, 이런 때는 친구(辰)많 들으면 손해 본다고 하고 재고니까 아내가 아파 병원가게 된다고 해야 한다.

乙卯大運 ; 정관으로 나의 직장이다 직장이 마음에 안 들고 왠지 신경 쓸 일이 많이 생긴다.<濕木이라 木生火가 잘 안 되니까 성이 안차고 申卯로 귀문이라 신경 쓸 일로 볼 것이다>

甲寅大運 ; 寅午합에 寅亥合이니 木火로 用神運으로 전성기로 보고 크게 발전할 기미가 보인다고 해야 한다. 여기서 발생하는 寅申 沖은 좋은 변화로 봐줘라,

癸丑大運 ; 한마디로 내리막길 운이다. 戊癸合 으로 재물은 묶이고 水가 忌神 작용한다. 亥丑 水局 酉丑金局 모두 凶神이다. 잘못 하면 패망의 늪에 빠지게 되는 운이다.

壬子大運 ; 子午沖은 용신을 沖하므로 생명의 위험 까지도 보아야 한다. 61세 癸丑년 62세 甲子년 이 두 해를 잘 넘겨야 한다.

위 사주는 火운이 와야 돈 들어오고 申子辰년은 변동수인 데 나쁘게 작용하고 寅午戌년은 좋은 변동 변화가 된다.

巳午未년은 三災인데 복삼재라 하는 데 여름인 火운이라 좋다고 본다.

| 坤 | 辛 | 辛 | 丁 | 丁 | 명조를 | 丁 | 丁 | 辛 | 辛 | 坤 |
| 命 | 酉 | 卯 | 酉 | 未 | 좌우로 기록 | 未 | 酉 | 卯 | 酉 | 命 |

5	15	25	35	45	55	65		65	55	45	35	25	15	5
大	壬	癸	甲	乙	丙	丁	戊	戊	丁	丙	乙	甲	癸	壬	大
運	辰	巳	午	未	申	酉	戌	戌	酉	申	未	午	巳	辰	運

陰八通四柱다, 財多身弱 사주로 金多火熄 으로
金이 강해서 火가 꺼지는 형상이어서 비겁인 火가 필요한 상황이다.
財印이 相戰이고 双沖이어서 삶이 고달프고 賤格이 된다.

편인격에 沖이 걸려 牛山之木으로 格이 깨져서 천격에 해당된다. 財인 부친과 母인 인수가 밤낮 없이 싸우고 있어 부모덕도 없다. 재성이 극성해서 인수보다 비견겁이 용신이어서 스스로 자립해야 한다. 재다신약이라 남의 돈은 잘 벌어주지만 내 돈으로 만들기 버거운 팔자다. 무관사주로 남편의 덕이 적고 財는 시댁이고 인수는 친정인데 印綬와 財가 싸우니 시댁이나 친정이나 원수같이 살아간다. 여자 팔자에 재가 많으면 식순이 팔자다. 女命이 陰八通이면 陰多陽死로 독신 팔자가 많다. 이런 경우 濁格 또는 賤格으로 분류된다.

壬辰大運 ; 丁壬合 辰酉合으로 사춘기가 일찍 왔다. 丁壬合은 淫亂之合이고 辰酉합은 辰이 官庫니까 늙은 사람 나이 많은 사람과 이성문제 발생한다.

癸巳大運 : 丁癸 沖이지만 癸수가 巳화에 죽어서 힘없는 데 巳酉合金으로 癸水가 살아난다. 여자가 이와 같이 천간으로 官이고 지지로 합이 되면 이성 인연 있고 또 여행가자고 하니 나쁘게 연결하자면 도망가자고 한다.

甲午大運 ; 아주 좋은 운이다. 午眞桃花가 비견이므로 친구가 소개시켜준 것인 데 남의 것이니 임자 있는 남자다.

乙未大運 ; 乙木이지만 卯未 木局으로 들어오니 역시 좋은 운이다 만사형통한다.

丙申大運 ; 동업수이다. 丙이 申금 財星을 달고 들어와서 申酉절합하니 동업수가 뜨는 데 병은 겁재로 내 돈 빼앗아 가는 놈이기에 주의해야 한다. 甲午 乙未 대운에 벌어놓은 돈 빼앗아가는 기생충이 바로 丙申이다. 丙이 申금 나쁜 것을 데리고 들어와서 申卯귀문을 만드니 신경 쓸 일 발생하고 돌아버릴 것 같다.

庚辰年 ; 庚은 재물이고 辰은 활동이니 20세에 직업전선에 있다고 본다. 그 이유는 부모덕이 없고 多財無財로 배고픈 팔자다.

壬午年 ; 丁壬 합으로 남자 생긴다. 巳酉丑에 午가 眞桃花이니까 바람둥이 남자이고 있자 있는 남자에 그런데 마음이 끌려서 어쩔 수 없다, 단 午하에 祿根하여 심리적으로 안정은 된다.

癸未年 ; 丁癸冲으로 마음이 흔들린다, 불안 초조 짜증 싫증이다.

戊子月 : 상관으로 초조 불안 깽판 놓고 싶고 子酉가 귀문이고 파살이니 미치기 일보 직전이다.

己丑月 : 酉丑합이고 丑未 冲이니 丁화 용신이 날아간다. 자기 덫에 자기가 넘어가고 빛 좋은 개살구에 허송세월이다.

乾　戊　癸　甲　丙　　명조를　　　　丙　甲　癸　戊　乾
命　子　亥　寅　寅　좌우로 기록　　　寅　寅　亥　子　命

　　4　14　24　34　44　54　64　　　　64　54　44　34　24　14　4
大　甲　乙　丙　丁　戊　己　庚　　　　庚　己　戊　丁　丙　乙　甲　大
運　子　丑　寅　卯　辰　巳　午　　　　午　巳　辰　卯　寅　丑　子　運

　위 사주는 서울대학 모 교수의 사주로 火土용신이다. 인수격이니 선비형으로 깨끗하고 부모덕 있고 거짓말 못하고 만인의 모범이 된다. 水生木 받은 甲寅木이 木生火를 잘 받고 있으니 식신유기승재관(食神有氣勝財官)이다. 木火通明으로 世人의 등대요, 亥水 천문성이 있어 의대 학장이고 20대에 박사 했다.

　사주에 金이 없어 일반 직장인으로 살아가기는 어렵다. 고로 면허나 자격증으로 살아가야 한다. 성정은 착하나 갑여지동에 비견이 많아 주체성이 강하고 부부궁이 나빠서 이 남자 아내는 복종하고 살아가야 해로 할 수 있다. 이 사람은 남의 간섭이나 명령을 가장 싫어한다.〈金극木〉 그러므로 어머니는 공부할 수 있는 환경만 만들어주고 간섭은 하지 말아야 한다. 돈보다 명예를 우선시 하는 사람으로 며느리는 영리하나 돈 버는 며느리는 아니다.

甲子 乙丑 大運: 초년 운이 나쁘지만 사주원국이 좋아 무난하게 잘 살아 간다 공부도 열심히 하고 서울대도 가고 남는다.

丙寅丁卯大運: 아주 좋은 대운을 만나서 만사여의형통이다.

戊辰 大運: 편재 운으로 돈 욕심낸다. 申子辰 水局되고 戊癸합되는 등 戊辰土 재물이 없어지는 형상이다. 浮財로 들어와도 정거장이다 돈 욕심내면 간다.

己巳大運: 甲己合 巳亥沖 寅巳刑으로 꽁꽁 묶이고 깨지고 날아 간다. 신상의 변화 환경의 대 변화가 온다. 공부도 삶도 리듬이 깨져버렸다.

庚午 辛未 大運: 좋은 대운으로 무난하다.

壬申 大運: 丙壬沖 寅申沖으로 倒食運 이다.

坤	己	己	戊	辛	명조를	辛	戊	己	己	坤
命	巳	巳	辰	酉	좌우로 기록	酉	辰	巳	巳	命

5	15	25	35	45	55	65		65	55	45	35	25	15	5
大	庚	辛	壬	癸	甲	乙	丙	丙	乙	甲	癸	壬	辛	庚	大
運	午	未	申	酉	戌	亥	子	子	亥	戌	酉	申	未	午	運

巳월의 戊辰토가 2火4土로 身旺燥熱한 팔자다
時柱에 辛酉가 있어 火土重濁을 설기시켜 좋다.
無官에 상관이 喜神이므로 기능직이 맞다 그러나
삶은 순조롭지만 부부인연은 박하다

偏印格에 傷官이 용신이다. 金水는 좋고 火土는 나쁘다. 쌍 己土에 견겁 태왕에 인수까지 많아 혼탁한 사주가 되어 소실 팔자다. 년 월주에 기신이 있어 가문이 좋지 않고 어머니가 둘이고 아버지가 천하의 바람둥이다.

戊土인 山에 남편인 木이 없다. 辰中乙木이 남편인 데 암장 되었다. 그러므로 아직 태어나지 않은 남자이니 어린 남자로 본다. 옛날 어느 역술인이 암장된 남편 사주를 보고 당신 짝은 아직 태어나지도 않았네요, 라고 했더니 화를 내며 그럴 리가요, 라고 했는데 이 여자 중년에 이 삼 십대 어린 남자와 썸씽 있어 아하 이 말이었구나 하고 다시 찾아 왔더라는 말이 있다.

본 명조는 火土重濁으로 탁한 사주인 데 다행이도 상관성이 강하여 나름대로 살아가기는 하지만 귀부인 팔자는 못 된다.

庚午 辛未 大運 : 용신이 火극金으로 상하는 운으로 불리하지만 庚辛금이 떠서 반길 반흉으로 보아야 한다.

壬申 大運 : 돈이 쏟아지기 시작하는 운이다. 申辰水局에 편재이니까 큰 돈이다. 無財사주지만 財庫를 놓아 돈복은 있다.

癸酉 大運 : 운은 좋은 운이다. 酉 眞桃花(일지도화 申子辰에 酉가)이고 도화 위에 財(癸水)가있고 戊癸合 이니까 바람피워 버는 돈이라 하였으니 소실들에게 많은 경우이다. 이런 경우를 매간득재(賣姦得財)라 한다.

甲戌 大運 : 甲木 남편이 戌土 비견 위에 있어 내 것 빼앗아가는 놈이니 도둑 같은 놈이다. 배우자궁이 辰戌沖이라 배우자 인연 다했고 혼자 살아야 하는 데 庚申년에 과부됐다< 식신 운이 강하게 들어서 정관이 맥을 못 추는 형상에 戌토가 自庫를 놓아 힘이 없다>

乙亥 大運 : 乙辛沖으로 용신 辛金 상관을 치고 들어온다. 지지는 巳亥沖으로 格局을 깨뜨려 버리니 비록 水운이라도 좋지 않다.

壬午 癸未 大運 : 壬水 財가 나타났는데 群劫爭財하는 운이다. 午火 문서를 달고 들어왔으니 사고파는 일이 발생하는 데 눈 깜박할 사이에 사기 당한다.

☞ 명조구성을 좌우로 두 개씩 해 봤는데 통일이 안 되어 매우 불편하니 학인들께서 옆 공간에 기록하시고 공부하시기 바랍니다.

乾　戊　癸　乙　丙
命　子　亥　未　戌
大　甲　乙　丙　丁　戊　己　庚
運　子　丑　寅　卯　辰　巳　午

亥월의 乙목이 인수인 물이 강하여 土로 제방을
火로 조후를 해야 하므로 火土가 용신이 된다.
水가 병이고 土가 藥이니 처덕은 있으나
妻宮이 戌未 刑殺을 놓아 해로하기 어렵다.

時上 상관 놓은 남자는 "한자식 죽는다." 또 말년에 자식 때문에 속상한다. 乙未 백호는 아버지, 처가 凶死 한다.

이 사주는 처덕은 있는 데 妻宮은 나쁘다. 乙未와 丙戌 백호가 戌未 刑을 하고 있다.

편인격에 偏印이 得局 했고 亥未 木局으로 身旺한 사주로 火土가 용신이다. 고로 偏印用財格 또는 傷官用財格으로 돈 버는 목적으로 공부하고 돈을 쓰면 또 생기고 그러나 燥土가 財星이라 巨富

는 아니다.
성격 : 수리에도 밝고 계산도 치밀하고 월에 인수니까 선비형이고 마음이 착하나 목신이(財) 많으니 겉과 속이 다른 사람이다. 乙목이 도화 인수 子수를 놓아 놓고 즐기는 끼가 있다.

자손 : 자식의 인연은 기대 이하다. 戌中辛금이 자식인데 땅 농사는 좋은데 燥土에 앉아있어 土生金 못하니 아들은 어렵다.

흐름 : 順局으로 흐름이 좋다(水生木 木生火 火生土로 戌 土에 核이 집중되어있다)

　재가 형살을 받고 있으니까 금전에 구설 낀 경우로 부정한 돈 받으면 송사구설 관재 발생한다. 戌 土가 財庫인데 刑殺이라 戌未에 형살 걸리면 午火가 약이다. 말 그림 집안에 걸어놓으라고 한다(戌未에 午면 午戌合 午未合으로 소멸)
　戌亥 天門星 있어 매우 영리하다. 사주에 水가 많아 火土로서 제한(制寒:물을 土로 막고 火로 따뜻하게)해야 하고 水가 많아 병이니까 土가 약이 된다.

甲子 大運 : 내 것 뺏앗기고(劫財 甲木) 子수는 凍水로 발전이 더디다.

乙丑 大運 : 丑戌 삼형에 冬丑辰 급각살 에 亥子丑 北方 水局이니 매사부진으로 고생한다.

丙寅 大運 : 고목에 꽃피고 寅亥 합 寅戌합으로 멋지게 돌아간다. 이 대운은 전 대운인 亥子丑으로 공부한 것을 써먹는 운이다.

丁卯 大運 : 丙寅에 비교하자면 50% 정도 좋다. 卯戌합 卯未합으로 재성이 꽁꽁 묶인다. 고로 일류 들어오는데 卯가 친구니까 아는 사람이다.

戊辰 大運 : 돈 벌러 돌아다닌다, 그러나 辰戌 沖이고 子辰 水局이니 잘못하면 망한다. 辰戌 沖으로 이혼 수도 걷는다.

```
乾   壬 癸 辛 甲
命   申 丑 未 午
大  甲 乙 丙 丁 戊 己 庚
運  寅 卯 辰 巳 午 未 申
```

丑월의 辛금이 午시를 만나서 조화를 잘 이룬 命造이다.
배우자궁이 충살을 먹고 재고를 놓아
배우자의 건강이 염려된다.

　本命은 印綬用官格 사주로 본래는 偏印格이지만 오히려 金水상관이라 보는 것이다. 천간에 壬癸水가 있어서 食居先 殺居後요, 制殺太過다. 다행이 午未 火局으로 어느 정도 균형을 이루고 있다. 金水가 많아 막혀있는 것을 木火로 분산시켜 주고 金水冷寒을 午未 火局으로 조후를 멋지게 잘 해주고 있다.

☞ 관살이 많으면 식상이 오히려 내편이 된다.
고로 이 사주는 신강사주로 보아 木火가 용신이다. 이런 사주는 時上一位貴格이라고 한다. 先濁後淸이라 한다.
☞ 겁이 없고 완전무결에 배짱이 좋다<식상이 강함>
명예가 우선이고 午未 火局이니 자식도 좋다. 장차관 최소한 국장 이상의 큰 그릇이고 검 판사 법 정계에 진출하면 출세하는 팔자다.
☞ 丑未沖과 午未合이 동시에 되면 어떤 상황이 벌어질까?
先合忘沖 또는 合不沖이라고 배웠다, 그러나 년대에 따라 다르게 작용할 수 있다.< 月은 청년기 日은 중년기 時는 말년으로 보아 중년기 까지는 沖의 작용이 되다가 중년이후는 합작용으로 沖의 기운은 소멸된다.>

☞ 丑未沖은 財庫로 돈 창고 열었다.<좋은 것이다 돈 창고는 열어야 쓸 수 있다>그런데 未土가 財의 고지로 辛금의 돈 창고인 데 돈복은 있어 좋으나 甲목 正財 아내가 타고 있고 백호인 癸丑과 丑未沖하면 백호가 발동하여 처의 상해가 염려된다.

坤　己　丙　甲　甲
命　亥　子　子　戌

大　丁　戊　己　庚　辛　壬　癸
運　丑　寅　卯　辰　巳　午　未

　위 명조는 초대 상공부장관, 중앙대 설립자 임영신 여사의 사주다. 실수하기 좋은 팔자이다. 편인격이고 子桃花가 둘이나 있고 浮木된 사주로 시의 戌土가 용신인 사주다. 無官四柱로 戌中辛金이 남자인데 작용을 못하니 혼자 살고 있다.

　戌土가 용신이니까 中央大라 했고 水는 검정색이니까 흑석동에 자리 잡았다.<우연의 일치일까> 印綬格 이니까 학교재단 설립에 교육자로 총장을 했다. 亥子水 方局으로 물이 시간의 비견 甲木이 水 生 木으로 물기를 흡수하니 사주가 조화를 잘 이룬 것이다. 가능성이 열려있는 팔자에 대운까지 東南方 운으로 운행 되어 아주 좋았다.

　임영신 총장이 돌아가신 뒤 조카 동생이 중앙대 운영하다가 丁卯년에 일본사람에게 학교 넘어갔다. 卯가 羊刃이고 戌土는 卯戌合으로 용신 역할 못하는 해였다. 卯 겁재가 도둑놈 내 것 빼앗아 가는 놈이다. 고로 죽은 뒤에도 대운이 좋으면 천당 가고 나쁘면 지옥 간다.

☞　대운과 세운관계를 살펴보자면
　원국인 사주팔자가 좋은 데 대운까지 좋다면 세운이 약간 나쁘더라도 무해무덕하게 넘어가지만
　사주는 깨진 파격이고 대운이 좋아도 세운이 나쁘면 별 볼일 없이 넘어가게 된다.
　그러므로 원국도 좋아야 하고 <좋다는 말은 조금만 도와줘도 가능성 있는 사주> 대운이 좋아야만 잘 될 가능성이 많고 또 세운까지 좋다면 대발(大發)하게 된다.

건록격(建祿格)

건록격의 구성 요건과 응용을 살피다.

[실증철학 원문]

　建祿格의 구성 요건은 月令에 正祿을 놓음으로 성립 되는데 刑이나 沖을 만나면 破格으로 보기 때문에 刑沖을 大忌하며 정록도 많으면 身太旺이 되므로 肩劫(劫財)으로 변하기 때문에 財 官 印이 몰락함으로 흉이 되지만 만약 身弱한 경우 일주의 뿌리가 되므로 일단 의지처로 힘이 되어 주기에 貴星으로 본다.

　建祿은 자체로서 득령이 되기에 신강으로 보지만 전체적인 구성으로 보아 신약이라면 선강후약(先强後弱)이 되기 때문에 이런 경우 매사가 용두사미(龍頭蛇尾)가 됨으로 선부후빈(先富後貧)으로 살게 된다. 그래도 陽日主의 建祿은 지장간에 식신을 동반하고 있기에 태강을 다소라도 완화시키지만 陰日主는 식신이 없기 때문에 이 점이 같은 建祿이라도 다르다.

　用神을 정함에 있어서도 건록이라도 身强 身弱을 구분하고 신강이면 官殺로 관살이 없으면 財星으로 재성도 없다면 食傷으로 용신을 정하는 것이 순리요 순서지만 만약 식상마저 없다면 木일주는 曲直格, 火일주는 炎上格, 土일주는 稼穡格, 金일주는 從革格, 水일주는 潤下格으로 보고 이런 경우는 財官運을 싫어하고 가급적이면 三合局을 얻어야 진명(眞命)으로 간주하게 된다. 또 일주가 약하면 인수나 비겁으로 용신하게 되기 때문에 건록 자체가 용신이 된다.

　건록의 특징은 선한 마음에 분수를 지킬 줄 알고 노력한 만큼의 대가를 원하며 일단 한번 정한 목표는 돌진하여 멍청하다는 소리도 듣지만 매사에 정확성을 요하기에 공직에 맞아 공무원이 체격이다.

　또 격 자체가 비견으로 구성 되어 군비쟁재(群比爭財) 여부를 잘 살펴야하며 身太旺이면 財官이 沒하므로 식상용신을 우선하고 항상 덕을 쌓고 베풀어야 하며 겸손이 최고의 삶이 될 수 있다

[강의노트]
　祿(복록) : 귀록(貴祿) 건록(建祿) 전록(專祿) 등 인데 모든 이치는 같다. 제자리 찾는 것이 正祿이다. 포태법으로 冠宮이다. 冠이라 벼슬과도 같아 자기일 해주고 정당한 대가 받는 것이 冠 이다. 比肩이 祿이다. 고로 신약이면 吉 작용하고 신강이면 겁재 작용하여 凶 작용하게 된다.

建祿도 陽일주 陰일주 의 차이가 있다.
<1> 陰일주 子午卯酉가 왕궁(旺地)에 걸려 설기처가 없다.

　　　　　乙　　　　丁　　　　己　　　　辛　　　　癸
　○ 卯 ○ ○　○ 午 ○ ○　○ 午 ○ ○　○ 酉 ○ ○　○ 子 ○ ○

<2> 陽일주는

　　　　　甲　　　　丙　　　　戊　　　　庚　　　　壬
　○ 寅 ○ ○　○ 巳 ○ ○　○ 巳 ○ ○　○ 申 ○ ○　○ 亥 ○ ○

즉 지장간에 식신을 동반하고 있어 설기처가 되어 있으니 태강을 다소 완화 시킨다. 즉 자체 조절을 할 수 있다는 것이다.
그러므로 甲
　　　　寅은 양지나무가 되고 병으로 꽃 봉우리가 피어있으나
乙
卯 는 꽃이 없는 음지나무가 되는 것이다.< 寅-戊丙甲, 乙-甲乙)

建祿의 구성요건 : 月令에 正祿을 놓으면 성립된다. 단 형충에 걸리면 파격으로 뿌리가 상한다. 가령
　　　　甲
　○ 寅　申　○　寅申沖으로 뿌리가 흔들린다. 正祿 이라는 아름다운 옷에 흠이 가고 있다. 정록도 많으면 身太旺이 되어 肩劫으로 변하하니까 財官印이 몰락한다.
　　　　乙　　　木이 많아서 土金水(財官印)가 모두 죽어버린다.
　○ 卯　卯　卯　즉 삼반물(三盤物)이 존재 못하고 고집이 세다.

만약에 신약한 경우라면 정록이 일주의 의지처가 되니까 귀성이 된다.

戊 辛 乙 丁
申 酉 未 卯 라면 乙木이 시에 정록을 놓아 귀록이니 卯未 木局으로 나의 의지처가 되어 좋게 작용한다.

☞ 月에 正祿을 놓고 일주가 身弱되어 버리면 先强後弱으로 용두사미 "龍頭蛇尾"의 특징이 있다.

　　丙
○ 巳 申 酉　월에 정록을 놓았으나 선강후약으로 지구력 끈기 인내력 없다. 처음 시작은 좋으나 마무리가 없고 처음엔 잘 살지만 늦게는 안 좋은 삶이다. 그러므로 이런 팔자의 주인공에게는 반드시 이점을 주입시켜 좋은 삶을 살도록 조언해주는 것이 우리 술사들의 임무다.

建祿格, 羊刃格을 익힐 때 반드시 比劫格이 있다는 것을 염두에 두어야 한다.

乙 己 戊 丁　木火土 삼신으로 구성된 비겁격 사주다.
巳 丑 辰 巳　이 사주는 比劫格 사주인데 乙木은 죽어서 木극 土 못한다. 대운이 초년 20년은 북방 水운이라 凍土로 별 볼일 없었고 21대운부터 50세 운까지 30년간은 서방 金운이라 설기신이 작용하여 생재도 하고 좋았으나 51세운부터 남방 火운이라서 배부른 데 과식하는 형태의 운세로 잘못하면 群劫爭財의 기운이 역력하다. 현재 癸未 대운 戊戌년은 비견운이라서 그래도 잘 넘길 수 있었겠으나 己亥년운세는 亥수가 재성인데 己토가 亥수를 달고 들어와서 群劫爭財 하게 된다. 부도 일보 직전이라고 하더라. 이 사람은 대운이 말년의 운은 불리하다. 壬午 대운도 안 좋고 세운 운세로 보아도 庚子 辛丑년에 약간 회복세가 보이지만 乙巳 丙午년이 되면 火土가 重濁되어 회생 불능일 가능성이 크다. 그런데 애매하긴 해도 가색(稼穡)의 기운이 강하여 火운도 의외로 무난하게 넘길 수도 있다.

建祿格의 用神은? 신약 신강을 구분해서
1, 신약하면 인수나 비겁이 용신이 된다.
2, 신강이면 관살 재성 식상으로 용신을 정한다. 만약 신강인데 재 관식상이 없으면 곡직 염상 가색 종혁 윤하격으로 구성 되는데 가급적 三合으로 구성 되어야만 진명(眞命)이다. 方合이면 좋은 사주가 아니다. 가령

　　　　　乙　　　　〈교육계 의약계〉
卯　未　亥　未　　이런 경우라면 曲直格이고 三合으로 좋다.

　　　　　丙　　　　〈방송 언론 화공약품〉
戌　寅　午　戌　　炎上格이고 三合으로 좋다.

　　　　　戊　　　　稼穡格이고 〈사업가 곡물류〉
辰　辰　辰　未　　濕土라야 가색의 공을 이룰 수 있고 火土는
　　　　　　　　　　火土重濁으로 봐야 한다.

　　　　　辛　　　　從革格이고 〈금속공학 설계〉
辰　丑　酉　巳

　　　　　壬　　　　潤下格이고 〈법정계〉
申　子　申　辰　　동지섣달 물이니까 雪景이요,
火 만나면 눈사태 나고 土 만나면 더러운 濁水 되니 개판 된다.
여기서
乙 辛은 陰 일주니까 陰局으로 구성 되고
丙 壬은 陽 일주니까 陽局으로 구성 되어 있는데
만약에 癸 일주가 申子辰 水局이면 음양이 다르니까 자동으로 方合 되어버린다.

☪ 建祿格의 특징
1, 마음이 착하다. : 정속을 놓아 노력한 만큼만의 대가를 바라는 선함
2, 국가공무원 한번 해본다. : 정직하고 맡은 바 임무 충실히
3, 장남 장녀다.
4, 돌파력이 강하다. : 신강 하니까, 한번 마음먹은 것은 성취함.
5, 조달낮아다, : 월에 비견겁이니 아버지인 財가 존재하기 어려우니 자수성가 가장 노릇해야 한다.
6, 건강하다. : 得令 하였으므로
7, 재난이 두렵다. : 비겁이 많으면 爭財가 따르기 마련이다.

☪ 身太旺 하면 官殺도 힘을 못 쓰니까 食傷으로 우선 용신한다.
　　甲丙
寅寅子寅　이 사주는 金이 못 산다. 또 비겁이 많아서 財가 위험하다. 고로 木生火로서 내가 섬기하는 상식이 용신이다.
☞ 旺者宜洩(왕자의설) : 왕한 자는 마땅히 설기해야 한다.

1, 건록용인격(建祿用印格) : 건록격 이면서도 인수 용신인 데 조금 드문 경우이다. 부모님의 힘을 빌려 공부하고 교육계 문화계다
庚　壬　己　壬
申　午　酉　申　午月己土가 식상과 재성이 많아 건록용인격이 되었다. 土生金으로 金生水하고 싶어 하지만 힘이 약해서 사업하면 망한다. 공부 많이 해서 가르치는 일이나 해라,

2, 건록용겁격(建祿用劫格) : 건록격이 격이 용신인 경우이다.
丙　丁　辛　甲
午　酉　未　午　이 사주는 관살이 많아서 酉金이 용신이다. 이런 경우 식신 水가 없는 것이 한이다 水가 있으면 식신이 용신 된다. 金水는 좋고 木火는 나쁘다.

3, 건록용상식격(建祿用傷食格) : 일주가 강했을 때 나타나는 상황

```
      庚 丙
酉 申 申 子   金水太旺四柱   水운이 좋다. 상식인 水를 용신함
      乙 壬
亥 卯 未 午
```
이런 경우에는 三合 木局을 우선 하고 午未火局은 다음에 한다. 未土는 언제든지 군중심리 작용으로 변하기 때문이다. 三合도 方合도 六合도 모이면 변하는 기질이 강하다. 이러한 건록용상식격은 格과 用神이 서로 相生하고 있어서 상부상조로 음덕을 베풀고 후배양성에 전력을 다해야 하고 노력 이상의 대가는 바라지 말아야 한다.

4, 건록용재격(建祿用財格) : 身旺財旺 사주면 아주 좋다.

```
    辛 庚
丑 酉 亥 寅   身旺財旺四柱이다.
```
寅亥合으로 寅中의 丙화가 있어서 木生火 하니까 아주 좋다 본래 이 격은 金木相戰 되기 쉬운 데 傷食이 있어 通氣시켜 주면 마음의 여유가 있어 좋고 傷官生財의 妙를 살려 부자가 될 수도 있다.

5, 건록용관격(建祿用官格) : 전형적인 직장인 공무원 팔자다.

```
    辛 甲
丑 酉 未 午   時上一位貴格이다.
```
명령계통에는 잘 따르나 일하는 요령 (金生水 못함) 이 없어 융통성 제로 그러나 맡은 바 임무는 충실히 한다.
건록격 자체가 공무원인 데 오며 화국을 이루니까 국가공무원이고 전형적인 직장생활 감이다. 준법정신 투철하다.

```
坤  壬 丙 己 癸
命  辰 午 酉 酉
大  乙 甲 癸 壬 辛 庚 己
運  巳 辰 卯 寅 丑 子 亥
```

> 午月의 己土지만 식신과 재성이 잘 연결 되어
> 食神生財하는 八字로 부자의 팔자이다.
> 無官四柱로 기능직인 면허나 자격증으로
> 살아 가야하며 자영업도 면허나 자격증으로
> 해야만 성공한다.

壬辰은 러강이고 丙午는 양인이지만 己酉 일주는 약하기 때문에 두 살의 작용은 약하다. 건록격이고 인수격이며 식신생재격인 데 <食神生財는 財가 用神으로 연결된 경우>己酉 일주가 酉도화를 놓고 다시 癸酉시를 만나니 地層은 엷고 土는 薄해져서 농사지을 땅으로는 부적합하다. 2火 2土에 得令을 했어도 失地 失勢로 신약한 명조이다. 氣의 흐름이 좋아 막힘 없는 삶을 살아간다. 대운의 흐름이 젊은 청년기는 東方木 운이라 직장생활이 좋았지만 중년 이후는 北方 水운인 財星 운이 들어 자영업을 한다.

建祿用印格으로 인수를 써야 하므로 先淸後濁 이고 맑은 사주인데 正偏財가 혼잡되고 일지 도화가 있어 후에는 탁한 사주로 변했다. 그러므로 火土가 用神이다. 지금부터 대운을 살펴보기로 하자.

乙
巳 大運 : 巳酉 金局이다. 乙목은 편관 칠살이고 巳火는 변신해서 용신 역할이 안 된다. 빛 좋은 개살구로 별 볼일 없다.

甲
辰 大運 : 甲己合 辰酉合으로 干合地合이니 연애결혼이다. 역시 火 용신이 辰酉合에 설기가 심하고 病死되니 좋은 운이 아니다.

癸
卯 大運 : 干剋地沖이고 金木相戰으로 仁義가 없어진다.

辛酉년에 바람났다 〈酉도화가 辰酉合했다〉
癸亥년에 亥卯未 三合(대운과 합) 官局으로 이혼하기를 원한다.

壬
寅 大運 ; 寅午火局으로 용신을 도우니 안정되고 편안한 운이다.

辛
丑 大運 : 丙辛合거로 용신을 묶고 酉丑合 식상이 왕성해 지면서
         몸은 쇠약하고 병들기 시작한다.

庚
子 大運 : 庚금은 상관이고 지지는 子午沖을 한다. 상관은 나를 지
         켜주는 별인 정관을 극하고 午화 용신을 沖去 시키니 갈 때가
         다 되어 가는 데 언제 가느냐 하는 것은 이 대운 子년에 간다.

庚辰년 운세 상관이고 진토는 辰酉合金 되어 상관성이 극성하는 해
로 반항하고 싶고 불안 초조 남편 꼴 보기 싫고 자식도 속 썩이고
살맛 안 난다.

乾 庚 己 乙 丙
命 辰 卯 丑 戌

大 庚 辛 壬 癸 甲 乙 丙
運 辰 巳 午 未 申 酉 戌

> 卯월의 乙木이지만 財星이 강하여 財多身弱
> 으로 본다. 時上에 상관이 뜨고 生財로 이어
> 진다. 財가 많아 신약할 때는 비겁을 用한다.

乙木이 卯月에 출생해서 건록격이지만 財多身弱하여 비겁을 用해야 한다. 건록용겁격은 결국 비견 겁재에 의존해 살아가야 한다. 木旺節의 乙木이므로 인품은 그럴 듯한데 언행일치가 안 되고 선강후약이니까 시작은 잘 하나 마무리가 잘 안되고 인수가 없어서 일의 순서가 없고 즉흥적으로 살며 재살 태왕으로 버는 놈 따로 있고 쓰는 놈 따로 있다. 木生火로 머리 좋고 똑똑하나 土生金까지 가야 하니 자기 꾀에 자기가 넘어간다. 인수는 없고 식상만 있어 공부는 저만큼 한다.

2월의 乙木으로 바람이 많은 계절에 태어난 데다가 끼까지 많은데 축술 형까지 하고 있어 재성이 깨졌으므로 조강지처와 해로 못 하고 바닥이 없어서 바람피우면 바로 들통 난다

乙木 하나 놓고 辰戌沖 丑戌刑으로서 丑은 官庫, 辰은 印綬庫, 戌은 傷食庫로 이 사람은 부모 자식 고장으로 한이 많은 사람이다.

진로 ; 대학은 동국대(火木) 단국대(火木) 이라 건축과 가거나, 건축중에서도 설계냐? 현장이냐? 인수가 있어야 설계인 데 없으니 현장이다.

건강 : 간에 문제 있고 소화기능 나쁘고 형살 있어 위장수술 받아야 하니 위암 주의하라고 해야 한다. 채식 많이 하고 돼지고기가 좋다. 남의 돈은 잘 벌어주는 데 내 돈은 못 벌고 재성으로 가려고 하지만 사업이나 장사하면 굴곡 기복이 심하며 기술자로 직장생활하면 무난하다. 다만 윗사람과의 사이가 안 좋아 불화는 많지만 그

래도 그 길만이 살길이다.

사주는 자연이다. 이 사람은 악산일목(惡山一木)이다, 그 이유는 辰戌沖 丑戌刑에 金이 기승을 부리니 땅은 넓으나 악산이고 돌바위 많아 나무가 자라지 못한다. 木이 약이고 土가 병이니 친구 많이 사겨야 좋고 水木운이 좋기는 한데 印綬庫를 놓아 부모덕 없고 결혼도 여러 번 하여본다 하였으니 각별히 조심하라 해야 한다.

庚
辰 大運 : 乙庚合으로 서러 맞았다. 공부할 나이에 직장 얻고 돈들어 오는 운이니 일찍부터 직업전선에 나선다. 辰이 인수고장이니 정식학교 못가고 한문서당 다녔다.<1940년생 그 시절엔 신학진학률 낮음>

辛
巳 大運 : 乙辛沖으로 편관 즉 魂이다. 巳丑이 金局이니 왕따 당하고 건강 안 좋고 가출하고 주거안정이 안 되고 내가 설 땅이 어딘지 모른다.

壬
午 大運 ; 壬수는 인수운이고 午화는 식신 도화로 연애수입, 午戌 火局에 丑午가 탕화이고 육해 원진으로 연결되니 좋은 운은 아니다.<방황하고 미친다. 신경 곤두서고 원망 비관 수>

癸
未 大運 ; 편인에 편재 운으로 丑未沖 丑戌未 三刑殺 로 癸수가 水生木 못한다. 편재 운이니까 水生木만 해도 좋겠는 데 卯未합하지만 未가 와서 丑戌未 三刑으로 모두 건드려 놓으니까 旺者刑發로 을목이 감당하지 못하니 휘둘린다. 고로 관재 구설이고 아내가 바뀌고 수술수 보이는 데 이때는 간이 나빠지고 위암도 조심해야 한다.

甲
申 대운 : 겁재가 도와주지 못한다(甲庚沖) 申은 절지로 불리하다.

乙
酉 大運 : 卯酉충을 먼저 보라, 辰酉와 酉丑합 金局이니 재생 못함

```
乾  戊 丁 丙 丁
命  午 巳 寅 酉
大  戊 己 庚 辛 壬 癸 甲
運  午 未 申 酉 戌 亥 子
```

> 1木 5火로 火氣衝天이다 土로 설기시켜야
> 중화를 이루는 사주이다. 다행이도 대운이
> 金水 운으로 흘러 조후가 잘된 사주이다.

　　건록격인 데 巳午와 寅午로 火氣가 하늘을 찌른다. 다행이도 巳酉가 金局으로 火生土 土生金으로 이 사주의 핵은 金이다. 고로 建祿用財格이 된 것이다. 寅巳刑은 화기를 합세하니 파격은 면했지만 일단 탁한 사주이다. 火金相戰이지만 戊土가 통기시키고 財局을 이루니 결국 金生水로 목적은 官에 있으며 金水가 용신이지만 丑辰 土 역시 좋은 별이다.<丑辰은 濕土라서 洩氣가 잘 됨>

성격 : 신왕하니까 매사에 자신감 있고 거짓 없고 활발하나 역시 의심이 많다. 신왕하면 무게가 있고 듬직하지만 火가 많아 비벽 발설 촉상 바가지 산만하고 항상 구설수가 따라다니니 말조심해야 한다. 돈을 좋아하는 팔자로 매사를 돈으로 꼬시면 잘 넘어간다.

대운분석

戊
午 己未 대운 : 火土운으로 털어봤자 먼지만 난다, 고생 많은 운임
庚
申 대운 : 본래 金용신이니까 처덕은 있는 것이고 일찍 결혼하면 불같이 일어난다. 부자 되고 복덩이가 들어오다. 다만 寅巳申삼형 살이지만 寅申沖으로 용신이 발동 살아나니까 좋은 데 시끄러운 것은 어쩔 수 없다.
辛
酉 大運 ; 금운으로 용신 운이다. 비겁인 사화가 돈으로 변하니 친

구 형제가 돈 벌어주고 애인도 생긴다.

壬
戌 대운 : 凶한 운이다. 壬水는 丙壬沖하고 戌土 백호는 자식인데 刑沖에 걸리니 자식문제 발생하고 거기에다가 寅午戌 火局을 이루니 잘못하면 화재로 간다. 자식 사망 재산 축소되기 시작한다.

癸
亥 대운 : 丙화에 癸수는 정관이지만 丁인 한신을 丁癸沖으로 제거한다. 고로 명예는 좋은 데 금전 운은 별로이다. 巳亥沖으로 巳酉 財局을 건드려 결과는 변화인데 결과는 좋다.

甲
子 乙丑 大運 : 吉운이다.

戊午生이면

庚辰년이 23세인 데 庚金 용신이 살아나니까 대학 졸업하고 하고 취직도 잘 되고 애인도 생기는 겹경사가 발생 한다<辰酉合金으로>

辛巳년이 되면 丙辛合 寅巳刑으로 天干은 합으로 묶이고 지지는 刑殺을 만나서 시끄럽다. 다만 巳酉合으로 하반기는 수습되고 좋아진다.

壬午년이 되면 편관이고 일지가 寅午合으로 국가의 부름을 받는다. 인수인 寅木이 火局을 이루면 나쁘게 작용하니까 직장변동이 잘못된 직장 좌천이고 차라리 군대에 가면 좋다. 운의 적용을 안 받는 경우 군인 수감생활은 자기 의지대로 살아가지 못하므로 운의 적용을 받지 않는다고 한다.

癸未년 운세는 巳午未 南方 火局이고 癸水 정관은 丁癸 沖으로 날아가고 불리한 운이다.

 이 사주에서는 丑土가 巳酉丑으로 제일 좋은 부적이다.

酉금이 아내인데 丙丁巳午火 비견 겁재가 많아 의처증이 심하다.

乾 丁 丙 丁 庚
命 未 午 丑 子
大 乙 甲 癸 壬 辛 庚 己
運 巳 辰 卯 寅 丑 子 亥

건록격으로 午화의 대표가 丙火니까 비겁격이다.
子丑이 (亥子丑水로) 官인 데 庚금의 生을 받는 水로 身旺官旺으로 보아야 한다. 신왕이지만 인수가 없어 부모의 덕이 없다 자수성가 형이고 時上一位貴格이다. 단 財庫를 일지에 놓아 아내의 병 치례는 어쩔 수 없는 운명이다. 어쩌면 水火旣濟로 좋다.

진로 : 丁己日 財官格이니까 法政界가 좋고 고시 합격인 데 언제 될까? 己巳년 23세 巳丑金局으로 재관이 강해지는 운이니까 이 때 아니면 壬申癸酉년 26-27세에 합격한다. 이 사주는 대기만성(大器晚成)인 사주인 데 그 이유는 병화 겁재 한신이 너무 강하므로 직장에서도 항상 경쟁이 심하고 동기생이 먼저 승진하고 본인의 차례가 오기 때문이다.

乙
巳 大運 : 巳丑으로 丁己일 財官이 살아나니 좋다. 인수가 뒷받침하니 공부 잘 한다.

甲
辰 大運 : 子辰 水局에 甲木 인수가 떠서 공부 운이 살아난다.

癸
卯 大運   丁癸 沖하고 卯木은 濕木이라 연기만 나 침체기다.

壬
寅 大運 : 丁壬合 寅午 火局에 官이 죽어서 승진도 안 되는 운이다.

辛
丑 대운 : 이 대운이 최고 좋다. 여기서 대법관 장관 국회의원 되고 부귀영화 누리는 운이다.

```
乾  庚 丁 壬 壬
命  申 亥 子 寅
大  戊 己 庚 辛 壬 癸 甲
運  子 丑 寅 卯 辰 巳 午
```

위 사주는 월에 正祿이니 建祿格이고 일지에 양인이 있어 羊刃格이기도 하다. 水氣 太旺에 수취왕양(水聚旺洋)으로 태평양 같은 물이다. 일주가 강하고 생수가 솟는 물로 水深이 깊다. 그러므로 흘려 보내야 하는 데 寅木이 水路요 水門으로 쏙 빠지니 浮木되지 않는다. 七年간 마르지 않는 물이다. 丁壬이 妬合 되고 亥中壬수가 暗合하니 바람둥이요 의처증이 보인다. 매사에 자신감은 있어 일 진행은 잘 하는 데 나한테 돌아오는 것은 적으니 불평불만이 많다. 그 이유는 比劫重重으로 群劫爭財함이 원인이고 金水 陰이 많아서 마음은 깊고 중후해 보이지만 음습 음탕 속을 들어 내지 않으니 크레물린이고 남이 그 속을 알 수가 없다.

 金生水로 원류가 튼튼하고 水生木으로 흘려 보내니 일단 順局이고 刑冲이 없어서 淸格이기는 한 데 土剋水를 못하고 있어 남의 간섭을 제일 싫어하며 제 맘대로 제 멋대로 살아가야 하는 사람이다. 그래서 이 사람은 살살 달래고 꼬셔야 하고 자유업 물장사 먹는 장사 밤업소가 좋고 시작의 명수니까 잘 될 때 팔고 같은 업종 다시 시작해야 남는 장사가 된다. 이 사주는 火가 필요한 데 火中에서도 巳火를 만나면 巳亥冲이고 寅巳刑으로 水門을 막으니까 巳인 돈 여자 때문에 패망하니 각별히 조심해야 한다. 午火는 좋고 건강으로는 신장이 나쁘고 안경 써야 하는 사주이다.

戊
子 己丑 대운 : 子丑水土가 凍水 凍土로 꽁꽁 얼어 배고프다.
庚
寅 대운 : 쳐든다. 寅亥 合木에 水路가 커져 숨통이 트인다.

辛
卯 大運 : 子卯刑이니 파국이 일어난다. 그러나 수습은 잘 될 것이다.<寅卯木方局으로>

壬
辰 대운 : 風 맞는다. 水가 病인데 入墓까지 되는 운이니 子辰水局으로 급각살로 보아 風이다.

癸
巳 대운 ; 친구 동료 동업계 사람들과 금전거래 잘 못하면 걱정든다.<寅巳刑 巳亥沖 꼬여 버리면 당한다, 群劫爭財로 寅巳刑은 水門 깨지고 막히고 답답하다.>

☞ 소송문제 상담할 때
  운이 나쁠 때는 좋은 운일 때로 연기시켜라.
만약 계속 진행 된다면 이의서 제출하는 등으로 물고 늘어져 시간 끌어라. 재판 한두 번 안 나가도 지지 않으니 연장해라 최대한으로 연장해서 좋은 운에 판결 받으면 좋은 결과 나온다.

양인격(羊刃格)

<1> 양인격의 구성 요건과 응용을 살피다.

[실증철학 원문]
羊刃格의 구성 요건은 陽일간이 月에서 羊刃(劫財)을 만남으로 성립 되는 데 예를 들자면 甲일간이 卯월에 丙일간이 午월에 戊일간이 午월에 庚일간이 酉월에 壬일간이 子월에 출생하면 양인격이 성립 된다. 단 戊토는 <火土는 一色이라는 점과> 午中己土로 양인이 성립된 것이다.

羊刃은 兵器요 偏官은 將帥로서 서로 이어지는 관계로(相連關係) 양인이 있는 곳에 편관이 있으면 최고의 격으로 武官으로 그 빛이 恒久 하게 된다.

[강의노트]
羊刃은 포태법으로는 旺宮이고 육친으로는 비겁인 겁재다. 양인이란 무기와 같아서 좋게 작용하면 보검(寶劍)이지만 나쁘게 연결하면 흉기(凶器) 와 같아서 신약사주에는 吉하고 신왕에는 凶하다. 아울러 신약사주에서 좋게 작용하면 머인계로서 양인합살(羊刃合殺) 매씨합살 살인상정 권인상정(妹氏合殺 殺刃相停 權刃相停)이고 양인은 양일간에만 해당되고 지지의 겁재다.

양인도 너무 많으면 羊刃無格이 된다. 이런 때는 고용인에 칼잡이에 백정이다.

羊刃格의 특징
군인가족이다. 안대발강(眼大發強)임전무퇴(臨戰無退) 전이불항(戰而不降)으로 항복이란 없다 왕궁이니까 죽어도 오라이고 못 먹어도 고다. 한마디로 고집불통 이고 후퇴도 작전인 데 이것이 없으니까 나쁘게 작용하면 횡사요 급사한다.

양인격은 통뼈이고 왼손잡이에 꺼꾸러다. 군인 경찰 법관 의사인 데 격에 따라 다르다. 양인도 겁재 작용하므로 나쁘게 작용하면 극부 극처 극재(剋父, 剋妻, 剋財)로 탈재 분재(奪財 分財)로 남편 빼앗기고 아내 빼앗기고 돈 빼앗긴다.
양인은 양일간으로 甲에 卯요, 丙戊에는 午가 되고 庚에는 酉가 되고 壬에는 子로 겁재다.

☞ 양인이 있는 곳에는 편관이 있어야 하고 편관이 있는 곳에는 양인이 있어야만 무기가 있는 곳에 장수가, 장수가 있는 곳에 무기가 준비된 것처럼 꼭 힘이 된다.

양인이 刑이 되면 아주 고약하다 너무 못 돼서 매 맞아 죽을 팔자네요,　　　　　　戊　乙　甲　乙
　　　　　　　　　　　　　　寅　卯　子　亥
양인이 너무 많고 子卯刑까지 되어 모든 것을 힘으로 먹어붙이려 한다.〈乙木도 겁재로 역시 양인 작용한다〉 火가 없는 것이 이 사주의 격점이다.

☞ 일지에 있는 양인을 日刃格이라고 한다.　丙　戊　壬
　　　　　　　　　　　　　　　　　　　　　午　午　子

일지 양인을 만나면 말년에 도둑놈 만난 격이다. 천간에 겁재가 살아있어도 양인격의 작용한다.
陰일주의 양인은 크게 작용을 하지 않는다. 丁未 己未 癸丑이 음양인이다 음양인은 겁재 작용 정도로 봐라.

일단 월에 겁재가 놓이면 장남장녀요, 아버지 꺾고, 일주까지 강하면 소년소녀 가장이다.

☞ 羊刃은
1, 財를 被傷 한다.
2, 偏官과는 暗合한다.
3, 印綬는 洩氣 당한다.
4, 傷食을 生한다.
5, 官殺은 絶한다.
6, 羊刃을 沖하면 飛刃이라 하는데 양인의 위세는 그만큼 삭감 된다 飛자가 나는 비자로 양인이 날아간다, 라는 의미다.

```
      甲
○ 卯 ○ ○
```
甲에게 卯는 양인이고 庚은 편관인 데 卯中의 乙木과 乙庚合을 한다. 〈양인과 편관은 암합 한다〉
甲木에 乙목은 누이 동생인 데 庚에게 시집보냈더니 경은 甲이 처남이 되니까 庚이 甲을 못 치더라.

```
庚 乙 甲
○ ○ ○ ○
```
乙庚 합하느라고 甲庚 沖 못한다.
甲목이 庚급 보면 쩔쩔 매는데 乙목 보화관을 보냈더니 庚을 제 마음대로 요리하더라.

```
      庚
○ 酉 ○ ○
```
이 사주에서
財가 木인 데 피상(被傷) 당하고
火가 官인 데 해 넘어가고
土가 印綬인 데 설기(洩氣) 당하고
水가 傷食인 데 金生水로 살아난다.

飛刃(비인) : 羊刃을 沖 하는 것으로 양인의 작용이 없어지더라.

```
      甲
○ 卯 ○ ○
```
甲木이 得令 했고 칼을 찾으니까 세상에서 무서운 것이 없고 제가 제일 잘났다고 으스대고 가는 데 정관이 酉가 부르더라, 어~이! 卯목 양인아 너 이리 와봐 여기가 어디라고 네가 까불고 다녀, 기는 놈 위에 나는 놈 있다는 것 모르냐 하자, 甲木이 너 이 칼(卯)보이지 하자 酉가 칼 가지고 있어봤자 나에겐 안 통하지

- 230 -

하면서 칼을 확 빼앗아 버리고 무릎을 꿇리더라(卯酉冲) 이처럼 양인을 冲해서 없앤다고 해서 비인(飛刃)이라 하는데 이는 시체 말로 "무기(羊刃)여 잘있거라" 이처럼 비인이 있게 되면 양인의 작용이 없어진다.

羊刃은 兵器요, 偏官은 將帥다.

庚 ○ 甲
○ 卯 ○ ○   庚이 편관이고 卯가 양인인데 卯中乙木하고 乙庚 合 한다.

丙 ○ 庚 ○
○ 酉 ○ ○   丙과 酉中辛金이 丙辛 合한다.

여기서 주의 할 것은 똑 같은 합이라도 그 경우가 다를 때가 있다.

　　庚 丙
○ 酉 午 戌   丙이 강하기 때문에 무서워서 丙辛합을 시켜야 내가 산다. 그러나

己 癸 庚 丙
丑 酉 午 戌   이런 경우는 身强 하니까 丙辛 合을 하더라도 丙이 무서워서 丙辛 合去 시키는 것이 아니라 사주에 겁재성이 강하여 火극金 하던지 합해서 겁재 성을 약화시키기 위해서 일 때도 있다. 이와 같이 무조건 양인과 편관이 합한다고 해서 모두 양인을 제거하는 데로 초점을 맞추면 안 된다는 것을 알아야 한다.

☪ 양인과 편관이 같이 있으면 양인은 편관과 합하느라 재를 극하는 것을 망각하고 양인은 편관과 합하면 칠살이 아니라 權의 작용으로 정관과 같은 임무를 하게 된다. 그러므로 일주를 보호하게 되어 있으므로 凶이 아니라 吉이 되는 데 이런 경우가 바로 羊刃合殺 妹氏合殺 殺刃相停 權刃相停 이라고 한다.

즉 신약에서는 양인합살로 貴가 되고, 신강에서는 합살작용이 아니라 편관 칠살이 겁재를 제거 하므로 吉이 된다.

신왕 할 때 비겁은 일주의 병이 되므로 한신작용을 하는 데 편관으로 비겁을 제거하면 좋은 작용이 되지요.

丁 丙 丙 戊
未 午 申 子   이런 사주가 壬申 운이라면?

壬水의 편관이 丁壬 합으로 누이가 시집가고 丙인 형님을 官인 壬水로서 취직시키더라. 七年大旱에 逢甘雨라 한다.

☞ 신왕 사주에서 양인은 비겁 태왕이 되므로 탈재 분재 극재 극부 극처(奪財 分財 剋財 剋父 剋妻)의 작용이 되는 데 이런 경우 돈이라는 것이 갈기갈기 찢어지네요. 이것이 바로 群劫爭財 群比爭財라 하는 것이다.

☞ 신약사주에서 양인을 沖하면 방어선이 무너져서 凶이 되고 신강사주에서 양인을 沖하면 제거기병(除去基病)으로 吉하게 된다.

　　　庚 丙
○ 酉 午 戌   신약해서 겨우 酉금 양인에 의존하고 있는데 卯가 와서 卯酉沖 하게 되면 酉가 날라 가고 木生火 하니까 庚금은 의지처가 없고 더욱 죽겠다고 아우성친다. 그러나

　　己 癸 庚 丙
　　丑 酉 午 戌

이런 경우에는 신강하니까 卯酉沖해도 비겁을 제거해 주고 木生火 하니까 좋다. 이처럼 양인을 沖한다고 해서 무조건 나쁘다고 하면 안 되며 신강에는 좋고 신약에는 나쁘다. 이런 경우 원국과 운에서도 똑같이 적용된다.

☪ 신약사주에서는 羊刃이 합세군(合歲君, 三合)이 되면 신강이 되어서 吉하고 신강사주에서는 身太强 되어 財官이 몰(沒)하므로 凶하다. 합세군(合歲君)이란 원래 年運에서로 풀이하는 것이 정확하지만 원 사주에 있는 양인이 운에서 들어와서 삼합되는 경우를 합세군이라 한다.

```
            庚
午  酉  午  戌
```
이런 경우 합세군이 되려면 巳酉丑 운인데 巳酉 酉酉 酉丑으로 신강이 되어 좋아진다는 말이다.
그러나

```
    己  癸  庚  丙
    丑  酉  午  戌
```
이런 경우 양인이 합세군하는 운은 凶하다.

원래 羊刃格은 殺名으로 구성되는 格이므로 좋은 격이 없을 것 같지만 이 격도 균형만 잘 이루면 吉格이 성립된다. 그러나 본래 양인격의 특징은 부모의 덕이 없고 자수성가에 해당하고 군 출신이 많다. 여자 사주에서도 남편궁이 좋지 않고 독신주의자가 많다. 여자가 여군이나 여경은 러강 또는 양인으로도 본다.

☞ 양인으로만 태강할 때는 羊刃無格(多者無者)에 해당해서 고기장사 해보고 고용인이고 심하면 백정 또는 화장터에서 근무하고 신체불구 등에도 해당 된다. 신체불구는 다자무자이고 태강즉절로서 조후가 안 되서 부러지기 때문이다.

☞ 일지의 양인은 격으로 성립은 안 되는 데... 단 시지에 양인이 있으면 말년에 수술 받고 배신 당하고 劫財로 손해보고 남편 빼앗기고 이별수로 연결하여 빈털터리 되기 싶다고 하고 친구한테 배신 당한다.

<1> 양인용인격(羊刃用印格)

격과 용신이 상생하고 있으나 인수가 용신이니까 격인 그릇이 약하다 : 주위의 도움을 받아야 하니 적을 만들지 말아야 한다. 얼굴(양인격)에 비해서 마음이(인수용신)유순하고 착하다. 이 말은 양인격이니 깡패 같아 보이나 인수를 용신해야 하니 순진하다.

丁 戊 辛
子 未 申 酉   得令은 하였으나 신약하여 火인 인수용신을 해야 한다. 月의 丁未가 根을 해서 힘 있는 용신이다.

<2> 양인용겁격(羊刃用劫格) : 羊刃用羊刃格 인 셈이다.

격이자 용신이다. 고로 단순한 성격 매사를 가볍게 보다가 당한다. 왜냐 하면 득령 했다고 자기가 왕이라고 까불지만 선강후약으로 결과가 나쁘니 주위에 흔들리지 말고 주체성 강화에 힘써야한다.

丙 丁 庚 丙
午 酉 午 戌

양인격인 데 金水 陰이 부족해서 酉금 양인에 의존해야 한다. 火는 강하고 水가 없어서 火金이 相戰하여 시끄러운 팔자다. 불평불만 많고 이사람 일 시켜 놓으면 망쳐 놓는 사람이다. 이 사주는 무조건 金水 운이 좋다.

卯운을 만나면 卯가 진도화인 데 卯酉沖하여 용신이 무력해 진다.

암합하여 연애 수 들어오는 데 여자 잘못 건드리면 안방 내 놓으라고 망신당한다.

상담사주 하나 소개합니다.

```
甲 丙 癸 壬
午 寅 卯 戌
```

04 14 24 34 44 54 64 74
乙 甲 癸 壬 辛 庚 己 戊
丑 子 亥 戌 酉 申 未 午

이 사주의 주인공은 강원도 평창군 봉평면에서 펜션업을 하는 여인의 사주입니다.

사주의 요점부터 짚어보겠는데요, 한마디로 말해 머리가 비상하고 잘 돌아가는 여성, 사업성이 강한 여자, 활동하고 움직이고 머리 굴리면 돈이 될 수 있는 여성<傷官生財>, 남편과 해로는 못하지만 남자들로 인해 돈이 될 수 있는 여자, 남자가 돈으로 보이는 형상입니다.<상관성이 강해서 해로 못하는 것이고 관성이 財로 合化 되서 남편이 돈으로 보임>다만 사주에서 힘이 약하여 운의 영향력을 잘 받는 사주로 대운이나 세운의 기운에 따라 승패가 좌우 되는 명조입니다. 위에서 말한 것은 핵심 요점을 다 짚어보았는 데 왜 ? 이런 말을 했는가에 대하여는 공부 차원에서 자세히 설명하려 합니다. 우선 命造 해석부터 하자면 寅月의 癸水가 卯日에 태어났으니 물을 많이 써야 하는 계절이며 물은 생물을 먹여 살려야 하고 식물인 나무를 키워야 하는 데 본질이니 물이 많이 필요 할 것이지요, 그런데 수원지인 金이 사주원국에 없어 수원지가 약한 것이 가장 큰 흠이 될 것입니다. 그러므로 대운이라는 10년 주기로 만나고 바뀌는 운이나 세운이라는 당년, 당년 만나는 운이 나쁠 때는 사정없이 무너지기도 하는 팔자랍니다. 그래서 운의 적용을 잘 받는다고 한 것이고 대체적으로 대운의 흐름이 좋아 지난 과거도 현재도 좋은 편이지만 40대 초에 많이 힘들고 고난의 시기가 있었지만 잘 버티고 잘 살아왔으며 현재의 운은 무난하게 살아갈 운이고 지금 당년, 당년의 만나는 운도 일단 좋습니다. 운세의 흐름은 다음에 더 자세히 살펴 보기로 하고 다시 명조해설로 돌아갑니다.

이 사주는 식신상관이 셋이나 되고 가장 힘센 월지와 일지에 상식이 있어 상식 태왕이며 식신도 상관과 혼잡되고 태왕하면 역시 상관 역할을 하게 된다는 것입니다. 상관성이 강하면 나타나는 현상들을 열거해 보자면 첫째 비상한 머리와 뛰어난 머리회전과 반항기가 우선입니다. 또 활동성이 강하고 주어야 마음이 편한 사람 반대급부적으로 상관성이 강하면 관성이 약해져서 女命에서는 夫德이 적고 가장 느슷해야 하며 작아도 내 일 내 사업을 해야지 남의 밑에서 월급 받는 일은 못하며 속에 마음을 담아두지 못하고 내 지르는 성격이라 불의를 보지 못하고 억압된 생활은 절대 못하며 반항기가 강해 노조위원장 데모 앞잡이 선동자 등이 많습니다.

배우자궁에 年支 진도화가 놓여있고 卯戌合 火가 되어 일부종사 못하고 남편의 덕은 없으나 남자들이 도와주어 돈이 되는 형상입니다. 사주에 財星이 강하면서 합하여 財가 되니 財多身弱인 것이 어쩌면 단점인 데 이런 사주를 가진 사람들이 운을 잘 만나면 부자도 되고 또한 절대 궁색하게 살지는 않는 장점도 있지요.

운세 분석을 해보자면 2019년 己亥년의 己土는 편관이고 亥水는 재성인 데 신약사주에 편관운은 일단 안 좋은 운이지만 亥수라는 재성은 나에게 힘이 되는 기운이므로 무해무덕 합니다. 단 무슨 일을 도모함에 있어 내 마음대로 잘 안 맞아 떨어진다. 즉 변화의 기운이 강하여 (亥수와 寅목 역마의 역할) 변화하려고 발버둥 쳐 보지만 잘 안 이루어진다. 그러나 2020년 庚子년 운세는 상황이 달라집니다. 庚金은 인수로 어머니같이 도와주는 기운인 수원지요 午화는 큰 목돈인 데 子午로 財沖하는 것이 일단 염려는 되지만 잘 하면 목돈을 벌어드릴 절호의 찬스가 된다. 財星이 沖을 하면 돈이 하늘에서 내리는 소낙비같이 많이 쏟아진다고 한다.

[學習助言] 寅月 木旺陰柔癸水가 月建에 泄氣되고 時支에서 剋을 받으며 寅戌이 火局이요, 時上 壬比도 또한 약하므로 金이 生水하면 最吉이요, 座下 卯면 陽木에 兩水가 설기하니 金이 약신 인데 木火가 강하니 金운에 發福한다.

<3> 양인용상식격(羊刃用傷食格)

格이 用神을 돕고 있어서 본래 강자가 지모(智謀)를 갖추었으니 만인의 모범으로 희생이 갱생이다.

　　　　　　甲 丙
　　　　○ 卯 子 寅

위 사주는 득령 득지 득세로 신강 사주이므로 시상 丙화 식신으로 용신한다. 식신유기승재관(食神有氣勝財官)이라하여 재관을 내 마음대로 할 수 있다고 하였으니 이 사람은 머리가 좋아서 참모격인 데 卯가 양인이니까 군인으로 연결하면 작전참모다. 木生火로 주어야 火生土로 받으니 희생이갱생(犧牲而更生)이다.

<4> 양인용재격(羊刃用財格)

格과 用神이 서로 싸우는 형상이지만 身旺으로서 정복격을 갖추고 있으며 돈에 대한 집착이 강하니 돈과 연애하며 산다.

　　　　　　己 戊 壬
　　　　○ 未 申 子

위 사주는 양인격에 신강 하니까 힘으로 먹어 볼이려는 경향이 있으나 食神生財로 이어져서 강제성은 적다. 財가 용신이지만 양인은 부모를 꺾고 들어가니까 자수성가(自手成家)는 면치 못하며 고로 장자 노릇해야 하며 초년은 힘들어도 중년 이후는 잘 산다.

<5> 양인용관격(羊刃用官格)

뛰는 놈이 나는 놈 만나서 전화위복 되는 형상이다. 명예를 우선시하고 결혼 후에 발전한다. 어느 사주든지 財官이 용신인 사주는 결혼 후에 더욱 발전하더라.

　　　　　　　戊
　　　　寅 午 申 子

羊刃用官格이지만 財官을 모두 갖추고 있다. 만약 申子가 없고 寅午만 있다면 천하의 대장 노릇하려고 까분다. 그런데 申子가 있어 좋다<조화로워 부귀겸전) 만약 寅午 火局만 이룬 상태라면 자만신으로 자기무덤 자기가 파고 쓸모 없는 황무지가 될 것인데 문전옥답으로 財도 좋고 官도 좋으니 가정이 평안하고 아내 좋고 자식 좋고 부귀겸전에 건강하니 나무랄 데 없는 사주다.

[참고]
연해자평 시결에 이르기를

　羊刃이 刑冲 合歲君인데 流年이 又且하면 主災運 이다. 이 말은 양인이 형이나 충 또는 합세군인데 만나는 운에서 또 다시 합충을 만나면 재앙이 주렁주렁 달린다. 즉 양인이 합세군하면서 冲을 받거나 충을 받으면서 합세군하면 모두 죽는다고 했지만 여기서 주의 할 점은 신왕 사주에서만 합세군이면 財官이 俱沒해서 죽게 되고 冲이면 病을 除去 하므로 길하지만 신약사주에서의 冲은 根을 제거하니 흉하게 된다. 또 하나의 이치는 대운과 세운이 똑같이 흉으로 작용할 때만이 재앙이 침번하는 것이니 합세군과 冲을 동시에 해석해서는 안 된다.

　　　己　癸　庚　戊
　　　丑　酉　午　寅

　이 사주는 양을 차고 있으면서 신강하니까 寅午 火局이 용신이다. 고로 (1) 大運에서 巳 酉 丑을 만나고 年運에서 卯를 만날 때 (2) 卯大運이고 年運에서 巳 酉 丑을 만날 때도 모두 나쁜 것이다.

　이것을 심도 있게 분석해 보자면 이 사주는 金이 병이고 火가 용신인데 卯대운에 卯酉沖 하면서 만약 巳 酉 丑년이면 양인이 다시 살아나니까 흉하다. 그러나 대운이 巳 酉 丑년이면 흉한데 卯년이 오면 濕木이라 해도 용신이 살아나는 해이니까 죽지 않는다는 것이다. 대운도 나쁘고 년운도 나쁠 때는 아주 나쁘게 연결하면 된다.

☞　양인격에서의 신태왕도 곡직 염상 윤하 종혁 가색으로 성립되기도 한다. 단 이러한 경우에도 方合 三合의 차이는 있다.

아래 사주는 양인 용인격 사주로 財가 많아서 인수인 丁화가 용신
　　丁 戊 壬　　이다. 印綬 운이 제일 좋고 인수인 火운 만나면
子 未 申 子　　음지가 양지되고 공부 잘하고 귀인 만나고 매사가
잘 풀린다. 비견겁재 운도 좋지만 財운을 만나 탐재괴인(貪財壞印)
으로 부도 맞고 여자로 인해서 손해 본다.〈水多에 水를 또 만나면
인수인 火가 죽는다.〉

甲 辛 戊 壬　　이 사주는 羊刃用劫格 이지만 본래는 인수를 써
子 未 申 子　　야 하는데 인수가 없어서 비겁을 용신으로 쓰니
대리용신이다. 월지 겁재는 부모덕이 없다 로 보아야 하는 데요,
多財無財에 해당하여 아버지 덕이 없는 것이고 자수성가형으로 일
주가 약하니 우선 겸손해야 한다.

火운을 만나면 : 印綬운으로 귀인 만나고 음지가 양지 되고 집 생
　　　　　　　긴다.

土운을 만나면 : 비견겁재 운으로 좋아지는 운이다. 土로 좋아지는
　　　　　　　운이니까 간접적으로 좋아지는 운이고 火로 도와주는 운은 직접
　　　　　　　적으로 좋아진다.

金운을 만나면 : 상식운으로 金水가 많아지니까 병드는 줄 모르게
　　　　　　　병들고, 죽는 줄 모르게 죽게 된다.

水운을 만나면 : 재성운으로 내 돈이 안 되는 운이다. 多財無財 水
　　　　　　　多土流를 생각해라.

木운을 만나면 : 관살운으로 재앙이 한꺼번에 와서 꼼짝 못하고 걸
　　　　　　　려든다.

　　　　壬　　이 사주는 羊刃用傷食格으로 신왕해서 財官이 없는
申 子 辰 卯　형상이다, 식상이 있을 때는 식상이 용신이 되는 데
여기서 조심해야 할 것은 상식이 용신인 경우에는 生財 할 수 있는
가를 봐야한다. 만약 상식이 생재를 못해 온다면 노력만 죽도록 했
지 좋은 결과가 나타나지 않는다. 즉 상식은 목적이 財에 있는 데
생재를 못하면 위 사주와 같이 죽도록 水生木해도 木生火 못하니까
또 濕木이라 木生火가 어렵더라, 어쩌면 水木凝結로 세상 사는 것

이 답답하다. 원래 이 사주는 木이 용신이지만 火가 반드시 필요한 사주로 火인 財가 와야 일이 잘 풀린다.

木운을 만나면 : 木인 상식운이 제일 좋다. 왜냐하면 辛子辰 三合 水局을 이룬 명조라서 甲寅木으로 설기시켜야 하는 데 卯목은 좀 약하다 水路가 좁으면 물이 잘 빠지지 않기에 인간사에서는 막힘이 많다 로 본다.

火운을 만나면 결실이다. 木運에 水生木으로 투자했던 것이 이 木生火로 결실을 맺으니 이 때 돈 들어온다.

金운을 만나면 : 인수로 金극木이 된다. 破了傷官이고 순통이 막힌다 破자는 깨뜨릴 파자에 了자는 마칠 료자이니 깨지고 끝났다, 무엇이 상관이라는 의미로 상관이 죽으면 水路가 막힌 것이다. 혈압 오르고 부도나고 매사 부진이다.

水운을 만나면 : 비견겁재로 배신 모략 투서 나눠 분배로 동상이몽(同床異夢)이다. 눈뜨고 도둑맞고 아내가 아프고 자식 나쁘고 술친구는 많아지나 돈 빼앗아 가는 친구이고 동업은 금물이다.

土운을 만나면 : 관살운으로 丑辰土는 비겁으로 변하니 나쁘고 조토는 무난하지만 水多土流로 관재구설 만날까 두렵다. 未운은 좋으나 戌土는 卯戌로 식상을 묶어 나쁘다. 문제는 식상용신에 관살운은 상관견관위화백(傷官見官爲禍百)이라 하여 凶하다.

```
己 癸 庚 壬
丑 酉 申 午
```

위 사주는 양인용인격인 데 양인이 왕하고 관살이 있을 때인 데 이것도 身旺官旺해야 좋은 사주이지 양인격에 신왕하고 관살이 약하면 별 볼일 없다. 本命은 정관인 午火가 용신이지만 금실무성(金實無聲)으로 용신의 임무를 수행하기가 어렵다. 午火로 金을 녹여야 그릇을 만드는 데 木火는 약하고 金水土는 강하여 午火가 역할을 제대로 할 수 없다는 것이다. 그러나 流年 木火년에는 發福가능하다.

己 癸 庚 丙
丑 酉 午 戌   이런 사주라면 장관이나 국회의원 경찰청장 깜이
다. 군인이라면 午火 별이 局을 이루니 장군이고 경찰이라면 무궁
화 꽃이 국을 이루니 총장깜이다.

木火운에는 돈 벌고 승진하고 명예가 높아지고 돈까지 생기니 富貴
　　兼全 운이다.

金水운은 흉하다. 의심 생기고 남에게 내 것 빼앗기고 비겁이나 상
　　식운은 대체적으로 나쁘다.

土(印綬)운은 어떨까? 사주가 신왕관왕이라면 무난하게 넘어가는데
<토운이 오더라도 적당하게 내 것으로 만든다.>그러나

己 癸 庚 壬
丑 酉 申 午   이런 사주라면 土운을 만나면 土生金이 필요 없으
니까 나쁘다는 것이다.

　　　　　　　상담사주하나 풀어보자.
　　　　　　乾　戊　甲　丙　壬
　　　　　　命　辰　寅　辰　辰
　　　　　01 11 21 31 41 51 61
　　　　大　乙　丙　丁　戊　己　庚　辛
　　　　運　卯　辰　巳　午　未　申　酉

　위 사주는 甲寅월의 丙火지만 食神인 戊辰 土가 4개나 되고 壬수까지
합세하니 晦氣無光으로 가물가물 꺼져가는 丙火 불이다. 더욱이 진토는
水庫藏地로 물구덩이니 병화는 편인인 甲寅 목을 붙잡고 매달리는 형상
이다.<잘못하면 마마보이>그런데 편인은 계모와 같은 것이어서 壬辰에
의해 扶助받아 강성이니 편인이 문제성을 야기 시킬 수 있다. 木生火로
丙火를 돕기 보다는 편인의 역할을 하려고 기를 쓴다는 것이다. 이 사주
는 偏印格으로 得令은 하였어도 失地 失歲로 신약한 사주로 보아 식신도
편인도 病으로 봐야 하는 특이한 팔자이다. 식신 辰토는 甲寅목과 상극되
기보다는 오히려 편인을 돕는 역할을 한다. 이 사주는 식신인 戊辰土도
문제지만 편인도 문제가 되므로 이 偏印에 대한 성정을 자세히 살펴볼 필
요가 있겠다.

偏印의 性情

偏印의 性情 무정한 生我者로서 생활력의 보급이 냉정하고
부족함을 뜻한다.

그러므로 뛰어난 재간을 가지고 있으면서도 노력하지만 공이 적고 출세하기 힘들어 유시무종으로 시작은 잘 하나 인내력이 부족하여 끝이 없으며 세상을 비관하고 편견을 가지게 되며 인생의 운명과 종교와 철학에 눈을 뜨고 유별나고 신기한 자기철학을 독자적으로 창안한다,

편인의 길흉을 살펴보면

<1> 편인이 왕성하거나 많으면 秀才이나 편견이 심하여 남의 말을 잘 받아드리지 않고 자기 주관 본위로 살게 되어 신체 또한 건전하지 못하다.
<2> 편인과 편재가 같이 있으면 수재와 수완을 겸비함으로 능소능대 하며 비록 가난하지만 머리와 수완으로 재치 있게 생활한다.
<3> 편인이 많으면 남여간에 자녀가 무력하고 편재가 있으면 유력하다.
<4> 편인은 식신을 극하기 때문에 소화기능이 약하다.
<5> 여자가 편인이 많으면 자식이 없으며 식복이 박하여 고생하고 남편의 덕이 박하다

이상과 같은 것을 참조하여 다시 위 명조를 살펴보면 위 사주는 특이한 면이 많아 간명(看命-사주를 봄)하기가 예사롭지 못하다. 구성 자체가 특이하다는 말이다. 식신도 강하고 편인도 강하여 서로 싸우는 형상이어야 하는 데 여기서 식신은 많이 있으면서도 편인을 돕는 형국<甲寅木은 辰土를 좋아해서 내편으로 생각한다.> 이라서 편인이 강해지는 형상이다. 이렇게 되면 편인의 장점은 없어지고 단점인 좋지 않은 역할을 많이 하게 된다. 또 無財사주라서 편재성이 약해서 편인을 제어할 기능이 전혀 없으니 편인은 안하무

인(眼下無人)으로 행동하여 의식주인 식신 역시 맥을 못 추니 가난하고 官星역시 고장지로 별 볼일 없는 직업일 수 있으므로 백수가 될 가능성이 많아서 특별한 기술이나 기능으로 살아가야 한다.

이 사람은 현재 건강이 많이 안 좋아서 하는 일도 별 볼일 없고 신병 같은 병으로 고통 받아 명리 공부라도 해 보고 싶단다, 기질은 다분하다고 말해 주었다.

乾 丁 丁 丙 庚
命 酉 未 申 寅

05 15 25 35 45 55 65
大 丙 乙 甲 癸 壬 辛 庚
運 午 巳 辰 卯 寅 丑 子

이 사주는 丙화 일주가 未월생으로 傷官格이나 未中丁화가 월상에 투출하고 있어 양인격이 된다. 그러나 金이 많아 印綬를 친해야 하므로 羊刃用印格인 데 財印이 싸우고 있으니(金木相戰)탁격(濁格)이다. 이 사주에서 寅申沖은 말년이 나쁘고 자식과도 같이 못살며 庚이 寅을 만나면 포태법으로 絶地여서 忌神 그러나 인목이 기신 작용할 때만 절지라하고 용신이면 절지라는 말은 안 쓴다.
일지도화(申子辰에 酉금이 眞桃花인 데) 酉금이 年에 있으니 도삽도화(倒揷桃花-거꾸로 놓았다 하여)라 하고 정재에도 도삽도화이니까 연상의 여인이고 돈 깨나 있는 여자이며 酉금이 丁화밑에 있으니까 인자 있는 예쁜 여자다. 재다신약자는 목신 많고 동서남북에 財(여자)를 깔고 있으니 치마만 두르면 다 좋다고 하더라. 격자체는 부실하나 운이 좋아서 南東(火木運)향으로 흘러 나는대로 살아가는 것은 좋다.

大運분석하기

丙
午 대운 비견 겁재 운이다. 寅午 합으로 木火가 강해지니 좋다.

乙
巳 대운 乙庚合 巳酉丑 金局으로 간다. 묶임으로 좋은 기운이 나빠지는 형상이다. 아주 흉하지는 않지만 木火의 좋은 기운이 감소되는 운이다.

甲
辰 대운 甲은 木生火 해주고 辰토는 辰酉 합으로 가려고 하지만 甲木이 있고 東方木운(寅卯辰)이라 오히려 寅申沖을 해소해 주어 안정되고 좋아진다.

癸
卯 대운 신경은 많이 쓰이지만(水극火) 결론은 좋아진다. (寅卯 卯未木局)

壬
寅 대운 寅申沖 丙壬沖 으로 지지고 볶으면서 변화를 가져 보지만 그래도 용신이 살아나니까 좋다,

辛
丑 대운 辛은 丙화를 묶어 돈이 묶이고 酉丑으로 金이 많아지니 돈이 나가는 형상이다.

庚辰年 세운은 庚금 편재가 서러니 꽃이 서러 맞고 해 넘어 간다. 偏이란 원래 뭇 것 대중의 것이므로 내 것이 아니고 먼저 차지하는 놈이 주인이다. 금년은 돈 때문에 여자 때문에 나 죽겠네 한다.

辛巳년 세운 丙辛합으로 돈을 내게로 들어올까 생각했는 데 巳申 형이 寅巳申 三刑으로 딱 걸렸다. 삼형이니 좋지 않다. 丙辛합으로 내가 먼저 잡았는가, 했는데 巳中丙화가 먼저 낚아채 갔다. 관재구설수 사고수로 돈 나가는 해이다.

```
乾  己 癸 庚 丙
命  亥 酉 寅 戌
大  壬 辛 庚 己 戊 丁 丙
運  申 未 午 巳 辰 卯 寅
```

羊刃은 失地 失勢를 하였어도 강하다. 특히 중화를 이룬 사주에
五行 全具로 보기 드문 好命이다.
이 사주는 명리정종 연해자평 사주첩경 등 고서에 기록되어 있는
사주로 원서에 이르기를 庚금이 득령은 하였지만 득지 득세를 못하고
金生水에 寅亥 합까지 하여 일주가 약해서 양인에 의지해야 된다고
되어있다 그러나 현대사회에 이르러서는 어떻게 풀어야 할지
분석해 보기로 하자.

사주원국에 관살이 있을 때 식상은 내편이다<食神制殺> 고로 水는 내편인 데<火剋金 하는 것을 水剋火로 막아 주니까>그런데 원서에서 말하는 것과는 좀 차이가 생긴다. 또한 식상이 있을 때는 관살은 내편이다<制殺太過>로 바꾸면 되는데, 가령

```
丁 丙 乙 乙
未 午 巳 酉
```

일주 乙목이 火인 식상이 많아서 관살인 酉금이 내 편인데 格局으로 따지면 火剋金이지만 制殺太過(살을 제하는 식상이 많다)이다, 巳酉금을 살려야 한다.

다시 庚寅일주 사주 이야기로 돌아갑니다. 金水인 陰이 많고 木火인 陽이 적으니 木火가 용신이어야 한다.

戊辰 大運中에서 壬辰년에 54세로 부장관이 되었다가 丁卯대운 癸卯년에 64세로 세상을 떠났다고 기록되어 있다.

왜? 丁卯대운 癸卯년에 일찍 죽었을까, 卯酉相沖으로 旺神沖發되어 양인이 발동이 걸렸고 癸수 상관운 이었으니 상관운은 몸이 상한다의 의미다.

丙庚星으로 法政界이고 殺印相生은 生해주는 것으로서 관살이 많고 인수가 있어 용신인 경우이고, 殺印相停은 서로가 머물러 있는 것으로서 관살이 많고 양인 겁재가 용신인 경우에 쓰는 용어이다.

이 사주는 淸格인데 寅木이 財이고 丙이 官이니까 富貴兼全의 사주다. 양대 정승의 사주인 데 본인도 장관이고 아들도 장관이다. 羊刃이 있고 偏官이 있어서 무기가 있는 곳에 장수가 있는 것과 같아서 吉格으로 본다.

☞ 二德을 구비 했다는 말은 무엇을 보고 하는 말인가요?
  사주원국에 재성과 관성을 갖추고 있을 때 하는 말이다.

이 사주는 庚金이 丙火인 편관에 손상되지 않는 이유가 酉금에 있으며 또한 酉금보다는 본인인 庚金이 한 수 위에 있으며 삼각관계가 형성되고 있어서 庚금보다 유능한 주위의 인물들로 인해서 출세하는 사주다.
  이 말을 사주에 대입시켜 쉽게 이야기하자면 일간 庚금이 용광로 火局속으로 들어갔다가<丙화가 시간에 뜨고 일 시지가 寅戌로 火局이 됨> 癸수를 만나니까<담금질> 강도 조절이 잘 되고 기계가 돌아가는 데 癸수인 윤활유가 있어서 갖출 것은 모두 갖추었다고 말한 것이며 癸수는 상관성으로 나쁘다고 할 수 있으나 무조건 凶하다고 하면 안 된다는 것이다. 만약 이 사주에서 癸수가 없으면 진퇴<進退>를 모르게 되니 자제능력이 없게 된다.
  완금 강철인 무쇠덩어리가 (庚金) 용광로인 불에 들어가서 두들기고 다듬어서 장차 큰 그릇이 될 것이다. 이런 사주를 가지고 가난한집안에서 태어났어도 이 사람 낳고 이 집안이 일어났네요, 하라는 것이다.
子 丑 운은 후퇴하는 운이고<水운은 凶운>
寅 卯 운은 전진하는 운이고<木운은 좋고>
辰 운은 그대로 있다가<辰토는 무해무덕>
巳 운은 巳酉 金 寅巳 刑 巳亥 沖으로 후퇴하고<합충형은 변화로 흉>
午 未 운은 좋고<火운으로 좋고>
申 酉 운은 식수 연발로 물러선다.<寅申沖으로 꽃이 떨어진다.>
戌 亥 운은 寅戌 寅亥 合으로 좋은 운이다. <합으로 木火 되어 좋다>

乾 癸 乙 甲 己
命 未 卯 子 巳

甲 癸 壬 辛 庚 己 戊
寅 丑 子 亥 戌 酉 申

羊刃은 강하기 때문에 刑 沖을 크게 꺼리고
있어 刑 沖운에 大忌하다.

　　이 사주는 악비장군의 사주인 데 원서대로 말하자면 甲木이 羊刃格인 데 身旺한 사주다. 다행이도 巳中庚金 칠살이 있어 卯中의 乙木과 乙庚合 되므로 羊刃合殺, 妹氏合殺된다고 풀이 하고 있는 데 여기서 주의할 것은 甲木일주가 약하면 그렇게 풀이할 수 있겠는데 이 사주는 木이 旺해서 비겁을 제거하는 작용으로 보아야 한다.

　　또 辛亥대운에서 亥卯合하고(양인을 合했다) 辛酉년에 卯酉로서 양인을 沖하여 죽었다고 해석하고 있는 데 酉년은 신왕사주로서는 양인을 沖하면 오히려 病을 제거하므로 吉함이 되고 合歲君에 양인沖은 한꺼번에 작용을 못한다, 거기에 巳中의 庚金이 용신이면 流年은 巳酉合으로 金局이 되니까 좋아야 하는 것이다.〈참고 바람〉

　　그러나 "실전사주 감명법인" 실지 감정에서는 이론과 다르게 작용하더라는 점을 강조하면서 참고 사항으로 대운에서의 합작용은 크지 않으며 辛酉년은 월주인 乙卯와 天沖地沖으로(乙辛沖 卯酉沖) 왕신(양인)을 沖하여 旺神沖發로 죽게 된 것으로 보인다.

　　이 사주는 양인격인 데 卯未로 木局하고 身旺에 子卯刑까지 있어서 도둑놈 같이 무섭게 생겼고 2月 봄 나무가 주위 환경(水火土가 있음)이 좋아 잘 크겠으니 팔대 장신이다.

　　일지에 도화 놓은 것으로 보아 풍류의 끼가 있고 거기다가 木이 많아서 木은 風이라 하였으니 풍기도 있다.

　　태강하면 설기가 우선이다. 剋하는 것 보다는 洩함이 좋다 신왕으로 연결하여 관살을 찾아보니 巳中庚金이 있지만 木多金缺로 이 사주에서는 金을 못 쓴다. 또 복속에 있는 金이라 金剋木 못한다.

다음으로 財를 찾아보니 未土財는 卯未合木으로 변해 쓸 수 없고 己土 역시 爭財하여 쓰기 어렵고 상식용신이 적합한 데 巳中에 丙火가 있어 이 사주에 딱 맞는 용신인 것이다.

辛亥대운 辛酉년에 죽게 된 것에 대하여 한 가지 덧붙이자면 巳亥沖으로 용신을 沖하고 酉금은 해 넘어가는 病死宮이라 죽을 수밖에 별 도리가 없었겠다고 추리해 본다.

乾 癸 己 戊 庚
命 巳 未 午 申

戊 丁 丙 乙 甲 癸 壬
午 巳 辰 卯 寅 丑 子

> 羊刃에 無官사주요, 巳午未 方局이 형성되고
> 燥土에 火土重濁에 官庫까지 놓고 있기 때문에
> 濁格사주이다. 火土는 忌神이고 金水 용신이다

이 사주는 원래는 양인격인 데 巳午未 火局으로 변해 印綬格이 되었다. 비겁격 으로도 볼 수 있고 이 사주의 단점은 버는 놈 따로 있고 쓰는 놈 따로 있는 군겁쟁재(群劫爭財)가능성이 있어 탈재 손재수가 많고 자수성가해야 하고 처궁이 나쁘며 이는 화토중탁(火土重濁)의 기운 때문이다.

戊午 일주에게 癸水 아내는 무리지은 비견겁재에 의해 날아가 버렸고 戊午라는 燥土(마른 흙)를 습토로 만들려고 癸水는 노력하지만 결국은 가버렸다. 여기서 주의해서 봐야 할 것이 있다. 식신인 庚申금이 있어 혹자는 土生金으로 설기되어 좋은 사주라고 말 하는 이들도 있을 수 있다. 그러나 이렇게(巳午未火局, 己未燥土劫財) 火土重濁 되어 절대 土生金이 안 된다. 여기서 辰土 하나만 있어도 상황은 달라진다. 운에서 만나도 辰土만 만나면 살만한 해가 된다. 이 사주가 여자라면 官庫(未土)놓고 火土重濁으로 독신팔자다.

乾 庚 戊 壬 丙
命 申 子 寅 午

己 庚 辛 壬 癸 甲 乙 丙
丑 寅 卯 辰 巳 午 未 申

羊刃에 申子水局이 형성되고 身旺財旺으로
富命이다. 양인을 군인으로 보면 財旺하니
경리장교의 사주이다.

 이 사주는 壬子 양인으로 성질이 개떡 같은 줄 알지만 申子水로 인수를 만나고 있으니 양인 작용이 덜 나오고 身旺하니까 水深이 깊어 마르지 않고 順局으로(金生水 水生木 木生火로) 사람이 살아가면서 막힘도 없고 좋은 사람이라 사람이 모여든다.

 이 사주를 자연의 형상으로 말하자면 申子로 캄캄한 어둠을 등지고 寅午火局으로 밝음을 향해 가고 있다. 물은 막힘없이 흘러가야 하는 데 妻宮에 寅木이 큰 水路 역할 하니 처덕이 크다.

 丙壬 沖이지만 寅午 合이니까, 여자도 못 도망간다. 떨어졌다 다시 만나고 만났다 떨어지고를 반복 하지만 완전히 헤어지지는 못한다. 本命은 核이 火局으로 집결 되어 時上偏財格이고 인목이 생명선이고 순통인 데 만약 인목을 막아버리면 물줄기가 흐르지 못하여 둑이 터지면 재앙이다. 양인용재격이고 군인이면 경리장교이고 身旺財旺으로 시상편재이니 官則 장관이고 業則 총수다.

```
乾  癸 辛 庚 丙
命  丑 酉 午 戌
   庚 己 戊 丁 丙 乙 甲 癸
   子 亥 戌 酉 申 未 午 巳
```

> 羊刃에 無財사주요, 겁재성이 강해 郡劫爭財
> 가능성이 있기 때문에 돈과 여자 조심하고 오직
> 출세에만 全力을 다하면 成功하는 팔자다.

이 사주는 身旺官旺으로 장관 팔자이다. 애국자이고 양면도속 빈틈없고 완전무결하다. 자기가 하는 일은 책임질 줄 알고 의리의 사나이이고 庚이 火에 제련되고 癸에 담금질까지 하여 양대 정승인데 秋 寅戌 급각살이고 戌이 공망이고 丙이 入墓되니 속 썩이는 자식 있더라.

[해설]

위 사주는 辛酉월의 庚金 일주가 月柱에 羊刃을 놓고 년월에 酉丑金局이고 일시가 午戌 火局하니 身旺官旺으로 국록과 인연 있는 최고의 팔자이다. 양인에 편관이 三合局을 이루므로 총칼 찬 장수로 貴命이 틀림없다.

```
   乙 辛 庚 壬
   巳 巳 申 午
庚 己 戊 丁 丙 乙 甲 癸
辰 卯 寅 丑 子 亥 戌 酉
```

위 사주는 身旺官旺한 팔자로 교수인 장관으로 官을 써야하는 팔자이다. 財를 탐하면 재앙을 만나는 팔자지만 의외로 돈을 좋아하는 형상(乙庚合)인 데 이미 乙辛沖으로 원국에서 깨졌다. 현재 丙子대운 己亥년인 데 子午沖 巳亥沖으로 官이 깨지는 형상이다. 관재구설도 되고 貪財 壞印도 되어 財로 인한 난리가 날 가능성이 많다.

이 사주는 인터넷에 떠도는 조국 전 장관의 팔자이다.

식 신 격 (食 神 格)

<1> 식신격의 구성 요건과 응용을 살피다.

[실증철학 원문]
　食神格의 구성 요건은 월지장간의 本氣가 食神일 경우와 柱中에 食神이 有氣하거나 식신이 용신인 경우도 식신격이 성립 되는데 食神星은 본래 편관을 制御하고 정재를 生하므로 壽星이라는 別稱을 가지고 있으며 吉星인 문창 학당귀인 등을 가지게 됨으로 一人三役이라 食神이 有氣하면 승재관(勝財官)이요, 심광체반(心廣體胖)에 의록후(衣祿厚)라 하였다.(식신이 잘 발달된 사람은 마음이 넓고 몸이 크며 옷과 복이 넉넉하다)

[강의노트]
식신은 밥그릇이요, 옷과 밥이다. 즉 我生者 이니까-내가 좋은 일 많이 하면 옷과 밥이 생기더라.
식신은 수성(壽星)이고 <칠살을 눌러 주니까 염라대왕을 물리친다.>
천주귀인(天廚貴人)이다. <하늘에서 식복을 주었다>
학당귀인(學堂貴人 : 儒林-교수 선생님)이다.
문창귀인(文昌貴人 : 내가 生하는 것이고 生前에 文章)이다.

☞ 　食神中에서도 陽 일주 식신은 대단히 좋은 데
　　　　　　　　陰 일주 식신은 별 볼일 없더라.
그 차이는 가령 　乙　　癸
　　　　　　　　○ 卯　○ ○　水生木 해주어도 木生火 못해오고
　　　　　　辛
　　　○ 子　○ ○　金生水 해주어도 水生木 못해온다는 것이다.

食神은 1, 편관 즉 七殺을 제어한다.
　　　丙　甲　 - 庚
○ ○ ○ ○　庚金이 칠살로 甲목을 조준해서 금인 총을 쏘는데 甲木의 새끼인 丙火가 보이자 총을 쏘지 못하더라.
　　　　　2, 정재를 생한다. : 언제든지 식신은 정재를 생한다.
　　　　　　　　상관은 편재를 생한다. 남의 것은 내 것으로 생각한다
甲목이 길을 가는데
　　　　　　食神은 - 正道 - 正財 - 正官 으로 경과가 좋고
　　　　　　傷官은 - 便法 - 偏財 - 偏官 七殺로 감옥 간다
　　　3, 식신이 有氣하면 勝財官이다. : 용신이 식신일 때
가령　庚　戊　丁
　○　申　子　巳　식신격 이지만 신약하니 그림의 떡이다.
그러나　甲　壬　戊
　○　寅　子　申　甲寅목 식신이 用神이니까 그렇게 좋을 수가

☞　食神은.......
1, 내가 먼저 희생해야 사는 길이다 : 희생이 갱생이다.
2, 응용력 추리력 예지력 표현력 좋다 : 多才多能(다재다능)하다.
3, 마음이 후중하고 걱정이 없다. : 心廣體胖 (심광체반) 하다.
4, 식신격에 박사가 많다. 교육자 교육기관 후진양성
5, 식신은 수양이 잘 되어있고 상관은 엇가는 팔자다.
7, 식신이 용신이면 항상 약자의 편에서 일한다.
8, 식신은 칠살을 제어하니까 무서운 것이 없다.
그러나 상관은 똥배짱이니까 겁나는 것이 없다.
　　　　　　　丁　丙　乙　丁
　　　　　　　未　午　酉　丑
　일간 乙목은 酉丑금이 총 뿌리인데 이 총을 없앨 수 있는 火를 가지고 있어서 겁날 것이 없고 신장에 턱이 난 사람이다. 반대로 관살이 많은 사람은 총 든 사람만 봐도 벌벌 떤다.

식신이 용신이거나 희신 일 때 직업으로는 사회사업, 육영사업, 기예(技藝), 교육이나 생산업이 적합하다.

　　O 甲 壬 戊
　　O 寅 子 申　내가 생하니까 사회사업 교육사업 건축 설계 기획성 업이 좋다. 또 식신이란 자기자식에게는 인색하지만 남의 자손에게는 후중(厚重)하다.　O 庚 甲 丙
　　　　　　　　　　O 寅 子 寅　남의 자손은 丙이고 나의 자손은 金이니까, 火극金으로<남의 자식은 나의 자식보다 잘 났으니까>남의 자식은 눈에 보이고 내 자식은 눈에 안 보인다.

☞ 여자에게 食神은.......
1, 식신격은 남편궁이 나쁘다. : 상식이 더 나쁘다. 식상은 기예인 데 그래서 예체능 인들은 대체적으로 남편궁이 나쁘다.
2, 자손과 재복은 있다. : 모든 것은 자손에 의지하고 자손에서 구 하라.

食神格이 신약하거나 식신이 태왕하면...........
1, 상관과 같은 역할을 하니 도기(盜氣)이고 설기(洩氣)로서 마침 내는 패망(敗亡)한다.
　　　　癸 辛 己 庚
　　　　丑 酉 丑 午
丑土는 酉丑으로 간다. 식신이 酉丑으로 局을 이루고 있어도 내 것 이 아니다. 子旺母衰요, 多者無者로　자식이 강하면 자연 모친은 약하고 많은 것은 사실 없는 것이다, 라는 원리를 알아야 한다.
2, 制殺太過로 盡法無民이 되어서 석양의 무법자로서 법의 심판이 전에 죽게 되는 암살이나 형사를 하게 되는데 에를 들어보자면
　　丁 丙 乙 乙
　　未 午 未 酉　이 사주는 制殺太過로 木火가 많아서(午未도 巳 午未로 봐서 火) 火극金을 너무나 했다. 이렇게 식신상관이 혼합

되면 상관 역할이 나온다. 乙목의 대장인 酉금을 잡아먹으니까 지존파요, 막가파이다. 항상 죽 쒀서 개준다. 법도 민심도 통하지 않는다. (盡法無民) 서양의 무법자다. 이처럼 상식이 많으면 고용인 남의 집 머슴살이한다는 것이다. 거기서 상황이 바뀌면 주인인 유금을 작살 내버린다. (반항심)

3, 도처에서 生財하니까 여자관계가 많고 뻥튀기 하는 데는 기가 막히다. 식상이 많은 사람은 글 쓰는 데도 과장이 너무 많다.
4, 평생 남을 위해 희생만 하는 경우가 많다.

☪ 똑같은 식신이라도 신강해서 식신을 잘 부리고 이용하면 식신은 더욱 빛을 발휘해서 吉한 작용을 하는 데 만약 신약하면 식신에 의해서 일주가 좌우 되므로 부하나 자손에게 상관이나 부모는 맥을 못 추는 형상으로 이때의 식신은 凶작용을 하게 된다.

식신격은 원래 신약하므로 신왕을 요하며 만약 신왕하다면 그의 조화가 무궁무진하다. 그러나   壬   寅月의 壬水는 立春
○ 寅 ○ ○ 이 금방 지났다면 무조건 신약으로 보면 안 된다.

    戊   申月이라도 엊그제 立秋가 지났다면 겉으로는 식신
○ 申 ○ ○ 이지만(가을이지만) 아직은 더위가 기승을 부리고 있다. 이러한 차이점을 놓치지 말아야 한다.   丙
                        ○ 辰 ○ ○
같은 食神이지만 내일모레 입하가 들어오면 4월의 절기와 비슷하다. 이 말들은 절기를 잘 살펴봐야 한다는 것을 말한 것이다.

☞ 身旺四柱에서 食神이 있는 데 만약 거기에 偏印이 있다면 <편인이 식신을 극하니까> 倒食이라 해서 凶하다.
이처럼 도식 운이면 부도난다,<넘어질 도, 밥식으로 밥그릇 엎어놓는다 해서> 심하면 생명까지 위험하다.

이러한 도식의 작용은 學으로는 天干위주지만 術로서는 地支도 포함된다.

癸 甲 壬 辛　이 사주는 甲寅木 식신이 용신인 데 申년이나 庚
巳 寅 子 亥　년이 오면 倒食이다.

食神이 用神일때 印綬운을 만나면 倒食이다.

傷官이 用神일때 印綬운을 만나면 破了傷官이다. 이런 경우에는 부도난다. 재산뿐 아니라 생명 까지도 위험하다. 이런 때 사는 길은 망하고 거지가 되는 길이 사는 길이다.

己 丙 甲 乙　이 사주는 丙火 식신이 용신인 데 壬년을 만나
면
未 寅 子 亥　丙壬冲으로 식신이 죽는다.

고로 甲木에 壬水는 편인으로 倒食 작용을 하게 되는데 만약 壬申년이라면 丙壬冲 寅申冲으로 모두 날아가고 일주는 꼼짝 없는 생을 받아서 포만감으로 스스로 망하게 된다. 어느 사주든지 인수가 많고 식신이 용신이면 그 자체가 바로 도식이라는 것을 잊어서는 안 된다.

☪ 傷食格은 制殺太寡의 여부를 살펴야 한다,

사주에서 강약 관계없이 관살과 상식의 강과 약을 살펴서 관살이 많고 식상이 부족하면 食神制殺格이 되어서 상식이 用神이 되고, 식신이 왕하고 관살이 부족하다면 制殺太過格 되어서 관성이 용신이 된다. 여기서는 食神格을 위주로 공부하므로 食居先 殺居後가 된다. 여기서 주의 할 것은 원서에서는 食居先 殺居後면 의식이 풍족해서 귀격사주가 된다고 했는데 어디까지나 官殺과 食神이 균형을 이룰 때에 한해서 해당 된다. 여기서도 일주가 신약한 데 관살이 용신이 되는 이유는 관살이 있을 때는 식상이 내편이 되기 때문에 일주가 간접적으로 得局이 되기 때문이다. 가령

癸 庚 戊 甲　이 사주는 식신이 먼저이고 칠살이 나중이니까
酉 申 辰 寅　食居先 殺居後이다. 金이 많고 木이 적어서 金剋

木을 너무 받으니까 制殺太過가 되더라. 여기서 金水 陰이 많고 木火 陽이 적어서 木火 陽이 들어와야 좋다. 특히 火가 더 좋다.
또한

壬 壬 庚 丙　이 사주는 食居先 殺居後인데 寅戌火局으로 균형
申 子 寅 戌　을 이루어 사주가 좋아졌다. 身旺官旺하고 金水傷官에 要見官이다. 그러나

壬 壬 庚 丙　이런 사주라면 진법무민(盡法無民)이 된다.
申 子 子 戌　丙이 入墓(戌土火庫地)되어 해 넘어가고 水가 많아서 제살태과<制殺太過-殺(丙)을 制하는 水가 지나치게 많다>에 身旺官衰가 된다. 또한

　　乙 乙
酉 午 酉 酉　관살이 많아 상식에 의존하는 이런 경우라면 金극木해오는 金을 午火가 火극金해야만 하는 食居先 殺居後 되지만 火가 약해서 이런 사람은 기생팔자요, 성씨도 바꿔서 살아야 하고 여기 가나 저기 가나 쥐어터지니 동네북이다. 왕따 당하고 산다<金剋木>

食神格에 〈1〉 身弱하면 : 食神用印格, 食神用劫格,
　　　　 〈2〉 身强하면 : 食神用食神格, 食神用財格, 食神用官格,

[1] 식신용인격(食神用印格):식신격인 데 신약해서 인수가 용신이다. 관살이나 식상이 왕해서 인수를 用해야 하는 경우로 식신용인격은 가르치기 위해서 배운다. 먼저 나가고 나중에 얻는다. 내 꺼에 내가 빠진다. 가령

丁 丙 甲 乙
未 午 午 亥　이런 경우라면 너무 더워서 亥수를 用해야 한다.
또한

　　庚 戊 戊
寅 申 寅 午　관살과 식신이 너무 많고 寅申沖으로 세상 사는 것이 항상 시끄럽다. 午火인 인수를 用해야 한다.

[2] 식신용겁격(食神用劫格): 傷食格으로 신약할 때는 인수를 써야 하는 데 인수가 없어서 비겁을 대리용신으로 쓰는 경우이다. 이러한 食神用劫格은 원류(源流)가 없으니 단순하다. 즉 인수가 없으니까 부모의 덕이 없고 비겁이 용신이므로 도와주는 원류가 없어 비빌 언덕이 없는 것과 같으며 일간과 더불어 식신에 설기 당하니 보이지 않는 지출이 많다.

☞ 어느 사주든지 신약하면 바닥이 얇으니까 1급 비밀도 자주 노출되므로 주의해야 한다. 즉 신강하면 애인이 있어도 들통이 안 나는데 신약하면 바람만 피었다하면 바로 들통이다.

가령

癸 庚 戊 己
酉 申 申 未   이 사주는 金이 많아서 火가 용신이 되어야 하는 데 火가 없어 土가 용신이다. 하지만 火운을 만나야 발복한다.

이 사주는 土生金 金生水로 財에 목적을 두고 있으나 신약하니까 자기 꾀에 자기가 넘어간다. 이 사주 어때요? 하고 물으면 평생 남의 세상을 살아야 하고 대타 인생으로 스페어 타는 인생인 데, 해라.

[3] 식신용식신격(食神用食神格): 신왕해도 財官이 없어서 식신으로 용신 하는 경우로서 목적은 財에 있다. 항상 식신이 용신이면 生財로 연결되어야 좋은 사주이고 식신이 용이면서도 生財를 못해오면 별 볼일 없고 헛고생만 한다. 단 식신용식신격은 官이 약해지므로 여자는 남편궁이 남자는 자식궁이 안 좋다.

○ 乙 癸 癸
○ 卯 丑 亥   이 사주처럼 水生木하는 것은 木生火 해오라는 것인 데 濕木이라 木生火를 못해오니 얼마나 답답하겠는가, 물이 빠지는 水路인 물길 식신이 시원치 못하다, 인생사에서는 막힘이 많은 것으로 봐라 답답하고 삶에서 되는 일이 없다.

[4] 식신용재격(食神用財神格) : 官에 목적이 있다.

格은 食神인 데 財가 用神이어서 食神生財로 출신은 식신이지만 세상을 살아가는 것은 財로 살아가는 것이 되므로 한 등급 위가 되어서 잘 산다는 것이 이 格 속에 포함되어 있다.

食神用財神格은 격과 용신이 서로 상부상조하고 있다. 格이 몸(體)이고 용신은(用은 쓸 용자로) 쓰임인 데 정신과 몸이 일체가 되어 출신보다는 더욱 발전한다. 아랫사람이 돈 벌어준다. 아이디어 뱅크다. 쉽게 돈 벌고 말만하면 돈이 생긴다.

[5] 식신용관격(食神用官神格) : 식신격인 데 신왕해서 관이 용신인 경우로 제살 태과 되어서 官이 용신이 된 경우로 두 가지 종류가 있다. 食神用官神格은 格과 用神이 상전(相戰-서로 싸움질)하고 있어 관식투전(官食鬪戰)이라는 용어를 쓰는 데 이렇게 되면 주위가 산만하고 몸과 정신이 서로 싸우는 형국이다.

가령   ○ 丙 甲 壬
               ○ 午 午 申

이 사주는 月에 傷食이 있으니까 관청과 싸우는 사람인 데 어쩌다 보니 자신이 공무원이 되었다. 관식투전은 하루도 편할 날이 없고 골육상쟁이니 부모형제간에도 송사하는 사실이 발생하기도 한다. 만약 女命이라면 남편한테 매 맞고 사는 팔자다.

☞ 상식이 용신이거나 상식격은 모두 막판에 충성하다가 역적으로 몰리는 팔자이니 어느 정도 높은 자리에 올라가면 욕심부리지 말고 낙향하는 데 그게 잘 안 된다. 또 制殺太過 사주는 대체적으로 관청브로커가 많다.

여기서 식신용관격의 사주를 만들어 보자면   丁
                                午 未 丑 子

이 사주는 식신격인 데 午未火局으로 변해서 신강하므로 子丑水인 官이 용신이다.

ⓒ 식신용인격(食神用印格) : 식신격인데 인수가 있을 때이다.
가령 　　　　　丁 甲
　　　　　○ 未 午 亥

<1> 土운(財)은 : 탐재괴인(貪財壞印)으로 土극水하니까 水生木이 안 보인다. 집 날아가고, 원류가 끊기고, 재가 여자이니까 여자 건드리면 집이 날라 가고 안방 내 주어야한다.

<2> 火운(傷食)은 : 아랫사람이 물고 늘어진다. 巳亥沖으로 너 죽고 나 살 자다. 자기 꾀에 자기가 빠진다. 말 잘못하면 큰 일 난다 입 조심하라. 火운중에서도 巳화는 용신인 亥수와 巳亥沖을 한다. 역마지살의 沖이라서 교통사고도 조심해야 하고 회사 사장이면 종업원 원들이 반항하고 직장인이면 부하인 아랫사람으로 인하여 옷(인수) 제복을 벗어야 하니까 사표 내게 된다.

<3> 未운은 亥未지만 머는 여름이고 午未가 되니까 火의기운으로 나쁘다. 만약에

　　　　　癸 辛 己 甲
　　　　　丑 酉 酉 戌

이 사주는 수입은 없고 지출은 많으니 허둥대며 살아가게 되는데 己토는 丑토나 戌토가 자기편이라 생각하고 행동하지만 (土生金 해 주려고)酉丑 또는 申酉戌로 酉金편이 된다.

火운(印綬運): 午화를 만나면 午戌火局으로 수입 늘고 지출은 줄어든다. 살만해진다는 말이다. 戌토가 겁재로 형제인데 午화를 만나서 부모형제가 합심해서 나에게 집사주고 공부시켜 주고 귀인으로 둔갑한다. 이런 운엔 철들고 음지가 양지 되고 매사가 자신만만해진다.

土운(比劫運) : 원래는 土는 용신 운이지만 역시 土生金해 주어야 하니까 좋다가 나빠진다. 이런 때 동업 수 들어오고 金운에 맞세 부른다. 辰토 운은 辰戌沖으로 의지처가 없어진다. 沖은 깨진다, 沖去로 없어진다, 辰토가 財庫인데 辰酉合으로 연애하다가 나 살려 내달라고 하더라, 돈 나간다, 신약하니까 겁재 역할로 손재 탈재 기만 당한다.

金운(傷食運) : 土生金인 데 金 다음에 水가 보이니까 투자하게 되는 데 결과는 거지가 된다. 투자 하지마라 계산만 앞서지 되는 것은 아무것도 없더라.

☞ 식신용식신(食神用食神) 끝내야 하는 데 이런 때는 생재로 연결되는지가 관건이다. 생재로 연결되면 돈 번다.

壬
午 寅 子 申

食神用財로 水生木 木生火로 연결 되니까 모두 좋다. 목화토운 모두 좋다 단 土운은 燥土만 좋다.

木운에 투자해서 火운에 결실을 거두어 드리고 토운은 관운으로 명예가 들어오고 감투를 쓰게 된다.

木운(傷食運) : 말말해도 돈 생기고 먼저는 나가고 나중에 들어온다, 전화위복에 여자는 자식에게 경사 있다.

火:운(財星運) : 남자는 사업도 잘 되고 연애도 잘 된다, 여자만나도 좋은 여자 만난다. 일학천금으로 연결도 하고 내가 극하니까 만인에 군림하고 재수있고 계산대로 적중된다.

土운(官星運) : 戌土는 재고니까 묵은 돈 옛날 돈 받는 운이고 은행 대출도 순조롭고 나를 극하는 것이 좋게 작용하는 것이므로 원수가 은인 되고 자극받고 난 뒤에 좋은 일 생긴다.

水운(比劫運 : 겁재니까 도둑놈 옆구리에 끼고 산다. 눈뜨고 도둑맞고 아내가 아프고 친구에게 배신당하고 나도 힘 드는데 형제 친구가 도와 달라고 손벌린다. 나눠주고 받을 생각은 마라.

金운(印綬運) : 빛 좋은 개살구다. 인수는 문서요 승진이고 집사고 파는 운인 데 손해 보는 문서다.

☪ 식신용관격(食神用官格) : 식신격이면서 신왕하고 官이 용신인 경우는 조금 드물다. 또 制殺太過로 연결되는 경우는 官殺이 용신이다. 이러한 관운에는 승진되고 자식 경사 있다. 여자라면 관운에 남편 경사 있고 모든 일에 결실이 맺어진다.

상담사주 하나 풀고 넘어갑니다.
1976년 윤8월26일 戌時生
여자(坤命)

坤 丙 甲 甲
命 辰 戌 辰 戌

4 14 24 34 44 54 64 74
대 丁 丙 乙 甲 癸 壬 辛 庚
운 酉 申 未 午 巳 辰 卯 寅

[명조해설]
本命은 坤命 陽八通 四柱요 財多身弱에 三神相生格이다.
좀 특별한 사주라서 학습차원에서 박재완 선생님 저서 명리사전을 참조해보았다.

[命理辭典]
甲日 戌月生이 甲戌時를 만나면 양갑양술(兩甲兩戌)이 목토교전(木土交戰)하는 데 火로 木土중간을 화해시켜야 당연하나 土旺木弱한 국세(局勢)에 火가 설목생토(洩木生土)하면 신약재왕(身弱財旺)할 염려가 있으니 水가 있고 金이 도우면 윤토생목(潤土生木) 함이 완전하며 또 庚금이 있으면 丁火가 필요하다. 좌하(座下)에 辰이면 천강천괴(天罡天魁)가 상충(相沖)으로 土가 旺하여 身上에 흠(欠)이 있으리니 다시 水旺하고 木盛하면 財旺하다. 운은 水木이 吉神이다.

[命造解說]
일간 甲목이 辰月에 태어나 태어난 시가 甲戌시라면 甲木이 둘이요 戌土가 둘이 되어 木극土로 서로 싸우는 형상이라 이런 경우 火를 중간에 넣어 통(通氣-木生火火生土로)시키는 것이 당연하지만 이 사주에서는 土가 旺하고 木이 弱한 형상이라 火가 木生火로 설기 당하고 土는 火生土를 받으니 甲목 일간은 더욱 더 약해지고 財星인 土는 왕성해질 것이 우려되

어 金水가 있어서 土를 潤土하고 水로 木을 生하게 하여 도와주면 좋고, 만약 庚金이 있으면 丁火가 있어 七殺庚金을 制殺하면 庚金은 甲木을 다듬어 적재적소에 쓰임새로 발전한다는 말이고 座下인 일지에 辰土를 만나면 천강천괴(天罡天魁-甲戌은 魁罡殺로 강하다는 말)가 서로 충이 되어 토가 기승을 부리면 신상에 흠이 될 수 있다는 말이고, 그러하므로 金水가 있어야 土를 金으로 설기 시키고 水로 燥土를 潤土시켜 水로 水生木으로 扶助하고 金으로 다듬으면 아주 좋다는 말을 한 것이다.

[看命解說]

　이 사주는 2木 1火 5土로 삼신이 상생하는 형상이지만 위에서 말 한대로 木生火 火生土하면 아무리 천하의 甲木일지라도 木衰 土强해 질 수밖에 별 도리가 없고 이런 경우 통기는 좋지만 財旺身弱이 된다.

　土가 病이고 木이 藥神이며 金水가 있어야 생기를 받은 甲목이 財도 관리하고 官도 써먹을 터인 데 원국에 金水가 없으므로 대운이라는 운에서 金水를 만나야 발복(發福)하는 데 이 사람의 운은 초년에 西方 金운으로 시작되어 제대로 공부도 하고 官을 써서 좋은 직장도 얻을 수 있고 남편도 만날 수 있었겠는 데 24세 청녀기부터 30년간 중년기 53세까지 南方 火운이라 만고풍상 다 겪으면서 살라 했고 단 火가 통기시켜서 그런대로 잘 살아는 왔겠는데 목쇠 土旺으로 재난(財亂)은 면치 못했을 것이다. 그러나 54세부터 30년간은 동방 木운은 약신으로 발복할 수 있겠다.

[실제사주를 보고나서]

　이 여성분은 금융권에서 20년 가까이 근무하고 있으며 20대 후반에 결혼도 했고 자녀도 남매를 두었으나 살아오면서 재물에 난리를 겪고 많고 풍상을 다 겪으면서 살아왔다고 하며 근무처도 좋아 인정받고 역심히 일은 했는데 승진에 인연이 없어(윗사람이 버티고 있어) 己亥년에 이직을 하는 것이 좋은지 아니면 기다려야 하는지에 대하여 상담의뢰 한 사실이 있어 다음과 같이 상담 조언 해주었다.

[常談助言]

　사주팔자대로 운의 흐름대로 살아온 사람이다. 명색이 甲목인 데 잘 못 덕 리는 없다. 初年 金운이라 官을 쓸 수 있어 좋은 직장 잡았으며 결혼도 하였지만 청년기부터 남방火운이라 통기시켜 나름대로 힘들기는 했어도 내 몸 불사르며 헌신적으로 청년기를 보내왔는 데 승진이 안 된 이유는 인수인 水가 없어 손위 상사들의 덕이 없고 火운이라 金이 맥을 못 추어 승진이 잘 안 되었을 것이나 이제 50대초부터 동방 木운에 발복하게 되지만 이런 사람은 세운이라는 당년, 당년 만나는 운이 金水로 들어올 때 발복하게 되는 데 己亥년은 생각은 많이 하고 있으나 실행이 어렵고 2020년 庚子년이 오면 庚금이 官星이고 子수가 인수라서 이런 金水운에 반드시 좋은 일이 있을 것이다. 이렇게 좋은 운을 만나면 본인이 생각하고 결정 내림에 항상 좋은 쪽으로 생각하게 되며 분명코 다음해인 2월 초가 되면 생각지 않은 승진의 기회가 오거나 아니면 좋은 조건으로 전직 제안이 올 것이니 그때 상황판단은 본인이 하는 것이다. 그러나 분명한 것은 좋다는 것이다.

[學習 助言]

이런 사주보기가 쉽지 않기에 자세히 설명한 것이며 학습차원에서 보충설명 하려고 한다.

<1> 財多身弱 사주는 돈복은 있는가?

고인이 되신 역술의 대가 만리 최 병 주 선생님은 재물은 반드시 무게가 있어 財多하면 꼽추가 등짐을 한 짐 지고 걸어가는 인생이다, 라고 말씀하셨다. 대운이 용신 운이면 힘이 덜 들고 또 발복하여 부자도 될 수 있으며 노력하면 궁색하게 살지는 않는다, 단 신약한 데 忌神 운으로 흐르면 인생은 절대 돈 욕심에 그 돈뭉치를 덜어내고 내 힘에 맞는 만큼만 지고 가려고 하지 않는다. 財多하면 욕심꾸러기이다, 고로 종당에는 그 많은 돈을 등에 지고 고갯길을 걸어가다가 쓰러지는 데 돈 보따리가 굴러가 버리면 몸은 상하지 않고 돈만 버리지만 아까운 생각에 굴러 떨어지면서도 돈 보따리를 움켜쥐고 있다면 목숨까지도 잃게 되는 최악의 순간도 만날 수 있다. 손재로 이어지든 질병으로 나타나든 일단 재앙은 언젠가는 오게 된다.

<2> 無官四柱는 부부해로 할 수 있는가?

무관이라고 남자가 없거나 인연이 없는 것은 아니지만 인연이 적거나 아니면 운에서 들어올 때 기회를 놓치면 늦어지거나 독신으로 살게도 된다. 그리고 대운에서 일찍 왔다 가면 명조가 좋지 않고 운이 안 좋다면 중간에 헤어지거나 生離死別 하는 경우도 많다 그러므로 잘 관찰해야 한다. 본 명조는 無官 사주이면서 배우자궁이 상충을 먹었지만 甲木은 辰토를 좋아한다. 辰中癸水 정인도 있고 습토라 甲목이 뿌리 내릴 수 있다. 고로 이혼은 안 될 것이지만 좋은 남편은 아니다.

```
乾   癸 辛 己 丙
命   酉 酉 丑 寅
```

本命은 시지 丙화로부터 시작하여 年干 癸水까지
쉼 없는 相生으로 氣의 흐름이 좋다

위 사주는 食神格이면서 酉丑合이 되어 건실하나 설기(洩氣)가 심하여 신약이 되었다. 식신이 三合 得局해서 좋기는 하지만 신약해서 그 좋은 복을 다 받아먹지 못한다. 식신격 이니까 착하고 정도를 택하고 마음씨 하나 비단결 같고 주어야 편한 사람이다.

식신용인격(食神用印)으로 가르치기 위해서 배우고 寅목 正官에 印綬 丙화가 있어서 官印相生으로 직업은 公職이 좋고 金水가 병이고 火土가 약이며 木운도 나쁘지 않다. 己土 일주는 황소고집에 근면성실하고 金食神格으로 머리도 영리하고 두뇌도 좋은데 잔머리로 공부하는 것이 흠이다.〈酉丑으로 土生金 잘하니까 인정 많고 신약 한즉 식상이 많아 지층이 얇고 철분이 과다해서 잔꾀에 자신이 빠지게 된다.〉학가의 기질이 강하고 예체능에 소질 있고 沖破가 없어서 깨끗한 팔자다.

☞ 이 사주는 매일 인시에 일어나서 동쪽을 향해 3번 절하면
좋은 작용한다.

[命理辭典]

己日 酉月생이면 中秋인 金旺節의 己土로 본질이 허약한 데 丙寅시가 生하면 도리어 乾燥하니 水로 윤화(潤和)하면 上吉이요, 火土金木이 있고 水가 없으면 小格이다. 官星에 天德印星을 겸했으니 인심이 선량하고 官災를 당하지 않는다. 座下 丑亥는 金水木火가 자연화생(自然和生)하니 천간에 癸수나 년지에 亥수 등이면 출중한 인물이다

[命造解說]

원래 가을철 己토 허약한 데 연월일지가 三合金局을 형성하니 太弱한 형상인 데 년간 癸수가 太旺한 金을 洩氣시켜 金生水 水生木으로 中和시킴은 한 폭의 그림 같은 명조로 보아야 한다.

위 사람은 서울대 심리학교수에 박사로 저서도 많다.

```
丁 丙 甲 乙
未 午 午 亥
```

　　甲木이 午未火局으로 불이 붙었다. 나무에 뿌리가 없다 木이 불 타버렸으니 간염(肝炎)이다. 甲목이 가뭄 들어서 불에 다 날아가 버렸고 未中己土 午中己土가 돈이지만 燥土라서 바람과 같이 살아진다. 燥土는 조금만 모일만 하면 재앙이 일어나서 허물어지곤 한다. 亥水에 의지해야 하니까 食神用印格이다. 이런 사람은 인수가 필요하므로 학교에 수위라도 하면서 야간 대학이라도 다녀야 한다.

　　性情은 火가 많으니 가볍고 자기노출이 심하고 바닥이 들어난다. 고로 경거망동하지말라고 조언해야 한다. 여자는 상관이 많으면 광대뼈가 나와 있으니까 팔자가 사납다. 식신이 변해서 상관이 되니까 진상관이 된다. 꽃은 만발하였는데 결실인 열매 金이 없다.

　　이 사주에서는 火土가 병이고 水가 약이다.

[대운 바로보기]

壬寅 : 寅午火局 寅亥合木해서 좋을듯하지만 木生火로 나간다. 寅木이 나를 도와주고 몇 배로 나간다. 여기서 비견은 오히려 木生火로 가기에 인수인 水가 좋다.

辛丑 : 亥子丑 北方水局으로 간접적으로는 좋다. 직접적으로는 별로지만 土라도 凍土라서 火生土로 설기가 잘 되어 나쁘지는 않다.

庚子 : 金水로 들어온 대운이라 일단은 좋다. 그런데 원국이 워낙 조열해서 밑 빠진 독에 물붓기다.

[命理辭典]

　　甲日 午月生이 乙亥時를 만나면 甲木이 亥時에 長生이요, 時上 乙比劫이 도우니 약한 木이 강해지나 亥水에 근원인 金이 없으니 金水가 다시 왕성하면 貴格이요, 다시 火土가 왕성하면 破格이다. 座下 寅午戌이면 火炎中에 熱風을 당함과 같으니 金水가 있고 金水運을 만나면 흠이 없으며 만약 金水도 없고 金水운도 만나지 못하면 살아있어도 죽은 듯이 업적이 전혀 없을 것이다.

[실제 이런 사주를 만났다면]

　이 사주는 식상이 太旺하니 가볍고 벌리고 일 시작은 잘 하는데 결과가 없는 사람(有始無終)이고 저도 없으면서 주어야 마음이 편하고 착하긴 한데 단순해서 나쁜 말을 해주면 안 되고 좋게 이야기 해주어야 한다 하나를 알려주면 둘 셋으로 써 먹을 수 있는 사람이고 머리가 비상해서 자기 꾀에 자기가 당하고 살아있어도 죽은 것 같다는 말이 딱 맞다. 되는 일도 없고 어떻게 살아갈지 걱정이다. 대운의 흐름도 별로 좋지는 않으나 그래도 젊어서는 동방 木운이고 중년 이후에는 북방 水운이니 그럭저럭 큰 업적도 없이 살아 왔을 것이다.

　　　　乾 戊 庚 戊 己
　　　　命 申 申 申 未
　　　　 6 16 26 36 46 56 66
　　　대 辛 壬 癸 甲 乙 丙 丁
　　　운 酉 戌 亥 子 丑 寅 卯

　土金사주로 4土 4金이지만 金旺節이라 인수가 필요한데 원국에 없으니 비견겁재를 써야하는 사주로 食神用比格이다. 고로 이런 경우를 대리용신이라고 한다. 申이 역마이고 未가 천역성이니까 오라는 데는 없어도 갈 데는 많다고 申년 申월 申일에 시까지 未토를 만났으니 들랑날랑 바쁘게 살아가야 하는 사람이다. 이 사람은 4토를 가지고 있으면서도 신약하므로 헛발질 잔재주로 자기 꾀에 자기가 넘어간다. 험난한 세상을 살아가려면 기술연마 하라고 해야 하는데 요즘은 면허나 자격증 많이 가지고 살아가라고 조언 해 주어야 한다. 기술도 역마성이 강하니 자동차정비가 제격이다. 여자라면 무관사주이니 남편이 없는 것이요, 직업이 없는 것이니 장사를 해도 길거리장사다. 일주가 戊申이 아니고 戊午라면 상황이 달라진다. 가을철 건조한 흙이라서 金水를 용신해야 한다.

[대운 바로보기]

辛酉 : 傷官 운이다. 반항하고 반발하는 운 비뚤어나가고 가정교육 못 받는 운이다. 酉가 도화이니까 나쁜 데로 나쁜 사람들과 잘 어울려다는 운이다.

壬戌 : 壬수는 재성이고 戌토는 비견이므로 50%만 좋아진다고 보면 된다.

癸亥 : 돋 안경을 쓰고 세상을 보는데 凍土가 되고 陰地가 되더라, 이 이야기는 내 돈이 아니다, 라는 말이고 망신살이니 망신이 주렁주렁 들어온다. 일단 대가는 치뤄야 할 것이다.

甲子 : 申子合 水局 되지만 여기서 木극土 당하니까 得病한다. 위장 허리 대장 쪽이다.

乙丑 : 丑未沖으로 용신이 상한다. 근거가 망살 당한다. 겨울만나서 꽁꽁 얼어버린다. 庚申년에 53세로 세상을 떴다.

[命理辭典]

戊日 申月生이 己未時를 만나면 신약한 일주에 뿌리가 된다. 대체적으로 가을 土는 丙화를 좋아하나 未中丁火로 조후할 힘이 있으며 다시 水나 木이 함께 있어 조화를 이루면 富貴格이다. 座下(앉은자리) 일지에 申이면 木이 있어야 土가 生氣를 얻는다, 라고 되어 있으나 水木은 보이지 않으니 破格이다.

[學習 助言]

水木이 있어야 한다고 되어있는데 水木대운에 안 좋았다. 이는 어떻게 보아야 할까 원국에 있어야 하는 것이 대운에서 만나면 좋을 수도 있지만 안 좋을 경우도 있다. 甲子나 乙丑이 원국에 있었다면 사주자체가 조화를 이루고 있어 甲子 乙丑 대운을 만났어도 별 문제 없었을 것인데 이는 원국이 부식(乙庚合金) 丑토는 金庫藏 地이기도 하지만 凍土라서 戊土에게 도움이 안 되고 丑未沖을 하면서 깨지는 바람에 丁화 역할을 할 수 없는데 대운에 다시 庚申년을 만났으니 戊土는 수명을 다할 수밖에 별 도리가 없다.

```
乾  甲 丙 甲 丙
命  子 寅 子 寅
大  丁 戊 己 庚 辛 壬
運  卯 辰 巳 午 未 申
```
<開花發香格, 木火通明格>

이 사주는 2水 4木 2火인 三神으로 구성된(三象格) 사주지만 寅月의 甲木이 丙寅時를 만나서 建祿格이면서 月時干에 兩丙火가 있어 木火通明으로 食神有氣勝財官이다라 하였으므로 財官을 다 내 것으로 만들 수 있는 사주이다. 甲寅목이라 태풍 모진비바람에도 끄떡없고 太剛卽折이라 하였으나 丙화가 있어서 해당 안 되고 甲목을 불태워 세상을 밝혀주고 있으니 봉사정신이 투철하고 甲木이 꽃이 활짝 피었으니 그 향기 천지에 진동한다. 사주가 깨끗하다만 財가 없어서 사업가 팔자아닌 선비의 사주요, 官이 없어서 명성은 날리지 못하지만 선비로서 교육자로서 출세는 가능하고 처덕은 있으나 자식복은 없고 꽃은 활짝 피었으나 결실인 金이 없으니 마무리가 좋지 않은 것이 단점이다.

[命理辭典]

日과 時支에 두 寅목을 만나니 建祿과 貴祿이 되며 時上에 丙화가 나타나니 寒氣를 제거하고 發秀 정신이 뚜렷하다. 水는 丙화를 傷하게 하니 大忌하며 立春節이라 金도 좋지 않고 雨水 뒤라면 土金이 함께 있으면 貴格이다. 일지에 子나 辰을 만나면 燥熱을 면하니 吉하다.

[學習 助言]

위 사주는 三神相生格에 身旺하고 食傷이 有氣하니 火用神이다. 대운이 용신 운으로 흘러 잘 살아 왔을 것이다 春不用金 이라고는 하지만 대운에서 金이 좀 일찍 왔더라면 더 출세할 수 있었을 터인데 아쉽지만 선비로서 교육자로서 자기할 일은 다 했을 것이다.

乾 壬 辛 庚 乙
命 寅 亥 申 酉

대 壬 癸 甲 乙 丙 丁
운 子 丑 寅 卯 辰 巳

　이 사주는 亥월의 庚申금이 酉시를 만나서 失令 했어도 得地得勢로 신강 사주가 되었다. 食神生財로 3신이 相生하는데 格을 말하자면 食神用財格으로 보아야 한다. 그러나 金水冷寒해서 火인 官이 조후용신으로 필요하다. 원류인 土가 없어 일주부터 시작하여야 하니 自手成家로 보아야 하고 식신이 잘 발달해서 영리하고 똑똑하며 財局까지 놓아서 부자의 사주이다. 목재상이나 조경업 하면 좋다. 巳운이나 申운은 안 좋다. 巳亥沖 寅申沖 巳申刑 寅巳申三刑殺 巳酉合 까지 巳하나가 들어와서 모든 것을 휘저어 놓는다.

[대운 바로보기]
壬子 癸丑 대운 : 초년 고생 좀 했겠다.<金水 冷寒 忌神>
甲寅 : 財用神에 財운이 들어와서 결혼도 하고 돈도 벌고 결혼하고 부자 되고 경경사난다.
乙卯 : 역시 吉하다.<라고 되어 있지만 乙辛沖 卯酉沖으로 財沖이 되어 연려 되는 운이라는 것도 참고>
丙辰 : 冬丑辰 급각살이고 申辰水局으로 병이 낳아간다, 기대치 이하다.
丁巳 : 丁壬合 巳亥沖 寅申沖 巳申刑 寅巳申三刑殺 巳酉合 까지 하면 변화가 많겠는데<巳酉金 劫財로 수갑 채우더라>

세운 庚辰년 운세
　비견 庚금이 辰土 인수를 달고 들어와서 群劫爭財가 되더라, 동업하다 망하고 투서 모약 들어온다. 고로 동업하거나 공동 투자하면 망한다. 지출 많고 배신당한다.<申辰水局되면 식신으로 支出> 멀는 도끼에 발등 찍히고 원수가 한 배 탔다. 庚金 친구가 辰土 문서 가지고 만나자고 해서 (合) 만났더니 보증서 달란다. (申辰水局으로 忌神 운이다) 또 일지로 三合이 되어 역마 힘이어서 이사 수 들어온다 고 보여지나 이사하지마라 (水局은 忌神運)

辛巳년 운세

　寅巳 刑으로 아내가 아프거나 사고 수 보이고 巳亥沖이 되어 식신 줄이 끊어지니 돈 버는 기능이 약해지어 돈줄이 막히고 가는 길, 사는 일이 답답하다. 巳申刑으로 관재 송사 들어오고 신금이 걸고 넘어지니 아는 사람 가까운 친구가 걸고 넘어지더라. 巳酉金局으로 겁재가 되니 종당에는 손해로 이어진다.

[命理辭典]

　亥월의 庚일주라도 乙酉시를 만나서 羊刃으로 허약하지 않고 時上에 나타난 乙木은 비록 절지라고는 하나 亥에 長生으로 용신이고 유력하다. 그러므로 卯未 등이 있으면 부자의 사주요, 丙丁이 있으면 貴格이 된다. 좌하 일지에 寒金인 申을 놓으면 왕기로 水가 더욱 범람하니 간지 나머지 세 글자가 火土라야 格局이 更新된다. 라고 되어있으나 火土도 없고 卯未 도 없으니 富格도 아니고 丙丁도 없으니 貴格도 못되고 金水가 모여 濁格 이 되어 群劫爭財 가능성이 높아졌다.

[學習 助言]

　위 사주는 앞에서 언급 했듯이 4金으로 群劫爭財 가능성이 높고 寅亥 乙庚으로 財合으로 구성된 것으로 보아 돈인 財를 추구하는 사주인이 분명한데 富와 貴가 되는 卯未나 丙丁이 안보이고 金水만 더 모인 경우라서 濁格이 된 것이고 세운에서 재성이 보이면 군겁쟁 재로 탈재인 손재가 되는 것이다. 잘 풀리지 않는 이유는 金水 冷 寒사주라서 이고 火운도 丙이나 巳화는 안 좋고 丁이나 午화운은 좋다.

```
坤  丁 甲 丙 甲
命  酉 辰 寅 午
大  乙 丙 丁 戊 己 辛 庚
運  巳 午 未 申 酉 亥 戌
```
無官에 食神格으로 남편인연 박하고 재물인연 좋다.

食神用財格이다. 辰酉 半合에 寅午 火局이고 午火 羊刃을 시지에 놓았다. 燥熱한 사주지만 辰中癸水에 뿌리 내린 甲木이 木生火 잘한다. 고로 印綬 태강하므로 식신으로 설기시켜야 한다.

女命은 官이 우선인데 辰中癸水가 水庫藏地에 暗藏 된 官이라 부부인연이 적다. 官庫를 놓았으나 喪夫는 면하겠다.〈官庫는 천간에 官이 나타났을 때 喪夫로 본다.〉다행인 것은 대운에서도 천간에 官이 보이지 않는다.

食神用財格이니 아이디어뱅크다. 후중하고 인심좋다. 財가 用神인 사람들은 남편보다 돈이 우선이다. 木火가 병이라면 金水가 약이다.

[대운 바로보기]

乙巳 : 寅巳刑이지만 巳酉合으로 金이 되니 무해무덕하다.

丙午 : 조열하니 忌神 운으로 열매가 곪아 떨어지어 老多功小로 격식이 적다. 고생한다.

丁未 : 未土가 燥土라서 火生土 못 한다 상관이라도 상관 역할 안되니 역시 고생한다.

戊申 : 發福의 기운이 보인다.

己酉 : 土金이 좋은 운이라 전성기로 보아야 한다.

庚戌 : 戌이 火庫地에 寅午戌 火局에 辰戌沖으로 간다. 이 대운을 잘 살펴 볼 필요가 있다.

辰酉合을 沖으로 깨면서 火生土로 설기시키고 土生金으로 연결시키는 辰土를 박살내어 순통을 막아 버렸다. 甲庚沖 辰戌沖으로 맞으니까 친정어머니가 돌아가시고 群劫爭財 浮財 눈뜨고 당한다.

[命理辭典]

辰월의 丙화가 甲午시를 만나니 양인에 時上 甲木까지 도우니 身旺無疑다. 월지 辰中癸水가 있어도 乙木에 洩水生火 할 것이므로 土로 설기하여야 하기에 食神格에 財를 用한다. 여기서 눈여겨 볼 볼 점은 三月丙火는 陽進하는 시기이니 壬水를 만나고 金이 生水하면 上格이다. 일지에 寅목이면 丙火가 長生이고 時上 甲木은 祿으로 木火가 土를 생하니 食神格이다. 다시 金이 있으면 富格이요, 라고 되어있는데 년지에 酉金이 있어 辰酉合으로 土金이 相生하니 부자의 사주로다.

[學習 助言]

위 사주는 食神 辰土가 핵인데 이것이 상하면 죽음에도 이른다하였으니 傷官傷盡과도 같은 이치이다. 그래서 庚戌대운중 戌년에 수명을 다 한다고 봐야 한다.

乾 丙 戊 丙 戊
命 午 戌 辰 子

大 己 庚 辛 壬 癸 甲 乙 丙
運 亥 子 丑 寅 卯 辰 巳 午

3火 4土로 식신이 태과해도 午戌火局 년간에 丙화가 나타나서
신왕하고 子辰 水局을 이루므로 조화를 이루어 좋다.

日時가 辰戌로 沖을 했다. 괴강이고 천라지망에 고장지고 화토가 많으니 종교인 팔자이고 여러 가지로 보아 부부해로는 못하는 형상이다.<辰戌이 兩沖이면 旣就偏房에 獨守空房이다-이미 결혼한 몸이 빈방을 지킨다.> 丙화가 戊戌월에나서 식신격인데 화토중탁에 화토 식신이니 火土食神은 心廣體胖<신광체반-마음은 넓으나 몸은 희생해야함> 이다 고로 여자라면 부자 집 맏며누리 감이라고 한다.

子辰水局해서 食居先 殺居後에 制殺太過에 辰戌沖은 旺者沖發로 토가 더 많아지지만 관식이 균형을 이루어 貴格으로 時上一位貴格이니 장관급 팔자이다.

상 관 격 (傷 官 格)

<1> 상관격의 구성 요건과 응용을 살피다.

[실증철학 원문]
  傷官格의 구성 요건은 월지장간의 本氣가 상관일 경우와 柱中에 상관이 有氣하거나 상관이 용신인 경우도 傷官格이 성립 되는데 丙寅 월이나 壬申
월같이 지지의 氣가 천간으로 秀氣 되어 지지가 허약할 때는 천간 위주로 定格하고 또 丙午나 丁巳 癸亥 壬子월 같이 간지의 음양이 다를 때도 천간위주로 정격한다.
  상관은 일주의 기를 盜氣한다하여 신왕을 요하는데 인수와 균형을 잘 이루면<印綬가 剋 傷官으로 흉작용을 못할 때> 식신과 같은 작용을 하지만 상관의 도기로 신약할 경우 정관을 被傷 시키므로 인하여 상관이 득세하면 겁이 없고 바른말을 잘 하고 상관에게도 덤벼든다.
  [상관은 다른 육친과는 별도로 특징이 많아 자세히 설명하고자 한다.]
  傷官은 도량이 넓은 것 같으면서도 좁고 다른 사람을 위하여 희생하면서도 계산적이고 반듯이 대가를 요구하며 풍부한 상식력과 비상한 손재주는 따를 자가 없으나 有終의 美가 없고 자만심이 강하며 복종을 불허하며 위법행위는 물론이거니와 언어가 불량하고 말이 앞서며 자기가 파놓은 무덤에 자기가 빠져 허덕이기도 한다. 또 심하면 상관은 편재를 생하기 때문에 일확천금을 노리며 투기 밀수 도박에 빠져 종래는 재생살의 이치로 신세를 망치기도 하고 女命은 夫宮이 부실하여 喪夫가 아니면 첫 자손 낳고 이별하며 두 성씨 자손을 두거나 남의 자손 거두는 일도 하게 된다.
  이격에서 가장 두려운 것은 관살을 동반하여 관살과 상식이 서로 싸우면(傷官見官 爲禍百端)재앙인 화가 백가지로 발생하니 관재 송사 상신 소란(官災 訟事 傷身 騷亂) 등 끝일 사이 없는데 안으로는 골육상쟁도 발생한다. 또 인수 태왕으로 상관이 지나칠 정도로 수제(受制)를 받으면 상관상진(傷官傷盡)으로 설기구가 막혀 되는 일이 하나도 없고 또 다시 인수를 만나면 생명까지도 다하게 되는 데 이것을 원서에서는 파료상관(破了傷官)에 손수원(損壽元)이라하였다.

이상에서 말한바와 같이 상관은 한없이 흉한 것 같으면서도 상관이 인수를 동반하여 균형을 이룬다면 선천적으로 비뚤어진 성정을 후천적으로 교정하여 좋은 인품의 사람으로 만드는 길명이 되기도 하고 傷官用財格에 財局을 이루거나 傷官用官格에 官食이 균형을 이루면 부귀영화는 물론이고 출세도 하는 좋은 命이 되기도 한다.

원서에서 이르기를 傷官格은 千變化 萬變化 한다고 하였으나 알고 보면 다섯 가지 유형으로 분류 되는<傷官用印格, 傷官用劫格, 傷官用傷食格, 傷官用財格, 傷官用官格>데 다만 같은 格을 놓고도 用語만 바꾸어 호칭하는데서 基因된 것으로 사료 된다.

한 예를 들자면 月逢傷官을 眞傷官이라 하고<상관이 월에 있으면 득왕한 것이 되어서 眞으로 정관이 상한다고 함> 그 외의 柱中상관을 假傷官이라고 하는데<상관이 失令하여 힘이 없기에 정관이 상한다하여도 假로 상한다하여서임>또 월지상관도 柱中에 對比弱하여 힘이 없어 가상관이 되는 것이므로 이러한 경우를 진상관이 변하여 가상관이 되었다, 하며 타주의 상관이 실령하여 비록 가상관이 되어 있더라도 득세로 왕하면 충분히 정관을 상할 수 있으므로 진상관이 되니 이러한 경우는 가상관이 변하여 진상관이 되었다고 한다. 다시 요약하여 보자면 상관태왕은 진상관이요, 상관쇠약은 가상관격이 될 수밖에 없고 일주 강은 가상관격이고 일주 쇠약은 진상관격 이라고 생각해도 무방하다.

그리고 金水傷官 見官要라 하여 다른 상관은 몰라도 金일주에 水상관만은 金水가 冷寒하므로 金生水로 일주가 약하다하여도 냉한을 제거 함이 우선이라하여 일주를 制剋하는 火관성이 필요하다하여 금수상관격 에서만은 官用神을 專用하는 것으로 이러한 것은 참고용에 불과 한 것이니 너무 이에 고집해서는 안 된다는 말이다.

이번에는 상관에 응용되고 있는 용어를 정리해 보자면

殺居先食居後格 : 年月에 傷食이 있고 日時에 官이 있을 때를 말하며 상식이 왕하면 관살이 관살이 왕하면 상식이 용신이 되는데 가급적이면 균형을 이루어야 貴格이 되고 상관이라도 식신역할을 한다고 함,

食神制殺格 : 관살이 왕하여 상식으로 제살하여야 할 때 붙여진 호칭으로 상식이 용신이 됨,

制殺太過格 : 관살을 제하여야 하나 관살보다 상식이 태왕하여 지나치게 관살을 제하고 있을 때를 말하며 관살이 용신이 됨,
盡法無民 : 制殺太過와 비슷하나 상관으로서 너무 지나치게 관살을 극제하고 있을 때 사용하는 호칭,
傷官傷盡 : 상관은 정관을 피상하기 때문에 상관을 제하여야 되는 경우 상관이 지나치게 剋制 하고 있을 때,
破了傷官 : 상관이 용신인데 인수운을 만나서 상관용신이 완전히 피상 되고 있을 때 인데 식신에서 倒食과 같은 상태,
眞傷官格 : 신약에 상관이 태왕 할 때,
假傷官格 : 신강에 상식이 용신 일 때,
眞傷官 : 變 假傷官格 월령에 상관이 있고 身旺 할 때,
假傷官 : 變 眞傷官格 월령에 상관은 없으나 신약하고 상관이 왕할 때,

[강의노트]
傷官은 극 正官하고, 生 偏財하고, 印綬로부터 극을 받고, 肩劫으로 부터 生을 받는다.
☾ 月에 상관은 부모 대에 망했고, 할 소리 다하고, 똥배짱 좋고, 위법과 불법행위에 데모 앞잡이, 노조위원장, 남자는 자식궁이 여자는 남편궁이 나쁘다. 일주가 월을 생해주니까 逆局이다.

         壬   癸
○ 卯 ○ ○ 風波다   ○ 寅 ○ ○ 薰風이다

卯木은 병목형상으로 水生木이 잘 안 된다. 그러나 인목은 수로가 넓어 水生木이 잘 된다. 濕木과 乾木의 차이다.

☾ 傷官格은
1, 월지장간의 본기가 상관일 때이고
2, 柱中에 상관이 有氣하거나 상관이 용신일 때.

      丙 乙
○ 寅 ○ ○ 月逢 劫財지만 비겁격으로 보자말고 상관격으로 봐라 木의 기운이 상관 丙화에 집중 되었다. 〈寅中丙火가 透干 됨.〉

또한 丙午 丁巳 癸亥 壬子는 천간을 위주로 定格한다.

☾* 眞傷官 ; 상관이 많을 때,
　　假傷官 : 상관이 적을 때, 상관작용 못할 때.

1, 傷官은 盜棄로서 나의 氣를 빼앗아간다. 고로 身旺해야 한다.
　　　　　癸
　○　寅　○　○　癸수라는 적은물이 寅목이라는 바싹 마른 나무를 만나니까 癸수는 어디로 가버렸다. 이것을 여자로 비유하면 水生木으로 자식 돌보다 보니 집안이 흔들리더라.

2, 상관과 인수가 균형을 이루면 상관이 아니라 식신과 같은 吉星으로 작용한다.

　　　　甲 癸　　　　　　　　甲 癸
　○　寅　○　○　　　　○　寅　酉　丑
　　　사례 <1>　　　　　　　사례 <2>

　사례 <1>의 경우 癸수가 甲寅목 상관에 휘둘리고 있기 때문에 순악질이고 나쁜 놈이고 성질 더럽다.
　사례 <2>의 경우 酉丑金局을 이루고 상관을 다스리는 인수가 있어 癸수의 역할이 잘 된다.

3, 상관이 강해서 신약이 될 때는 정관을 被傷 시키니까 상관격자는 겁이 없고 상사에게도 바른말을 잘 하며 경계의 인물인 위험인물이 된다.
　　　　丁　丙　乙
　　　未　午　○　○　乙목의 관이 金인데 火가 많아서 金이 녹는다.

고로 직장 벼슬이 떨어지고 약하다. 이럴 때 나타나는 현상은 남의 뒤통수 치고, 도량이 넓은 것 같으면서도 좁고<내가 생하는 것이 많아 도량이 넓어 보이나 신약하니까 좁고>남을 위해 희생 하면서도 계산이 앞서고 대가를 꼭 요구하며 <즉 내가 너에게 木生火 해줄 터이니 너도 火生土 해주라는 것>풍부한 상상력과 비한 재주는 따를 자가 없다. 그러나 열 가지 재주가진 사람 끼니 걱정한다. <상관이 많아서 관이 없으니까 직장생활이 잘 안되어 어려우니까> 자만성이 강하고<저도 별로 아는 것이 없으면서 얕팍한 지식가지고 아는 체 잘하고 남을 업신여긴다.> 남에게 복종을 잘 안 하고 언어가 부실해서 농과 장난이 심하다. 자기 꾀에 자기가 빠지고 제 무덤 제가 판다. 말이 앞서고 남의 걱정 잘 한다. 상관은 편재를 생하니까 일확천금을 꿈꾼다. 癸 庚 己 庚
　　　　　　　　　　　　　丑 申 酉 午   己土가 土生金 하는
것은 金生水 해 오라는 것인데 신약하니까 완전히 내 것이 아니다. 金이 많으니까 수를 생해 줄 수 있는 힘이 달려서 문제가 되고 水가 財星인데 돈도 여자도 끊임없이 들어오지만 내 것으로 만들어 붙잡아두기 어렵다. 없으면 더 갈구하듯이 바람나기 십상인 팔자다. 남자의 경우 식상이 많으면 자손 궁이 불리하고 남의 자손 키운다. 여자라면 남편 궁이 안 좋아 상부하거나 아니면 자손 낳고 이혼 하든지, 자식 낳는 기계로 전락, 두 성에 자손 낳거나 매 맞고 살게 된다.

☾ 직업 : 기예에 능숙하니까 예체능<미술, 음악, 운동, 방송>
　　　　　기술직 면허나 자격증 가지고 살아가면 좋다.
　　　　　육영사업, 비서직.

✿ 상관격에서 가장 두려운 것은 관식투전(官食鬪戰)으로서 관살을 동반하여 관살과 상식이 相爭 하고 있는 경우인데 "傷官見官 爲禍百端" 이라고 해서 관재 송사 상신 소란 끊이지 않고 골육상쟁이 일어난다. 이러한 관식투전은 상식이 많고 관살이 부족하거나 관살이 많고 상식이 부족할 때 이다.

　　　　　　　乙　　　　　　　　　　　　乙
　　寅 申 巳 巳　　　　　○ 午 未 酉

<1> 官食鬪戰 인데 寅申沖 巳申 合刑으로 하루도 평안할 날 없다.
<2> 官食鬪戰 火金 相戰인데 다행인 것은 火生土 土生金으로 相生
　　되어 乙木은 구경만 하고 있다.

☪ 상관격에서 인수가 많아 상관이 지나치게 受制 되면 "傷官傷盡" 되어 설기구가 막혀 되는 일도 없고 운에서 또 印綬운이 오면 생명까지도 위험하다. 이것을 원서에서는 "破了傷官"이라 한다.

壬　壬　甲　丁
申　子　子　卯

　이런 경우는 水운에 丁이 죽는다. 子卯刑 이니까 강풍이 휘몰아 치고 물이 요동치고 답답하다.

☪ 상관이 인수를 동반하고 있으면 균형을 이루어 吉格이 된다.

戊　甲　癸　辛
午　寅　丑　酉

甲寅 상관과 辛酉인수가 균형을 이루고 또한 인수가 酉丑金局을 이루고 寅목은 寅午火局을 이루니 生剋制化가 좋아 아주 좋은 사주로 변했다.

四柱가 身旺하여 傷官이 用神일 때는?

　상관이라도 식신과 같은 역할을 한다. 그러나 生財할 수 있어야 한다. 여기서도 傷官用財格이라면 財局을 이루고 傷官用官格이라면 官食이 균형을 이루고 있으면 얼마든지 출세하고 부귀영화를 누릴 수 있다. 단 상관용신의 흠이라면 말년에 모략에 의해서 패망할까 두렵다.

원서에서는 傷官格이 변화가 제일 많다고 했는데

　이러한 상관격도 정 5격으로 분류하기 때문이고 많다고 한 것은 호칭을 바꾸어 부르기 때문이다. <위 원문에서 자세히 설명하여 중복 설명하는 것이 되는데 워낙 중요한 부분이라 상기시키는 의미로 생각하시기 바람>月에 傷官이면 상관이 힘을 얻었다 하여 眞傷官이라 하고, 柱中에 상관이 있으면 상관이 약해서 假傷官이라 하는데 이러한 것도 변화가 되는데 만약 월에 상관이라도 사주에 힘이 약하면 가상관이 되니 柱中에 상관이 있는데 힘이 강하면 진상관이 되니 이런 경우가 眞傷官이 변해서 假傷官이 되고, 假傷官이 변해서 진상관이 된다고 하는 것이다. 즉 상관이 강하면 진짜로 보고, 상관이 적으면 가짜로 보면 된다. 이러한 것은 모든 육친을 운에서도 진짜냐 가짜냐 로 구분 할 수 있어야 한다.

金水傷官은 要見官이다.
<金水상관은 官星을 보는 것을 원한다.>

庚 丙
申 子 寅 戌

조후 관살이 있을 때 상식은 내편이다.
金水 陰이 많고 木火 陽이 적다. 木火가 필요하다. 金寒 水冷이니까 火가 필요하다. 고로 金水傷官은 官이 필요하다는 것이다.

丁 丙 乙 丁
未 午 酉 丑

木火傷官도 要見官이다.

金水 운이 좋다. 午월의 날씨가 더우니까 서늘한 金水運이 좋다는 것이다. 이 사주는 木火는 강하고 金水는 약하므로 金水를 써야 발복한다.

戊 己 丙 戊
戌 未 辰 子

木火傷官에 要見官이다.

土극水를 너무 했으니까 자진수국을 살려야 한다. 여름에 火土가 많아서 秘지가 많이 쌓여있으니 子辰으로 비가 와서 씻어가야 한다.

癸 辛 戊 甲
酉 酉 辰 寅

土金傷官에 要見官이다.

金水 陰이 많고 木火 陽이 부족하다.

○ 乙 壬 庚
○ 卯 子 戌

水木傷官에 要見官이다.

상관용인격 (傷官用印格)

〈상관격인데 신약해서 인수를 용신으로 쓰는 경우〉

丁 丙 甲 乙
未 午 午 亥

2木 4火 1土 1水로 亥水를 용신해야 하는 사주로 상관이 너무 많아 多者無者오 無格으로 재주는 많으나 끼니 걱정해야 하는 팔자이다.〈未土財星이 燥土로 財 역할 안 됨〉 그러나

癸 辛 戊 戊
丑 酉 戌 午

이 사주는 상관성이 강해도 조금만 도와주면 균형을 이루어 좋다. 이와 같이 상관용인격 이라도 균형을 이루고 있어 식신격과 같이 취급되어서 박사에 팔방미인이고 淸貴格이며 출신은 평민이라도 귀하게 살게 된다.

여자가 식상이 많다면?
〈傷官格 이면〉
1, 말로 모든 걸 다 까발려 버린다.
2, 해줄 때는 간도 다 빼주면서 잘해주지만 조금 수 틀렸다하면 코너에 몰아 붙여놓고 사정없다.

상관용겁격 (傷官用劫格)

〈신약하면 인수를 써야 하는데 인수가 없어 부득이 비겁을 쓴 경우〉

癸 辛 戊 己
丑 酉 辰 未

이 사주는 5土라도 酉丑 辰酉로 식상이 강해져서 인수인 火를 써야 하지만 火가 없어서 己未土 겁재를 용신으로 쓴 경우인데 이를 두고 대리용신이라고 한다. 이 경우 午화가 제일 좋다 巳화는 巳酉丑 金金이 되어 인수가 귀인이 척 하면서 배신 때린다. 이런 때는 형제 친구 내 편 조심하라고 해야 한다.

상관용상식격 (傷官用傷食格)

<신강하여 상식을 용신으로 쓴 경우>

癸 甲 癸 癸
丑 寅 酉 丑

甲寅월의 癸水로 傷官格이면서 金水太旺으로 상관을 용신으로 쓴 경우인데 印綬局까지 이루고 있어 좋고 원래 상관용 상식격은 욕심 부리지 말고 희생정신으로 살아야 하고 교육 기획연구직이 적성에 맞다. 만물박사이고 理財에도 밝다.

癸 乙 壬 ○
亥 卯 子 ○

남자면 자식 宮이 여자면 남편 宮이 안 좋다.
濕木이라 水生木도 잘 안되고 生財로 이어지지도 않고

상관용재격 (傷官用財格)

<신강하고 상식이 生財로 이어질 때>

戊 甲 癸 辛
午 寅 丑 酉

水生木 木生火로 火가 바로 생기고 火局으로 이어진다.

癸 乙 壬 庚
巳 卯 申 子

水生木이 잘 안되고 그래서 生財로 이어지지 않고 복이 꺼진다.
群劫爭財 할 가능성이 높다.

상관 용재격은 본인의 능력을 최대한 발휘 할 수 있으니까 매사에 자신을 가지고서 임하면 만인에 군림 할 것이다. 재복이 좋아서 생산업에 성공하고 여자복은 주었으나 자손과는 인연이 약하고 여자라면 남편복은 없으나 돈복은 주었다.

상관용관격(傷官用官格)

<食居先 殺居後에 해당할 때>

```
辛 戊 甲
○ 酉 ○ 寅
```

局과 용신이 상반되므로 고생스런 삶이더라, 태어나기는 辛酉로 태어났는데 살아가기는 甲寅으로 살아가야 한다. 고로 정신과 육체가 싸운다. 官食鬪戰이다 라는 말로 格과 用神이 싸우니 정신과 육체가 일치되지 않아 힘들다는 것이다. 이러한 상관용관격은 상식인 부하가 官을 치니까 부하로 인해서 명예가 손상될 염려가 있으므로 목표를 향해서 온갖 정성을 다해야 한다. 이것을 食居先 殺居後 라고 하고 제살태과이고 土金傷官 要見官이다.

```
癸 辛 戊 甲          癸 辛 戊 甲
丑 酉 申 寅          丑 酉 辰 寅
```

官食鬪戰 : 관과 식이 싸운다.   관식이 균형을 이룬
骨肉相爭 : 핏줄을 같이한 사람들   吉命이다. 일단 戊土가
　　　　　 형제 친인척과 다툼   진토에 뿌리내리고 네
　　　　　 전과자 하루도 편할 날 없다.   기둥이 튼튼하다.

상관격에서 응용되고 있는 용어들

[1] 식거선 살거후(食居先 殺居後) : 상식이 먼저 있고 관살이 뒤에 년 월에 상식이 있고 일시에 관살이 있을 때를 말한다.

```
壬 壬 庚 丙
申 子 寅 戌
```

官食이 균형을 이루고 있다.

상식이 왕하면 관살이 용신이고 관살이 왕하면 상식이 용신이다. 그러나 관살과 식상 균형을 이루면 귀격이 되고 상관도식신으로 통칭한다. 〈위 사주는 壬申 壬子로 食神成局, 丙戌 寅戌로 官殺成局〉

[2] 식신 제살격(食神制殺格) : 상식으로 제살해야 할 때
관살이 왕하여 상식으로 제살하여야 할 때 상식이 용신이다.

        庚　甲
    申　申　申　申

食神制殺格이다.
관살이 하늘을 찌를 듯 많고 有氣하다 그러므로 상식인 水가
반드시 필요한 사주이다.

[3] 제살태과격(制殺太過格) : 상식이 왕해서 살이 맥을 못 출 때
관살은 제해야 하나 관살보다 상식이 태왕해서 지나치게 관살을
제하고 있을 때로서 관살이 용신이다.

    壬　壬　庚　丙
    申　子　子　戌

制殺太過格이다.
위 사주는 火가 용신이고 木火 운에 發福한다.

[4] 진법무민(盡法無民) : 제살태과와 비슷하다.
상관으로서 지나치게 관살을 극제하고 있을 때를 말 한다.
관이 법인데 법이 없는 세상을 살더라.

    壬　壬　庚　丙
    申　子　子　戌

위 사주는 火가 용신이고 木火 운에 發福한다.

[5] 상관상진(傷官傷盡) : 상관이 용신일 때 쓰는 말이다.
상관은 정관을 피상하기에 일단 상관을 제해야 하지만 상관을
지나치게 제하고 있을 때를 말한다.
이러한 상관상진이란 용어는 상관이 용신일 때 쓰는 말로

    癸　癸　甲　丁
    亥　亥　子　卯

위와 같이 丁이 상관인데 수극화를 너무 심하게 당해서 丁이 꺼져 가고 있으며 水木凝結로 火가 맥을 못 추고 있을 때 癸운을 만나면 丁癸沖으로 용신이 죽는데 이런 때는 元命(원국)의 癸亥까지 합세하여 丁화를 박살내는데 이것이 바로 파료상관(破了傷官)이다.
이런 때 잘 못하면 죽는다.
위 사주같이 수목응결 되면 정신박약아 머저리아, 등 신체불구 장애인이고 여자면 자궁폐쇄증으로 자식 가지기 힘들다.

[6] 파료상관(破了傷官) : 상관 용신이 완전 피상 될 때를 말한다.
상관이 용신인데 인수운이 와서 용신이 완전 피상 될 때를 말한다.
상관상진은 원사주 구성요건 가지고 쓰는 용어이고 파료상관은 운에서 쓰는 용어이다. 즉 원사주에서 상관상진이 되어있는 사주가 운에서 또다시 운에서 상관이 죽어버리는 경우를 파료상관이라고 한다.

[7] 진상관격(眞傷官格) : 신약사주에서 상관이 태왕 할 때

丁 丙 乙 乙
未 午 巳 酉

子旺母衰의 현상이 진상관이다.

[8] 가상관격(假傷官格) : 신강사주에서 상식이 용신일 때

　　戊 辛
戌 午 辰 酉

時에 상관이니 가상관이다.

[9] 진상관이 변해서 가상관격, 가상관이 변해서 진상관격

甲　　　　　　　　　　戊 辛
亥 午 子 酉　　　　　酉 午 辰 酉

진상관이 가상관으로 변했다.　　가상관이 진상관으로 변했다.
상관이 많아서 진짜(진상관)
상관이 부족하여 가짜(가상관) 이라고 보면 된다.

甲 甲 甲 丙
辰 戌 寅 寅

이 사주는 상식이 용신인데 비견이 많아서 소식의 팔자다.

준 재벌의 소식로 수십억 받았단다.

이 사주는 陽八通에 5木1火 2土로 食神生財 한다.

傷官用印格 事例

癸 辛 戊 丁
丑 酉 辰 巳

先弱後强이지만 일단 신약사주이다.

고로 印綬를 용신한다.

印綬吉運 : 공부하고 부모에 경사 있고 재수 있고 귀인만나고 건강하다.

比劫土運 : 형제 경사요, 동업 수, 좋은 친구로 연결, 단 조토는 不吉.

官星木運 : 인수용신이니 명예는 좋으나 재수는 없다. 쓸데없는 갈투 쓰지마라 일만 분주하고 바빠진다. 구설 시비 쫓겨나는 운.

財星水運 : 인수용신에 재운 만나면 제일 나쁘다. 壞印되고 부도난다. 원유두절, 귀인 떠나고, 모처 불합, 모든 것이 목신에서 온다. 여자 때문에 망하고, 내가 극하러 갔다가 떠내려간다.

傷食金運 : 지출만 늘어나고 아랫사람에게 배신당하고 상관운에 관재 온다. 사표내고 머텅 박히고 여자는 남편이 꼴 보기 싫어진다.

傷官用劫格 事例

癸 辛 戊 己
丑 酉 辰 未

身弱한데 인수는 없고 비겁만 있을 때

戊辰 土도 土生金 하고 있는데 역시 己未土도 土生金하니

용신이 허약 하다.

印綬火運 : 인수운이 제일 좋다. 귀인만나 도움 받고, 좋은 소식오고 승진 수에 문서 운으로 합격에 노력의 대가가 오고, 이사수로 연결하여 매매 수도 있다. 상사에 인정받고 수입 늘어나

고 지축은 감소된다.

比劫土運 : 좋으면서도 받타작이다. 나누어 먹어야 한다. 과신 허세 부리지 말고 동업 불가 戌未 燥土는 안 좋다.

官星木運 : 殺 작용한다. 몸에 병생기고 쫓겨난다. 불안 초조 관재 발생

財星水運 : 인수용신에 財운 만나면 제일 나쁘다. 木火 양이 필요한데 水운 오면 꽁꽁 얼어버린다, 土流 되고 凍結 되고 음지 된다. 여자 돈에 문제 되고 아내근심 재앙이 몰려온다.

傷食金運 : 지가 지 무덤 파고 잔머리에 자가가 당한다. 지축은 계속 되고 수입은 없다. 관재 송사 연결되고 모든 것이 역행 되니 뒤로 넘어져도 코 깨지는 운이다.

傷官用傷食格 事例

```
        戊
    巳 酉 戌 午
```

身旺하고 財官이 없을 때다.

傷食金運 : 식상 金운이 제일 좋다. 투자하고 설계하고 생각하고 모든 계획 세운다 여자는 자손 경사 남자는 부하로 인해 도움 받고 돈이 많이 불어난다.

財星水運 : 戊戌이 土生金 한 위력을 발휘하니 목적달성 한다. 재수 있으니 돈이 저절로 들어온다. 만인에 군림하고 거두어드리고 관리능력 생기고 남자는 연애 하는 운이다.

官星木運 : 水용신이면 대체로 관운까지 좋지만 이런 경우는 凶하다.

印綬火運 : 인수 운은 빛 좋은 개살구다. 투자하지 말고 새로운 일 시작 하지 마라, 돈거래 하지 말고,

比劫土運 : 돈의 흐름이 막힌다. 배신 투서 모략 경재 비력 노출로 망한다.

傷官用官格 事例

壬 癸 壬 庚
子 卯 子 戌

상관격 이면서도 水木凝結로서 신왕으로 바주라,
戌土가 용신이다.
상관격에서 신왕하고 官이 있거나 制殺太過格일 때에 官을 쓴다.

戊 甲
申 酉 辰 寅

관식이 균형을 이루어서 대단히 좋다.

子운은 子辰 水局으로 돈은 생기는데 관리 잘 하라 木火 陽이 부족한 사주이니까 좋은 운이 아니다.

상식인 金운은 제 일 안 좋다. 생각 한 번 잘 못한 것이 평생 후회한다. 관이 없으니까 옷 벗어야하고 명예가 손상 된다. 대들보 부러지네요, 서리 맞는 운이네요,

비겁인 土운은 土生金 金生水로 온다. 재운이나 상식 운에서 흉작용은 이미 시작되었다는 것을 알아야 한다.

특이한 사주 하나 풀고 갑시다.
1978년 3월 29일 08시생의 女命입니다.

戊 丁 戊 丙
午 巳 辰 辰

이 사주는 立夏 당일 辰시 생으로 節入시간이 06시 9분으로 08시에 태어났으므로 丁巳월로 월건을 써야 하는 사주이면서 火土兩神으로만 구성 된 특별한 사주입니다.

이런 사주를 만나면 우선 특별하므로 특별한 삶을 살아야 한다. 라는 전재 하에 장단점을 짚어주어야 합니다. 장점 인자하고 착하나 항상 건강 관리 잘 해야 한다. 임신이 잘 안 되거나 되더라도 유산 가능성이 높으니 조심 하라, 비만도 주의 하고 소화기능이 안 좋다. 등 이 여성분은 미술 교사로 학원 선생인데 임신이 안 되서 인공수정으로 쌍둥이 남자 아들 둘이고 풍풍하더라. 인공수정하면 쌍둥이 낳을 확률이 높다.

坤 辛 丙 己 庚
命 酉 申 丑 午

丁 戊 己 庚 辛 壬 癸
酉 戌 亥 子 丑 寅 卯

無官에 無財사주로 남편복도 재물복도 없고
자손 한을 품고 사는 팔자다.
장사를 하면 路店이고 기술자사주로 뼈 빠지게 노력해서
먹고사는 팔자다.

 巳酉丑에 申이 亡身이다, 月逢망신은 어머니가 재취다. 丙이 丙辛合으로 기반 되어서 印綬작용을 상실하고 있으며 丑土는 酉丑으로 변하되고 金인 상관이 많아서 거꾸로 살아가는 사람이다. 丑土가 탕화이니 한 많은 세상 확 죽어버릴까 보다 한다, 丑午가 귀문탕화 원진이니 미쳐버릴 것 같은 삶을 살아가는 사주다.
己土 전답에 金인 철분이 많아서 박토다. 나무인 木이 성장하기 어려우니 남자 남편 복은 없고 午도화가 인수로서 공부는 생각 없고 오직 연애 하는 쪽만 생각한다, 多者無者로 傷官無格으로 破格사주이다. 고로 읇지 팔자이므로 소실팔자에 잔꾀는 많으나 自繩自縛이고 丙화가 용신인데 合去되어 용신으로 못 쓴다. 眞傷官에 火土가 용신이고 金水가 병이 된다. 버려진 땅으로 삶 노릇 못하고 母衰子旺으로 내가 키운 자식에게 배신당하고 죽도록 희생하고 배반당하는 팔자이다. 정리 하자면 己土에 甲목이 남편인데 들어오기 힘들으니 남편 인연 박하고, 부모덕 없고 배운데 없으니 막되 먹은 여자요, 남편한테 매 맞고 사는 팔자에 소실팔자다. 돈복역시 버는 놈 따로 있고 쓰는 놈 따로 있으니 옛날 같으면 공순이 식순이 팔자다. 건강 역시 허리 약하고(土가 無力함) 위장 안 좋고, 대장암에 기본체력이 떨어지니 보약이 최고다.

[大運바로보기]
丁酉大運 : 丁印綬가 酉에 죽어 들어오니 木生火가 어렵다. 일지 三合으로 일찍 가출했다.

戊辰大運 : 午戌 火局으로 조금 나아지지만 丑戌刑으로 戌이 丑을 없애 버리고 午戌로 火局을 이루어 조금은 좋지만 크게 기대하지 마라. 戌은 역시 가을이다.

己亥대운 : 亥수는 밤이니 낯 찾는 이 없고 亥中甲木과 暗合 하니 여기서부터 숨겨둔 남자로 여기서부터 소식신세 된다.

庚子大運 : 子午沖에 庚금이 떴으니 흉하다.

辛丑大運 : 辛丑은 亥子丑 북방 凍土로서 흉하다. 亥子丑 운은 밑 바닥에서 기면서 살아야 하니

壬寅大運 : 조금 낳아지는 운이다. 여기서부터 자식들과 잘 살았다.

癸卯大運 : 木生火가 어렵다.

[命理辭典]

이요, 庚시 申월에 傷官이 得祿하여 金水가 相均 이나 金旺節에 土가 金에 洩氣 되니 劫比가 다시 있으면 身旺에 상관 용신이지만 火가 많으면 金이 상하므로 不吉하다 年支에 水가 있으면 富局이요, 일지에 丑이면 차가움과 더운 것(寒溫)균형을 이루어 좋다고 하였는데 이 사주는 丙화가 있음에도 合去 되고 酉丑이 金局을 이루어 金이 기승을 부려 균형을 잃었으므로 파격이다.

[命理辭典]

合多有情 이라고 하였으니 신약하여 귀가 없고 己土가 균형을 잃었으니 인간구실 사람 노릇 못하는 팔자로 살아가야 하는 소실의 팔자요,
천하게 천하고 힘겨운 직업이 아니면 숨어서 살아가야 하는 팔자에다 대운까지 金水 忌神 운으로 흘러 산전수전 다 겪고 살다가 늦은 나이 壬寅 木대운부터 좋아져서 그런대로 노후는 잘 살아 갈 것이라고 희망을 주어야 하는 운명이다.

```
乾  甲 辛 甲 丁
命  午 未 午 卯
    壬 癸 甲 乙 丙 丁 戊
    戌 亥 子 丑 寅 卯 辰
```

> 無官에 無財사주나 마찬가지다. 월주 財官이
> 무력한 팔자에 六月 炎天에 물 한 방울 없다
> 수원지조차 막혀버렸으므로 甲木이라도 乙木
> 보다 못하다.

　未月의 甲木으로 正財格인데 정재격은 계산이 앞서니 수학이 발달 되어있다. 고로 月에 正財면 상경계통으로 말해주어라. 정재가 변해서(午未合) 진상관으로 변했으니 木生火로 모두 빠져 나가버린다. 정재가 아내인데 변해서 상식이 되었으니 아내가 돈 쓰는 데는 일등이다. 이런 나무는 고목으로 <바짝 마른나무> 卯木에 의지하니 傷官用劫格 이지만 실지로는 水가 필요한 사주다.

　六月의 나무가 꽃은 만발했는데 열매는(金) 녹이니 마무리가 잘 안 되는 사람으로 유시무종으로 벌리기는 잘 하지만 끝이 없다고 해야 한다<이사람 술 많이 먹겠다.>

　甲木이 午火(말)가 2개나 돼서 스케일 크고 뻥튀기 잘하며 대포를 잘 쏜다. 子旺母衰로 지나치게 건조하니 수족이상 주의해야 하고< 夏卯未 急脚殺>辛금이 폐인데 지지에 火가 2개나 되 폐염 이다. 폐활량 부족하고 水가 신기(腎氣-신장방광)인데 부족하니 스테미너가 부족하다.

　財福은 없다고 봐야 한다. 財인 未土가 燥土로 모래성 쌓기에 해당하고 자녀와의 인연도 약하다. 상식이 많으니까 장모가 두 분인 여자와 결혼 하게 된다. 官이 죽었으니까 감투 명예가 우선이다.

　일은 잘 벌리고 시작은 잘 하는데 즉흥적이고 무계획하며 <水인 印綬가 없어서> 거기에 火가 많으니 기분파다.

[大運 바로보기]

壬申 癸酉 대운 : 천간에 壬癸水가 떠서 金生水 水生木으로 연결
　　　　　　　(通關 -通氣) 시켜 木용신이므로 무난하게 넘어가는 운이다.

甲戌 대운 ; 甲木친구가 戌土 財가지고 와서 동업을 하잔다.(午戌
　　　　　合) 그러나 나무가 다 타버렸으니 재물도 조토로 재로 변했으
　　　　　니 친구 잃고 돈 잃고 戌未 刑이고 卯戌合으로 용신을 合去시
　　　　　켰으니 凶하다.

乙亥 대운 ; 乙木친구 亥수를 달고 들어와서 水生木시키니 친구의
　　　　　도움으로 발전 한다(亥卯未木局)

丙子 대운 ; 子수가 水生木하지만 무력해서 시원치 않다. 그러나
　　　　　子午沖으로 水극火하는데 인수가 상관을 눌렀다는 것은 직접
　　　　　이 아니라 간접적으로 좋아지는 것이므로 즉 땡전 한 푼 들어
　　　　　온 것은 없는데 집값은 올랐더라.

丁丑 대운 ; 丁丑대운10년 가운데 64세가 丁酉년이 되는데 대운과
　　　　　세운이 酉丑으로 金局 되면서 金극木 卯酉沖 하면서 용신을
　　　　　제거하는 흉한 운이라 일생을 마치게 된다.

이 사주는 기술자 사주이다. 고로 조언하자면 기술을 배워라 라고
조언해야 하고 요즈음은 면허나 자격증가지고 살아가면 좋은 팔자
라고 해야 한다.< 컴퓨터, 미술계통으로 디자인 광고 등

[命理辭典]

未月 甲木이 丁卯시를 만나면 會木하여 일간의 뿌리가 깊어(根深) 좋기는
하나 丁火가 투출하여 나무를 마르게 함이(燥木) 병이 되니 약간의 水가
있어 조화를 이루면 局이 순화되어 좋겠는데 일점의 水도 보이지 않는다.
일지에 午화를 놓아 크게 마르게 되어 반드시 水가 있어 金으로서 발수
(發水)해야 발전 하게 되므로 이렇게 건조한 사주는 서북방 운을 만나야
발복하게 된다. 원국에는 물인 水는 보이지 않지만 미력하나마 辛금이 있
고 대운에서 초년부터 金水 운으로 흘러 좋다고 보아야 한다.

```
坤  丁  己  戊  戊
命  丑  酉  戌  午
   庚 辛 壬 癸 甲 乙 丙
   戌 亥 子 丑 寅 卯 辰
```

三神相生格으로 많이 배워 써먹는 교육자 팔자이다.
無官에 官庫까지 놓아 남편복은 안 주었어도 대운
흐름으로 보아 돈복은 주었다.

　　傷官格인데 유축으로 金局을 得局해서 자식농사가 잘 된다. 딸은 잘 되지만 아들농사는 별로다. 남편이 木인데 金극木 받으니까 남편의덕도 별로이고 月에 상관은 남편 복도 약하지만 할 소리 다 하고 살아야 하므로 첫인상은 별로지만 午戌 火局으로 상관을 누르고 있으니 가상관이요, 고로 상대해 보니까 괜찮은 사람이더라.
　　火土重濁 비슷해서 중국 놈 성격도 內在되어있고 종교철학 좋아하고 의심 많으니까(比劫過多) 남편 농사 안 좋고 단 신용은 좋더라(土-信) 신강 하니까 직업여성으로 살아가야 하고 일주가 강한사람은 집에만 있으며 氣가 충만(充滿)해서 남편만 보면 바가지 긁어 버리더라. 고로 기를 약화시키려면 일을 많이 시켜야 한다.
　　土金으로 연결하면 그림 잘 그리므로 응용미술에 소질 있다. 똑소리 나는 여인이지만 남편 복은 안주었더라. 身强하고 燥土에 팔월나무니까 남편이 벌어다 주는 돈 가지고 살림만 하는 팔자는 못 되고 활동해야 하므로 공부 많이 시켜 자립해 살아가도록 해야 한다.
　　이 사주는 傷官用傷官格이다. 土金용신에 木火가 병이다. 금이 용신이지만 목적은 水인 財에 있으므로 남편보다는 돈이 우선이다 월에 상관이면 자존심 강하고 알콩달콩 잘한다. 격이자 용신인 사람은 일방통행이고 고집이 세고 완고하고 개성 있고 확고부동한 성격이다. 이 사주는 인수가 튼튼해서 격을 마음대로 부릴 수 있는데 거기서 바로 자제능력 통솔력이 나온다.

[대운 바로보기]

庚戌 大運 : 午戌火局으로 흉하지만 어릴 때는 부모의 덕으로 살아가니까 좋다고 봐야 한다.

辛亥 大運 : 金水로 촉촉해지고 무게감이 있어 좋다.

壬子 癸丑 大運 ; 辛亥대운부터 30년간 대운 들어와 돈 좀 벌겠다.

甲寅 大運 : 木인 官으로 남자 들어온다. 甲寅은 고란살 홀아비인데 똑똑한 남자다. 시집가는 운으로 그 기간은 넘길 수 없을 것이다.

乙卯 大運 : 卯酉 沖이다. 용신이 날아가고 傷官에 見官이므로 남자 때문에 골병들고 여기서 죽을 사람이라면 寅午戌에 卯가 도화이므로 제비족에 당한다.

[세운 바로보기]

庚辰 年運 : 辰酉 金局이므로 辰戌沖을 해도 좋다.

壬午 年運 : 群劫爭財로 용신 金을 火극金하여 나가는 숨통 막아 놓고 들어오니 돈 날아가고 부도나는데 남들은 나보고 떼 돈 번다고 하더라.

[命理辭典]

酉月의 戊土가 戊午시를 만나서 午는 양인으로 시상 戊土까지 합세로 도우니 비록 秋節이라도 土氣가 건전하다. 火土金이 한 기운으로 서로 도우므로(一氣相生) 월지 酉금이 용신으로 쓸 수 있고 왕자는 설기를 기뻐하니 다시 水가 있으면 傷官用財格으로 富局이 되는데 水가 없어 아쉽다. 일지에 戌土를 놓아 土旺金弱하니 다시 金이 있고 年支에 길신으로 좋겠는데 비록 金은 酉金 밖에 없지만 丑土를 얻어 다행이다. 다만 火土一色에 월지 酉금이 있어 좋고 대운에서 초년에서부터 북방 水운이라 좋다. 중년이후 동방 木運도 약신이 되어 명예롭게 살아가겠다.

[참고해야 할 것]

무리지은 비견 겁재가 있어 水를 보면 群劫爭財로 이어질 까 두렵지만 水가 길신이고 酉금이 月에 內在 되어 다행이고

乾 己 乙 壬 庚
命 卯 亥 申 子

數 8 18 28 38 48 58 68
大 甲 癸 壬 辛 庚 己 戊
運 戌 酉 申 未 午 巳 辰

亥月의 壬水가 日時에 申子水局하고 庚金까지 時干에 나타나서 金水太旺하여 金水는 病이고 木火가 藥이 된다. 亥卯 木局하고 月上에 乙木이 나타나서 木用神이다. 다만 濕木이고 水는 河海인데 水路가 좁아 답답한 삶을 살아갈까 염려 된다.

이 사주는 원래 건록격이다. 그런데 金水태왕에 亥卯木局으로 建祿用傷官格이 되었다. 己土가 자손인데 木극土로 낳아갔으니 벙어리 자손이다. 土가 약하니까 위장병 있고 위산과다요, 水木凝結이고 水生木을 잘 못해서 (亥卯木局을 했어도 濕木이라서) 답답하더라. 고로 이 사주는 木이 용신이지만 목적은 화에 있으니 대리용신이다. 그래서 이 사람은 돈으로 꼬시면 잘 넘어간다.

이 물은 막아서 쓰는 물이 아니라 흘려보내야 하는데 춥고 水生木이 제대로 안 되어 답답한 팔자이다. 월에 건록을 놓아서 조금 착하고 亥月에 水가 많아서 10월 장마 들었으니 쓸모없는 비가 많이 내리고 있어 이 사람은 잘 한다고 하는 일이 쓸 데 없는 일을 많이 하고 北風寒雪로 춥고 배고프다.

[대운 바로보기]

癸酉壬申 大運 : 견겁이 많은 사주에서 인수운과 비견겁운이 들어오니까 아버지가 망하더라, 고로 酉대운에 부친상별하고 임신대운에 喪妻 損妻로 고생하다가

辛未 庚午 大運 : 남방 화운만나 무지하게 좋더라, 吉운이다.

己巳 大運 ; 巳亥冲으로 亥卯未 木局을 깬다. 고로 水生木이 안 나간다. 여기서부터 욕심 부리면 당한다. 巳申刑으로 역마지살에 刑沖이 걸렸으니까, 노상강도 길거리에서 돈 잃어버리는 손재수다.

庚辰 年 ; 金水운에 申子辰 水局 冬丑辰 급각살로 풍 맞는다.

```
乾  丁 丙 乙 庚
命  酉 午 酉 辰
數    7 17 27 37 47 57 67
大  乙 甲 癸 壬 辛 庚 己
運  巳 辰 卯 寅 丑 子 亥
```

이 사주는 乙목 일주가 丙午월로 傷官格인데다가 일시지로 辰酉가 合金局을 이루고 시상 庚금과 년지 酉금이 합세하여 剋木하는 형상이라 괴롭고 일주가 뿌리도 없고 고립되어 천지사방을 둘러 봐도 의지 할 곳이 없다. 본래 일주가 허약하고 無根이면 종을 하는 것이 원칙이나 火가 있어 금에 종도 못하고 화도 따를 수 없으므로 진퇴양난이어서 중화지도로 가야 하는 사주이다. 수적으로 보면 土金과 木火가 4對4이지만 乙木 좌하 앉은자리에 酉금이고 년상 丁화도 酉금 사궁에 앉아있어 金이 왕하고 火가 쇠약한 형상이다. 다만 午월의 火라서 약하지 않고 관살로 신약한 팔자는 식상이 오히려 내 편이라 하였으므로 傷官用傷食格이 된 것이다.

위 사주는 일지 년지 巳酉丑에 午화가 眞桃花가 되어 어머니가 재취로 왔다. 乙목이 뿌리가 없으니까 성씨도 바꾸어 살더라(이 사람 데리고 엄마가 재취해서 성이 바뀌었다) 식상과 관살인 火金이 상전하여 하루도 편할 날 없이 살더라. 상관용상관격으로 격이자 용신이니까 고집이 세고 배짱하나 가지고 살더라. 食神制殺格이고 食居先 殺居後이다.

" 당신은 이 세상에 태어나서 인간의 고락을 누구보다도 많이 격고 살아가는 팔자입니다" 이런 팔자는 안 당해 보는 것 없이 모두 다 당하면서 살아간다. 여자라면 날 날이 팔자요, 그나마 끼로 살아가는 팔자다.

```
乾  甲 丙 癸 癸
命  子 寅 酉 丑
```
數 3 13 23 33 43 53 63
大 丁 戊 己 庚 辛 壬 癸
運 卯 辰 巳 午 未 申 酉

　이 사주는 癸水가 寅中甲木으로 傷官格이 되었다. 身旺하고 金生水 水生木 木生火로 사주의 핵이 丙火로 집결 되고 있다. 초봄의 물이 금생수로 나무 키우려면 火인 財가 필요해서 傷官用財格으로 成立된다, 柱中에 沖破가 없고 財의 근원이 깊어 淸格으로 財가 용신이 되어 가정적이고 인수도화가 있어 멋쟁이가 된다.

　위 癸酉일주는 酉丑으로 金局을 이루어 신강한데 寅월 生이라 傷官 用財格이 된다. 월지 상관이라 영리하고 두루 앞을 내다 보고 사는 팔자이다. 상관용재격은 무에서 유를 창조하고 쉽게 돈 벌고 아이디어 뱅크다. 고로 벤처사업 하면 좋다. 월에 상관이지만 인수가 局을 이루어 뼈 없이 좋은 사람이다. 子丑寅이 있어 아직은 추운데 월간에 丙火가 떠서 역시 조후로도 丙火를 써야 한다. 木火는 좋고 金水는 불리한 명조이다.

[대운 바로보기]
丁卯 大運 : 丁癸沖 卯酉沖으로 부모 궁에 이상 있다. 干沖 支沖 이지만 용신은 살아난다.
戊辰 大運 : 관운인데 공부 할 때 관운이면 반장이라도 해야 한다.
己巳 大運 : 寅巳刑 巳酉金이다. 巳火가 인수로 변했으니 이 대운 까지 공부해야 한다, 사역마가 인수로 변했으니 유학 간다.
庚午 大運 : 寅午 火局을 이루어 돈이 저절로 생긴다. 천간이 庚금이 떠서 학교에서 강의한다, 최고의 길운이다.
辛未 大運 : 이대운도 좋다.
壬申 大運 : 丙壬沖 寅申沖이다. 용신을 완전 제거 한다. 壬이 동업수인데 재앙이다. 친구 잘못만나서 골병든다. 동료모략으로 퇴직함

```
乾  丁 辛 辛 己
命  卯 亥 酉 丑
大 庚 己 戊 丁 丙 乙
運 戌 酉 申 未 午 巳
```

　이 사주는 辛金일주가 亥中壬水 本氣로 傷官格인데 得地 得勢요, 金水 冷寒에 雙淸하여 官星인 火가 필요하나 年上 丁火는 濕木과 金水가 많아 火沒 되어 쓸 수 없고 亥卯木局 財로서 용신하니 傷官用財格이다.

　그러나 최종 목적은 火인 官에 있는데 濕木 이라서 발전 속도가 늦고 따라서 財福은 주었으나 官福은 주지 않았으므로 명예인 丁火까지 욕심 부리다 보면 木多火息으로 불행을 면치 못할 것이다. 그렇지만 丁未 丙午 대운 20년간은 아주 좋아 소기의 목적달성은 하였을 것이다. 그래서 추명할 때는 사주팔자만 보지 말고 대운의 흐름을 잘 살펴야 하는 것이다.

　상관격은 영리하고 재주꾼이다. 無에서 有를 창조하고 亥卯로 상관이 변해서 財가 되어 재복은 주었다는 것이고 官福이 없음은 丁卯로 濕木이라서 木生火가 안 되어서이고 그렇지만 대운이 잘 흐르고 사주가 깨끗해서 운이 좋을 때 크게 발복할 수 있다.

　이사주의 최종 목적은 火인 官에 있으니 권력과 명예를 항상 추구하게 되고 운이 목화로 흐를 때 기대 해볼 만하다. 財局이니 처덕은 있고 정히 자식은 기대하기 어렵다 늦게 소식 得子했다고 한다.

[대운 바로보기]

庚戌 大運 : 辛 庚이 만나니 겁재대운으로 장애가 생긴다.

乙酉 大運 : 卯酉沖으로 용신이 서러 맞고 부러진다, 부친사망 財가 깨진다.

戊申 大運 : 되는 일이 하나도 없다〈申酉戌 30년 대운이 안 좋다〉

丁未 大運 : 亥卯未木局을 이루고 火극金으로 방해자를 없애서 돈 많이 벌었다.

丙午 大運 : 丙辛合으로 감투가 저절로 들어오고 크게 발전하는 운으로

20년간 좋았다.

乙巳 大運 : 巳亥沖이 巳酉丑金局을 이루니 財局이 깨지면서 乙木이 爭財까지 하여 세금폭탄으로 손해 봤다.

[命理辭典]

亥月辛金이 己丑時를 만났으니 수색금약(水塞金弱) 꽁꽁 얼어 불길하니 태양 丙火를 보면 全局이 溫和하지만 金水를 다시 보면 안 좋다. 그런데 좌하 酉金까지 놓았으나 다행인 것은 年柱 丁卯가 있어 맑은 사주가 되었다.

乾 戊 辛 戊 甲
命 申 酉 辰 寅

大 壬 癸 甲 乙 丙 丁
運 戌 亥 子 丑 寅 卯

이 사주는 戊土 일주가 辛酉월을 만나서 傷官格이다. 그런데 申과 辰이 合勢하여 洩氣太甚한 命이 되었다. 시주에 甲寅木까지 만나서 이중으로 공격받는 형상이지만 관살이 있을 때는 식상이 내 편이 되므로 조화를 이룬 형상이다. 制殺太過인 셈이다. 金이 많을 때는 火가 있어야 하는데 木이라도 강하여 다행히 木生火를 할 수 있어 좋다.

傷官用官格이다. 傷官이 局을 이루고 있어 데모 앞장이 노조위원장이다. 土金傷官要見官이라 하였으니 官을 살려야 한다. 時上一位貴格으로 자손이 대들보 같이 큰 인물 된다.

[命理辭典]

戊土가 甲寅時를 만나서 寅에 長生으로 戊丙이 도와주는 데 申월이라 寅申相沖으로 寅中丙火가 傷하며 그런가 하면 時上 甲木이 일주를 극하여 이런 때는 印綬 火가 있어 殺印相生하면 貴局이 되지만 명조에 火는 보이지 않고 일지에 辰土를 놓았으나 申辰水局을 이루어 더욱 허약해진다. 그런데 운까지 북방수운이라서 썩 좋지 않아 삶에 기복이 심하겠다.

[연습문제]

아래사주는 부부로 己亥년 辛未월에 상담해온 상담사주인데 실전사주 연습문제로 활용해 보려 한다.

고객들은 대부분 입에 작크 채우고 생년월일시만 내놓고 술사들에게 내가 왜 왔는지 어떤 문제가 있는지 알아 맞춰보란 식이다. 그러므로 고객과 말문을 트려면 무언가 첫마디 던질 것을 찾아내야 한다. 사주는 맞춰주는 학문이 아니고 상담학이지만 고객들은 술사가 맞춰주기를 바라고 있다.

사례<1> 남편의 사주

44세.1976년 11월 22일 11:25분생						
乾命	丙辰	辛丑	戊辰	丁巳			
수	8	18	28	38	48	58	68
대운	壬寅	癸卯	甲辰	乙巳	丙午	丁未	戊申

0	木	3
3	火	1
4	土	2
1	金	1
0	水	1

사례<2> 아내의 사주

45세.1975년 11월 19일 11:30분생						
坤命	乙卯	戊子	辛丑	甲午			
수	5	15	25	35	45	55	65
대운	己丑	庚寅	辛卯	壬辰	癸巳	甲午	乙未

명조살펴보기

사례<1>의 사주는 丑월의 戊土가 3火 4土 1金으로 구성되어 無官 無財 사주이다(土가 病이고 木이 약신 이다) 운세의 흐름으로 보아 東方木운은 無難했을 것이다. 乙巳대운의 巳화가 문제발생 할 가능성이 많다. 比劫重重으로 郡劫爭財 할 가능성이 많다. 언제? 財星이 운에서 나타날 때, 그러므로 이 사주는 財亂을 조심해야한다.

사례<2>의 사주는 子월의 辛금이 五行全具로 사주가 좋아 보이지만 刑沖 破가 많이 걸리는 사주에 왕지인 도화가 강하여 팔자가 드센 명조로 보아야 한다.

<1> 사주의 核을 찾아야 한다.

　　　위 명조 해석에서 핵심은 찾아냈다.

<2> 대운과 당년운세를 살펴본다.

　　　남편은 巳대운에 己亥년이다. 己土는 겁재요, 亥수는 財星인데 이 사주에서는 재성이 나타날 때 문제가 반드시 발생 할 수가 있는데 己土 겁재가 재성 亥수를 달고 들어와 대운 巳화와 沖을 한다면 반드시 이 사람은 재성에 문제가 발생하게 되는데 여자문제냐 아니면 재물의 문제냐가 헷갈린다. 그러므로 이 사람이 직업이 무엇인가를 알아야 식별하기 쉽다. 사업이나 상업을 하게 된다면 재물로 인한 큰 손재수로 보아야 하지만 평범한 직장인이라면 배우자 나 여자 문제를 거론해야 한다. 직업은요? 라고 물어 봐야 한다.

　　　　　아내의　당년 운세를 살펴보자.

　　　己土는 편인이고 亥수는 상관인데 亥수를 만나면 亥子丑 水方局을 이루게 되는 命이므로 상관성이 강해진다. 상관은 정관을 극하므로 반드시 남편이나 직장이 상하게 되는 것은 자명한 사실이다.

　　　　　　　결론적으로 말하자면

　　　이 부부는 이혼문제가 우선일 것이다. 특히 辛未 월을 분석해보자면 未土가 丑未 남편 丙화를 合去 시킨다. 未土 역시 丑未冲으로 발동이 걸린다. 위 부부는 이혼문제로 상담해 왔던 것인데 이와 같이 첫 말에 부부문제나 재물문제가 요동을 치는 운이라고 넌지시 말을 건네면서 말문을 터야 한다. 고객이 맞아요, 저 이혼문제로 왔어요, 라고 한다면 지금부터는 상담으로 가야 하는 것이다.

　　　　　고객은 다른 고객을 몰고 온다는 것을 잊지 마시기 바란다.

　　　그러므로 고객 하나에서 시작하여 열로 백으로 입소문만이 가장 빠른 선전효과를 내게 된다. 그러나 실전에 들어가면 어려운 문제들이 많이 부닥치게 된다는 사실을 알아야 한다. 사주공부만 열심히 하면 사주를 잘 볼 것 같지만 막상 임상에 들어가면 術이 學을 우선한다는 점에서 본 강의노트에서는 분석 하나 하나에 모두 術이 들어간 해설들이다. 여러분은 이런 말 하나라도 헛되이 흘려 넘기지 말고 머릿속에 넣어 자기 것을 만들어 述로 써먹기만 한다면 최고의 술사가 될 것이다.

　　　지금부터 시작되는 정재격에서 부터는 원본을 살려 강의하실 때 쓰셨던
　　　　속어(사투리)도 그대로 사용하게 됨을 알려드립니다.

정 재 격(正 財 格)

<1> 정재격의 구성 요건과 응용을 살피다.

[실증철학 원문]
　正財格의 구성 요건은 월지장간의 本氣가 정재일 경우와 柱中에 정재가 有氣하거나 용신인 경우도 正財格이 성립 되는데 일단 일주가 실령으로 신약이 되므로 身旺이어야 한다.

[강의노트]
正財 = 정당한 재물이고 노력해서 벌어드리는 재물이다.
단, 정재도 신강해야 내것이고 신약이면 도망가고 푼밖으로 돈다. 正財格이 잘맞 연결되면 오로지 방이고 나의 마누라밖에 모른다. 여기서도 財生官의 여부를 보아야 하고 財多身弱이면 관리직으로 남의 돈 벌어주라는 八字이다.

☪ 정재격은
① 月支의 장간 本氣가 正財일 때
② 柱中의 正氣가 有氣할 때
③ 正財가 用神일 때를 말한다

正財格은 日主가 실령으로써 일단은 身弱이 되니까 身旺함을 필요로 한다. 제일 좋은 正財格은 가령
　　　丙 辛　　　丙辛합으로 서로 싸이클이 잘 맞는다.
○ ○ 酉 ○
→ 격으로써 득령하여 있는 사주는 월지에 인수, 편인, 비겁이 있을 때뿐이다.

<1> 正財格이 吉格으로 구성되려면
① 財局이어야 한다 : 財가 局을 이루고 있으면 따봉이다.
② 身旺해야 좋다 : 財를 충분히 다스릴 수 있으므로
③ 冲破가 없어야 좋다
④ 天干으로 투출되어야 좋다 : 자랑이다
⑤ 運이 좋아야 한다 : 운이 좋아야 선천적인 사주를 후천에서 모두 받아먹는다. 고로 운이 좋아야 세상 살맛나고 세상을 잘 만난다.
<2> 正財格은 身旺 財旺해야 좋은 격이다.

　　　　丙　　　　財는 官을 동반하고 있거나, 식상을 동반하고
丑 酉 午 寅　　있으면 좋은데 상식을 동반하고 있으니 돈 떨어지면 또 생기더라.

만약 水인 官을 동반하고 있으면 水剋火 하니까 火剋金을 못하더라. 이것은 財가 官을 동반하고 있으면 財를 剋하는 비견겁을 官이 막아주며 또한 처(財)와 자식(官)이 함께 있어서 완전한 가정을 이루고 있는 것과 같고,

傷食을 동반하고 있으면 傷食은 財의 뿌리가 되고 일주와 財의 사이에서 통관시켜 주고 있으니, 재를 보호하게 되므로 이것을 食神生財라고 한다.

正財格 : 재정 공무원- 午는 丙에게 羊刃이지만 寅午로 합하여 오니까 羊刃의 작용이 나오지가 않는다. 寅은 丙에게 인수이지만 午에게도 인수이고 酉에는 財가 되더라.
偏財格 : 사업가로 봐라.

→ · 月에 正財니까 부모덕 있고 부모가 잘 산다. 월에 재가 있으면서 그것이 용신이면 공부 잘 하는데 수학이나 계산격이다.
　　· 財는 내가 剋하는 것이므로 통솔격, 개척정신이고 자립정신

- 302 -

이다. (일주가 강하니까 자립정신이 저절로 생긴다)
- 부귀겸전에
- 현처에 귀자(貴子)이다 : 巳酉丑局으로 처가 아주 예쁘다

○ 財星이 인수를 剋하여 壞印이라고는 하나 財星이 희용신이라면 財星이 공부가 되므로 무관하다.
○ 財星은 傷食의 설기처를 확장함과 동시에 生官하여 日主를 剋制하게 하므로 中和를 하는데 제일 중요하다.
　가령　火 → 土 → 金
　　　　세 개　하나
火生土로 빠져나가는 구멍이 적은 데 金이 있으면 土生金으로 빠져 나가는 구멍이 확장 되어서 잘 빠져 나간다.

◎ 柱中에서 財星이 太過하면 ,,,,,
- 主客이 전도이다(顚倒) : 내가 극하러 갔다가 오히려 당하게 된다. 안방 내주어야 한다.
- 財生殺이 된다
- 壞印이다
- 多財無財이다 : 서출, 조실부모, 남의 집 밥 먹어본다.
- 처에게 신세지고 산다
- 여자는 我財生夫에 反成其辱이다 : 내것 주고 배신당한다.
　가령
　　　　丙　　　　火剋金으로 내가 剋하려 갔다가 당한다.
　丑 酉 申 寅　　고로 안방 내주어야 하고, 가는 방망이 오는 홍두깨이다.
　　- 財多無財에 걸려서 내것이 아니니 가난하게 살더라.
　　- 財生殺이다. 공부도 못한다.
　　- 破格으로써 濁格이다.
　　- 꿈에서 돈 번다(夢中得金)

- 사기꾼에 거짓말쟁이다.
- 마누라가 벌어먹고 살아야 한다.
- 여자면 돈에 속고 사랑에 속고 몇번이나 눈물을 흘렸더냐?

◎ 四柱에서 財가 冲 받고 있으면 살림 한번 엎는다. 또한 十二神殺로 日支에 劫殺 놓고 있는 사람도 살림 한번 엎는다.
가령
　　　　辛　辛　　　　　卯酉冲이다. 卯는 木으로 3, 8이니까
　　ㅇ　卯　酉　丑　　　살림을 3번은 엎어야 하더라.
또한 正財格 자체가 冲刑을 만나도 살림 한번 엎는다.

◎ 正財格에 해당하면 ,,,,,,, 즉 月에 財 놓고 있으면,
　　가령　　癸　丙　　　　月에 正財(酉) 놓고 있어서 아버지가
　　　ㅇ　酉　午　寅　　이 사주에게 물어 보더라.
　　　　　　　　　　　　"너 앞으로 뭐 할꺼니?"
"저도 아버지처럼 금융가가 될 거예요~" "미친놈아! 넌 돈 걱정은 많고 金生水로, 너는 권력 좀 쥐어라. 니가 쓸 돈은 내가 충분히 벌어 놓을테니까~" 하더라.

고로　① 선친이 財政職에 있을 때 출생되었고
　　　② 암산이 무지 발달되어 있고, 수학적 계산이 빠르고
　　　③ 正財니까 노력의 댓가만 취하니 큰 부자는 어렵더라.
　　　　 (大, 正, 文, 善, 祥, 學 字 등이 이름에 들어 있으면 바른 글자이므로 큰돈이 안 따르더라. 官)
　　　④ 타인의 재산관리나 재정행정에서 두각을 나타낸다.
　　　⑤ 早婚의 경향이 있다 : 年月이 먼저이니까.
　　　　 그만큼 성감의 발달이 빠르더라. <남자에게 財運이면 回春되어 지니까 장가가고 싶어지고, 세상의 모든 여자들이 모두 예뻐 보이더라.>

⑥ 남자는 年月에 財가 있으면 연상의 여인과도 인연있다.

⑦ 남녀 공학이다 : 財가 필요한 남자는 일부러 여자친구 사귀기를 장려해주라. 그러면서 말을 안 들으면 여자 친구에게 이른다고 하면 말을 잘 듣더라.

·) 女子가 身旺財旺에 無官星일 때는 일반적으로는 돈은 많으나 서방님 인연은 약하다고 말하기 쉬우나, 財가 旺하면 財生官을 할 수 있으므로 서방이 없다고 단정적으로 판단마라. 즉 財生官의 여부를 살펴야 한다.

女子가 身旺財旺하면 : 받을 복이 있다(財는 살림이고 창고 열쇠이니까,,,,)
복수록 예쁘고 시집가면서 시댁이 잘 되고(친정은 기울더라), 음식 솜씨 좋고, 서방님을 출세시킨다.

여기서도 똑 같은 財라도 燥土가 되어 있거나, 濕木이 되어 있거나, 冷水가 되어 있거나, 火가 많아서 火生土 해 봐야 燥土가 되거나, 金生水 했는데 濁水가 된다면 조화(造化)를 이룰 수가 없어서 이럴 경우는 돈에 집착한 나머지 남편의 궁이 부실하므로 어느 한 가지 이론으로만 치우치지 말라.

坤　　　　甲　　　　甲木이 土인 財가 많으나 돈복은 주었으나
命　丑　未　戌　○　서방님 복은 안 주었다. 남자면 돈복, 처복은 주었으나 자식복은 없더라.

⊙ 財多한 四柱는 돈복은 원래 많지만 財多하니까 공부복은 안 주었더라. 그러나 財가 많으면 암기력, 계산력 하나는 기가 막히더라. 기억력이 너무 좋아서 길눈이 밝더라.

◉ 육친중에서 재성이 중요한 이유는 食에 해당하고 있고 경제를 주도하고 있기 때문이다. 고로 財가 用神이면 상식운, 재운, 관운까지가 모두 좋더라.

◎ 正財用印格(정재용인격/별칭 샷다맨) : 正財格인데 신약해서 인수 용신인 경우 → 돈 벌기 위해서 공부해야 하고, 좋은데로 장가가기 위해서 공부해야 한다.

癸 辛 丙 庚　　丙이 뒷집의 辛과 결혼하자고 하니까 辛金이
丑 酉 辰 寅　　"木生火로 어머니 젖 좀 더 먹고 와라! 하더라", "과거급제 한다면 너에게 시집갈 께!"
아버지가 너무 똑똑해서 아버지 눈에는 丙이 항상 철없는 2살짜리로만 보이더라.

→ 格과 用神이 相戰하고 있으니, 시댁을 따르자니 친정이 울고 친정을 따르자니 시댁이 우는 八字이다.
　시댁의 가문은 좋은데 친정은 별 볼일이 없더라.

• 무슨일이던지 처음에는 성공하지 못했어도 포기하지 말고 계속 매진하라. 즉 正財에서 시작해서 印綬로서 꽃을 피워야 하니까, 당황하지 말고 대처해야 하는데, 초년의 계획이 중도에서 궤도 수정이 불가피 하다.
　처음에는 돈이 세상사는 전부인 줄 알았더니 살다보니까 인수인 德을 갖추어야 하겠더라.
• 사업하지 마라
• 조금 신약하고 運이 좋으면 貴命이 될 수 있다.

⊙ 정재용겁격(正財用劫格) : 인수가 없어서 견겁이 용신일 때
癸 辛 丙 癸   印綬가 없으니 공부도 못했고 부모덕이 없다.
丑 酉 辰 巳
→ 일주가 약해서 타인에게 얕보이지 말라.
· 본인의 세력을 확충해야 하니까 형제, 친구를 의지해서 본인의 이득을 추구해야 한다.
· 財를 탐하지 말고 항시 현실에 만족하면서 정진하라.

⊙ 정재용상식격(正財用傷食格)
　　　甲　　　　甲木이 未가 正財니까 부모에게서 물려받은
亥 未 子 午　　재산은 많은데 亥未로써 없어 졌으니 남의 보
　　　　　　　　증 서주고 망했거나, 공부한다고 있는 재산 모
두 팔아먹고 있는데 火가 용신이니까 다시 火生土로써 원대 복구 시키려고 노력하고 있다.

⊙ 정재용재격(正財用財格) : 格이자 用神이다.
　이 格에서도 傷食을 동반한 格이어야만 사주가 더욱 좋다.
　→ 格이자 用神이니까 콩 심은데 콩나고 팥 심은데 팥 나더라.
　　辛 丙　　　　오로지 자기 마누라밖에 모르더라.
　○ 酉 寅 午
· 月에 財 놓고 있으면 상경계이다.
· 매사에 정확하고, 착하고, 거짓 없고, 정도를 간다.

⊙ 정재용관격(正財用官格) : 正財格 중에서 제일 좋더라.
→ 格이 用神을 뒷받침해 주므로 튼튼하다.
　　財官인 二德을 겸비 했으니까 貴格이다.
· 格보다 用神이 앞서고 있어서 출신보다는 성공한다.

辛 己　　身신강하여 寅午 火局을 써도 된다.
午 寅 酉 丑　　정재격에 官이 用神이면 부귀를 갖추었으니
　　　　　　　따봉이고, 신강하니까 건강도 하더라.

◉ 정재용인격(正財用印格)
　癸 庚 丁 壬　　金多火熄이니 寅木인 어머니에게 의지해야
　酉 申 丑 寅　　한다. 김치국부터 마신다.

→ 木運(印綬運) : 귀인 만난다. 돌아가신 어머니가 살아오는 것만큼 좋다. 모든 일이 계획대로 잘 된다. 덕이 갖추어지니까 철들게 된다.
· 火운(비겁운) : 비견겁을 모아서 火剋金을 하니까 金이 약처라면 그 동안에는 서방이 전기가 안 왔는데 전기가 좀 오더라. 고로 지 서방이 최고라고 하더라. 자립하게 되고 형제 친구에게 경사 있고, 단 독식은 안 된다, 동업수도 좋고,
· 金운(財運) : 탐재격인 되고, 부도나고, 집 날아가고, 관리 능력이 없어지고, 대들보 부러진다. 서러 맞는다.
　마누라가 속 썩이고, 건강 나빠진다.
· 水운(官運) : 겨울운이니까 짐만 되더라(관살운이니까,,,)
　죽도록 일해도 나에게는 좋지 않더라.
· 土운(상식운) : 濕土는 나쁘고, 燥土는 조금 났다. 골병드는 줄 모르게 골병 들고, 망하는 줄 모르게 망하더라.
　자기 꺼에 지가 빠지고 내것 주고 바보 된다.

◉ 정재용겁격(正財用劫格) : 정재격에서 인수가 없고 견겁일 때,

　癸 庚 丁 丙　　우선 印綬가 없으니까 부모덕이 없다. 火일주
　酉 申 丑 午　　가 터를 팔았는데 동생에게 팔았다.
　　　　　　　丙이 더욱 잘나서 동생에게 의지해야 하더라.

→ 木운(인수운) : 귀인 만나고, 인기 좋아지고, 원류가 들어 오니까 뭐든지 풍부해지고 자신이 생긴다. 문서 생긴다.
• 火운(견겁) : 火운으로써 火剋金으로 다스리게 되니까 모든 사람에게 인정받고 좋기는 한다. 단 전체적인 균형을 보아야 한다.
• 水운(官운) : 子午冲으로 火가 없어지고 子申水로써 나쁘다. 우선 건강이 나빠지고 생명까지 위험하게 되고 관재구설이고 여자면 이혼수이다. 자식에게도 배신당한다.
子丑合의 작용은 알고서도 당한다.
• 金운(財운) : 金운도 나쁘지만 水운이 더욱 안 좋다. 여자 주의하고 욕심부리지 말라, 허욕이다. 火剋金하니까 잡은 돈은 잡지만, 하나 들어오고 셋이 나간다.
이럴 때 사업한다고 하면 " 당신은 사업할 수 있는 능력이나 돈 관리할 수 있는 능력이 부족해요 ~ "하라는 것이다.
• 土운(상식운) : 濕土운에서 지출이 많아지더라.
甲 丙 甲 乙   丙이 用神이다. 火가 用神인데 丙寅月이라서
申 寅 子 丑   전생에서 벌써 좋은 大運 10년은 까먹고 들어 왔다. 壬申대운에서는 凶하다. 丙壬冲, 寅申冲으로 꽃이 떨어졌 는데 출마하겠다고 하더라, "안 됩니다"

⊙ 정재용상식격(正財用傷食格)
　　　　乙　　　　정재격인 데, 신왕해서 午가 用神이다.
午 辰 亥 子　　子辰 水로 변했으니까, 꼭 돈 주고 뭐든지 사면은 헛것만 사더라.

亥子辰으로 땅(辰) 팔아서 공부하려 하는데 그래도 되겠는가 물어 오거든 木生火로 연결되니까 써 먹을 수 있겠다. 財가 印綬로 변했으니까 돈 주고 공부해서 火로써 가르쳐야 하겠다. 고로 연구직이나 교육계로 가라.
여자면 木일주에 火가 있고 인수니까 예체능이고 무용이 좋더라.

- 火운(상식운) : 用神이 局을 이루니까 10년 묵은 체증이 넘어가고, 고목에 꽃이 피었더라. 아랫사람의 경사 있고 내가 생각하는 것에 경사 있더라.
- 土운(재격) : 木生火로써 내가 뿌린 씨앗이 결실되어 지더라. 목적 달성되어 지고, 재수 있고, 마누라에게 경사있다.
- 金운(官) : 金운에 골병들고 水운에 터진다.
  상관견관 위화백단이니, 관재구설, 해 넘어가고 누명, 모략이다.
- 水운(인수운) : 귀인이 아니고 원수다. 순통 막고, 혈압 오른다.(水剋火 하고 水生木으로 들어오니까) 남들은 배 터져 죽는다고 하는데 나는 배고파 죽겠더라.
  火가 꽃인데 水剋火 하니까 꽃이 떨어지더라.
  水가 많으니 부목이고 표목이 되니까 마음이 방황하게 되더라.

⊙ 정재용재격(正財用財格) : 格이면서 바로 用神이 되는 것.

　　己 丙　　　8월의 丙이 寅午로 꽃 피워서 酉로써 결실 맺
○ 酉 午 寅　는다. 단 꽃에 비해서 열매가 적으니 노력의 댓가가 적더라. 고로 이런 사주면 녹봉도 적게 줘도 된다. 재운보다 水운이 좋더라. 즉 財보다 官이 더욱 더 좋게 작용하니, 부귀겸전에 원수가 은인이고, 갈투가 저절로 들어오고 목적 달성이 된다.

- 金운(財운) : 돈이 저절로 들어온다. 쓰기보다 벌기가 더욱 쉽더라. 처갓집에 경사있고, 마누라가 예뻐 보인다.
  내가 剋하는 것은 계산이니 계산대로 적중하더라.
  내가 剋하는 것은 만인에 군림하더라. 고로 지가 제일 대장이더라.
  가령 庚辰년에는 歲君으로써 庚辰이 대장인데 임금이 나에게 와서 물어 보는 것이니까 얼마나 좋겠나?

- 火운(비겁운) : 도둑놈 옆구리에 끼고 산다. 친구에게 배신 당한다. 火가 凶 작용하니까, 털어 보았자 먼지밖에 안 나더라.
- 木운(인수운) : 卯酉沖으로 核이 떨어진다. 破格이더라.
  인수는 시작이니까 보증 섰다가 망하고 시작했다가 망한다.
  엄마(卯)와 마누라가 싸우더라 : 운이 이긴다(卯가,,,)
- 土운(傷食) : 辰丑운은 요령이 생기고 마음도 후중해지더라.
  장모님이 왔다 갔다 하면서 인정하더라.
  즉 장모님만 왔다 가면 돈이 들어오더라.
  未. 戌운은 좋지가 않더라.

⊙ 정재용관격(正財用官格)

```
癸 丙        癸인 正官이 用神이다. 月에다가 財를 놓아
○ 酉 午 寅    서 돈 벌려고 하다가 아버지가 망하더라.
```
"너는 돈 걱정 말고 권력을 갖거라,"
丁己日 財官格으로 봐도 되더라.
그릇은 財지만 官이 用神이니까, 출신보다 한 단계 높게 살고, 格이 用神을 돕게 되니까 이 자체가 바로 상부상조 하는 것이다. 인덕있고 계획대로 모든 일이 잘 되더라.
육체(格)와 정신(用神)이 결합이 잘 된다.

- 水운(官) : 명예 따르고 승진하고 갑투 쓴다, 원수가 은인된다.
- 金운(財) : 돈 생기고 승진한다.
- 土운(傷官) : 제일 凶하다. 土剋水로 역충쉬어 이다.
  쳐천에 휴직이고, 많이 잘못해서 벼슬 낳아가고
  아랫사람의 잘못이 내 발등에 떨어진다.
- 火운(비겁) : 비견겁 운에는 내 자리를 누가 자꾸 탐내는 것과 같은 생각이 들더라. 그래서 옆의 친구들도 자꾸 의심

하게 된다. 또한 이럴 때 배신자가 나오고, 투서가 들어오고 원수가 한 배를 탔고, 동상이몽이다.

" 한 하늘 아래에서 태양이 둘이고, 배는 하나인데 선장은 둘이다"

=> 한직으로 가서 근무하고 그 운을 넘겨라.

💡 50대 전후의 여자들에게 하는 말 ----
상관운에 신수 보러 왔다면?

" 참 지난 해 넘어 오느라고 고생 많으셨소, 서방은 꼴도 보기 싫고, 자식도 속 썩이고, 내가 누구를 위해서 종을 울렸나 하고, 방황도 무척이나 하셨겠는데, 그래도 보따리 싸가지고 도망 안 가고 여기에 오신 것 보니까, 참 견디고 오시느라고 수고하셨네요, ~ "하면 그냥 감격해서 눈물 흘리더라.

즉 己土 일주가 작년이 庚辰년으로 傷官年이었는데 올해 辛巳년에 신수 보러 왔다면 위의 말을 Im라는 것이다.

```
   壬 丁      坤命    申 속에 壬이 있다. 申인 어머니가 자식에
   ○ 申 ○ ○         게 말한다. " 아들아 너의 마누라 단속
                    잘 하거라 丁壬合 하는 것을 내가 보았다."
```

```
       乙            乙이 未에 自庫이다.
   ○ 未 未 ○        "당신은 두 번 죽었다 살아나야 하는 사주네
                    요" 교통사고 나서 2번 죽었다 살았다고 하더라.
```

💡 윤달의 신수는 공달로써 궂은 일 많이 하더라.
나이 많은 사람들은 묘지 이장, 조상 관계 등이다.

乾 癸辛丙庚　　　　　　　財多身弱
命 丑酉辰寅　　　　　　　木火 吉神
　　　　　　　　　金이 病神 藥은 火다

庚己戊丁丙乙甲
申未午巳辰卯寅

→ 酉丑, 辰酉, 丙辛合, 辰酉合으로 干合支合이다.
- 正財格이다. 고로 착하기는 한데 아버지가 너무 똑똑해서 아버지와 대화가 안 되더라. 신약하니까 지구력, 인내력이 약하고 시작의 명수에다 욕심이 많고 저는 자신을 하는데 金多火熄으로써 관리능력이 없더라.
  酉丑, 辰酉合이니 淸格이나 時上에 偏財가 있고 身弱 하니까 先淸後濁이 되었다. 깨끗하게 태어난 몸이 살기는 더럽게 사는 데 그 이유는 욕심이 많기 때문이더라.
- 학마가 많으니까 공부도 끝까지 못하고 木生火로써 맨날 얻어 먹고만 살게되고 마누라, 처갓집 콤플렉스이다. 저보다 처갓집이 더욱 잘 살더라.
- 午가 들어와서 힘을 받아야 하고 木生火로써 공부해야 한다. 이 사주의 대장은 마누라이다 정재용인격이다. 財多身弱이다.

왜? 시작의 명수요, 욕심이 많다고 하였는가,
火는 늘어놓고 벌리는 일 좋아하는데 식신까지 잘 발달 되어서 한 말이고
財多한 命은 욕심이 많다고 본다.

○ 大運
庚申대운 : 生不如死이다. 寅申冲이다. 먹는 것마다 체하고 많이 아프고, 日支 三合이니까 집 나간다, 巳酉丑에 申이 망신이고 父와 母가 不合한다.

己未대운 : 傷官운이다. 매운 오리 새끼이다. 단 木이 未에 入墓이
  나 未는 여름이니까 괜찮더라.
戊午대운 : 丙이 寅木에 의지하고 있다가 午를 만나니까 자기자리
  를 찾게되고 전성기이고 旺官이다, 吉運이다. 내 설 자리를 알
  게 된다.
丁巳대운 : 寅巳刑으로 用神이 병들고 巳酉丑으로 金局이 되니까 戊
  午대운에서 죽도록 돈 벌었던 것이 巳火 비겁에게 당하더라.
  나도 모르게 내 집(寅)이 타인의 명의로 돌아가고 친구가 배신
  하고 천라지망으로 관재이다.
丙辰대운 : 丙이 꺼져 들어오니까 크게 기대하지 말라.
己卯대운 : 용신인 木을 도우면서도 正財格을 乙神冲, 卯酉冲으로
  冲破해서 破格이 되므로 기대하기 어렵다.
  성격은 명랑하나 조급함이 흠이고 부모의 유산만 잘 관리해
  도 삶에는 일단 성공이다.

[命理辭典]

　　酉월의 丙화가 庚寅시를 만나서 시지에 得長生이고 寅中에 印比가 같이 왕성하여 약한 병화가 오히려 왕 해졌는데 시상의 庚金이 月建에 通氣되어 財星이 극성해 졌으니 인성이 일주를 生助하며 官星이 있어 財星을 설기시켜 인성을 접속하면 順局이 되겠는데 일지에 식신 辰土가 월지 酉金과 辰酉合하여 財가 더욱 극성하니 본명은 主色을 삼가야 할 것이며 다만 관성 癸수가 연상에서 재성을 설기하여 조화를 이루어 그래도 順局이 되므로 대운에서 동남 木火운으로 흐른다면 대체적으로 무난한 삶을 살게 된다.

　　그런데 다행이도 청년기부터 남방 火운에서 동방 木운으로 흘러 잘 살아갈 수는 있겠는데 세운에서 凶運을 만나면 기복이 심할 것이다.

```
乾  戊 丁 壬 戊
命  午 巳 午 申
   戊 己 庚 辛 壬 癸 甲
   午 未 申 酉 戌 亥 子
```

- 💡 壬水 일주의 財多身弱은 바람둥이다. 거기에 月에 망신이니까 어머니가 재취로써 유전은 속이지 못한다.
- → 正財格이다. 丁壬合이지만 신약으로 관리능력 부족하니 그림 속의 떡이다. 옅은 물이고, 증발 직전의 물이고, 濁水이고, 申이 金生水로써 申에 겨우 의지하여 산다.
- 正財用印格이다. 格과 用神이 서로 싸우니 따로 국밥 사주이다. 꽃밭에서 놀고 잘못되면 여자 등쳐 먹고서 살더라.
- 水火相戰으로 마누라와의 싸이클이 안 맞더라.
- 破格으로 철이 안 들더라.
- 金水가 用神이고 특이성 체질이다.
- 貪財壞印으로 돈 욕심내다가는 집이 날아간다.
- 火多해서 水가 증발되니 구름이 되는 데 고로 "뜬 구름 잡고 사는 팔자네요" 한다.

○ 大運
  戊午대운 : 털어 보았자 먼지밖에 안 나오는 運이다.
  己未대운 : 공부가 안 되고 午未火局으로 여자 뒤꽁무니만 따라 다니더라. 일찍 부모와 喪別했다.
  庚申대운 : 金生水로써 사람된다.
  辛酉대운 : 巳酉로써 金이 되니까 더욱 좋더라.
  壬戌대운 : 어제의 용사가 오늘은 패잔병이더라.
    午戌 火局이 되므로 즉 庚申, 辛酉대운에서 돈 좀 벌고 안정되었다고 하니까, 壬水인 친구가 나타나서 戌인 財庫를 가지고 午戌 火局으로 내재산, 내재산 합하자고 하는데 火剋金으

로 집 날려 간다. 돈 잃고 친구 잃고 모두 잃고서 원 위치로 돌아가더라.

癸亥대운 : 좋은 운이다. 巳亥冲으로, 丁癸冲으로 없애면서 壬이 亥에 뿌리한다.

辛巳年 : 巳申刑으로 원유가 두절되고, 보급로가 끊기더라.
火가 많아지니까 밑바닥 기어야 하더라.

壬午年 : 壬이 도움 못준다.

甲申年 : 조금 안정 되더라.

어머니는 재취요, 아버지 형제간에 배다른 형제 나온다.
金生水로 크다가 많았으니 남들은 나를 아기 취급하고, 철이 안들었으며 水剋火로써 나보다 못한 놈들이 더욱 잘 살고,,, 고로 심성만 나빠지더라.

[命理辭典]

巳월의 壬수가 戊申시를 만나서 月은 絶地라도 時에 長生을 만났어도 火土가 많아서 년 월간지에 金水를 만나고 일지에 金水 좋겠는데 일지에도 午화를 만났으니 災難이 많으리라 하였다. 다행이도 청년기대운부터 금수로 운행되어 운은 좋다고 해도 원국이 부실해서 큰 발전은 기대하기 어렵다.

이런 사주를 만나면(火4 土2 금1水로 구성 됨) 財多身弱이라서 관리능력 없는 사주로 욕심 부리지 말고 분수에 맞게 살아가라고 조언해야 하고 사주 원명이 부실해서 좋은 대운에도 좋은 줄 모르고 살아가게 된다. 잘못 하면 여자 품에 놀아나니 주색을 가까이 하지 말고 근면성실하게 살아가야 된다고 하라.

```
乾  癸 甲 辛 丁
命  亥 寅 未 酉
   癸 壬 辛 庚 己 戊 丁
   丑 子 亥 戌 酉 申 未
```

- 正財用劫格이다. 辛, 酉금으로 연장은 적은 데 木인 자루는 너무 크고 金을 이빨로 본다면 전신주로 이빨을 쑤시는 사주이다.
- 寅未 귀문은? : 쥐뿔도 없는 것이 까다롭기는 더럽게 까다롭다.
- 甲寅木의 마누라가 너무 똑똑하고 고로 품 밖으로 돌더라.
- 처갓집 마누라의 콤플렉스이다.
- 木多金缺이고 財生殺이다. 甲寅木으로 무지 똑똑한 여자이다
- 무조건 겁의형제 많이 사귀어야만 내가 사는 길이다.
- 여기서 金剋木이 안 된다는 것은 나의 말이 먹혀들지 않는 다는 것이다. 고로 바른 말을 해도 남이 알아주지 않더라.
- 마누라 앞장 세워야 하고, 맞벌이해야 하며, 벌기는 내가 벌고 관리는 마누라 앞장 세워야 한다.

○ 대운

癸丑대운 : 酉丑이니까 괜찮다. 丑未冲은 亥未 木局을 흔들어 놓아서 괜찮다.
壬子대운 : 亥卯未에 子가 桃花이다. 고로 쓸 데 없는 바람만 피우고 앉아 있더라.
辛亥대운 : 亥未 木局이니 패잔병이다.
庚戌대운 : 火局이니까 수숙수이고 관재구설이다.
己酉대운 : 지금부터 철들더라. 내가 설 땅이 어디인 줄을 알더라.

💡 4살짜리에게 어른 밥을 주었으니 토해야 하는 사주이다.

[命理辭典]

　　寅월의 辛금이 丁酉시를 만나서 일록이 通根하여 身旺으로 보아 시상 丁火를 吉神으로 보고 임수가 있으면 생목화살로 명예가 最吉이요, 土도 무방하고 金盛은 무익하며 身旺에 財旺으로 時殺도 旺氣로 다시 水土가 幷臨하면 中和로 富貴하다고 되어 있으나 本命은 2木1火 1土 2金 2水 조화를 이루어 좋아 보이는 데 사실상 木旺節의 甲寅 旺木을 辛酉금이 감당할 수 있을까 염려 되는 사주이다. 그래서 위에서 말하기를 **마누라가 너무 똑똑하고 고로 품 밖으로 돌더라. 木多金缺이고 財生殺이다, 무조건 겁의형제 많이 사귀어야만 내가 사는 길이다.** 라고 함은 身旺해 보이지만 身弱하다는 말이고 財星이 극성하여 아내가 똑똑하니 아내 앞장세워야 한다고 말한 것이다. 일단 자신의 역할이 잘 안 되는 팔자이다.

乾　甲　戊　乙　丙
命　寅　辰　卯　子

己　庚　辛　壬　癸　甲
巳　午　未　申　酉　戌

　　　신강 사주이다. 時上에 傷官이고 子卯刑이다.

- 乙木이 戊辰月에 태어나서 正財格인데 寅卯辰 木局이니 群劫爭財가 되더라. 고로 戊土를 用神으로 못 쓰고 子辰에 濕木으로 丙火를 용신으로 써야 한다. 丙이 너무 허약해서 용신 노릇하기가 어렵다. 고로 辰土인 논밭을 팔아서 子辰으로 공부시켜도 그 전답을 찾아 놓기가 어렵더라.

- 의처증 있고 본처 해로 못한다. 寅午戌에 卯가 桃花니까 천하의 바람둥이다<비겁이 많아서 의심 의처>.
  丙이 꺼져 가는데 甲寅木 형님이 와서 살려 놓고 가더라.
  丙이 설기처가 약하니까 답답한 사람이다.

- 刑殺 있으니까 기술 배워라.

- 巳午未 운에서는 평안하게 지내다가 壬申대운 만나서 39세 壬辰년에 익사했다. 이운은 丙壬沖에 申子辰 水剋火로 破了傷官이다.

- 正財用傷官格으로써 축신은 正財로 태어났는데 丙이 제 역할을 못하니까 부잣집에서 태어났지만 가난하게 살아야겠다. 꽃이 적고 열매가 없다. 봄바람인 强風이 너무 강해서 風波가 많도다.

  木일주로써 손은 크고 배짱은 좋지만 火가 적어서 신장은 적더라. 고로 닭대신소이다.

[命理辭典]

辰월의 乙목이 丙子시를 만나서 乙木이 늦은 봄에 木의 기운이 노쇠 하여 子水는 潤木하고 丙火는 조후하면 水火가 희신다, 乙木도 餘氣가 있고 辰土 財星도 有力하여 滿局이 有情하니 다시 土가 있으면 傷官生財로 富格이라고 되어있는데 이사 주는 年柱 日柱가 甲寅 乙卯로 木旺에 寅卯辰 木方局까시 된 형상이라서 丙화로 설기 시켜야 하는 사주로 상관을 용신해야 하는 팔자이다. 그런데 木多火熄에 壬申대운에 破了傷官으로 생을 마감했다니 청춘죽음도 팔자소관이라 아니 할 수 없다.

```
乾  辛 辛 庚 丁
命  酉 卯 申 亥
    庚 己 戊 丁 丙 乙 甲
    寅 丑 子 亥 戌 酉 申
```

- 卯木이 코너에 몰려 있고 2月에 차가운 공기가 휘몰아치고 있다.<5金에 卯목이 卯酉 冲까지 하여>
- 正財格인데 破格으로 살림 한번(3번) 뒤 엎는다.
  어느 경우든지 돈 자랑하면 안 된다. 마누라 구박하는 데는 1등이다. 年月이 뒤니까 마누라는 후원에다 가둬 놓고서 꼼짝 못하게 하더라. 亥중의 甲木인 남의 여자는 무지 예뻐하더라.
- 金이 너무 강하니 金生水, 水生木으로 木火운이 좋다.
- 卯申 귀문으로써 때로는 독아이 이고, 배운 거 없으니 모든 게 즉흥적이고 고로 "혼자 똑똑하네요,~"
- 자극을 받아야 하고 원수가 은인이고 金生水, 水生木으로 연결되니 모든 것을 도와주고서 노력의 대가를 바라는 사주이다.
- 亥가 천문이니 종교, 철학, 부처님도 되므로 종교 통해서 돈 번다.
- 正財用食神格이다. 태어나기는 정재격인데 살기는 식신으로 살아야 하니까 한 단계 낮은 삶을 살게 되더라.
- 日支에 祿을 놓았으나, 이것이 겁재 작용하니까 專祿작용은 나오지 않는다.
- 딸인 丁이 亥중의 壬과 丁壬合하고 있으니, 기똥찬 딸네미 하나 두었네요, " 하라.
- 비겁이 많아서 형제가 많고 버는 놈 따로 있고 쓰는 놈 따로 있다.
- 時上의 丁은 金多火熄으로 되었으니, 亥中壬水로써 金을 설기시켜서 正財用食神格이 된다.

- 목돈 갔다가 푼 돈 만드는 데는 1등이다. 경쟁자가 많게 되고 숫친구는 많아도 진정한 친구는 어렵더라.
- 조후가 약하니까 감기가 염려되고 처궁은 깨져 있으나 처덕은 있으며 자수성가의 사주이다.

○ 대운

庚寅대운 : 寅亥, 寅卯 木局으로 木용신으로 좋으나, 天干의 庚이 원사주에서 들어와 살아나니까 50%만 좋더라.

己丑대운 : 캄캄한 밤중이고 섣달로써 만사가 凍結된다.
　　　　　土生金으로 印綬의 작용이나, 빛 좋은 개살구이다.
　　　　　金이 丑에 自庫이니 죽었다가 살아난다.

戊子대운 : 日支三合이다. 오라는 데는 없어도 갈 곳은 많더라, 傷食이란 남의 일이라면 도시락 싸가지고 다니면서 해주는 것이다. 卯. 酉, 戌도 같은 작용이다.

丁亥대운 : 亥卯대운으로 돈 좀 번다.

丙戌대운 : 丙辛으로 경쟁자가 없어지고 혼자 독식하게 되고 방해자가 없어지니 좋더라. 원수가 은인이 되고, 정신이 바싹 나더라. 고로 척이 든다.

乙酉대운 : 卯酉冲이다. 거덜 난다.

- 庚辰年 : 申辰으로 日支三合이다. 庚이 들어오니까 나이에 관계없이 동업수이다
- 辛巳年 : 巳亥冲이고 巳申刑이고 巳酉金局이니까 동업하면 원수가 되더라.

☼ 2년간은 빚살림 하세요.

[연습문제]

아래사주는 혜영이라는 60이 다된 여성이 상담해온 상담사주인데 실전사주 연습문제로 활용해 보려 한다.

초혼은 실패하고 재혼해서 살고 있는데 현재의 남편과 안 맞아 다시 이혼을 생각 한다네요,
"자신의 사주를 알면 판단은 본인이 하실 수 있습니다,"
라는 제목으로 이매일로 보내준 사주이야기입니다

1961년10월15일戌시생						
坤命	辛丑	己亥	己未	甲戌		
수	5	15	25	35	45	55	65
대운	庚子	辛丑	壬寅	癸卯	甲辰	乙巳	丙午

자신의 사주팔자를 알면 판단은 본인이 하실 수 있습니다.

사주구성은 그리 썩 좋은 팔자는 아니라도 재물복은 있어서 궁색하게 살아가는 팔자는 아니랍니다. 사주이야기를 재미있고 알기 쉽게 이야기 하면 이해가 팍 팍 가는데 역술인들이 그렇게 하면 촌스럽다고 고상하게만 한답니다. 지금부터 약간 촌스럽더라도 재미있게 이야기하렵니다.
옛날부터 어른들이 팔자는 못 속인다고 했는데 본 역술인이 많은 사람들의 사주팔자를 접하면서 팔자대로 살아가는 구나하는 것을 절실히 느낍니다.
혜영님도 역시 팔자대로 살아가는 중이랍니다. 사주팔자에는 별이 있고 집이 있는데요, 집은 집궁(宮)자를 써서 배우자의 집을 고상하게 배우자궁 그러죠, 배우자의 별은 별성(星)자를 쓰는데요. 관성(官星)을 배우자 별로 보는 거랍니다. 관성은 나를 지켜주고 바로잡아 준다하여 여자사주에서는 관성을 남편으로 본답니다. 그런데 이 여사님은 배우자궁이 무척 안 좋습니다. 배우자궁에 관고(官庫)라 하여 배우자가 땅 속에 묻혀버린

형상이랍니다. 보통 묘지(墓地)를 찾네요. 그러죠, 무덤묘자이니 남편에 무덤 속에 들어갔다 하여 역술인들이 나쁘게 말하는 사람들은 남편 잡아먹는 사주라고 했다는데 그런 건 절대 아니고 남편의 덕이 적다, 힘이 없다, 그렇게 말하는 것이 정설이고 그러므로 남편의 덕이 적다고 하는 것이고 누구를 만나도 정도 차이는 있겠으나 남편으로서의 도리를 다하여 마음에 흡족한 남자를 못 만나는 팔자라는 사실입니다. 또 그런가하면 사주에 남편별을 빼앗아가는 글자가 있어요, 기토(己)라는 놈이 사주 여덟 글자 안에 위에 나란히 나타나서 내 남편 갑목(甲)을 내가 갑기합(甲己合)으로 평생 데리고 살아야 하겠는데 호시탐탐 기회를 노리다가 운이 나쁠 때 그놈이 빼앗아 간답니다. 그러니 이런 여자 분들에게 역술인들이 일부종사 못하겠네요, 어쩌면 두세 번 시집가야겠어요, 이렇게 말하기도 하지요. 그렇다고 꼭 두 세 번 가는 것은 아니지만 그럴 가능성이 잠재 되어 있다, 라는 것이죠, 이런 말을 하는 것을 기분 나쁘라고 하는 것은 절대 아니고 내 팔자를 알면 내가 고칠 것 삼가야 할 것은 자신이 판단 할 수 있기에 하는 말입니다. 또 옛날에 어른들이 첫 서방 덕이 없는 여자가 팔자고쳐간다고 좋은 서방 만나냐? 라고 한 말들도 이런 연유에서 해온 말이랍니다.

그런데 남녀공이 사주팔자에 재물복이 있느냐 없느냐가 아주 중요한데 이 여사님은 재물복은 끝내 주게 좋습니다, 이 돈이 남편이 조상이 주는 돈이 아니고 내가 노력해서 움직여서 생각해서 벌어들이는 돈이거든요, 그래서 운 좋을 때 배팅 잘하면 노다지 캐기도 한답니다. 50대까지는 돈이 때로는 새어나가고 정거장일 수 있습니다 그런데 60대에는 모두 내 돈이 되는 형상이니 이런 경우 남편은 뒤로 하고 돈하고 결혼해서 돈과 즐기면서 살아라, 그렇게도 말합니다.

이 말을 뒤집어 말하자면 어차피 남편 덕은 없는 몸이니 남편에게 크게 기대하거나 의지하지 말고 남편은 과부 소리 안 듣게 해주는 것만으로 고맙게 생각하고 돈에 의지하고 일에 의지하고 즐기라는 겁니다. 본 역술인이 이렇게 말하는 것은 혜영님은 눈치가 빨라(사주 상으로) 벌써 알아차렸을 것입니다.

한 마디 더 하고자합니다. 살고 싶지 않다고 하셨죠, 사주 상으로 궁합적으로 나쁘지는 않고요, 남편의 사주에 혜영님 돈의 글자들이 많아요, 그런 걸로 보아 이 남편 만나서 궁색하게 살아가지는 않을 것 같습니다.

판단은 본인이 하시라고 앞에서 말씀드렸고 본 역술인과 나눈 대화는 절대 비밀로 남으니 염려마시고 허심탄회하게 상담해 오시면 제가 아는데 까지는 친절하게 상담해 드리겠습니다. 사주에 대하여 하고 싶은 말이 많지만 오늘은 배우자와 재물에 대한 이야기를 위주로 했습니다. 시간관계상 오늘은 여기까지만 합니다. 혹시 사주이야기 듣고 기분 나쁘시지 말라고 부탁드립니다.

　　그 후로 본인에게서 전화로 선생님께서 보내주신 사주이야기 듣고 주제 파악을 하게 됐다면서 감사를 표하면서 열심히 살아가겠다고 하더라고요.

연습문제

<1> 재물복은 있어서 궁색하게 살아가는 팔자는 아니라고 한 이유가 무엇을 보고 한 말일까요?

<2> 배우자 덕이 적을 수밖에 없는 이유를 더 자세하게 적어보세요?

[답] 1, 食神生財로 이어지면서 亥丑으로 水氣가 강한 점, 비겁이 중중하여 군겁쟁재도 가능하지만 내 것으로 만들 힘이 있다는 점으로 보고 한 말이다.

2, 己未일주로 干如支同 夫婦不睦, 戌未刑殺, 甲己妬合 에 관고를 일지에 놓은 점 등으로 보아 일부종사 어렵겠다고 한답니다.

편재격(偏財格)

<1> 편재격의 구성 요건과 응용을 살피다.

[실증철학 원문]
  偏財格의 구성 요건은 월지장간의 本氣가 편재일 경우와 柱中에 편재가 有氣하거나 용신인 경우도 偏財格이 성립 되는데 일단 일주가 실령으로 신약이 되므로 身旺을 이뤄야 한다. 그러나 比劫이 많아 群劫爭財가 되어 偏財星이 파괴되어서도 안 된다.

[강의노트]
- 偏財 : 巨富가 되는 글자이다. 단 正財도 得局을 하고 있다면 역시 거부가 나온다.
  偏 : 대중의 것, 뭇것. 고로 먼저 차지하는 것이 지것이다.
  "크고 많은 것. 빨리, 의외로" 뜻이 함축되어 있다.
  여기서 偏이면서도 冲이 되어 있는 것은 즉 庚이 甲木이거나 丙이 壬이거나 辛이 乙이거나, 癸가 丁을 만나면 冲에 걸려서 돈과 싸우고 돈을 쫓는 것이지 벌어 드리는 것은 아니다.
  이런 구분을 알아야 한다.

- 偏財格은
  ① 月支의 지장간 중에서 本氣가 偏財이거나
  ② 柱中에서 偏財가 有氣하거나
  ③ 偏財가 用神이거나
  ④ 正財지만 太旺하고 身弱할 때도 偏財格으로 된다.

- 偏財格도 일단은 月令에서 失令하므로써 身强을 필요로 하는데 신강해야만 偏財格을 다스릴 수 있기 때문이다.
  그러나 견겁이 많아서 群劫爭財가 되면 偏財가 파괴된다.

丙 丙 丙 甲   견겁 태왕이다.
午 申 寅 午   申이 밥그릇인데 밥은 한 그릇이지만 먹을 사
　　　　　　람은 6사람이니, 밥그릇이 깨져 버리더라.
　　　　　　이것이 群劫爭財이다.

- 신약하고 財가 많을 때는 財多身弱이라 하여서 오히려 財의 다스림을 받는다. 여기에 財殺이 혼잡해서 財生殺이 된다면 財로 인해서 禍가 생기게 되어 下格이 된다.

丙 丁 丙 庚   木火가 4, 金이 4이지만 木火가 작용 못한다.
申 酉 申 寅   多財無財로써 財와 인연이 약하다.
　　　　　　돈 냄새 맡는 데는 1등이다.
七殺은 病이요, 재앙이요, 귀신이다.
財生殺은 내것 주고 뺨맞는다.

群劫爭財 사주는 官殺로써 肩劫을 제거하고 財星을 보호해야 한다. 만약 신약이라면 인수나 견겁으로 日主를 보호해서 신왕해야만 재성을 다스릴 수 있게 하여야 한다.
단 여기서도 印綬가 財에 의해서 피상(被傷)되면 인수는 쓰지 못한다.

己 壬 丙 庚   이런 경우라면 學으로는 寅木인 인수를 용신으
丑 申 申 寅   로 못쓰지만, 여기서는 쓸 수밖에 없더라.
단 寅木 용신이 패대기쳐지고 있더라. 쫓기고 있어서 木生火를 제대로 못하니까, 격이 더욱 낮아지더라.

- 財가 六合(辰酉,寅亥)이나 三合이 되고서 신강하면 身旺財旺으로써 영웅호걸 八字가 된다. 財는 내가 다스리는 것이니까 환경을 지배하므로 만인의 위에 군림하게 되더라.

또한 〈財가 조금 약해도 運에서 財를 도와준다면, 신약하고 있는데 運에서 日主를 도와준다면〉 中和가 이루어 져서 부귀의 命이 되더라.

戊 庚 丙 庚　　신왕하고 申子 水局이니 부귀견전이다.
子 申 午 寅　　丙에 庚이 투출되어서 부자사주이고
　　財官을 모두 쓸 수 있어서 吉格으로 영웅호걸 사주더라. 丙이 숲을 데리고 다니면서 오라면 오고 가라면 가고 말을 잘 들으니 얼마나 좋은가?

　　이처럼 神旺에 財旺하면 官이 없어도 生官하므로 貴까지 가되는 것이다. 다만 財가 官을 동반하고 있다면 肩劫이 財를 剋하는 것을 官으로써 적당히 견제할 수 있어서 더욱 좋게 되는 것이다.

○ 財가 旺한데 燥土거나 冷水이거나 濕木 등이 되어 있다면 돈까지만 복을 주었지 貴까지는 복을 안주었더라.

※ 偏財에 冲이나 刑이 된다면 破格이 된다.
　　단 辰戌丑未 月의 偏財는 四庫之局이 되어서, 또한 庫藏이 되어서 오히려 冲을 만나야만 開庫가 되어서 사용에 적직하므로 破格이라고는 할 수가 없는 데 이러한 경우에도 中和를 이룰 때만이 좋은 것이지 開庫가 凶한 작용을 할 때는 破格이 되고 만다.

　　　　甲 丁　　戌이 財庫인데 辰戌冲으로 開庫가 되었다.
戌 戌 戌 卯　　甲木이 신약하니까 開庫가 열렸어도 내것이 아니다. 고로 좋은 작용이 나오지가 않는 것이다. 이처럼 財多身弱에서는 凶작용을 한다.

```
  甲 丁      財多身弱인데 아직은 財庫를 열지 않았다.
戌 戌 戌 卯  고로 未를 시켜서 戌未刑으로 旺한 土를 건드려
            놓았다. 이것을 日辰으로 예를 들어서 未日에
```
甲木이 밖에 나갔다가 오니까 戌이라는 마누라가 누워서 움직이지도 안 길래 하가나서 未戌 刑으로 발로 툭 찼더니, 그러자 戌이 일어나서 하는 말이 "내가 개야? 왜 발로 차고 지랄이야?" 하더라. 괜히 旺한 土를 건드려 놓으니까 土多木折이 되어서 당하고 말더라.

그러나
```
      壬        이런 경우에는 旺한 水에 비해서 土가 부족하
申 子 戌 戌    니까 未가 와서 未戌 刑을 하게 되면 土가 더
```
욱 많아지니 이런 경우에는 좋아진다 辰이면 辰戌冲으로 破格이 된다.

☼ 본래 偏財格은 돈 버는데는 땡비가 되는 데, 偏財는 형제이고 돈의 스케일이 크기 때문이며, 成財가 빠르고 뜻이 웅대하기 때문이다. 고로 身旺에 偏財가 旺하면 "業則 재벌이고 官則 장차관" 사주가 되더라. 또한 한 나라의 예산을 좌우할 수 있는 좋은 위치에 이르게 된다. 단 妻宮은 부실하나, 妻德은 있다. (영웅호걸치고 妻宮이 좋은 사람은 없더라)

가령
①   甲   선비형이고 학자이고
   ㅇ 亥 ㅇ ㅇ

②   甲   偏財니까 돈 버는 데는 귀재이다
   ㅇ 辰 ㅇ ㅇ

위 2개의 사주 보고서 똑 같은 물건을 가지고서 팔라고 한다

면 ②번의 사주는 금방 팔고 말더라. 이것이 氣의 작용이다.
　이러한 偏財가 吉작용할 때에도 관직으로 가느냐? 사업으로 가느냐? 는 꼭 부모궁을 살펴야만 하는데, 가령 부모가 잘 살았으면 관직으로 못살았으면 사업으로 가더라.
　偏財가 용신이고 傷食을 동반하고 있으면 아랫사람을 잘 만나서 성공하고, 쉽게 돈을 벌고 돈을 쓰면 승수속 돈이 생겨온다.
　財가 용신이면 악마나 귀인의 작용이 나오지 않으며 오히려 財가 印綬 노릇을 하게 되니까 공부 잘 하고 경제학 박사나 회계사로써 좋은 작용을 한다.

　財多身弱格　　두 격이 運에서 조차 도움이 없다면
　財殺太旺格　　가난한 생활을 하게 되고 먹는 복도 없으니
　　　　　　　　내것을 두고서도 내것이라고 주장할 수가 없
　　　　　　　　게 되는데 偏財格의 身太弱이 더욱 나쁘다.

○ 偏財는 正財와 달리 편되게, 급속하게, 횡재수, 큰돈이고 편법으로 취득하는 財이므로 실제로는 偏財가 더욱 좋으며,,,

○ 偏財의 五行的인 성질에 따라서 각기 특성이 있는데,,,
 ①木이 財라면
　　나무는 자주 옮기면 죽으므로 재산변동을 삼가라.
　　나무는 몇십년을 커야 하므로 장기적인 안목으로 투자신탁 등을 이용해서 재산을 증식하라.
　　조림(造林), 육림(育林) 등에 신경써라.
 ②火가 財라면
　　火는 散이 되어서 흩어진다, 고로 현금을 소지하고 있으면 흩어지므로 큰돈을 모으려면 火生土로써 부동산에 투자하거나 은행거래가 좋다.

③土가 財라면
土는 흙이므로 燥土가 되지 말아야 하고 부동산으로 재산을 늘려야 한다.
④金이 財라면
金은 결식이므로 현금이고 제일 튼튼한 재물이다.
⑤水가 財라면
물은 눈과도 같아서 묶어 놓으면 썩기 때문에 즉 눈사람을 불리듯이 움직여야 하니까, 자의든지, 타의든지, 돈놀이, 일수놀이 하는 것이 특징이다.

⊙ 여자가 身旺財旺 하다면,,,
여장부이다. 고로 돈과 연애하다 보니까 혼기를 놓치기가 쉬우며 매사에 자신있고 부자의 사주이다.
현대적으로 풀이한다면 여자가 月에 財 놓고 태어나면 부자인데 요즘 아가씨들은 아파트 2채 가지고 있는 것은 보통인데 이것을 가지고 시집가자니 신랑에게 뺏길 것 같고, 놔두고 가자니 친정 오빠가 가지고 갈 것 같고 그러니까 시집가기가 어렵고, 그러다가 혼기 놓치고 노처녀가 많더라.

완전한 財多身弱의 여자는 下格이고 고생스러운 삶이 되더라.
財는 음식이므로 食母八字와 비슷하다.

⊙ 편재용인격(偏財用印格) : 格과 用神이 相戰한다(따로국밥)
坤　壬 壬 戊 丁　　시어머니가 둘이고 말년에 친정 앞으로!
　　 申 子 子 巳　　偏財格에 印綬가 用神이니까, 財印이
鬪戰하고 水火가 相戰이다.

格과 用神이 싸우니까 정신과 육체가 뜻이 안 맞더라.
뭉치면 살고 흩어지면 죽는데 모두 분산되어 있어서 삶에 애

르가 많고, 잘 살고 싶으면 공부해야 하고, 사업한다면 탐재괴인 (貪財壞印) 되어서 하루 아침에 망한다.

이 많은 물은 戊가 혼자 막기가 어렵고 물이 많아서 반죽이 안 되고 묽어 버리며 子가 겨울인데 추워서 춥고, 배고프고 多財無財에 연결된다. 남의 돈 벌어주는 八字이다.
 이런 사주는 財가 많아서 공부를 못했으니까 항시 이 사람의 마음에는 "공부 좀 했으면"하는게 소원이다.
 여자면 印綬 用神이지만 부모덕이 있는 것으로 보면 안 되고 집이 망해서 오갈 데 없는 부모 모셔야 하는 팔자로 보아야 한다.

⊙ 편재용겁격(偏財用劫格)
  壬 壬 戊 己   土剋水를 해야 하는 것이 우선이니까,
  申 子 子 未   財를 다스리는 것이 우선이다.
→ 수신제가에 주력하고 무조건 결의형제 많이 맺어주라.

⊙ 편재용상식격(偏財用傷食格)
      甲 丙   子辰水局이니까 辰인 전답을 팔아서 공부시켰
  子 辰 子 寅   다. 木火通明으로 박사 팔자이다.
→ 용신이 격을 도와주어야 하므로 실패한 재산을 복구하느라 즉, 공부하느라 팔아먹은 재산을 복구하느라 정신없다.
 그러나 걱정마라. 반드시 성공할 것이다.
 즉, 辰土는 잊어버리면 木生火, 火生土 해서 올 것이다.

⊙ 편재용재격(偏財用財格) : 格이자 用神이니까, 일편단심이다
    庚 丙   月에 財 있으니 부모의 덕이 많고 계산이 빠
  ○ 申 午 寅   르고 정복력과 욕심이 대단하여 상대를 굴복
            시켜야 적성이 풀린다.
            돈 버는 데는 일가견이 있다.

⊙ 편재용관격(偏財用官格)

　格보다 用神이 앞서고 있어서 출신보다 잘 되고 있으며, 財官 二德을 얻었기 때문에 부귀가 약속되어 있으며, 본래는 사업에 뜻을 두었으나 관직에서 꽃을 피우게 되어있다.

아래는 각 格의 例를 들어 설명한 것임.

⊙ 편재용인격(偏財用印格); 偏財格에 신약하고 인수가 있을 때

→ 財運이 제일 나쁘다, 부도나고, 실패하고
· 인수운 : 귀인만나고 힘이 생기게 되고
· 견겁운 : 자립하게 되고 財를 다스릴 수 있게 된다.
· 관살운 : 財生官 해서 오히려 나쁘다.
· 상식운 : 줄줄 샌다, 財를 도와주니까.

　庚 戊 甲 乙　　火운은 火生土로 들어가서
　戌 戌 午 亥　　土剋水 하니까 用神이 죽는다.
　甲木이 火를 만나면 꽃이 피기는 하지만, 그 꽃이 오히려 나에게 해롭더라. 꽃이 많아서 가지가 찢어지기 일보 직전이다.

⊙ 편재용겁격(偏財用劫格) : 견겁이 있을 때

　戊 庚 丙 甲　　午火가 用神이다.
　子 申 申 午　　부모덕이 없다.

· 木(인수운) : 귀인 만나고, 철들게 되고, 자신 있고
· 火(견겁운) : 친구, 형제로 인해서 좋은 일 있게 된다.
· 金(재성운) : 일확천금 노리다가 간다, 돈을 뺏긴다.
· 水(관살운) : 용신이 깨진다. 불이 꺼진다. 암흑세계이다.

⊙ 편재용상식격(偏財用傷食格) :
偏財格이지만 印綬나 견겁이 많아서 財官이 沒하면서 傷食이 있을 때 → 太旺者宜洩이다.

　　　　甲 丙　　　丙火 용신이다
　子 辰 寅 寅　　선비형이다

· 상식운(火) : 태양은 오직 나를 위해서 존재하나 보다.
· 인수운(水) : 倒食으로 부도나는 해이다. 고향 앞으로 가!
· 관살운(金) : 木火가 具沒하니, 상관견관이 위화백단이다.
· 재성운(土) : 사업하다면 망한다. 사업하는 팔자는 아니더라.

⊙ 편재용재격(偏財用財格)

　癸 甲 庚 乙　　偏財用財格이지만 甲庚冲에 寅申冲이니까,
　亥 寅 申 酉　　한번은 실패를 한 사주이다.
　　　　　　　　고로 못사는 사람들의 사정도 알아준다.
冲이 있어도 충분히 이겨 나갈 수 있는 사주이다.
이런 경우에는 부부가 본의 아니게 떨어져서 살아가는 경우가 많더라.

· 水운(財) : 木火운 모두 좋지만 火운이 더욱 좋더라
· 火운(官) : 돈 많으니 권력에 목적이 많더라, 火운에는 비겁을 剋하니 돈이 불어난다.
· 金운(肩劫) : 제일 나쁘다. 동업하면 간다.
· 水운(傷食) : 괜찮다

⊙ 편재용관격(偏財用官格)
　　　　庚 乙　　木火운이 좋다
　午 寅 申 酉
· 상관운(水) : 凶이다, 단 대운이 튼튼하면 좋다.

⊙ 편재용인격(偏財用寅格) : 인수운이라고 무조건 좋은 것은 아니다(주의할 점임)

   戊 戊 甲 戊   癸水운이 왔다면?
   ○ ○ ○ ○

甲木에게 癸에게서 전화가 왔더라. " 내가 가서 너 좀 도와줄께, 가만있어라!"하고선 오지 않더라.
戊가 잡아먹고서 오지 못하게 하더라.

天干의 印綬는 壞印의 여부를 잘 살펴야 하고 또한 위의 사주처럼 財가 천간에 많을 때는 運에서 印綬운이 無根으로 작용할 때도 역시 壞印의 작용이 생겨서 부도가 난다.
즉 위의 사주은 아버지만 있지 어머니가 없더라.
癸亥운이면 水生木을 해주니 吉運이 되더라.

→ 傷食이 用神일 때 肩劫운은?
- 身旺에 힘세해서 오히려 凶이 된다.
   用神을 生한다고 해서 吉運이 아니다는 것이다.
◦ 天官의 官은 정복 근무이고 地支의 官은 사복 근무이다.

```
乾  壬 壬 戊 丁
命  申 子 辰 巳
   癸 甲 乙 丙 丁 戊
   丑 寅 卯 辰 巳 午
```

- 偏財用印格으로 火土 용신이다.
  水多土流이고 陰地이고 마누라에게 코 꿰었고, 마누라 콤플렉스이다. 많은 돈, 음식, 아버지는 능가 하지는 못한다.
- 이 사주에서 마누라에게 코 꿰었다는 이유는 무엇인가?
  戊土에게는 辰이라는 동생이 있는 데, 한 침대를 쓰고서 자 났더라. 子中의 癸水가 戊에게 시집오더니, 子辰 水局으로 戊癸合 으로 辰土 동생을 포섭해서 자기의 사람으로 만들더니 형인 戊 土의 약점을 알아내더라.
- 冬丑辰 급각살이고 水가 많아서 늦게까지 오줌 싼 걸 알아 내고서 흐뭇해 하더라. 그후로 土剋水로써 서방 노릇하기가 어렵더라.
- 印綬가 用神이니까 공부해야만이 돈이 생겨 오더라.
  戊土인 전답에 물이 많아서 농사짓기가 어렵더라.
  근심, 걱정, 비명이 많더라.

○ 大運
  癸丑대운 : 丁癸冲에 巳丑이니 急脚殺이다.
  甲寅대운 : 木生火로 용신을 돕는 운이나 寅巳刑이다
          官운이니까 직장은 들어왔다.
  乙卯대운 : 木土로써 木生火 못한다. 가세가 기울기 시작한다
  丙辰대운 : 子辰水局 되고 火生土 못하여 壞印이 되어서,
          집 한 칸 없이 고생했다. 戊에 辰이 財庫지만
          凶작용하니까, 부자되는 것이 아니라 망한다.

丁巳대운 : 회복세이다. "壬이 丁壬합해서 도망가자고 해도 뿌리가 튼튼해서 火生土 해주고 간다고 한다.
戊午대운 : 식품,부동산에 성공해서 60억원 가까운 재산모으고 잘 살고 있다. 방해자 제거한다.
己未대운 : 친구 잘 만나서 평안한데, 土剋水하니까, 水剋火 안 하고, 未가 여름이니까, 건강도 좋아진다.

庚辰年 : 69살이다. 건강으로 보면 冬丑辰 급각살이다. 수족이 시려더니 風 맞는다. 위장장애로 연결되고,,,

어디서 : 庚이니까 서북방향에서,
언제 : 79세에서
누가 : 土生金으로 傷食이니까, 내가 키워주었던 사람이, 아랫사람이, 무엇을 : 辰이 財庫를 갖고서 들어왔다. 그러면서 "선생님 크게 돈 벌 일이 생겼는데 선생님이 조금만 보태시면 됩니다" 하더라. 보태었더니, 子辰 水局으로 돈 갖고서 도망을 가 버렸다. 운이 나쁘니까 돈 없어졌다.

```
乾  壬 壬 戊 戊
命  申 子 寅 午

    癸 甲 乙 丙 丁 戊
    丑 寅 卯 辰 巳 午
```

→ 偏財用印格이다.
- 金生水, 水生木, 木生火, 寅午火局으로 火生土 하니까 일주에 核이 집중되고 있으니까 저많 않고 사는 사람이다.
- 戊戊 壬壬으로 각기 짝을 하고 있으니까 爭財하지 않더라.
- 戊에게로 核이 집중되어 있으니 얼굴 한번 잘 났더라.

💡 庚辰年 : 크게 손해 볼 것은 없다.

[실증철학]

이 사주는 戊土 일주가 壬子 壬申으로 偏財格이나 일지시지가 寅午로 印綬格에 신왕하고 있어 身旺財旺格이다. 金水와 火土가 4대4로 균형을 이루어 財가 용신일 것 같으나 寅木이 寅午火局을 이루어 합세하면서도 木의 근원인 水가 있어 水生木을 받고 또 본질이 목이라 신약이 된다. 만약에 午火가 없었다면 財殺이 太旺하여 일주는 약하고 그러므로 인해서 이사주의 중심은 午火에 있고 편재용인격이 되고 보니 차가운 사주가 화로불을 만난 것 같아 조후가 잘 되고 아울러 오행을 모두 갖추고 있어서 허세가 좋고 오행순환이 원만해서 매사에 크게 어려움 없이 다 이룰 수 있었고 戊土 제방이 튼튼하여 빈틈없고 燥土를 金水가 중화를 이루게 하므로 상호관계가 좋아지면서 財官印 三般物에 양팔통사주로 대운까지 東南木火운을 만나서 만석군이 되었다는 고서에 기록 된 옛날분의 사주를 예로 들어 풀어 보았다.

```
乾  戊  甲  戊  己
命  辰  子  辰  未

乙  丙  丁  戊  己  庚  申
丑  寅  卯  辰  巳  午  未
```

本命은 6土 1木 1水로 구성된 비겁과다 사주지만
辰土는 水局으로 내편이 아니고 財多身弱에다가
財殺太旺으로 신약한 命으로 변했다.
오행의 조화가 많은 사주다.

- 戊土일주가 子月에 태어났으나 子辰水局이 되니까 偏財格이다. 土가 많으나 年干의 戊는 木剋土 되었고 辰은 子辰이 되었으니, 이 사주에서는 己未 土만이 戊土가 의지할 수 있는 글자가 된다. 고로 남자 형제는 별 볼 일이 없고, 바로 아래의 누이동생에게 의지하고서 살아가야 하는 偏財用劫格이다.

- 음지전답이고 水多土流이고 冬丑辰 急脚殺이 2개나 있으며 부모덕이 없고, 공부 못했고, 건강 나쁘다.
  冬土로써 얼어 있는 흙으로 써 먹을 수가 없더라.
  財多身弱이고 財殺太旺인데 甲木이 얼어 있어서 木生火는 못하지만 木剋土는 잘 하더라.
  偏財用劫格이니 자수성가 해야하고, 부모덕이 없고, 주관이 흔들려 군중심리에 좌우되고, 지반이 약하고, 財殺太旺으로 남의 돈 벌어 주라는 팔자이고, 내것 주고 뺨 맞는다.
  고로 시키는 대로 일하고 주는 대로 받 먹어야 한다.

- 水土일주 旺하고 子未가 있으면 처 산액인데, 이 팔자도 주의해야 한다.

- 돈에 약하고 여자 앞에 약하다!. 子니까 술집 여자이다.
  辰인 비견이 財局으로 변했다. 고로 일주에게 힘이 되어 주지 못하나 운이 좋을 때는 나의 지배를 받아서 財産이 되어 줄 것이니까. 현실만 가지고 탓할 것은 못된다.

乾 己 戊 甲 丙
命 卯 辰 子 寅

丁 丙 乙 甲 癸 壬 辛
卯 寅 丑 子 亥 戌 酉

本命은 子辰 印綬局이니 선비의 사주로 본다.
財星이 강해 보여 財를 쓸 수도 있으나 財를 쓰면 불리하다.
無官으로 교육자, 교육사업 해야한다

- 甲木이 戊辰月에 태어나서 偏財格인데 子辰이고 卯辰으로 변화해서 偏財格은 파괴되어 버렸고 오히려 印綬局이 되었다.
  신강하니 丙인 식신이 용신되어서 偏財用食神格이고 印綬格도 된다.
- 財가 印綬가 되니까 공부하느라 재산 없애고 挑花 인수니까 作妾同居에 해당한다.
- 子月에 子辰水局으로써 장마가 온 뒤에 丙으로 인해서 맑은 날씨로 변화하니까 雨後竹筍格과도 같다.
- 甲木이 연애대장이다. 戊.己,亥卯未에 子가 桃花이다. 甲木의 첫사랑은 己土인데 戊辰土에 가려서 보이지 않고, 甲木이 戊辰土에 착근하니 戊辰土와 살게 된다.
- 子辰水로 공부해서 木火通明으로 충분히 써 먹을 수 있다
- 본래가 偏財格으로써 상경계이나 印綬格으로 변했으니까 사법계로 바꾼다. 木生火로 멋지니까 공부해서 써 먹을 수 있다.
- 丙寅대운은 장학생으로 공부하겠고, 亥子丑은 水인 印綬運이기 때문에 학교에서 오라고 한다. 공부 가르치면서 木火通明으로 써 먹을 수 있게 하는 사주이다.
- 壬戌대운 : 財운이다. 퇴직하고 사업하려고 하거든 말려야 한다. 즉 인수(壬)가 돈(戌) 벌어다 주니까, 학교에서 돈 벌어야 하지 사업하려고 하면 좋지가 못하다.

坤 己 戊 甲 乙
命 巳 辰 寅 亥

己 庚 辛 壬 癸 甲
巳 午 未 申 酉 戌

本命은 身旺財旺한 사주로 본다.

木火通明으로 南方火運이라 잘 나간다.

食 財 官을 다 쓰는 사주로 서방金운도 좋다고 봐야 한다.

- 甲木이 戊辰月이고 己巳로써 財가 旺하다. 甲木이 寅에 通根하고, 寅亥合木이 되어서 어떤 바람에도 흔들리지 않기에 身旺財旺하다. 辰이 3月로써 寅辰木局이고 寅亥合木으로 偏財用財格이다. 火土金 운이 吉하고 水木운이 凶하다.
- 사주가 돈은 많은데 서방이 없다. 巳중의 庚이 서방인데 어린 아기처럼 보이고, 여자가 손이 너무 크고 배짱이 좋더라.
- 乙木인 쓸 데 없는 친구가 항상 따라 붙더라.
- 巳火가 火生土 해주니까 돈은 항상 생긴다.
- 결혼은 늦게 해야 하겠고, 甲寅木이 고란살이고 장녀 아닌 장녀 역할 해야 하겠으며, 여자가 너무 똑똑하다.
- 格이자 用神이니까 오로지 밖이고, 정주고 살아야 하니까 연하남과의 인연이다. 토지와 인연이 많다.
- 巳午未 火局은 吉운으로 고생 없이 잘 지냈다.
- 庚午대운 : 日支合에 天干에 官이고 地支에 자식이니 남자 인연이다.
- 辛未대운 : 亥卯未 木局이고, 乙辛冲이고 巳未火局으로 서방님과 이별 했고
- 壬申대운 : 寅巳申 三刑에 申辰水로써 방황했다. 寅申冲으로써 좌불안석이고 식수 연발이고, 天干에 인수로 빛 좋은 개살구다.
- 癸酉대운 : 辰酉, 巳酉로서 남자 만나야 하는 운이다
- 甲戌대운 : 辰戌 冲으로 재산을 바꾼다. 甲이 겁재작용하므로 신사숙고 하라.

```
乾  丁 丙 壬 庚
命  酉 午 申 子
   乙 甲 癸 壬 辛 庚
   巳 辰 卯 寅 丑 子
```

本命은 身旺財旺한 사주로 木으로 通氣
시켜야 할 命으로 동방 木運에 잘 나갈 것이다.
財를 써야 하므로 재물과 인연 있는 은행에 근무한다.

- 月에 桃花이고 火가 木이 없어서 기름불이다.
  偏財格으로써 신강하니까 偏財用財格이다.
  丙壬冲으로써 아버지와는 안 맞고 마누라와 싸우게 되고 내 돈 가지고 내가 쓰는 데도 항시 구설이 따른다.
- 장가가려고 하면 丙丁으로 꼭 쌍립이 서더라.
- 용신으로써 丙이 冲이 될 때는 잘 살아 보려고 하는 冲으로 본다.
- 傷食이 없어서 모든 것을 힘으로 떨어 놓이려고 하더라.
- 月에 財니까 돈과 연애하는 사람이고 융통성이 필요하니까 이름에 木을 넣어서 지어줄 것.
- 壬이 신강하고 生水가 솟는 물이니까 여유가 많고 느긋하다.
- 5月애 水가 많으면 여름 장마인데 장마가 길면 불쾌지수가 높아서 짜증이 나고, 그러면 가끔 가다가 丙午인 마누라에 날벼락이 떨어진다. 즉 불쾌지수가 높아져 있으면 가끔씩 폭발하더라.
- 寅木이 있으면 사주가 더욱 좋고 戌土가 있어도 좋다.
- 金水가 病이고 木火가 藥이다
- 財가 用神으로서 처덕은 있으나 日支에 인수로써 母妻가 不合하고, 日支애 印綬니까 부모님 모셔야 한다.
- 乙巳대운 : 巳午 火局이지만 巳申刑에 巳酉金局이 되니까 그저 그렇다. 乙木이 水와 火를 통관시켜서 좋다

- 甲辰대운 : 申子辰 水局에 辰酉合으로 金이 旺하나, 천간에 甲木이 있어서 水生木. 火生土 하니까 좋은 운이다.
  즉 水火相戰이 없어지니까 요령도 생기고 좋다.
- 癸卯대운 : 濕木이고 卯申 귀문이고, 癸가 비겁 작용한다.
- 壬寅대운 : 최고의 대운이다. 단 천간의 壬水인 水가 죽어서 들어 왔다가, 원명에 水가 왕하니 살아 나더라. 고로 壬水가 들어오는 壬水는 거두어서 申子水局으로 살게끔 만들어 놓았더니, 내 보따리 내 놓으라고 한다. 寅午火局으로 최상의 운이다.
- 辛丑대운 : 섣달로서 꽁꽁 얼어 버린다.
  丙申合去로써 用神이 合去되니까 만권정지이다.
  子丑水局으로써 용신이 피상된다. 金生水가 계속 들어오니까 번뇌가 된다. 처덕으로 좋은 사주가, 마누라도 되는 일이 없다.
- 庚子대운 : 子午冲이고, 申子水局으로 염라대왕의 소집영장이 기다리고 있더라. 丙火 심장인데 심장이 흔들리니까 수명이 다한다.

→ 편고한 사주이고 水火相戰이니 막힘이 있고 요령이 없어서 콩 심은 데 콩 나고 팥 심은 데 팥 난다.
  丙壬冲으로 부부싸움을 했다면 水生木, 木生火로써 달랠 줄을 알아야 하는 데, "지야 울거나 말거나 내 몰라라." 하더라.

```
乾 甲 丙 庚 庚
命 子 寅 申 辰
  丁 戊 己 庚 辛 壬
  卯 辰 巳 午 未 申
```

本命은 身旺財旺한 사주로 본다. 木으로
財生官해서 火에 힘을 실어주어야 발복한다.
陽八通에 五行全具로 好命이다.

→ 득지, 득세했고, 陽八通 四柱이고, 1月의 辰時로써 벌써 날씨가 춥다. 고로 偏財格에 火인 官이 필요하니까 偏財用官格이다. 偏財用官格에서 벌써 개천에서 용이 났다고 할 수 있고, 格보다 用神이 앞서고 있으니 출신보다 높게 살고, 잘 살며 丙庚星으로 음성 하나 웅아하고 좋다.

- 寅申冲으로서 한 번의 실패가 연결되는데, 이런 경우가 바로 과거의 실패를 거울삼아서 고생하는 사람들의 심정을 알고서 사는 경우이다.
- 명관과마로써 丙에 핵이 집중되고 있으며 丙庚星이니 법조계이다.
- 時上의 庚이 말년에 호시탐탐 노리고 있는 것은 면할 수가 없더라.
- 干如支同으로써 형제 한 자락 깔고 살아야 하는데, 寅申冲으로 마누라와 형제와는 뜻이 안 맞더라.
- 五行을 모두 가지고 있어서 어떤 사람과도 대화가 잘 되더라. 가령 木을 갖고 대화하자고 하면 木으로써 대화할 수 있고, 水를 가지고 대화하자고 하면 水로써 대화할 수 있는 것이다. 고로 오행을 모두 가지고 있으면 좋은 것이다. 즉 처세가 좋다.
- 金일주에 官이 용신이니까 책임감 하나는 강하고, 의리파이며 자극을 받아야 하고, 원수가 은인이고

- 명예와 재물복은 갖추었으니, 中格은 되더라.
- 庚辰년 신수는 17살 이라면 공부 안하고 놀더라.
  장가는 2번 가야 하겠으나, 처덕은 있고, 쓸 데 없는 친구 조심해야 한다.
- 丁卯.戊辰.己巳運 공부 잘되는 운이다
- 庚午. 辛未運은 火운이지만 天干에 비겁이 있어서 한 등급 떨어진다.
- 壬申운은 丙壬冲,寅申冲으로 財와 官이 具沒한다.

- 甲子년이 61살이고, 壬申년이 69살이니 이 때 위험하고 庚申년이 79살이니 이때가 위험하다

정관격(正官格)

<1> 정관격의 구성 요건과 응용을 살피다.

[실증철학 원문]
正官格의 구성 요건은 월지장간의 本氣가 정관일 경우와 柱中에 정관이 有氣하거나 용신인 경우도 正官格이 성립 되는데 일단 月逢 정관을 중심으로 하여야 한다. 일주가 受制 당하므로 身旺 이어야 한다. 그러나 身太旺에 官衰도 불리한데 그 이유는 일주가 허약하면 아무리 좋은 정관이라도 나의 소유물이 되지 못하기 때문이다.

[강의노트]
正官格 : ・月支 장간의 本氣가 正官일 때
・柱中의 正官이 有氣할 때
・正官이 用神일 때가 正官格이나, 月逢 正官을 중심으로 해서 논한다. <時上 官星格이 있어서 이다>

💡 正官格의 詩結에서
　酉月의 官星이 得正名이요　　　　　　　甲
　格中 大破卯和丁이다　　　　　　　○ 酉 ○ ○
甲에게 酉가 정관이다. 고로 卯가 오면 卯酉冲이고 丁은 傷官으로 正官을 죽이니까 大凶하다.

○ 正官格이면 일단 日干이 受制되므로, 허약해지기 때문에 身旺해야 하고, 만약 身弱하다면 正官도 나의 소유물이 되지 못하며, 심하면 偏官 즉, 殺로 化해서 일간을 괴롭히게 된다.
또한 身太强하고 官이 허약해도 좋지가 않다.
즉, 여자라면 正官이 旺한데, 身弱하다면 서방님의 급수를 내가 따라가지 못한 것이 된다.

가령　戊 辛 甲 辛　　정관이 멋지게 이루어 졌지만
　　　　　辰 酉 辰 未　　내것이 아니니까 그림의 떡이다.
즉 신약하고 관이 왕하면 서방이 나를 무시하고 깔아뭉겐다.

○ 官殺太旺 사주는 多者無者가 되어서 신하면 과부살 작용에, 喪夫殺이 된다.
　　가령　辛 辛 乙 乙　　巳酉丑으로 官殺이 지나치게 많다.
　　　　　丑 卯 巳 酉　　庚辰年에 과부 되었다. 多者無者이다.
　　　　　　　　　　　　인수가 없어서 즉흥적이었다.
庚辰年에 왜 과부가 됐을까? 庚金 남편을 시간 乙木이 빼앗아갔다(乙庚合金) 辰酉 合金을 많아져서 多者無者가 된 것이다.

○ 多者無者에 걸린 사주를 格으로 따지면 無格이라고 한다.

・ 羊刃이 많아도 羊刃無格 : 身强
　身弱에 財가 많아도 多財無格
　身弱에 傷食이 많아도 傷官無格
　身强에 인수가 많아도 印綬無格(공부 안하고 논다)
　身弱에 官殺太旺해도 官殺無格이다.

○ 身旺官旺하거나
　身弱官旺인데 운에서 일간을 도와주거나
　身旺官弱일 때 운에서 官을 도와 완전하게 균형을 이루어 준다면 中央에 진출해서 長次官에 立身하게 된다.

○ 正官은 본래 財를 동반하고 있으면 二德을 구비했다고 해서 貴格이 된다. 財生官의 작용으로 인해서 인데, 가령 남자가 재임용 될 수 있느냐의 여부는 財生官이 되면 가능하고,
여자가 남자와 재결합을 할 수 있느냐의 여부도 財生官이 되어 있어야 하고, 한 그러면 "꿈에서 깨세요, 당신은 절대로

재격함 못합니다." 하라는 것이다.
즉 벼슬이 떨어져도 재가 있으니까 생활에 걱정이 없고
財生官으로 복직할 수 있으니, 무슨 일이던지 소신껏 처리한다.

○ 明官跨馬란 신왕해서 財官을 충분히 쓸 수가 있을 때를 말한다. 天干의 官이 地支의 財로 인해서 生을 받을 때를 말하는데, 地支에서 財官이 得局을 하고 있을 때도 명관과마라고 한다 (財生官 뜻). 이렇게 되면 가정적으로 처자가 안정되고 사회적으로는 富貴가 겸전하게 되더라.

⊙ 二德이란 : 財官이 잘 구성되어 있을 때이고,
　　　　　　　官印이 잘 구성되어 있을 때도 二德이라고 한다.

財官이 잘 구성되어 있으면 부귀가 겸전하게 되고, 官印은 자동적으로 官印相生이 되는데 官印相生이 구성되어 있을 경우는 국록을 먹는 팔자요 암행어사이고 국공립학교와 인연이며, 관비 장학생이고 국가에서 써 먹는 사람이며, 관저(사택)에서 생활하며 명문가문이 된다.
이때도 官과 印이 잘 구성되어 있을 때에 한한다.

가령　　　　土　　이런 경우는 卯가 午를 생하기 어려우며
　　　卯 午 ○ ○　　고로 官印相生이 어렵다.

또한 印綬太過일 때는 官이 沒해지므로 凶이 된다.
가령 甲의 官은 金인데, 水인 인수가 많으면 金沈이 되니 공부는 많이 했는데 시집 갈 때가 없게 된다.

⊙ 身旺하면서 財官印을 모두 갖추면 三奇 또는 三般物이라고 해서 貴格이 된다. 즉 財生官, 官生印, 印生我로써 일주의 근원이 깊고 멀게 財星까지 뻗치게 되고, 財印鬪戰, 官食鬪戰을 자

동적으로 해소하여서 의식주가 완전 해결되어 있기 때문이다.
 단, 여기서도 財官印의 순서가 年→月→日 이거나, 時→日→月 의 순서가 짜여 있어야만 吉로 된다.

 이처럼 三奇가 잘 구성되어 있으면 上格 四柱로써 長次官의 사주가 되며, 본인은 물론 자손 대대로 영광을 누릴 수 있는 사주가 된다. 나라를 걱정하고 백성을 걱정하게 되는 사주이다.

　　　丙 辛 己　　신왕관왕이다
　　午 寅 酉 丑　　三奇를 모두 갖추었으니 의식주의 복록이 많다

⊙ 旺者冲發 : 잠자는 호랑이의 코를 건드리는 것이다.

　　戊 辛 乙 戊　　乙木에게 金이 太旺하다
　　申 酉 酉 寅　　寅木에게 의지하고 있는데 卯운이 올 때는

 乙木이 卯에 뿌리하기 때문에 좋은데, 이때에 卯酉冲은 어떻게 볼 것인가? → 이것이 旺者冲發로써 잠자는 호랑이의 코를 건드려 놓은 현상이 된다. 乙木이 작살난다.
 官이 肩劫을 만나면 絶地가 되고 冲破되어서 불리하지만, 官殺이 旺할 때는 오히려 일주를 도우므로 吉이 된다.
 단 旺者冲發 의 현상이 되어서는 안 된다는 것이다.

　　戊 辛 甲 丁　　卯가 와서 卯酉冲하면
　　申 酉 申 卯　　旺者冲發 되어서 金이 金剋木하게 된다.
 官星이 傷食을 만나면 受制를 당하므로 불리하나 官이 旺하고 신약할 때는 일주를 보호하여 주므로 吉이 된다.
 단 中和가 되어야 하고, 만약 官食鬪戰이면 禍가 백가지로 일어난다.

```
丙 丁 甲 庚    酉金 丁官이 傷食에게 受制되고 있다.
午 酉 午 午    다 익은 감이 떨어지고, 죽 쒀서 개 주고
```
털어 보았자 먼지밖에 안 난다. 진법무원이고 관식투전이다.

```
  辛 甲 丙    신왕하므로 官을 감당할 수 있다.
○ 酉 午 寅
```

⊙ 正官格이 正官을 만나면 官이 局을 이루어서 좋으나, 일주 기준으로 양쪽에 있거나, 天干에 2개가 있거나, 官殺이 혼잡하거나, 財殺이 혼잡되어도 나쁘다.

가령   ○ 甲 己 甲   여자면, 서방이 둘이고, 음지전답이다.
        ○ ○ ○ ○

⊙ 본래가 正官格을 놓은자는 ,,,
  가령   ○ 癸 丙   官印相生으로 멋지다
         ○ 亥 寅 ○   月에 正官正官을 멋지게 놓았다.
· 가문이 좋다, 뿌리가 깊고도 깊다.
· 모든 일에 正道로써 생활하니 타의 모범이다.
· 月에 正官이면 약속시간 잘 지키고 책임감이 강하다.
  (月에 傷官이면 약속시간 안 지키더라)
· 성실하고 변화보다는 안정을 택하니 모험은 못한다.
  단 남의 명령은 잘 따른다.
· 봉급생활자로 직장을 우선하고
· 신왕관왕이면 고시합격으로 출세한다.

⊙ 身旺官旺 사주는 치외법권자로써 官을 부리고 산다.
  身弱官旺 사주는 官의 지배를 받는다.
  身旺官弱 사주는 官이 부족하니까 직장 변동이 심해서 무위 도식의 경향이 많다. 여자면 서방이 눈에 안 들어온다. 본인

은 신강 하니까 자신 있는 데, 관은 약하니 일자리가 마음에 안 들더라.

💡 정관격, 정인격, 정재격, 식신격, 건록격이면
　 세상 살아가는 데 있어서 어떤 경우에도 偏法을 쓰지말라.
　 그러면 망한다. 증권, 투기하면 운이 좋아도 망한다.

여자가
身旺官旺 사주는 귀부인(정경부인)이고,
身弱官旺 사주는 꿈은 크나, 몸이 따라주지를 못하니, 좋은 남편을 힘이 모자라서 모실 수 없는 처지가 되고 마니 배신당하고.
身旺官衰 사주는 본인은 똑똑한데, 서방이 모자라므로 연하 남자와 인연 있거나, 명주 고르려다 삼베 고르게 되고
→ 모두 직장인과 인연이 되어 진다. 사업가와는 인연 없다.

가령 　壬 甲 壬 癸　　　49세 여명인데
　　　 辰 辰 寅 卯　　　17살 연하남과 살고 있다.
본래 남편에게 아들이 셋이나 있는데, 본서방 싫다고 나와서 연하남과 살고 있는데, 잠자리에서 만족 못하니 방방 뛰더라.
壬水가 힘을 쓰면 水生木으로 甲木이 나오니 辰土 남자는 힘을 못 쓰더라. 甲辰 백호고, 木剋土 당하고 있고, 壬辰 괴강이다.

正官格에 冲이나 刑이 인하면 破格으로써 직장을 자꾸 바꾸어 대단히 꺼리는 바이다.
그러나　　　甲　　　卯酉冲이나 辰酉合으로
　　　　 卯 酉 辰 ○　 金局을 이루고 있으니 파격이 아니다.
卯木이 오히려 상하고 酉金은 상하지 않는다는 것이니 破格이 아니다.

그러나　　○ ○ 庚 丁
　　　　　○ 午 子 亥　　破格이다.

⊙ 정관용인격(正官用印格)
→ 정관격인데 일주가 약해서 인수가 용신인 경우이다.
- "알아야 면장을 하지"의 사주이다.
- 먼저 막히고(剋을 받는 것) 나중에 트인다. 고로 지구력을 가지고 기다릴 줄 알아야 한다.

　　丙 己　　　正官用印格이다
　亥 寅 亥 ○　己土가 뿌리가 없고 근거지가 없다
　　　　　　　직장에서 꽃을 피워야 하고, 사업하지 말라

⊙ 정관용겁격(正官用劫格)
→ 정관격에 인수가 없어서 비겁을 용신으로 쓰니까, 자연히 대리용신이니 친구나 형제의 도움으로 발전해야 한다.
- 항시 현실에 순응해야 한다.
　(배우지 못했고 부모덕이 없으니까)

　　丙 辛　　　官은 좋은데 신약해서 감당 못한다.
　寅 午 酉 ○　고로 현실에 순응하라.

⊙ 정관용상식격(正官用傷食格)
→ 格과 用神이 상반되므로 몸 따로 정신 따로 이다.
- 희생이 갱생으로 음덕 쌓아라,
- 삶의 애로가 많다
- 官과 食이 균형 이루면 貴格이다.
- 관식투전, 식신제살격에서 상식이 약하면 凶이다.

⊙ 정관용재격(正官用印格)
→ 用神이 格을 도와주니까 본래의 격보다는 한 단계 후퇴하고

있어서, 돈 벌고 난 다음에 명예를 취한다.
- 취직했다가 사업한다.
- 여자는 돈에 집착한다, 즉 官이 변해서 財가 되었으니까, 서방이 돈으로 둔갑해 보이더라.

    가령   癸 癸   정관격인데, 午戌火局이 되었다
          午 戌 酉 酉   官이 변해서 財가 되었다. 고로
                      서방님이 돈으로 보인다.

癸가 戌중의 戊와 결혼했는데, 戊가 午戌火局으로 돈 벌어 온다고 가더라. 午戌 火가 되었지만 다시 火生土로 가니까 돈 벌어 오더라. 즉 官이 되살아나더라. 吉格이다.
- 癸가 戊土 따라서 취직했다가, 午戌 火局으로 돈 번다고 사업 하더라.
- 戊土 서방은 없고, 포상금만 남더라(나쁘게 연결될 때)

◉ 정관용관격(正官用官格)
→격이자 용신이다. 오로지 방이다.
- 일반 상식이 부족하다.
- 책임감 있고 직장에서 집으로만 연결된다. 즉 직장하고 연애하는 사람이다.
- 변화를 모르고 여자면 남편밖에 모르더라.
  그러나

    丙 丁 甲 辛   관식투전으로써 정관용관격이지만 凶格이다
    午 酉 午 未

즉 항상 中和를 이루어야만 吉命이다는 것이다.

이하는 각 格별로 사례의 설명이다.

◉ 정관용인격 : 정관격에 신약하고 인수용신인 경우

```
癸 癸 丙        寅木이 용신이다
丑 亥 寅  ○
```

• 木운(인수운) : 귀인 만나고 공부하게 되고 착하게 된다.
 척이 든다, 문서 손에 잡고, 승진하고, 매매수 있고, 건강하고, 재수 있다. 寒谷回春이다. 웬수가 변해서 은인이 되더라.

• 火운(비겁운) : 자립하게 된다. 형제에게 경사 있다.
 좋은 친구 만난다. 상부상조 한다.
 재수있고, 일 잘된다. 동업수 들어온다. 단 정관격은 사업과는 안 맞는다.

• 水운(관살운) : 亥운은 좋고 子운은 凶이다(殺이니까) 죽도록
 일복만 타고 났다. 일만 죽도로 했지 봉급도 안 나온다.
 힘이 배 이상 든다. 윗사람과의 시비가 많아진다.
 자손의 근심 걱정이다. 건강 나빠진다. 헛고생만 한다.

• 金운(재운) : 印綬용신이 財를 만나니 凶이다
 申운 : 寅申冲이다, 탐재괴인이고, 부도나고, 원유가 끊어지고, 보급로가 차단되고, 집 낮아간다.
 역마지살의 冲刑으로 교통사고 난다. 관재송사 주의하라.
 母妻不合에 래도 수정해야 한다.
 망신살이 쭉쭉 뻗었다. 대들보가 부러진다.
 그림 속의 떡이다. 뇌물 먹지 말라. 여자 주의하라.

• 土운(傷食) : 丑-傷官이고 財庫이고, 官으로 局을 이룬다.
 지출이 많아진다. 잘못하면 재앙이 생기고, 자기 꺼에 지가 넘어간다. 초조하고 불안하다.

⊙ 정관용겁격(正官用劫格) : 정관격에서 견겁이 용신일 때
　　　癸 癸 丙
　　　丑 亥 午 ○　　午가 용신이다
→ 비겁이 用神이라 자기가 용신이다는 것이니 저살 길, 제가 마련해야 한다는 것이다.

• 火운(비겁운) : 자립하게 되고, 좋은 친구 만나고 인기도 좋더라. 동업은 하지말라. 독식은 안 되니 나누어 먹어야 한다.

• 木운(인수운) : 水火가 相戰하는 것이 통관되니, 막혔던 것이 모두 통하게 된다. 동서남북에 귀인 생기고, 도와주는 사람이 저절로 나타난다. 집도 생긴다. 저절로 공부하게 되고, 윗사람의 눈에 띄여서 승진한다.

• 土운(傷食) : 未.戌은 좋고, 亥未 木局이고 土剋水하니까 기대 이상으로 좋은 일이 생기니, 아랫사람들이 저절로 찾아와서 도움을 준다. 그동안 공들였던 일들이 결실이 생긴다. 화개성이니 부처님이 도와준다.
丑. 辰은 허기되니 아랫사람의 배신이 생기고, 죽는 줄 모르게 죽고 지출 많아진다.

• 金운(財) : 火인 해가 넘어간다. 돈 벌러 갔다가 돈에 휘둘리게 되어 있고, 여자 조심하라.
해는 서산에 넘어 가는데 갈 길은 멀고, 나룻터에 배는 없구나
이기는 것에 지니까 성격에 변화가 온다.
실수 많아지고 판단력이 흐려진다.

• 水운(官殺) : 함정.누명.모략에 주의하라
子 : 子午冲으로 용신이 날라 가니까, 타의에 의한 변화이고 방황하게 된다.

⊙ 정관용상식격(正官用傷食格)

　　　癸 甲 丙　　정관격인데 丙用神이다. 甲木이 관인상생
　　　○ 酉 子 寅　으로써 공직인데, 丙인 상식으로 근무해야
　　　　　　　　　하니까 복지부가 좋더라.

• 火운(상식) : "못 먹어도 고!"이다. 겹경사이고, 근신 걱정이 물러가고 기쁨이 많다. 단 내가 먼저 木生火로써 도와주어야 하고, 희생이 갱생이다.

• 土운(財) : 火운에서 투자했던 것이 土운에서 결실이 된다. 이 사주는 욕심내면 안된다. 子酉 귀문에 丙 식신이 용신이니까, 淸格이니까 자기의 본분을 잃지 말 것!

• 水운(인수운) : 제일 나쁘다. 귀인이 아니라 웬수이다. 도식운이다(倒食), 피할려면 교육 받으러 가거라. 즉 閑職으로 물러 나거라.

• 金운(官) : 상관이 見官이면 禍가 백가지이다. 관운이 되니까 丙火인 꽃이 金에 서리 맞더라. 자식과 뜻이 안 맞고 서방과도 뜻이 안 맞다. 직장 나기 싫다. 水운보다 金운이 더욱 나쁘다.

⊙ 정관용재격(正官用財格)
→水일주가 土인 官이 火인 財로 변하게 된다.
　　　○ 辛 壬 庚　　午未火局이니, 官이 財로 변했고
　　　午 未 申 子　　5月 장마가 들었으니 火土운이 좋다.

• 火운(財) : 제일 좋은 운이다. 재수있고 묵은 돈 받고 만인 위에 군림하고, 돈이 저절로 들어온다. 하나를 가지고 열을 만드니 사업 확장한다.

· 土운(官) : 戌.未 운만 좋다. 戌未刑으로 금고문을 열고서 마음대로 쓴다. 午戌이니 재산이 불어나고 묵은 돈 받고, 큰 돈 들어온다(庫이니까)
땅 팔아서 부자된다. 경쟁자가 없어진다. 감투 생긴다.
자손의 경사 있고 건강해진다.
土剋水 하니까 철이 들고 정신이 바싹 든다.

· 木운(상식) : 시작은 상식이니까, 초조하고 불안하지만 결과는 좋다. 목은 봄이니까 좋은 운이다.
아랫사람 덕이 있고, 아이디어가 적중하고 요령이 생긴다.
재주는 곰이 넘고 돈은 사람이 취한다.

· 水운(비견겁) : 도둑놈 옆구리에 끼고 산다.
절대로 경쟁하지 말라. 투서. 모략 주의하라.
믿는 도끼에 발등 찍힌다. 노력해도 헛고생이다.

· 金운(인수) : 金生水로 번거롭고 문서 주의, 수표 주의하고 새로운 일 투자하지 말라.
◦ 사업하는 사람들은 인수운에서 수표 발행하지 말고, 보증서지 말고, 새로 시작하므로 인수운에서 동업수가 잘 들어오더라.
이 때 동업하면 金운 다음에 水운이 오니까 친구 잃고, 돈 잃고 배신당한다.

⊙ 정관용관격(正官用官格)

    戊 癸 癸   신왕에 正官 용신이니 법정계이다
  O 戌 酉 丑   (卯酉戌, 水일주, 正官과 합으로써,,)

· 火운(財) : 제일 좋은 운이다. 午戌합이다. 조후해주니 좋다.
財生官 해준다. 돈이 들어와서 이빨 빠진 것이 채워진다.

승진한다. 午가 도하니까 애인도 생기고 기분이 좋아진다.
계산이 적중되고 만인 위에 군림한다.

• 土운(官) : 未.戌운, 未戌刑도 旺者刑發로 많아지고 財庫를 열면서 좋은 운이다. 丑未충으로 들어오는 것을 없애니 좋고, 앓던 이 빠진 것만큼 좋다. 승진하게 되고,

💡 이처럼 財庫에 正官이 연결되면 직장에 있으면서도 후생사업 하고 있는데 마누라는 마누라대로 돈 벌고 있더라.
辰丑운은 凶작용하니까 사표내는 운이다.
辰戌冲으로 직장변동을 함부로 하면 큰 일 난다.
(여자라면 辰酉합으로 새 남자 생긴다)
구르는 돌이 박힌 돌(辰戌冲) 빼 내고 턱 들어 앉는데, 구관 이 명관이더라.

• 木운(상식) : 卯戌合으로 휴직, 감봉의 운이다.
寅운은 寅戌로 괜찮다.

• 水운(비겁운) : 물이 범람하고, 나의 자리를 뺏기게 되고, 투 서, 모략, 구설이 생긴다. 비밀 노출된다.
경쟁하면 싸움이 되는데, 고로 상대의 비밀이 노출되게 되어 있다. 믿는 도끼에 발등 찍힌다. 마누라 아프다.
대리근무 하지말라, 된통 걸린다.
남의 일에 끼어들지 말라.
심하면 이혼수다.

💡 身旺官旺格에서 官이 用神일 때에 印綬운은?
→ 신왕에서 인수운은 용신을 설기하고, 病死가 되므로 또는 신 왕해 지는 운이니 凶으로 보기 쉬우나, 印綬는 제복이고 명예가 되 니까 오히려 吉운이 되고 무난히 넘어간다.

가령　○ 戊 癸 癸　　신왕관왕인 데
　　　未 戌 酉 丑　　金운이라도 격정타을 먹이지 않고서
　　　　　　　　　　무난하게 넘어간다.

- 용신운이라도 格을 刑.冲하면 안된다. 그릇을 깨뜨리니까,,

- 財殺混雜, 食神制殺, 官殺混雜, 制殺太過格은 잘 살펴야 한다.

　　　丙 甲 辛 丙　　재살혼잡이다. 빈혈, 폐렴, 피부병
　　　寅 午 卯 申　　목소리도 破音이다.

　　　己 甲 己 乙　　관살혼잡이다. 荒荊川里이다
　　　亥 子 卯 亥　　從을 해도 사주가 나쁘다.

　　　丙 辛 己 乙　　밑바닥　　　丙 庚 己 甲　　밑바닥 생활
　　　申 丑 卯 亥　　기고 있다.　申 子 卯 子　　하고 있다.

　　　戊 辛 甲　　　　午가 용신이다. 식신제살이다.
　　　辰 酉 午 ○

　　　辛 辛 戊 辛　　관식투전이고, 제살태과이다.
　　　卯 卯 申 酉

乾　甲 戊 癸 丁　　이 사주는 戊辰月이라 辰土가 辰酉로
命　戌 辰 酉 巳　　가지 않는다. 그러므로 정관격에
　　　　　　　　　印綬를 써야 하는데 官印相生으로,
　　己 庚 辛 壬 癸 甲　비겁보다는 인수인 金이 우선이다.
　　巳 午 未 申 酉 戌　남방 火운은 기신운이지만, 서방 金
　　　　　　　　　운은 용신 운이 된다.

→ 辰酉合에 巳酉合으로 身旺으로 보기 쉽지만, 子月이고 辰
  에 水가 入墓되는 시기이므로 身弱이다.
  거기에 辰戌冲으로 되고 日支의 酉金이 核이다. 고로 正
  官用印格이다.
- 먼저 직장행활 하다가 중말년에 丁巳로써 사업한다.
  丁癸冲으로 이별수가 걸렸지만 巳酉合으로 재결합한다.
- 正官用印格으로써 알아야 면장을 하지 하는 팔자이고
  책속에 길이 있고 무조건 부모님 말을 들어라.
- 酉金 하나가 旺한 財官을 모두 내편으로 흡수하고 있으니
  아름답다.
- 관인상생격이다. 고로 공직으로 가야하는데, 水일주니까
  법원서기나, (卯酉戌, 천라지망), 세관, 해양사무 등도 좋다.
- 雜氣財官격이다.
  신왕곤왕이다, 金水가 좋고, 木火가 나쁘다.
- 酉가 어머니이고 丁巳가 마누라인데, 합이 되어서 母妻가
  뜻이 잘 맞더라.

- 己巳대운 : 巳酉로써 좋은 운이다. 日支三合이고, 水일주
  니까, 자꾸 나가려고만 하더라.

- 庚午대운 : 겁인의 운이다. 공부할 시기에 돈이 들어왔다.
  午가 桃花이니까 여러 가지로 고생하는 운이다. 공부하면서
  돈 버는 운이다.
  천간의 金이 金生水 해줄 줄 알았다가 실망이 크다.

- 辛未대운 : 未戌형으로 土가 많아지니 濁水가 된다. 辛이 金生水
  해줄 줄 알았더니 지코도 석자이다. 未가 土生金 을 못한다.

- 壬申대운 : 좋은 운이지만 癸가 壬을 만나니 濁水가 되고 癸보다 壬이 더욱 강하니까, 독식은 안되고 丁壬合으로써 의처증이 생긴다. 丁 마누라가 자꾸 壬수를 따라가는 것만 같더라. 승진도 제일 늦게된다.
- 癸酉 대운 : 여기도 저기도 나와 똑 같은 사람이다. 그러나 巳酉, 辰酉로써 나를 도와주더라. 운이 상승하는 운이다. 동업수인데, 10여년간 성공했다.

- 甲戌대운 : 辰戌冲(木剋土로써)으로 직장 그만 두어야 한다. 상관운이다. 또한 戌이 財庫니까 돈 생각이 난다. 만약 퇴직금으로 사업한다면 月에 正官이니까 부가가치세부터 생각하는 사람으로 관리능력이 부족하니 사업은 어렵다.

- 辛巳년 : 金生水이고 巳酉合이니 이사수이고 매매수이다.
  巳月, 酉月에 매매수이다. 서북쪽이 좋더라.
  인수가 局을 이루니까 집을 늘려간다.
  巳火인 돈이 나가고 인수인 문서를 잡았으니 매매수이다.
  안정되고 승진있고 재수좋은 해이다.

- 壬午년 : 桃花에 비겁이니까, 비겁도화이다. 고로 친구덕에 바람핀다. 壬인 바람둥이 친구가 여자 하나 주더라.
  결과는 코피난다.

```
乾  癸 乙 戊 辛      관살이 있을 때 상식은 내편,
命  亥 卯 辰 酉      傷官이 制殺작용할 때는
                    食神으로 호칭된다.
    甲癸壬辛庚己
    寅丑子亥戌酉
```

→ 사주에 火가 없어서 조후가 안 이루어져 있다. 이처럼 조후가 안되어 있는 사주는 평생 근심 걱정 끼고 사는 八字가 된다.
- 정관격이다. 신약하여 의지처가 없어서 辛酉金을 용신으로 쓴다. 殺居先, 食居後로써 食神制殺格인데 卯酉冲이 있어서 관식 투전이 된다.
- 이중성격에, 삶에 애로가 많게 된다.
- 식신제살격은 나보다 높은 높은 손 하나 바주어야 직성이 풀리고, 전생에 지은 죄를 이승에서 희생하면서 살아야 하고, 신용과 의리로 살아야 한다.
- 土金이 용신이고 水木火운이 凶이다.
  火운 만나면 金인 용신이 죽으니까 건강은 좋아지는데 재수는 없더라. 고로 "저 사람은 몸이 안 좋을 때는 돈이 들어오고 건강해지면 돈이 나가더라".
- 본래는 정관으로써 착한데 金剋木으로 연결되니까 세상에 억지로 끌려간다.
- 格과 用神이 싸우니 하루도 편할 날이 없더라.

- 甲寅대운: 辛酉용신이 寅木에 絶地가 되고 木剋土로 나를 치고 들어오니 고생이다.

- 癸丑대운: 酉丑이지만 조후가 안 되니까 크게 좋지는 않다.
  한밤중이니까 날 찾는 이가 없고, 인기가 없어진다.

- 壬子대운: 凶이다

- 辛亥대운: 亥卯木局이다. 용신이 다시 絶이 된다.

💡 이런 사주는 먼저 건강에 촛점 맞추어라
  조후가 안되어 있으면 건강에 취약하다.

"이 아이 건강 괜찮아요?" 하는 것이다.
수족에 이상, 신체에 이상 있는 사주는 조후가 안 되어 있다.
水木凝結, 急脚殺, 당뇨관살, 金寒水冷, 너무나 燥한 사주 등,
辰酉午亥의 子刑殺이 모두 있는 것, 官殺太旺 사주.

💡 月에 印綬면 외탁이고
　月에 財면 친탁이다.
官殺이 많으면 어렵게 살아서 외가에서 키워주니 외가에서 자라고, 印綬가 많으면 귀여워서 외가에서 키워주니 외가에서 자란다.

乾　戊甲己甲
命　子寅丑戌　　　이 사주는 4土 3木 1水로 木과 土가 대치하는
　　　　　　　　　형상이다. 인수인 火가 와서 통기시켜야 안정이
　乙丙丁戊己庚辛　 된다. 남방 火운은 좋았고 金운도 나쁘지 않다.
　卯辰巳午未申酉

- 月逢桃花이니 母가 재취이다.
- 子酉 귀문으로 신경성으로 병이 온다.
- 귀록격으로써 時 하나 잘 타고나서 木火通明이 되었다
- 정관격으로써 착한데 인수가 많아서 酉金이 金沈이 되어서 못 쓰고 丙인 食神용신이다. 正官用食神格이다.
　인수용식신격도 된다.

- 火土가 용신으로 丙火에 핵이 집중되어 있다.
　8월 장마가 들었는데, 丙火 태양이 밝게 비추고 있다.
　정관격으로 공직인데, 酉가 천사개금이니까 보건복지부이고 상식이 용식이니까 남에게 간섭을 안 받을려고 하니까 의사, 자유업이 좋다.

- 손자代에서 잘되는 팔자이고 財가 없어서 깨끗한 팔자이다.
- 앞에 丙인 광명이 비추고 있고, 뒤에 근심 걱정이 있으니 이 사람은 항상 " 내 사전에는 근심 걱정이란 없고, 항시 희망만이 존재하더라 " 한다.

- 방황하다가 입산수도한 사주이다.

```
坤   庚 癸 壬 庚
命   午 未 申 子        庚午생은 백말띠인데 21살 나이에 6.25 터졌다
                       고로 서방님 전쟁터에 보냈으니 팔자 쎄다고 하
     壬辛庚己戊丁       더라
     午巳辰卯寅丑
```

- 正官用財格, 印綬用財格, 木火土운이 吉, 金水운이 凶.
- 金水가 많아서 수심이 깊어서 그 마음속을 헤아리기가 어렵고, 財가 용신이라서 금전에 관한한 절대로 남에게 양보가 없도다.
- 得令은 못했으나 得時, 得勢해서 차녀로 태어났으나, 장녀노릇해야 하겠고, 부모 모셔야 하는 팔자이다. 친정 끼고 살아야 하겠고, 친정 걱정에 항상 노심 초사 하는 사주로서 이런 여자와 살면 항상 친정 되와주어야 한다.
- 신강하고, 壬水 일주니까 활동해야 하겠고, 적은 것은 마음에 차지도 않으며 午未火局이니까 서방님이 돈으로 둔갑해 보이더라.
- 土剋水해도 壬水는 끄덕도 안하니, 나의 근심 걱정을 서방님이 무슨 수로 도무 들어주겠는가? 따라서 이런 사주는 사업을 해야 하는데 음식장사(財)가 좋다. 헛집
- 신강하고 午未 火局이니까 財복도 좋다. 생활력이 아주 강하다. 未가 傷食의 庫이고 急脚殺이고 또한 午未 火局으로 가버렸으니 자식의 恨이 나온다.

- 月상의 癸수가 돈을 노리고 있으니 돈 자랑 말라.

- 壬午,辛巳대운 : 財용신에 財운이 왔다. 일찍부터 돈맛을 알았고 어렸을 때는 무난하게 지내는 운이다.

- 庚辰대운 : 인수운으로 다시 공부하는 운이고, 신자진 수국이이니까 결혼하는 운인데, 대운이 나쁘게 작용하니까 좋은 신랑을 만나기는 어렵다.

- 己卯대운 : 천간의 기토인 관이 묘미 수국으로 날라가고 고로 과부되었고 단 목생화로써 운은 좋았다.

- 戊寅대운 : 寅午火局이고 戊癸합해서 한 없이 기쁘다.

- 丁丑대운 ; 亥子丑으로써 비겁작용이다.

→ 6월의 장마가 들어있고 壬水에게 未는 준금고(金庫)에 해당하고 戌은 큰 금고에 해당한다.

💡 土일주 여자는 거의가 장남이나 막내에게 시집가는 경우가 많다.

坤 甲 己 戊 乙
命 戌 巳 辰 卯
  戊丁丙乙甲癸壬　　병인대운에서 병이 인수도화이니 학창시절에
  辰卯寅丑子亥戌　　선생님의 사랑을 독차지 한다.

- 偏印格인데 身旺四柱이다. 時上의 乙卯木이 용신인데, 甲木 편관을 甲己합하니까 去殺留官이 되었다.

- 戊土에게 甲木이 애인인데 甲己合이고 辰戌冲이니 살기가 어렵다. 그때 乙卯木인 연하남이 생기는데, 자세히 보니까 조금 크면 써 먹을 수 있을 것 같더라. 고로 甲木이냐, 乙木이냐로 고민하던 중에 己土 친구가 나타나더니 甲己合으로 자들끼리 가버리더라. 이것이 去殺留官이다.
- 이처럼 去殺留官이 된 사주는 교통정리를 잘 하게 되는데 요즘처럼 정리해고 하는 시기에 그 재능을 발휘한다.
- 乙卯木이 卯辰으로 日支로 合을 해서 들어오니까 나에게 좋은 역할 해주는 사주이다. 고로 乙卯木을 키울만 하다.
- 辰土인 형제의 덕을 알아야 하겠고
  月에 인수이고 정관이 용신이니까 공부의 목적은 좋은데 시집가는데 있으며,
  巳중의 庚과 戌중의 辛이 자식인데 할아버지, 어머니 방에 가서 있으니 자식의 근심은 어쩔 수가 없다.
  즉 金인 자식들이 자기 방으로 가려고 했더니 乙卯木이 버티고 있더라. 金에게 木은 絶地가 되니 자식이 자식방에 있기가 힘들다는 것이다.
- 月支에 丙火인 엄마가 자기방에 있어서 똑똑한 엄마이겠고, 항상 신용과 명예가 우선인 사주이고, 남편 덕이 좋은 사주이다. 공부 잘하고 영리하고 고지식하고 요령이 부족하다.
  요령이 부족하는 것은 그만큼 자신있다는 것도 된다.

```
乾   辛 戊 癸 乙
命   卯 戌 卯 卯      이 사주는 官食鬪戰하는 팔자인데 卯戌이
                    合을 하여 다행이다. 정직하고 고지식하니
   丁丙乙甲癸壬        공직이 최고 좋은 직업이다.
   酉申未午巳辰
```

- 辛卯 : 牛山之木이고 바느질 솜씨 좋고, 卯木이 약손이다.

- 戊戌 : 부처님, 戌이 印綬庫藏, 비견겁의 庫藏이다. 갈어지동 이고 준려강이다.
- 癸卯 : 風波이다.

- 寅午戌에 卯가 桃花이다. 고로 이 집에서 누가 바람나면 집단 으로 바람나게 된다.
- 정관격으로서 대단히 착한데 이 정관을 戊癸合, 卯戌合으로 유지하려고 하는데 卯木이 방해 많이 하더라. 戊인 벼슬을 지키려고 癸水가 戊土를 따라서 올라 가려고 하는데, 木剋土로 허물려 한다. 뒷다리를 잡고 끌어 내리려고 하는 사람이 너무 많다.
- 卯木이 木剋土를 너무 많이 해서 制殺太過에 해당한다.
  官食鬪戰을 면하고 있는 것은 卯戌合을 하고 있다.
  이 사주는 직장생활에서 종사해야 하는데 卯戌이니까 병원에서 사무보는 원무과의 직업이다.
- 雜氣財官格이니 후생사업이고 戌이 財庫니까 마누라를 돈 버는데 이용하겠고, 財庫니까 마누라는 항시 아프더라.
- 연상의 여인이고 庫藏이 집합이니까, 처갓집에 배다른 형제 있다. 火土가 희신이고 水木이 기신이다. 金은 약신이다.
  正官用官格이니 공무원이 적성이다.

○ 申酉운 : 卯木이 冲 받으니, 卯戌合이 풀어져서 좋다.

- 乙未대운 : 乙木이 天干에 있어서 卯木 木局이 잘되니 凶이다.
- 甲午대운 : 吉
- 癸巳대운 : 癸水가 巳 만나면 천을귀인이다.
  戊土가 巳 만나니 녹고로 좋고, 木生火, 火生土로 통관시켜서 火운은 곱빼기로 좋다.

- 辰대운 : 辰戌冲이다. 직장 바꾼 것이 잘못되었고, 친구의 말을 들었던 것이 잘못되었다. 癸가 辰을 만나면 고장이니까 죽는 운이더라. 해는 서산에 기우는 데 갈 길은 멀구나!

水生木으로 말을 함부로 하지말고, 책임감 있게 행동하고 항상 手下를 조심해야 한다.

편 관 격 (偏 官 格)

<1> 편관격의 구성 요건과 응용을 살피다.

[실증철학 원문]
　偏官格의 구성 요건은 월지장간의 本氣가 편관일 경우와 柱中에 편관이 有氣하거나 용신인 경우도 偏官格이 성립 되며 또 일주가 허약하고 정관이 旺할 경우도 편관격과 동일하게 취급된다.
　편관격은 원래 일간이 극 수제 또는 충이나 극을 강하게 당하여 허약하여짐으로 편관을 칠살 또는 호랑이에 비유하기도 한다. 그러므로 편관격을 놓은 자는 일단 신왕함을 우선 하지만 만약 허약한 일주라면 운에서라도 도움을 받아 신왕이 되어 균형을 이룰 때 貴星으로 변하여 貴命이 되기도 하니 편관이라 하여 무조건 무서운 것으로만 보아서는 안 된다.

[강의 노트]
⊙偏官格 ・月支 장간의 本氣가 偏官일 때
　　　　 ・柱中의 偏官이 有氣할 때
　　　　 ・偏官이 용신일 때도 편관격인 데
　　　　　 日主가 쇠약하고 正官이 왕할 때도 편관격이다.

・偏官格이면 우선적으로 日主가 身旺해야 하고 辛弱者는 運에서 도움을 받아서 신왕이 될 때에 비로서 吉命이 된다.

・똑 같은 偏官이 : 偏官일 때, 七殺일 때, 鬼가 될 때, 病이 될 때를 구분해야 한다.
→ 신왕해서 偏官을 權으로써 바꾸어 질 때가 편관이 되고
　 신약해서 편관을 감당하지 못할 때가 칠살이고, 병이고, 鬼가 된다.

가령   庚 甲   신약하면 庚이 七殺이 되고
        ○ 申 ○ ○ 신허하면 庚이 鬼가 되어서 귀신이 따라
                  든다.

신왕해서 庚을 감당할 수 있으면 偏官이 되어서 권력과 권세를 가져다주더라. 건강으로 초점 맞출 때는 七殺을 病으로 보면 된다.

○ 甲 : 庚
  乙 : 辛   편관, 칠살이면서도 沖이 걸린다.
  丙 : 壬
  丁 : 癸

  戊 : 甲
  己 : 乙
  庚 : 丙   칠살이지만 沖이 안 된다
  辛 : 丁
  壬 : 戊
  癸 : 己

沖도 되고, 剋도 되면 二重으로 나쁘다. 가령 乙木이 辛을 만나면 偏官이면서도 沖이 되니까 서방님과의 관계가 더욱 좋지 못하는데 재혼 등도 불리하다.

甲 乙 丙 丁 戊 己 庚 辛 壬 癸
① ❷ ㊀ ❶   ⑦ ❼ 七 ❼

모두 7번째에 충이 걸린다. 고로 칠살이 沖이 된다.
여기서 甲戊, 乙己, 丙庚, 丁辛, 戊壬, 己癸는 沖이 안 된다
즉 沖이란 甲(東) ↔ 庚(西), 丙(南) ↔ 壬(北)처럼 180도로 정면으로 대립할 때 沖이 구성된다.
戊와 己는 중앙이니까 沖이 성립되지가 않는다.

이러한 冲도 1°만 비켜서도 冲이 안되고 合이 된다.
甲 ↔ 庚   즉, 冲속에 合이 있고 合속에 冲이 있다.
乙 ← 庚   甲庚冲으로 3번 싸워야 乙庚合으로 진정한 친구가
         된다던가?

⊙ 偏이 들어가는 格에 해당하는 사람은 모두가 성질이 급하다. 또한 偏法으로 세상을 사는 것이 正道이다.

⊙ 偏官格에서 身旺官旺 四柱가 되어 있으면,,,
  가령   戊 壬 壬   戌月의 9月이라서 冷氣가 지배하고 있어
        午 戌 申 子   서 身旺官旺으로 사주가 멋지다.
  양대정승이다, 아버지도 자식도 정승이다.
  영웅호걸이다, 나라와 백성을 걱정한다.

⊙ 신약사주가 관살혼잡, 재살태왕으로 구성되면 고생스러운 삶이 된다. (관식투전 사주도 마찬가지이다)
  가령 戊 庚 甲 丁   관살혼잡 사주이다. 財殺太旺이다.
        戌 申 申 卯   고로 日柱가 剋을 심하게 당하니까 殺의
                    작용이고 鬼의 작용이다.
• 고로 "아이구! 이 사주는 무슨 놈의 귀신이 이렇게 따라 다니지?, 한 많은 귀신이 많다"라는 것이다.
  甲木이 卯목을 의지하고 사는데, 이 卯목도 金剋木으로 쫓기고 있다. 金木相戰으로 근통, 골통, 치통으로 연결되고, 가지가 찢어지기 일보 직전이고, 제살 깎아 먹기이고, 卯申 귀문까지 연결되니까, 하는 짓거리가 항시 똘아이고, 왕따 당하고, 月에서 冲 받으니 고향에서 쫓겨나는 사주이다.
• 破格으로 깨진 그릇이니까 힘든 세상 살게 되고 고생 많다.
💡 偏官도 용신이 된다면 官으로 호칭되고 있으며 따라서 權이라는 별칭이 붙는다.

💡 偏官 七殺을 다스리는 방법에는 3가지가 있다.

◉ 殺印相生法 (印綬로써 殺을 다스리는 방법)
    壬 壬 丙 甲   丙壬冲이 水剋火로써 壬이 무서운데 寅木인
    申 子 寅 午   印綬가 水生木, 木生火로써 통관시킨다.
                   이것이 殺印相生이다. 貪生忘剋이다.
                   協想法이다.

◉ 羊刃合殺法 (비겁을 이용해서 殺을 다스리는 방법)
    合殺 시키는 것으로써 合殺以貴이다.
    머인계이고, 妹氏合殺이고 權刃相停이다.
    원서에 이르기를 "甲이 乙妹로 妻庚하니 凶爲吉"이다.
    이러한 羊刃合殺, 妹氏合殺 등의 용어는 모두 身弱에서 사용하는 용어이고, 身强에서는 비겁을 제거하고 羊刃을 제거하는 작용이다
  • 甲庚冲을 없애는 것은 乙木이다.

◉ 食神制殺法 (食傷을 이용해서 전쟁하는 것)
    격퇴법이고 殺居先, 食居後格이다.
    음덕으로서 殺을 퇴치하는 것이니, 좋은 일을 많이 해서 퇴치하는 것이다. (官殺이 있을 때 傷食은 내편이다)
    서로가 相戰하는 것은 면할 수가 없으니까 官食이 中和를 이루는 것이 제일 좋다.

① 만약 官食이 鬪戰하면 爲禍百端으로써 석양의 무법자가 되고
② 官殺이 약한데 傷食이 과다하면 制殺太過에 盡法無民으로써 겁 없는 세상을 살게되고
③ 官殺이 태왕한 사주에서 傷食이 부족해서 制하는 힘이 약하면 旺者을 건드려서 종래는 日主가 손해를 보게 된다.

즉 太旺한 殺은 冲發시키면 오히려 日主를 공격하는데 이것이 宿虎冲鼻(숙호충비 : 잠자는 호랑이의 코를 건드리는 것)가 된다.

❶ 壬 壬 丙 戊　　食神制殺로써 균형 이루니 조금 좋다.
　 申 子 戌 戌

❷ 壬 壬 丙 戊　　官食鬪戰이다.
　 申 子 子 戌

❸ 　 　 丙 戊　　寅木이 용신이 아니고 食神制殺로써
　 寅 子 子 戌　　土가 용신이다.

❷ 에서 丙이 壬에게 맨날 당하고 살고 있는데 戊戌土인 자식이 한마디 하더라 "엄마는 왜 맨날 아버지에게 당해요?" 하면서 아버지에게 항의를 하자, 아버지는 丙에게 土자식 교육을 어떻게 시켰냐고? 하나 당하는 것은 결국 丙이더라.
이래도 저래도 丙만 당한다.

⊙ 편관격인데 身太弱者는 ,,,
항시 위축되어 있다, 겁이 많다.
죽도록 일해주고도 누명 쓴다.
열등감에 빠져서 자학을 한다.
건강이 부실해서 잔질이 많다.
일복이 많다 – 관살이 많은 사주는 창살 없는 감옥생활이다.
인내와 지구력이 부족하다. 용두사미이다.
신들리기 쉽다 – 운에서도 관살이 잘못 작용하면 신들리기 쉽다. 사업하면 망하고(관리능력이 없어서)
배신 많이 당한다. 악처만나고, 자손으로 인해서 걱정이 많다.

💡 배우자 : 편관이니까 해로가 어렵고, 속도위반에 혼전동거가 많다(요즘은 계약결혼). 군인이나 경찰 등과 인연이 많다.
財殺太旺이면 내것 주고 배신 당한다.
身旺官旺이면 재혼은 하지만 귀부인이 된다.

💡 편관이,,,,
① 인수 만나면 : 官印相生이고 二德을 겸비해서 좋다.
인수가 너무 많으면 偏官이 沒하니까 불리하다.

丙 庚 甲 己   庚인 서방이 水多金沈으로써 무능력이다
午 子 子 巳   내가 먹여 살려야 한다.
여자인데 노처녀이다. 水木凝結로써 남자 봐도 전기가 안 오니까 시집갈 생각 안한다.

② 비겁을 만나면 : 일간을 보호하니 吉이 되나 相戰하지 말아야 하고, 만약 지나치게 身太旺 사주가 되면 편관도 작용 못하니까 불리하다. (身太旺이면 財官이 沒해진다)

庚 甲 甲 甲   甲庚冲으로 만날 싸우더라.
○ ○ ○ ○

③ 傷食을 만나면 : 官食이 鬪戰으로써 꺼리게 된다. 단 편관이 旺하면 食神制殺로써 吉이 된다. 여기서도 상식이 너무 많으면 制殺太過로써 흠이 된다. (骨肉相爭)
丙 丙 甲 庚   官食鬪戰
午 申 午 午   制殺太過. 盡法無民이다
            할 수 없이 申을 써야한다.

④ 財星을 만나면 : 편관의 根이 되어서 明官跨馬(명관과마)요 財官二德으로써 아름답다. 그러나 신약할 때는 財殺太旺으로

써 凶이 된다.
항상 관살은 財에 바탕을 두고 있다.

   O 丙 庚 乙
   O 寅 辰 酉   明官跨馬이다

⑤ 官을 만나며 : 日主가 더욱 약해져서 흠이 되는데 신왕사주라면 괜찮다. 만약 官殺婚雜은 大忌하며 관살혼잡일 경우에도 去官留殺일 때는 무방하다.

◉ 편관용인격(偏官用印格)
→ 아는 것이 힘이다. 身弱하면 평민이고, 조금만 약하면 貴命이다.

   壬 壬 丙 甲   貴命이다
   申 子 申 午   이 사주의 특징을 이야기 한다면 이 사주는
                    항시 겸직을 하게 된다. 官이 둘이니까 겸직을
하는 것이다. "감투를 둘이나 쓰고 있네요," 또한 편관으로 연결되
니까 "아이구! 이 사주는 권력기관에 있어야 하는데요, ~"
편관 있고 刑殺 있거나, 정관 있고 刑殺 있으면 " 이런 팔자는
권력기관에 있어야 하는데요. ~"

   壬 壬 丙   丙壬沖이고 水剋火로써 丙을 패대기치고서
   申 子 子 O   水生木, 木生火로 들어온다.
                항상 뒷북치고 사는 사주이다. 기회 놓치고
                사는 사주이다.

◉ 편관용겁격(偏官用劫格)
출세하는데에 형제나 친구의 희생이 요구되며, 세력을 확보하는 것이 급선무이다.

壬 壬 丙 甲
申 子 申 午　　　財殺太過 四柱이다.

◉ 편관용상식격(偏官用傷食格)
→ 관식투전이고 食神制殺格이다.
　格과 用神이 상반되어 있어서 삶에 애로사항이 많다.
　초년의 희망이 180도 수정한다.
　강자 앞에서는 무조건 반항한다.
　음덕이 생명이다.

壬 壬 丙 戌　　丙이 水에게 괴롭힘을 당해서 너무 恨이 서려
申 子 子 戌　　서, 에이~쌍 하면서 土剋水로써 죽인다고 한
　　　　　　　다. 水인 官殺이 전생에서 지은 죄이므로 음덕
(傷食)이 생명이다. 고조할아버지(관살) 산소에 물이 들었다.

◉ 편관용관격(偏官用官格)
　格이자 용신이니까 오로지 밖으로써 변화가 없다.
　성급하다.

◉ 편관용재격(偏偏官用財格)
　官에서 財로 일단 후퇴하여 실패했다가 성공하고, 財를 모은
　연후에 長이된다. 본래의 가문을 일으킨다.
　　　　　壬 庚
　午 戌 申 子　　偏官用財格이다.
💡 正官格의 용신과 喜忌가 대동소이함

편관용인격(偏官用印格)
편관격에 신약하고 인수가 있을 때

```
壬 壬 丙
申 子 寅 ○
```
金운 : 탐재러인으로 부도나는 해이다.
       목숨, 마누라, 건강, 직장도 부도난다.
水운 : 신약해서 凶하다.
木운 : 吉운
火운 : 吉운
土운(戌未) : 水인 어둠이 물러가고 근심 걱정이 없어진다.

⊙ 편관용식신격 (偏官用食神格)
   편관격이면서도 身强하여 傷食이 용신이 되는 경우,
   편관격이면서 偏官 자체가 網居先, 食居後로써 食神制殺 되어
   있는 경우 (2가지가 있다)

가령   甲   편관격인데
     ○ 申 ○ ○

```
      甲 丙      편관이 인수로 변하 되었다.
  辰 申 子 寅    고로 丙인 食神을 따라가야 한다
                 木火通明이다. 火土 용신이다.
```
태어나기는 편관인데 살기는 食神으로 사니까 정반대의 삶을 살게
된다. 학교는 의대까지 나왔는데 코메디 하면서 살게 되더라.

```
  ○ 庚 甲      金剋木 들어오는 것을 火剋金 해야 하니
  ○ 申 午 ○    까, 食神制殺이다.
                 木火 용신이다.
```
木火운 : 吉
土운(財) : 身旺에는 吉, 身弱에는 凶
水운(인수) : 凶

金운(관) : 凶이다. 대들보 나가는 운이다.
　　　　　관재구설, 건강 나쁘고,,,

⊙ 편관용재격(偏官用財格)
　가령　庚 癸 癸 癸　편관격인데 午未火가 용신이다.
　　　　午 未 酉 亥　木土火運이 좋다.

⊙ 편관용관격(偏官用官格)
　언제든지 편관도 용신이 되면 관이 된다. 단 가급적이면 충이 안되어야 한다. 冲이 되면 용신이더라도 좋지 못하다.
　　○ 戊 壬 庚　偏官用官이다
　　○ 戌 申 子　火運이 제일 좋다. 土운도 좋다.

乾　癸 乙 戊 丁
命　未 卯 子 巳
正官用印 : 장가 3번 갔고 상처 한번 했다.
亥卯未에 子가 도화이다. 日支에 도화로써 여자는 줄줄이 사탕이다. 늙은이(癸), 젊은이(子) 할 것 없이 여자라면 사족을 못쓴다.

乾　戊 甲 戊 甲　　편관이 강해도 인수에 합으로 들어와
命　子 寅 午 寅　　相生하니 이것이 바로 官印相生이다

乙丙丁戊己庚辛
卯辰巳午未申酉
→ 殺印相生格, 偏官用印格
・正月의 寅時로서 甲木이 2개나 있다. 午火가 이 사주의 核이다. 부모말 들어야 하겠고, "알아야 면장을 하지"이다.
　한 몸에 2개의 지게를 지고 있다.

- 377 -

- 원수를 귀인으로 만들 수 있는 처세가 좋고, 불난 집에 이사 가면 잘된다(午가 湯火). 일복은 타고 났다.
- 官印相生이니까 공직자 생활이 좋다.
- 인정(木)이 너무 많아서 신용(土)이 봉쇄되고 있어서 외상값을 못 받으니 사업가는 아니다.
- 子午冲으로 본처와 해로 못한다.
  子水는 편인약으로써 조후를 맞추어 주고 있다.

○ 乙卯대운 : 건강이 나쁘고 卯가 도화이다.
○ 丙辰대운 : 무난한 운이다.
○ 丁巳대운 : 巳午로써 본인에게는 좋은데 寅巳刑으로 주위가 시끄럽다. (궁전에 출입했던 분의 사주이다)
○ 戊午대운 : 좋은 운이다
○ 己未대운 : 좋은 운이다.
○ 庚申대운 : 직장 날라간다. 甲庚冲, 寅申冲이다.

```
乾  壬 壬 丙 己      癸甲乙丙丁戊己
命  辰 子 寅 亥      丑寅卯辰巳午未
```

→ 官印相生格, 偏官用印格, 雪中梅花格(인품 하나는 좋다)
- 冬丑辰 急脚殺이다. 子辰으로 辰이 없어졌다. 자식이 항상 눈에 밟히겠다.
- 日支 寅木이 용신인데 고로 자기 위해 달라고 하더라. 편관 용신으로 "알아야 면장을 하지~"이고, 공부해야 한다. 火일주니까 눈썰미가 좋고 水인 관살이 많아서 일복은 타고났다.
- 장남은 아니지만 일지에 印綬니까 부모 모시고 살아야 한다.
  여기서 母妻不合이 나온다는 것을 알아야 한다.
  사주에 財가 없고 寅亥合木으로 印綬가 되니까 꼭 엄마만 찾더라.

· 사업하면 애로가 많으니 주의할 것.
O 癸丑대운 : 급각살이고, 한 겨울이니 꽃이 피다가 말았다.
O 甲寅대운 : 공부 잘 된다. 원수가 귀인이다.
O 乙卯대운 : 濕木으로써 지지부진 하다가
O 丙辰대운 : 급각살에 申子辰 水局이 되어서 건강부실에 형제 하나를 잃어 버렸다.
O 丁巳대운 : 巳亥冲, 寅巳刑으로 주거가 불안했다. 차액(車厄), 송사 등으로 고생했다. 丁壬合으로 희비가 엇갈렸다.
O 戊午대운 : 최고로 좋은 운이다. 子午冲으로써 旺者冲發이 될 것 같지만 천간의 戊가 壬을 눌러서 해당하지 않는다.
O 己未대운 : 亥未 木局이고 土剋水 하니까 좋다.
O 庚申대운 : 이 대운에 서쪽에 마누라가 돈을 갖다가 버렸다? 완전한 귀인으로써 병든다. 간에 병들고, 음식조절이 안된다. 생명이 위험하다.

坤　丁丙庚乙　　년과 월은 천간에 丙丁이 뜨고 지지는
命　未午寅酉　　午未로 불덩어리다.
　　　　　　　　金水를 써야할 命인데 水가 우선이다
丁戊己庚辛壬癸　다행이도 대운이 金水로 흘러 기쁘다.
未申酉戌亥子丑

· 寅未 귀문 : 미쳐 돌아가고, 까다롭기는 더럽게 까다롭다.
· 寅午, 丙丁, 午未로써 官殺殖雜이므로 酉金에 의지해야 하니 偏官用劫格이지만, 깨진 그릇이고 破格이다.
· 자율신경이 말을 안 듣고, 빈혈에다가 지구력, 인내력이 약한데 성질은 무지 급하더라. 여기서 성질이 급하다는 것이 나오는 것은 金일주이니까 금속이고, 火니까 성격이 불꽃 같아서 역시 급하고, 偏官이니까 급한 것이 되는 데, 자연으로 비유

하면 庚金이 寅, 湯火 위에 앉아 있으니 뜨겁다고 뛰겠다.
- 일만 죽도록 해주고서 이용만 당하고 쫓겨난다.
  水가 없어서 자제능력이 약하고, 기계가 돌아가는데 윤활유가 부족해서 항상 열 받고 사는 사람이며, 무조건 관절염인데 뼈와 뼈 사이에 염증이 생기더라. 기관지가 나쁘고 폐활량이 부족하고 빈혈이고 골다공증이고, 내것 주고 배신당하는 팔자이다.
- 자연으로 비유하면 여름에 寅火局으로써 꽃 피웠다가 金으로 열매 맺으려 하는데 기온이 너무 더워서 열매가 떨어져 버리니까 막판에 마무리가 안 된다. "죽 써서 개 준다".
  인수인 土가 없어서 사고무친으로 골병들겠다.
- 남자만 보면 전기가 온다. 金이 폐인데 폐병환자는 남자 밝힌다. 金인 동선에 전류가 너무 강하게 흐르니까 동선이 터지기 일보 직전이다. 뇌일혈을 주의해야 하고 갑자기 죽을 수가 있으니 죽을 복은 타고 났다.
- 官殺混雜으로 두세번 시집 가야하고 남자에게 이용당하고
  乙庚合金인데 火剋金하니까 合而不化가 되니까 시작은 좋으나 결과가 없으며, 財殺混雜格으로 혼탁한 사주이고 뼈가 노곳노곳 하도록 일해도 먹고 살똥 말똥 하더라.
- 土金이 용신이고 木火 忌神이고 水運도 좋다.
  破格으로 힘든 사주인데 寅未 귀문이 있으니까 "쥐뿔이나 땡전 한푼 없는 것이 까다롭기는 더럽게 까다롭네~"하더라.
- 조후로 보면 너무나 더워서 털어보았자 먼지밖에 안 나오더라.
- 日主가 주인공인데 너무 약해서 주인공 노릇을 못하고 火가 주인공 노릇 하더라. 고로 金이 어데 가려고 하면 火에게 보고해야 하더라. 허락 받고 가야만 하더라.

○ 丁未대운 : 고생이고 官運이 들어오니 사춘기가 빠르더라.
○ 戊申대운 : 좋은 운이다.

○乙酉대운 : 좋은 운이다.
○庚戌대운 : 火국이 되니 凶하다.
○辛亥대운 : 亥未 木局이다. 친구와 아랫사람과 寅亥합으로 3
자가 동업하면 간다.

→火가 多하니 불면증이다.
→이 사주가 딸이라고 한다면 :
  미안하지만 딸 성교육 잘 시켜야겠네요.
  "이 아이가 이성이 너무 빨리 발달하네요~" 하라는 것이다.

坤　丙 壬 壬 甲　　　　　辛庚己戊丁丙乙
命　寅 辰 辰 辰　　　　　卯辰巳午未申酉

- 偏官用食神格, 水木이 용신이다.
  殺居先, 食居後, 食神制殺格, 러강격, 壬騎龍背格
- 壬辰이 러강이다, 음양차착살이다. 月에 러강이면 군인가족이 거나, 본인이 전생에서 군인이었거나 했고,
  龍이 3마리이고 호랑이가 한 마리니까 조화가 비상한 팔자이고, 양팔통 사주니까 여걸이다.
- 편관격인데 편관은 군인에게 시집가는 팔자인데 거기에 러강격도 연결되니까 "이 팔자는 서방님이 현역군인이어야 하는데?"
  "서방님 직업은?", "사업하는 데요~". 이럴 때는 역학자는 고개를 갸우뚱 한다. 팔자와 안 맞는다는 것이다.
  이럴 때는 "본래는 군인과 연결되어야 하는데 왜 그럴까요?" 하면서 "아무래도 해로하기 어렵고 군인과 인연이 될 것이요~.
- 日主가 신허로서 통근이 힘들고 日主가 庫로써 연결되니까 어렸을 때는 병마에 시달렸다고 보며,

- 官殺이 3개나 되고 고로 殺居先, 食居後이다.
  甲木이 辰에 뿌리하고 튼튼하니까 食神制殺格이 되니까 겁이 없는 여자이고 무서운 것이 없다.
  여기서 甲木도 튼튼하니까 官食이 균형을 이루니까 福祿이 높아졌다.
  여강격이다. 본인이 어데가든지 대장 노릇해야 하겠고 여장부이고 군인과 여경과 인연있다.

- 壬辰은 壬騎龍背인데 壬水가 용의 등허리에 탔다는 것인데 용 낯에 壬수가 龍의 등을 타고 등천한다는 것이다. 고로 조화가 비상하다는 것이다.

- 이 사주는 신약하다고 해서 깔 보았다가는 큰 코 다친다.
  庚壬 申子辰 日에 태어난 사람은 음식점 한다(추명가).

- 이 사주는 서방과 결혼해서 살다가 고급요정 했는데 거기에 군인들이 득실낯실 하다가 김재규와 썸씽 일어났다가 辰中乙木으로 아기 배어버렸다. 본 남편과 헤어졌다가 소실 노릇 하면서 충성을 다했는데 큰 집에서는 코빼기 하나 없더라. 아들이 둘 지나자 김재규에게 말하기를, "이제부터 큰 집에 못간다" 하더라. 이처럼 食神制薩이라는 것이 간뎅이는 크고 겁이 없다.
- 남녀 모두 亥子丑 북방운을 만나면 귀신도 모르는 비명을 두게 된다.
- 여강의 특징 : 한번 내리막길 타면 재기가 어렵더라.
  10.26사태가 나고서 내리막길 타기 시작하더니 사업으로 일어나려고 하다가 아랫사람에게 배신 당하고서 감옥가고 말로가 비참하더라.
- 土가 많아서 부동산도 많더라. 장지선이 이름인데 김재규의

소식이었다.
官食同臨으로 부정포태 했었고, 甲辰 백호로 서방이 형장의 이슬로 사라졌다.
o 丙戌대운에서 丙壬冲, 辰戌冲으로 내리막길 가기 시작했다.
감옥가고 망했다.

```
坤    壬 壬 丙 丙
命    申 子 辰 戌        食神制殺格
                        火土 用神

辛庚己戊丁丙戌
亥戌酉申未午巳
```

- 편관격이지만 七殺작용에 흉성이고 귀가 되더라
 여자니까 이성 기피증이 오더라. 丙火 日主가 丙이니까 눈인데 水인 남자 만나면 눈이 안보이니 (丙壬冲으로) 더듬거리게 되더라.
 거기다 丙壬冲에 水剋火 하니까 연타로 들어오더라
- 火는 심장인데 서방이 무게로써 압박을 하니까 심장이 터질 것 같아서 서방을 배위에 올려 놓을 수가 없으니 무섭다고 하더라. 그러자 서방은 자기를 싫어한다고 "에이~ 씨!" 하더라.
 그러자 할 수 없이 지가 살려고 火生土 하고서 土剋水 하니까 서방을 찬다는 것이 비뇨기 계통을 차 버렸다. 거기서 맞고 살더라. 官食鬪戰으로 얻어 맞고 사는 팔자이다. 申矢인 오후만 되면 가슴이 답답해지고 서방 퇴근시간이 무서우니 어이할까?
- 지구력,인내력이 약하고 왕따 당하는 사주이고 동네북이다.
- 丙이 의지할 데가 없이 사고무친이니 나의 편을 들어줄 사람이 없다.
- 일주가 뿌리가 없으면 성씨도 바꾸어서 산다.

- 辰戌冲으로 독수공방에 해로 못한다.
  못다핀 꽃이 눈속에 파 묻혔고 서러 맞았다.
  申子辰 水局의 물을 막는 제방이 辰戌冲이니 물이 새고 있다.
  破格으로 하루도 편할 날이 없다.
- 冬丑辰 急脚殺이 局을 이루어서 치고 들어오니까 수족이 시리고, 낙상이고, 혈압 주의하고, 세상살기가 어려운 사주이다.

- 인수가 없어서 집없는 천사이다. 고로 木운을 만나도 자기집이 없고 전세로 살더라.
  水가 많아서 긴 병을 앓다가 죽는다.

  집없는 천사가 영하 20도의 추위에서 진퇴양난의 사주이다.
  전생에서 너무 많은 죄를 지어서 인간의 고락을 겪어 보고서 살라는 사주이다.
  물귀신이 丙을 부르고 있는 사주이다.

○ 辛亥대운 : 제방이 무너진다.
○ 庚戌대운 : 辰戌冲이지만 조금 났다.
○ 戊申대운 : 凶이다
○ 己酉대운 : 凶이다.
○ 丁未丙午 : 안정되고, 쥐구멍에 볕 드는 운이다.
            말년에 잘 사는 운이다.

- 맨바닥을 기면서 살아야 하는 사주이다.
  戊戌土에 의지해야 한다.

```
乾   戊 庚 甲 丙
命   子 申 子 寅      이 사주는 申子辰 三合水局으로 水木은
                     忌神이고 火土가 용신이 된다.

   申 壬 癸 甲 乙 丙 丁
   酉 戌 亥 子 丑 寅 卯
```

- 혼동하기 쉬운 사주이다. 金이냐, 火냐, 土냐?
  편관격인데 申子水局으로써 金이 水多金沈이 되었으니 金은 용신 못쓰고 甲木은 金용신이 어렵더라.
  金水 陰이 많으니까 丙火가 용신이다. 고로 格과 用神이 따로 노니까 정신과 육체가 따로 놓고 있더라.
- 火가 필요하고 土로서 水를 制하니 火土 용신이다.
  寅木이 丙과 甲의 根 노릇을 하니까 친구나 형제의 덕이 크다. 食神有氣 勝財官으로써 木火通明이다.
- 格과 용신이 상반되어서 삶의 애로가 많은 것은 본래 七殺인 군인이 인수로 변해서 후생사업을 하였고 본인의 자손을 버리고서 남의 자손을 택하였기 때문이다.
- 이 사주에서 주의할 것은 인수인 水가 많아서 설기시키려고 火를 쓰니까 木운은 凶한 운이 되는 것이다.
  만약 食神制殺일 때는 肩劫운이 吉로 작용한다.
- 子와 寅 사이에 丑이 공협되어 있다. 丑이 官庫로써 자식의 恨이다.
  처궁은 凶하지만 처덕(土)은 있는 사주이다.
  교육계의 사주이다. 인수운에 食神이고 운도 水운이 된다.

○ 辛酉대운 : 도화운이다. 하라는 공부는 안하고 멋만 부리려고 하더라.
○ 壬戌대운 : 寅戌火局으로 좋은 운이고
○ 癸亥대운 : 寅亥合으로 무난한 운이다.

○甲子대운 : 받음,복음의 운으로써 신음하는 운이니까 모든 것
           에 방해자가 많아서 한 일을 또 하게 되고 하는
           식의 운이다.
○乙丑대운 : 凶이고
○丙寅대운 : 최고의 운이다. 甲子,乙丑 20년에서 얼어있던 몸
           이 꽃 피고 새가 울더라.
           甲庚冲 하는 것을 火剋金 하니까 혹 떼고 살더라

💡 官運이 나쁜 작용할 때는 :
"관이니까 인기는 대단히 좋은데
 당신 먹을 것은 하나도 없네요.~"

坤　甲丙戊壬
命　午寅戌子　　　七殺인 寅木이 寅午戌 三合火局으로
　　　　　　　　　나를 돕는다. 조열한 사주가 되어
　　乙甲癸壬辛庚己　時의 壬子水를 用해야 한다.
　　丑子亥戌酉申未

・偏官用財格, 印綬用財格, 時上偏財擊, 身旺財旺格, 金水用神에
  火土가 丙이다.
・寅月生으로 엊그제 入春이면 土가 용신이다.
・壬子水는 받아논 물이다. 金이 없어서 큰 그릇은 못되고 받아
  논물이라서 곧감 빼먹기로써 자린고비요 금전에 집착이 강하
  다.
・여자가 좀 뻐겅이고 火土가 많아서 半僧半俗 八字로써 종교
  좋아하고 종교에 빠지기를 주의하라.
・官이 변해서 인수가 되었으니 서방이 공부하러 간다고 하더니
  소식이 없더라.
・寅木인 官이 木生火 火生土로 들어오니까 서방에게 사랑은 받

지만 여기서 서방의 무능력이 나온다. 木剋土로써 서방이 박력 있어야 하는데, 즉 戊戌土가 서방에게 못된 짓을 해도 木生火 火生土로 서방은 그것도 예쁘다고 생각한다.
官이 죽어 있을 때 이런 현상이 생긴다.
• 陽八通이고 서방보다 돈이 우선이고 여자가 財를 놓아서 살림은 잘 하는데 요령이 없는 것이 흠이다.

◦ 偏官用財格 : 직장생활 하다가 사업하고
◦ 印綬用財格 : 돈 벌려고 공부 열심히 하고

○ 亥子丑 : 돈 따라오고 남편도 좋다.
○ 戌 : 爭財로서 실패가 많다. 壬이 뜬 구름이다.
○ 辛酉 : 재기하여 행복했고
○ 庚申 : 甲庚冲으로 서방은 갔지만 申子로 돈은 들어오더라.
○ 己未 : 전 재산을 육영사업에 희사했다.

```
乾   甲 丙 庚 경
命   午 寅 申 辰      년월은 木火로 火기가 강하고
                      일시는 金으로 火金이 상전하는데
丁戊己庚辛壬癸          辰土가 통기시키니 좋다.
卯辰巳午未申酉
```

• 偏官用관格, 身旺官旺格, 木火 용신에 金水가 病이다.
 원래는 偏財格이다. 寅午 火局으로써 편관격으로 변했다.
 실령은 했으나 寅月이라서 冷氣가 지배하고 득지, 득세해서 身旺으로 봐야 한다.
• 丙庚성으로 법정계이고 音聲 좋더라. 金일주는 혼자 애국자이고, 선거철에 바쁘더라.

- 寅申冲으로 한번 실패가 이 사주가 세상 살아가는데서 큰 교훈으로 작용하고, 冲 작용은 나오지 않는다.
- 자식 하나 똑똑하게 잘 두었고 결혼은 한번으로는 어렵더라.
  財가 官으로 변해서 마누라보다 자식이 우선이다.
  말년에 庚인 盜氏가 기다리고 있다.
- 책임감 있고 모범 있고 완전무결을 원하는 성격이고 본래는 편재격이라서 돈 벌려고 했는데, 木生火로 官으로 갔으니까 재정관이 된다. 고로 한국은행 총재, 경제 부총리 등도 가능하다.
- 月에 있는 財즉 일지가 寅申冲하고 있어서 부모가 물려준 재산가지고 사업하면 모두 말아 먹고서 다시 일어서더라.
  자극 받아야 하고 남의 말을 들을 줄 알아야 성공하고 원수를 사랑하라.
- 偏官用官格으로써 格이자 용신이니까 일방통행이고 오로지 밖으로써 소년시대의 꿈이 끝가지 간다.
- 身旺官旺으로써 고관의 사주이다.
  25세 戊午년에 사법고시 합격했고 현재 서울 지방법원에 근무한다.

○ 庚午, 辛未운은 좋은데 天干에 비겁이므로
  ① 한등급을 깎아먹고 들어가고
  ② 운 좋을 때는 원님 덕에 나팔 부는 경우도 생긴다.

○ 壬申대운 : 낙향하는 운이다, 실수 연발이다

```
乾   丙 戊 壬 辛
命   午 戌 子 丑        년과 월은 火土에 午戌 火局을 이루고
                       일시는 金水가 亥子丑 水局을 이루어
    己庚辛壬癸甲乙      木火는 용신이고 金水는 病으로 忌神임
    亥子丑寅卯辰巳
```

- 戌은 午戌 火局으로 변화해도 걱정말라. 다시 火生土로 돌아온다. 壬子 羊刃인데 戊戌 편관이니까 戊癸합으로써 칼 있는 곳에 장수가 있더라.

- 戌은 가을이다. 고로 火土와 金水가 균형을 이루고 있다.
  戌은 천문이고 水일주이니까 법조계이고 午戌 火局이니 財政界이고 선조자리에서 丙午가 있으니 선영의 덕이 있고 月에 편관으로써 부모도 공직자이고 고로 財官二德을 겸비한 사주이다

- 偏官用官格이고 雜氣財官格이다.
  木火土가 용신이고 金水가 병이다.

→ 사주 네 기둥이 튼튼하면 좋은 사주다.
  이 사주는 년에 丙午로 유기하고 月에 戊戌이요 日主는 壬子 羊刃에다 辛丑 역시 土金으로 강하니 네 기둥이 튼튼하고,
  유심히 살펴볼 것은 羊刃과 백호가 세 기둥에 있으니 출세할 팔자로 財官을 다 쓸 좋은 사주다.

대운이 전반 30년은 북방 水운이라 힘겨운 삶을 살았겠으나 후반 30년은 동방 목운으로 크게 출세할 운이다.

```
乾  丁 乙 丁 癸
命  酉 巳 亥 卯    木火용신이다.
```

- 꽃이 피기도 전에 결실부터 서두른다.
  巳亥冲으로 공부하는데 부모가 등록금 하나 대주지 못했다.
  대동은행 지점장 지냈다가 보증 잘못 서 집이 모두 날라갔다.

→ 사업한다고 3억 투자했는데 결과가 어떨까?

- 辛巳년은 天剋 支冲으로 꿈깨셔!
- 庚子대운 : 庚이 떠서 들어와서 지는 일확천금 한다고 하는데
             水剋火로 얻어 맞는다.
  관리능력 없고, 남의 돈 벌어주라는 운이다.


```
坤  癸 丙 己 戊
命  未 辰 酉 辰    木인 서방이 없고
                   未가 官庫이고, 辰이 과부살이다.
```

"당신 서방이 없네요" 했더니 있다고 한다.
 얼른 받아서 하는 말이 "당신 서방은 있으면 뭐 하나? 무능력자에 팔푼이와 같은데,,," 했다는 것이다.

 "진짜로 아무것도 못하는 팔푼이라고 하더라," 고로 이런 경우는 "생활이 여자를 악질로 만든다," 는 것을 알아야 한다.

종 격 (從 格)

<1> 종격의 구성 요건과 응용을 살피다.

[실증철학 원문]
　從格이라함은 일주가 뿌리도 없고 의지할 곳도 없어 柱中의 旺한 기운을 따라간다 하여 좇을 종(從)자를 써서 從格 그러는데 이는 柱中에 인수나 비견겁재가 없어야 하고 또 있다하여도 피상(被傷) 되어 일간에 전혀 도움이 되지 못할 때에만 從格이 된다.

[강의 노트]
- 從 : 日主가 無根으로써 의지할 곳이 없어서 柱中의 旺者에게 따라 간다는 것이다. 고로 肩劫이나 인수가 없거나, 있어도 파극 되어서 일간에게 도움이 되지 못할 때에 비로소 從이 된다.
　비유하자면 고아가 남의 집에 입양되어서 평안하게 지내는 것과 같다
→ 木이 旺하면 木으로 從하고
　　火가 旺하면 火로 從하고　　　　木火가 왕하면 木生火로써
　　土가 旺하면 土로 從하고　　　　결국은 火로 從하게 되는데
　　金이 旺하면 金으로 從하고　　　만약 木이 火보다 태왕하면
　　水가 旺하면 水로 從하고　　　　木으로 從이 된다.

💡 從에도 종류가 있다.
① 日主가 허약해서 따라가는 從이 있고
② 패턴으로 따라가는 從이 있다.
　◦ 종아격(학교, 연구기관),
　◦ 종재격(富:식상이 있거나, 財生官이 되어야 좋은 사주이다)
　◦ 종살격(貴:財星이 있어야 좋은 사주이다)
　　　　인수, 비겁이 없어야 한다.

💡 從格도 三合局이어야만 좋은 사주가 되고
　 天干에 투간된 것이 하나만 있어야 한다.

O 從에도 假從이 있다 : 從을 하고자 할 때에 방해자가 있을 때를 말한다.

　　가령　　O O 庚 丙　　火로써 從을 하는데 申이 있어서
　　　　　　申 寅 午 戌　　假從을 한다. 運이 좋을 때는 가만히
　　　　　　　　　　　　　있다가 金운이 올 때 申이 훼방 놓는다

O 패턴으로 따라가는 從은 木火나 金水나 火土로써 묶어서 보는 경우가 있다.

　　가령　　O 壬 辛 O　　金水로 묶어서 본다. 從兒格도 된다.
　　　　　　申 子 丑 子　　백인으로 태어났는데 흑인으로 살다가
　　　　　　　　　　　　　간다.

O 從格을 원서에서는 : 棄印 從O格 (인수를 버리고 간다)
　　　　　　　　　　　棄命 從O格 (命:나를-목숨을 버리고
　　　　　　　　　　　　　　　　　갔다)

O 從格에서 다른 육친은 어떻게 할까?

　　가령　　O 丙 戊 O　　종재격인데,,,
　　　　　　辰 子 申 子　　戊는 從財하고 있고 丙은 從殺을 하고
있고, 辰은 從財하고 있고, 申은 從兒하고 있고, 水는 潤下로 보아야 한다. 고로 다른 육친도 이처럼 연결해서 풀이해야만 운에서도 모든 것이 맞아 떨어진다.
　　가령 火운을 만나면 ? 戊土인 나는 從을 안하니까 나쁘고 丙火도 나쁘고 하는 것으로 보라.

從殺格은 身旺官旺格으로 보고
從財格은 身旺財旺格과 같이 보고
從兒格은 身旺傷食旺으로 보면 된다.

신생아가 官殺이 많고 일주가 너무 약하면 어렸을 때 죽었다가 살아나는 경우가 많고 허약체질이다.

☾ 陰干은 세력에 따라가고, 자기의 절개를 지키지 못한다.
陰日主는 주위의 旺한 세력을 따라서 從을 잘한다.
즉 군중심리에 좌우된다.

☾ 陽干중에서 庚金 일주가 從을 제일 잘한다.
陽干은 조그마한 의지처만 있어도 從을 잘 안한다.

⊙ 從을 하는 사주도 만약 지지가 흩어져 있거나(方合), 천간에 투출 된 것이 두 개가 되면 혼잡에 파격이 된다.
즉 배는 하나인데 대표자인 사공이 둘이 되어서 吉命이 어렵다.
가령 癸甲己乙   水木으로 從한다
　　　 丑子卯亥   甲木과 乙木이 투간되어서 기생팔자가
　　　　　　　　　되고 만다.
고로 음지나무이고 가시밭길 천리이다. 從格이라고 무조건 좋은 사주가 되지 못한다.
가령 丁丙庚丙   火로써 從을 하지만
　　　 巳午午戌   午가 敗支 목욕궁이다.
뭉치는 것 같지만 巳中丙火, 午中의 丁火가 각각 주인노릇 하려고 서로 다투니까 사분오열이 된다.
官殺混雜 사주와 같다. 천간은 정신인데 정신이 분열되어 아무것도 안되더라.

⊙ 三合局중에서도 金局이 제일 좋다.
　操土도 꺼리고 火局도 흩어지니까 꺼린다.

⊙ 六合중에서는 辰酉와 寅亥가 제일 좋게 작용한다.

⊙ 從兒格은
　　○ ○ 己 ○　　金局이고 종아격이다
　　巳 酉 丑 酉　　福德格이다

→문예(그런에 일가견이 있다). 교육, 육영사업 등에 吉格이다.
　남자는 자손궁이 약하고 여자는 남편궁이 부실하다. 고로 자신의 일신의 영화에 치우쳐서 세상을 살아가는 사주이다.
여자면 남의 자식 키워 주어야 한다.
金水운이 제일 좋다.
木운이 제일 나쁘다(金木相戰이고 爲禍白端이다)

⊙ 從財格은
　　○ ○ 戊 ○　　태평양 물이 내 돈이다
　　辰 子 申 子　　식료품 장사해서 돈 벌더라
　　　　　　　　　처가살이가 즐겁다.
복측이 많아서 貴命이다. 금전에 집착할까 염려된다. 傷食을 동반하고 財庫가 있으면 좋다. 火土운이 나쁘고 金水木운이 좋다.

⊙ 從殺格은
　　○ ○ 庚 丙　　貴格이다. 財가 官으로 변했고
　　寅 午 寅 戌　　丙庚星이니,,,
고시파이다. 身旺官旺과도 같다.
명예가 우선이고 공직생활이 정상이다.
부부화합에, 자손이 크게 된다.

木火운이 좋다. 水운이 제일 나쁘다.
　표운 : 비견겁의 庫藏이니 쓸 데 없는 친구들만 모여든다.

⊙ 從强格 : 地支가 印綬로써 구성된 것.

　종강격이 순수한 印綬局으로 구성되어 있으면 전형적인 선비사주이다. 대학교 학총장에 해당하고, 만약 方合으로 구성되어 있으면서 부실하면 기예나 풍류, 종교철학에 심취한다.
　또한 딴따라나 연예 계통인데 원래 인수가 춤에 소질이 있으며 놀기 좋아하고 한량들이다.

　　　　庚 癸 계　　이럴 때 金多水濁으로 무능력자가 되어버린다.
　　○ 申 酉 申　　母慈滅子이다.

이처럼 쓸데없는 인수가 많은 팔자를 보면 "아이구 이놈의 사주는 써 먹지도 못할 공부를 평생하느라 죽겠네요~"라고 하는 것이다.

⊙ 從旺格
　地支 三合으로 구성되어 성립하면 학계, 법조계, 정계, 군인, 종교인 등에서 두각을 나타내고, 구성이 부실하면 天上天下 유아독존으로써 패가망신한다.

○곡직격, 염상격, 가색격, 종혁격, 윤하격에서 陽干이면 陽局, 陰干이면 陰局을 얻어야만 더욱 吉命이 된다.
　또한 하나의 傷食이 있어도 成格이 되나 이럴 때는 상식이 용신이 된다.

　　　　　　乙
　　卯 亥 未 亥　　곡직격이다
　　　　　　乙　　이 사주가 더욱 좋다. 6월이니까 나무가
　　卯 未 亥 未　　더욱 단단하다. 木火운이 좋다.
　　　　　　　　　교육계, 연구기관, 의사.

```
      丙           연상격이다
戌 寅 戌 午    교육계, 언론기관, 신문방송 모두 좋다.

      丁           시작만 있고 끝이 없이 모두 분산되어 버린다
午 巳 未 午    凶이다. 이런 사주 가지고 가면 얼굴 한번 보고
              사주 한번 보고 하는 말이
```
"서방님은 만날 일만 저지르고, 나는 돈 보따리 싸들고 다니면서, 서방님 다칠까봐 뒷바라지 해주느라고 그동안 욕 보셨어요! 하더라.
```
      戊           가색격이다
未 未 戌 戌    燥土니까 스님 팔자이다.

      戊           濕土로서 돈복은 타고났다. 주관이 뚜렷하고
未 辰 辰 辰    지구전의 달인이다. 財庫 있어서 마누라가
              아프다.

      壬           윤하격 : 법정계, 정치학교이다
辰 子 申 辰    雪景이다. 완전히 흑색이다.
              方合이면 감판원이다.
              木이 있으면 木이 용신이다.

      辛           종혁격
酉 巳 酉 丑    三合이고 陰干에 陰局이다.
```

壬水일주는 申子辰 三合이면 吉이고
癸水일주는 申子辰 三合이면 陰에 양간이 섞였으니 음양이 혼탁하여 진다.
甲木일주가 亥卯未 木局이면 음양이 섞이고 雜木이고
乙木일주가 亥卯未 木局이면 吉命이다.

丙은 寅午戌이 좋고
辛은 巳酉丑이 좋고
丁이 寅午戌이 있으면 잡꽃이 되어 버린다.

```
        己 乙      종재격이라면 여기서 木까지는 從을 하지
   ○ ○ 亥 亥    않는다. 단 運에서 木운이 오는 경우에는
                   좋다.
```
여자라면 시집을 안가고 있다. 만약 乙木이 用神이라면 시집 갔어야 한다. 이런 것으로 구분하면 된다.

```
        己 乙      종살격이다. 그러나 식지로는 종재격으로
    丑 子 卯 亥    水에 從한 사주이다.
```
현재까지 혼자 살고 있다. 수운에는 재수가 좋더라.

⊙ 從格의 특징
환경에 적응을 잘하니까 처세가 만점이다.
특이성 체질이 많다 : 왕한 장부가 다른 역할까지 한다.
종격사주, 관식투전 사주에서 특이성 체질이 많이 나온다.
가령 木이 많으면 다른 사람에 비하여 肝,胆이 크다는 것이다.

⊙ 眞從과 假從
眞從이란 내가 가고 싶어서 가는 경우를 말하고
假從이란 내가 가기 싫어도 억지로 가는 것을 말한다.

```
가령           壬         壬水가 水生木 木生火로써
①     戌 寅 午 午      가고 싶어서 가는 경우이고
②            壬         壬水가 가기 싫어도 가야된다.
       巳 午 午 巳      고로 조금은 가짜가 붙어 있다고 봐도
```

또한 ① 번은 생산업이다(水生木 木生火니까)
② 번은 대리점이다(財니까 만들어 놓은 것을 가져다가 파는 경우가 된다)
즉 상식이 가공이다(원료 가지고서 만들어서 파는 것)

    壬   재다신약이다
寅 午 寅 酉   假從이 아니다

    壬   윤하격이다. 그러나
寅 午 寅 酉   운에서 천간으로 오는 壬, 癸 운은
          별로 좋지가 않다
          비겁은 방해자이다.

```
乾    戊 辛 丁 己
命    辰 酉 丑 酉        丁火가 천지사방을 둘러봐도 의지할
                        곳이 없다. 월주 편재에 辰酉 酉丑 金
      壬癸甲乙丙丁戊     局을 이루면서 食傷生財로 연결되는 완
      戌亥子丑寅卯辰     벽한 종재격이다.
```

- 편재격에다가 最弱으로 연결되니까 財로써 따라가야 하니까 종재격이다. 傷食이 있어서 生財하니까 갖출 것은 모두 갖추었다. 즉 財의 근원이 깊다는 의미가 있다.

  또한 丑인 財庫가 있고 金이 투출되어 있어서 十中九 富의 四柱이고 丁己日生의 재관격이 된다.

- 身旺財旺格과 같은 사주이고 火生土 土生金으로 이어지고 三合으로 이루어져서 깨끗하게 재벌 되는 사주이다.

  조상의덕 있고 부모덕이 있어서 좋은 데 유전인자의 복덕이 좋다.

○ 壬戌 : 入墓에 辰戌冲, 丑戌刑이니 건강에 주의하라.

○ 癸亥 : 丁癸 冲이지만 冲不冲으로 완전하게 從을 하고 사심 없이 從을 한다.

○ 甲子 : 子丑, 子辰 水局이니 명예 따라 들어오고 권력 따라 들어온다. 甲木이 흉이더라도 地支가 吉이면 吉로써 작용한다.

○ 乙丑 : 財庫이고 三合이니 아주 좋은 운으로 재수 대통이다.

  丑이 아랫사람이니까 지는 가만있어도 부하가 돈 벌어주고, 부동산에도 돈이 쌓여 지더라.

  丑인 冬土가 금싸라기가 되더라.

○ 丙寅 : 破格이 되고 만다. 絶地가 되고, 落花가 되는 데, 친구가 그렇게 만들고, 보증 잘못 섰다면 망한다. 고로 이런 운에서는 있는 것만 지키는 것이 제일 좋다.

  丁이 丙을 만나서 흰한데, 눈 뜨고 도둑맞게 되더라.

→ 22세 己丑년에 고시에 합격했고 甲子운까지 법조계에서 두각을 나타내다가, 乙丑운에서 변호사로 변신해서 돈 모으다가 丙寅대운中 甲寅年에 동업자를 잘못 만나서 부도나고, 쫓기는 신세가 되더니 결국은 처와 처갓집 신세를 지고 있다.

축옆에 酉가 桃花인데 양쪽에 있으니 酉金을 양수집병이다(양손에 떡을 쥐었다). 그러나 걱정 없다.
종재격이 운이 나쁘면 처갓집 신세지게 되어 있다.
재벌사주이고 경제학 박사요, 경제통의 사주이고 귀공자 타입의 사주이고, 酉가 봉황의 역할을 하더라.

💡 남녀 모두 財星을 만나면,,,,
돈을 벌고 싶어서 사업하려고 한다.
고로 재운에 신수 보러 오면
"돈 벌고 싶어서 장사 한번 해보시게요?" 한다는 것이다.

[命理辭典]
월과 시에 두 酉金을 얻어 財旺當令하며 시상에 己土가 나타나서 화의기운을 빼서 금을 생하므로 일주가 생기를 상실 한 상태다. 木火의 도움이 없고 全局이 金旺하면 從財格이다. 가을 火인 秋火는 甲목이나 丙화가 존경스러운 별로(尊神)단 하나라도 木火의 기운이 있으면 從하지 않고 印比가 용신이다, 그런데 일지에 丑토를 놓고 있어 酉丑과 辰酉로 財局을 이루면서 木火가 전혀 없으니 眞從格으로 從財格이 된다. 火운은 꺼리고 金土운은 富貴한다.

[學習助言]
그런데 丙寅대운중 甲寅年에 동업자 잘 못 만나서 망하고 처갓집 신세진다니 어찌 사주팔자를 불신하랴, 丙은 친구요 甲寅은 문서니 동업도 할만 했겠다. 그런데 木火운에 다시 인수가 설치니 從은 깨지고 허약한 사주라서 돈을 다 놓쳐버린 것이다. 일간 丁화는 그동안 종으로 살았는데 印比 꼬셔 자신감이 생기고 이때다 싶었으나 원국이 허약해서 발생한 일이다.

```
坤    戊 庚 丙 戊
命    辰 申 申 子        천하의 丙火라도 의지할 곳이 없다.
                        申子辰水局을 이루지만 庚申月이라
    己戊丁丙乙甲癸       金旺節로 水로 변하지 않는다.
    未午巳辰卯寅丑
```

- 종재격이다. 申子辰 水局 이지만 申月은 金氣가 당권하고 있으니 從財이다.
  일식집을 했고 요식업을 했다. <식신생재니까 요식업 좋다>
  일찍 부부 이별하고 연하 남자와 살았다. 申子辰 水局으로 三合은 되었는데 대운이 잘못 들어와서 버린 사주이다.

○ 土金水운이 吉하고 木火운이 凶이다.
○ 이 사주는 용이 못된 이무기의 사주로써 기가 막히다.
○ 丁巳대운 : 비견겁이고 巳申刑이니까 모략, 구설 비명노출이다
○ 丙辰대운 : 제일 좋은 대운이다. 이 대운에서 벌어서 평생 살아야 하는 사주이다.
○ 종재격이 운에서 從을 안하면 財多身弱으로 변한다.
○ 陽八通 사주니까 "말이 여자지 남산의 호랑이라도 때려잡고도 남겠소이다"

[學習助言]

여자가 양팔통이면 팔자가 드센 것이다. 이성인연도 박하고 이런 사람에게는 10년 이상 연상이나 연하가 좋다고 조언해야 한다. 이 사주는 운이 안 좋아서 걱정이었는데 원국은 바꿀 수 없지만 운은 바꿀 수 있다 그래서 自我開運이란 말이 있는 것이다. 食神生財格이니 요식업도 좋다 다만 불고기집보다 수산물 업이 좋은데 일식집을 해했다니 자신이 스스로 개운해서 살아간 사람이다.

```
乾  乙 乙 乙 庚
命  酉 酉 酉 辰
大  甲癸壬辛庚己戊
運  申未午巳辰卯寅
```

- 偏官格으로써 辰酉金局이니까, 時 평생 잘 타고 났다. 從殺格이다. 化氣格이다. 乙庚合化金이니까 化氣에 從殺이니까 처세가 만점이더라. 항상 官으로써 연결해야 하고, 고시패스로써 연결해도 되더라.
- 土金이 용신이고 水운은 그런대로 무난하다. 木火가 病이다.

o 己卯 : 卯酉冲이고 乙木이 根이 생긴다. 고로 이때는 殺旺身衰로 연결되고 건강 나빠진다.
　　　 巳酉丑에 卯가 수옥살이니까 관재수이다.
　　　 卯가 凶작용하니까 배신, 모략이다.
- 辛卯년 : 乙辛冲, 卯酉冲 干冲, 支冲이다. 大凶이다.

[命理辭典]

酉月 乙木이 庚辰시를 만나서 乙木餘氣가 辰에 있으나 (辰中乙木) 木氣가 허약한데 辰酉가 生合으로 金局을 이루면서 사상에 庚金이 나타났으니 金은 旺하고 木은 약한 형상이다. 다시 일지에 酉금을 놓아서 金太旺으로 木火가 전연 없으면 陰柔乙木이 從해 버리겠는데 辰中乙木이 있고 년 월간에 나타난 乙목이 있다하나 절지에 놓인 木이라 어찌 비견을 믿으리요, 旺勢를 좇아 乙庚合化氣格으로 從 해버리니 金土水運은 吉하고 木火 운은 꺼린다. 甲운은 化神 庚금을 冲(甲庚冲)하니 불길하고 卯는 월건을 冲破해서 불리하다, 전체적으로 보면 從殺해서 명예를 중요시 하는 사람이다. 從殺格에 木火운이라서 만고풍상 다 겪고 살아야 할 팔자다.

```
坤    癸 甲 己 乙
命    丑 子 卯 亥        亥子丑으로 음지전답인데 亥卯로 木局
                        까지 형성하고 甲乙木이 月 時干에 나
乙丙丁戊己庚辛           타 났으니 관살혼잡이다. 眞從이 아니
丑寅卯辰巳午未           라 假從이 된다.
```

- 음지전답이니까 기생아닌 기생 팔자이다.
  甲己合에, 乙木이고 亥卯이니까 여기도 저기도 남자이고 관살혼 잡에 사주가 혼탁해져 있으니 從殺이지만 破格이다.
  甲己合, 子卯刑으로 곤랑도화이다.
- 허리가 약하고 子卯刑이고 파격이다.
- 己土의 본서방은 甲木인데 乙木 새로운 서방이 亥卯로써 들어 오면 본서방은 뒷문으로 나가더라.

- 子丑合에 亥卯合인데 子卯가 刑을 하면 두 집 살림하게 된다.
  財殺太旺으로 내 것 주고 뺨 맞는다.

해설 : 亥子丑 음지로 凍土凍水가 甲乙卯木을 키울 수 있을까?
       일명 破格이고 假從이다.
       대운 역시 어린 소녀시절에 丑운이라 어려운 가정에서 태어났을 것이고, 청년기 운이 동방 木운으로 官운이니 시체 말로 공순이로 이 남자 저 남자 많이 만났을 것이며 동거도 하고 헤어지고 또 만나고 파란만장한 삶을 살아 왔을 것이다.

```
乾  辛 辛 己 癸
命  酉 丑 丑 酉
大  庚 己 戊 丁 丙 乙
運  子 亥 戌 酉 申 未
```

착각하기 쉬운 사주다. 丑月이라도 辛丑 월에 酉丑 金局을 이루기에 비견으로 보면 안 된다. 그러므로 從兒格으로 보아야 한다. 土金水로 三神相生格이니 맑은 사주이다.

- 己土가 득령, 득지로 잘못 보기 쉬운데 丑은 凍土니까 뿌리 못하고 金水로 從을 한다. 從兒格이다.
- 예술고등학교 교장이고 역시 미술에 일가견이 있다.
  이런 사주가 그림을 그리면 멋스럽고 돋보이고 살아나니 이것이 土金의 특성이다. 淸格으로 깨끗하다.
- 단 이 사주가 이렇게 잘 되는 것은 丑土의 희생이 있어서 인데 고로 "당신이 이 정도로 잘 되기까지는 친구, 형제의 희생이 있었으니 그 공덕을 잊으면 안 될 것이오,"
  신의가 좋으며, 인품이 좋다. 매사에 완벽하고 인정도 많다.
  남자는 자식궁에 흠이 있다.
- 교육계에서 예능교사로써 입신했으며 土인 전답에 金局이라서 밭갈이 하다가 금맥을 발견해서 보석 광산으로 개발하니 의외의 인물이오, 신의가 좋으며 사귀기는 힘드나 사귀면 변함 없이 영구하다.
- 金身格이 가미 되어서 영리하고 처세 좋고 머리가 좋다.

○ 庚子己亥 대운 : 水局으로 호강으로 자랐고
○ 戊戌 대운 : 戊癸合이고 丑戌刑이고 종격 사주가 방해가 되니 동업하다가 화근이 되어서 10년간을 송사, 관재에 시달리다가
○ 丁酉대운 : 교육계에 다시 복직해서 20년간 돈도 모았고 명성도 얻었다.

```
乾  庚 戊 甲 戊
命  申 子 子 辰
大 己 庚 辛 壬 癸 甲 乙
運 丑 寅 卯 辰 巳 午 未
```

이 사주는 명지대 설립자 유상근님의 사주다.
지지는 申子辰으로 三合水局을 이루었고 월시간에 戊土 편재가 둘이나 떴다. 印綬局을 이루었으니 육영사업으로 학교 설립했다.

· 水氣太旺 사주로써 엄청 바람둥이였다.
  5번 새장가 갔고 兩姓得子 했고, 대학설립(명지)했고 장관까지 역임 했었다. 건설업체까지 손 댔다.
  從印格 사주이다. 배다른 자식들이 재산 싸움하는 것에 충격 받아서 辛未年에 식물인간 되었다가 壬申年에 돌아 가셨다.

[命理辭典]
子月 甲木이라서 차가운 기운이 천지에 가득한데 더욱이 辰時면 子辰水局으로 더욱 寒氣가 심하다. 다행인 것은 戊土가 月時干에 나타나서 寒波를 제거하니 凍木이 生氣를 얻는다. 다시 간지에 火가 유력하면 식신생재로 발달 하겠는 데 火는 안 보이고 일지에 다시 子水를 놓아 寒濕한 사주에 庚申 년주 까지 만나서 申子辰 삼합 水局을 이루게 되었다. 이런 경우 대운에서 목화운을 만나면 대발 하는데 이 사주의 운세가 東方 木운에서 南方 火운으로 운행 되어 매우 이름답게 된 경우이다.

[學習助言]
印綬로 三合水局을 이루어서 육영사업인 학교 설립했고, 편재가 희신 이라서 부자였고, 도하가 合水局해서 바람둥이로 多妻했고, 관살이 忌神이라서 자손들이 재산 싸움했으며 甲午 왕신충발에 파격이 되면서 辛未년이라면 甲목이 入墓(未土自庫) 로 힘없어 식물인간된 것이고 壬申년은 폭포수로 물바다 되어 뿌리 없는 甲목이 浮木으로 세상을 뜬 것이다.

```
乾 戊 戊 戊 戊
命 午 午 午 午
```
　　　　　　　　　　　이 사주는 火土兩神이면서 火土重濁의 사
　　　　　　　　　　　주다. 천간이 一氣이니 天源一氣格으로도
```
    己庚辛壬癸甲乙
    未申酉戌亥子丑
```
　　　　　　　　　　　보고 지지도 午 桃花로만 이루어졌으니
　　　　　　　　　　　특이한 사주다.

- 스님팔자이고 비견겁이 많아서 내 것 모두 뺏기고 사는 팔자이다. 從强格(從印格)이다.
- 戊土라는 흙이 구워져야 하는데, 午火 2천도로 구웠으니 좋은 그릇이 못되고, 火土 밖에 모르고, 저만 위해 달라고 한다.
- 兩神成象格으로써 火土운만이 좋다.
- 羊刃에 인수를 겸해서 성격이 잔인하지 않다.
- 이 사주는 만약 水운을 만나면 土裂이 된다
  파계이니 찢어지고 갈라지고 고통스럽다.
- 남자라면 십리밖의 수분이 흡수되어 들어오므로 바람둥이다.
- 火土만 앉고 보니까 융통성이 없더라.
- 능구렁이 사주이고 의심많다.
- 특이성 체질이고 건강도 좋지가 않다.

```
乾 乙 己 辛 己
命 巳 丑 酉 丑
```
　　　　　　　　　　　이 사주는 土金이 많아 乙木은 이미 꺾
　　　　　　　　　　　였고 지지는 巳酉丑 金局을 이루어 從革
```
    戊丁丙乙甲癸
    子亥戌酉申未
```
　　　　　　　　　　　格이 된 경우로 財官이 약하여 가족과의
　　　　　　　　　　　인연은 적고 오직 자신의 입신영달만을
　　　　　　　　　　　꾀하는 사주다.

- 종혁격이다. 본인의 추세는 대단히 좋으나 財官이 沒해버리고 있는 사주이다. 고로 여자와 자식 인연이 약하다.
  완벽 위주이고, 인기 위주인데, 기계, 금속공학에 소질 있다.

- 金水운이 좋다, 단 천간의 庚申은 겁재작용이 나온다.
- 乙木 마누라가 하는 말 " 당신은 왜 그렇게 비력이 많나요? 헛점이 없어서 내가 다가갈 수가 없네요, 너무 金 바다로써 완벽주의니까 나에게 가슴을 열어 주세요!" 하더라.
- 신강해서 건강하지만 월간(乙木) 나쁘고, 시격 나쁜 것은 어쩔 수 없다.

○ 乙酉대운에 乙辛冲 걸리니까 여자와 이별 수 걸린다.
  福德格이다. 독립운동의 선봉장이 되어 고생하다가 해방후에 국군 창설에 참여해서 많은 공헌을 남겼다.
○ 癸未대운에서 야인이 되었다.

— 淸格에 지나치게 완벽함이 흠이다.

```
乾   己 丁 乙 己
命   卯 卯 卯 卯

     丙乙甲癸壬申
     寅丑子亥戌酉
```

이 사주는 木生土 三神으로 구성된 命인데 모두 卯木으로 木은 風이라 하였으므로 풍파가 많은 사주이다.

- 曲直格이지만 方合으로써 下格이다. 强風이 너무 쌔서 모두 날려 버렸다. 木火운이 좋다.
- 35살에 乙卯年에 風 맞았었다. 문방구, 지물포 등도 했었고 약초재배에 정성을 드리고 있었고, 마누라가 벌어서 먹고 산 사주이다.
- 木이 多해서 덩치도 크다. 濕木이라서 木生火가 잘 안되어 요령이 없더라. 또한 丁이 뒤에 있어서 만날 하고나서 후회만 하더라.
- 破格이다. 꽃도 없고 열매도 없어서 無花果 나무이다.
  乙卯일주는 과장이 심해서 뻥을 잘 친다.

시주 성격(時柱 成格)

<1>시주 성격의 구성 요건과 응용을 살피다.

[실증철학 원문]
 時柱로 구성된 格은 여러 가지가 있으나 여기서 다루고자 하는 것은 時上一位貴格과 時上官星格, 時上偏財格을 論하고자 한다.

<1> 時上一位貴格 : 월령에 어떠한 格으로 형성되었든 관계없이 時柱에 偏官이 用神일 때 성립 되나 시상 관성을 우선하며 貴格으로 장 차관으로 立身한다.
<2> 時上官星格 : 內格에는 관계없이 時柱의 正官이 用神일 때 성립되며 이 格은 身旺官旺이어야 立身揚名한다.
<3> 時上偏財格 : 사주 내용에 관계없이 시주에 偏財가 용신일 때 성립되며 이런 경우 英雄豪傑로 入身한다.

[강의 노트]

○ 시상일위귀격 : "국정에 참여하는 사주네요, ~
○ 시상관성격 :   양대 정승이네요~ "
○ 시상편재격 :   영웅호걸로 부자사주네요, ~
            편재, 편관은 沖이 걸리는 지의 여부를 살펴라.

○ 시상일위귀격 : 時柱에 편관이 용신일 때 성립된다. (벼락출세) 身旺官旺을 우선하며, 貴格으로 長次官에 이른다.
○ 시상관성격 : 時柱의 정관이 용신일 때 성립된다.
  실수가 없고 견고하고 착실하게 출세한다.
○ 시상편재격 : 時柱의 편재가 용신일 때 성립된다.
  영웅호걸에 장, 차관 팔자이고 또한 용신을 다스리기 때문에 남의 억압과 지시를 싫어하고, 독립된 직책을 요구하는 것이 특징이다.

💡 시상관성격은 나를 剋하는 것이 용신이지만, 시상편재격은 내가 剋하는 것이다

→ 여기서 時柱라고 하는 것은 時의 천간이나 지지로도 格이 이루어진다.
· 또한 身旺에 官旺하거나 身旺에 財旺이면 眞格이다.
· 이러한 경우에는 격이자 용신이 된다.
  또한 가정은 물론 사회생활에 있어서도 중추적인 역할을 한다.

⊙ 時에서 格이 이루어지는 것으로 格이자 用神이다.

    ○ ○ 庚 壬   午火 정관이 용신이지만 金多火熄이니까
    丑 酉 申 午   시상관성이라 할 수 없다.

    ○ ○ 庚 壬
    丑 酉 寅 午   시상관성 일원귀격이다.

    ○ ○ 庚 丙
    丑 酉 寅 戌   시상일원귀격이다.

```
乾  戊 壬 己 乙        土가 丙이고 木이 藥이다.
命  申 戌 未 亥        火는 調候용신이고 水는 건조한
                      土를 濕하게 하는 역할을 한다
   癸甲乙丙丁戊
   亥子丑寅卯辰        (백두진 국무총리 사주이다)
```

- 시상일위귀격, 水木火운이 吉이고 土金이 病이다.
  비겁격이다. 身旺官旺格이다. 丁己日生 財官格이다.
  명관리마로써 갖추고 있을 것은 모두 갖추었다.
- 先濁後淸으로서 멋지게 이루어져 있다.

- 木용신으로써 丙寅, 丁卯대운에서 土氣가 왕해진다.
- 戌未 刑은 旺者刑發로써 토기가 왕해진다.
- 壬水가 백호이고 刑에 걸려서 본처 해로 못한다.
  다만 燥土를 濕土로 만들면서 희생되었기에 본처의 공을 무시할 수가 없고 본처는 그만큼 복이 없을 것이다.

```
乾  辛 丁 癸 壬
命  酉 酉 未 戌        印綬太過로 인수가 丙이고 財星이 藥神
                      이다. 木이 食神으로 水路인데 木이 八
   丙乙甲癸壬辛庚       字 안에 없으니 삶에서 申未午巳辰卯寅
                      막힘이 많다.
```

- 月上의 丁火는 金多火熄으로 꺼져버렸다.
  고로 父와는 인연이 약하다. 첫사랑 실패사주이다.
  戌未刑으로써 戌은 財庫인데 火가 필요해서 처덕은 있는데 처궁은 나쁘다. 月에 인수니까 선비형이고 깨끗한 사주니까 이 집에 시집오는 여자는 종 아닌 종노릇한다.
- 처가 무어라 하면 丁癸冲으로 받아버리고 戌中의 丁이 壬水와

丁壬合 하니까 마누라 의심하고 살더라.
따라서 이런 사주는 세상을 學으로써만 살더라.
· 未戌土가 용신인데 火가 필요한 사주이다. 旺者刑發로써 燥鉅끼리 刑을 해서 오히려 吉 작용한다.
· 午가 들어오면 刑이 없어지고 좋으니 이름에 午를 넣어라.
· 인수용관격이니까 공부의 목적은 감투에 있다.
술이 천문이고 수입주니까 법정계이다.
8월의 장마 들었는데 청백지수니까 깨끗한 비가 내린다.

· 寅운 : 寅戌로써 火局이니까 吉하고
· 卯운 : 卯戌로써 용신 合하니 凶하다.
○ 丙申 : 공부하는 운으로서 크게 나쁘지 않고
○ 乙未甲午 : 길운이다.
○ 癸巳 : 巳酉 金局이고 巳午火니까 돈 주고 공부했다.
       돈 주고 샀는데 인수가 病이니까 사기 당했고 손해보고 샀다.
○ 壬辰 : 辰戌冲이다. 辰酉金이고 癸가 壬 만나서 濁水가 되니까 결국은 친구에게 배신당한다.

· 辛巳年 : 金生水 偏印으로 공부 잘하고 巳가 역마니까 해외 나갔다 오는 해이다.

— 甲午대운까지 중앙부서에서 근무하다가 국장으로 일찍 출세했다가, 癸巳 대운은 중병으로 고생하다가 壬辰대운부터 허송세월하고 있다.

乾 己己戊乙
命 丑巳辰卯   5土 1火 2木으로 구성되어 土가 丙이고
　　　　　　　木이 藥이다.
　　戊丁丙乙甲癸   財庫를 놓아 돈복은 있으나
　　辰卯寅丑子亥   처가 아프다.

- 時上官星格, 印綬用官格(공부의 목적은 고관대작이다)
  水木火운이 吉이다.
  일지에 財庫이고 신앙사주이다.
  이복형제 있으며 고로 어머니가 둘이더라, 할머니가 두 분이
  다. 두꺼비상이고 능구렁이고 의처증 있다.
- 이 가던지 중심 인물이고 편수요원은 되는데 정관용신이니
  까 책임감이 좋고 돌다리도 두드리고 간다.
- 戊土 산에 乙卯木인 나무가 우거져 있어서 山林이다.
  乙卯木을 잘 키우면 기대해 볼만하다.
- 辛酉年: 乙辛冲, 卯酉冲으로서 乙卯木을 벌목하고 巳酉丑으
  로써 金 바다가 되버린다.
  값어치가 없어져서 하루 아침에 작살 나 버린다.
  어제의 장관이 오늘의 거지더라.

乾 丙甲丁辛
命 寅午酉丑   午月의 丁火가 木火의 기운이 강하다
　　　　　　　대운이 金水운으로 흘러 좋다.
　　庚己戊丁丙乙   戊戌대운은 寅午戌 火局에 상관 운
　　子亥戌酉申未   으로 불리하다. (土金水가 藥이다)
　　　　　　　　　〈대법관 사주인〉

- 丙이 長男이고 丁은 次男인데 丁이 長男 역할해야 한다.
  寅酉 원진으로서 丙이 한신이니까 형이 원수이고 돈 뜯어 간
  다

- 丁酉가 日貴格이다.
- 시상편재격이다
  꽃 피워서 金으로써 멋지게 결실 맺었다. 인품 좋다.
  火生土 土生金으로 말만하면(丑) 돈 생기더라.
- 어떤 여자던지 예쁘고 좋은 여자 만난다.
- 성격은 급해서 시각은 발달되어 있으며 눈썰미가 좋고
  酉가 옥당 천을귀인이고 身旺財旺으로 巨富八字이고
  고로 장차란 팔자는 된다.

- 戊戌대운에서 잠시 방황한다.

- 균형이 멋지게 이루어져 있어서 길격 사주이다.
  갖출 것은 모두 갖추어져 있는 사주이다.

- 이 사주의 최후의 목적은 水에 있다.
  고로 "호랑이는 죽어서 가죽을 남기고 사람은 죽어서 이름을
  남긴다"고 생각하면서 살더라.

잡기재관격 (雜氣財官格)

<1> 잡기재관격의 구성 요건과 응용을 살피다.

[실증철학 원문]
 이격은 水木일주가 辰戌丑未 월에 태어난 팔자로 성립되는데 水에는 官이요, 木에는 財로 合稱 財官格 이라고 한다.
辰戌丑未는 방향으로 間方에 해당되고 있으며 또 土外의 다른 藏干은 모두 陽이면 陽 陰이면 陰으로 통일 되었지만 유독 辰戌丑未 土만큼은 음과 양이 混雜되어 雜氣라는 이름을 붙이게 된 것이다.

[강의 노트]

○ 잡기재관격 (雜氣財官格)
 辰(濕), 戌(燥), 丑(凍土), 未(燥土)
 잡기재관격은 內格으로 판단해도 된다.
○ 雜氣는 辰과 戌에서 따온 것이다. 陰과 陽이 혼잡되어 있어서 잡기라고 하는 데, 冲이 되면 오히려 좋다고 하는 것이다.
 고로 辰戌에는 천을귀인이 없다.
○ 水일주, 木일주가 辰戌丑未 月로써 성립된다.
 고로 財官格이라고 한다.
 원래 잡기인수격, 잡기식상관격 등으로 구분할 수 있으나 財官에 중점을 두어서 공부한다. 財官은 공존하니까,,,

○ 辰戌丑未는 四庫之局에 해당해서 금고요, 창고에 해당하는데 창고나 금고는 열어야 사용할 수 있는데 그 여는 방법이 冲이나 刑을 하면 열린다는 것이다.
 단 이것도 원칙론이고 함부로 冲刑하면 박살난다는 것을 알아야 한다.

가령 신강하면 冲刑해도 좋지만
　身弱할 때 冲刑하면 남이 모두 가져가 버린다,,,
　고로 "四庫는 열기는 열되(冲刑) 적당을 필요로 한다" 는 것이다.

　가령　○ ○ 壬 甲　　신강해서 戌이 잡기재관이다.
　　　　 ○ 戌 申 子　　이 때 未가 와서 未戌刑이, 辰이 와서
　　　　　　　　　　　　辰戌冲, 丑이 와서 丑戌刑이면 이럴
때는 박살난다. 水局으로 가서 비겁 작용하니까 도둑놈이 들어왔다는 것이다.
　戌이 용신으로써 火가 필요한데 辰이 오면 申子辰 水局이 되고 丑이 오면 子丑 水로써 忌神 역할한다는 것이다.

○잡기재관격의 특징은 半官半民의 팔자요 두루치기의 팔자이다. 고로 잡기재관격 사주는 직장에 있으면서도 후생사업을 한다. 즉 마누라 시켜서 사업하고 장사시키는 것이다.
　정보는 지가 알고 있으니 마누라 앞장 세워서 장사하게 하는 것이 잡기재관격이다.
　즉 직장과 사업을 병행하게 되는 것이다.
　단 여기서 雜이 잘못 들어 가면 잡놈이요 잡년이 되더라.
　財官 자체가 다른 五行으로 변했을 경우에는 本格이 성립 안된다.

💡 잡기 재관격이 성립하려면(五變)- 원서에는 三變을 말했다.
① 辰戌丑未 月에 태어나야 하고
② 透出되어야 하고
③ 冲이나 刑이 있어서 開庫를 하고 있어야 하고
④ 身旺해서 균형을 이루고 있어야 하고
⑤ 運이 좋아야 한다.

→ 이래야만 잡기재관으로써의 진가를 발휘하게 된다.
  만약 본명에서 冲刑을 만나지 못했을 때 운에서 만나면 역시 좋다.

⊙ 雜氣財旺格이면서 身旺官旺이거나 身旺財旺이거나 종재격, 종살격은 부귀팔자이다.

　　　○ ○ 戊 壬
　　　寅 戌 戌 午   귀격이다.

그러나 잡기재관격이면서 재살태왕, 재다신약, 신왕관쇠, 군겁쟁재 등이 되면 파격이다.

💡 잡기재관격의 특징
① 직장과 사업을 병행한다.
② 욕심이 너무 많다 : 庫藏 놓고 있는 사람은 모두 욕심 많다
③ 부부궁이 부실하다 : 財庫, 官庫 놓고 있어서,,,

乾　辛 戊 壬 庚
命　未 戌 申 子　　(법관사주)

　　丁丙乙甲癸壬
　　酉申未午巳辰

· 未戌刑이 旺者刑發이다. 時支에 羊刃이니 수술받아 봐야 한다
  득지, 득세 했고 戌月은 9월이니 신강하다. 火土가 용신이다.
· 편관격인데 戌亥가 天門이고 水일주이고 고로 法政界이다.
· 土生金 金生水니까 官印相生으로 서울대 가고도 남는다.
· 戌未刑으로 財庫를 열고 있으며 신왕하니까 갖출 것은 모두

갖추었다.
- 편관용관격이고 잡기재관용관격이나 두루치기이고 신왕관왕격이니 고관대작에 해당한다. 부귀겸전이다. 富는 재고가 있고 貴는 관(官)의 작용이 있으니까)
- 일지에 인수니까 부모 모시고 살아야 하고 月에 편관이니까 부모덕 있고 자극 받아야 하니까 원수가 귀인이고 사랑의 매가 필요하다.

○ 辛酉운 : 공부에 전념하라
○ 巳午未 : 활동 개시하라
○ 壬辰운 : 辰에 入墓요, 辰戌冲에 申子辰 水局이니까 대단히 나쁘다. 쓸 데 없는 친구만 모여든다. 경쟁자만 많아진다. 믿는 도끼에 발등 찍힌다. 동상이몽이다.

乾　戊己甲丁
命　戌未戌卯

丙乙甲癸壬辛庚
申酉戌亥子丑寅

- 甲이 未에 入墓니까 : 돈(아버지, 아내) 때문에 나 죽겠네이다.
- 정재격인데 편재격으로 변했고 신약해서 재다신약으로 변해서 항시 한탕주의 사주이다.
- 惡山에 雜木이고 破格으로 장가 4번은 가야 되겠다.
  꽃밭에서 놀고 조실부모요, 서출이다.
- 土多木折로서 주객이 전도요, 안방 내주어야 하고, 목신이 나를 망하게 한다. 財가 刑되어 있어서 여자만 건드리면 뒷통이 잘 난다.

- 417 -

- 雜氣財官用劫으로써 부모덕 없고 인수가 없으니까 말을 하는데도 순서가 없다. 남의 돈은 잘 벌어줘도 내돈은 못벌더라. 고목에서는 새치가 많다.
- 간기능 약하고 소화기능 약하고 치아 부실하다.
- 水木이 용신이다.

○ 辛酉대운 : 卯酉沖으로 용신을 깨뜨렸다. 위험한 운이다.
  24살이 제일 위험한 운이다. 세상 떠났다(교통사고로)

→ 남의 눈치 보는데는 일등이다.
土는 목신이다. 즉 남의 땅에다 목극토로 말뚝 박아 놓고서 내 땅이라고 우기는 사주이다.

비천록마격 (飛天祿馬格)

<1>비천록마격의 구성 요건과 응용을 살피다.

[실증철학 원문]

이격은 暗冲된 藏干이 正財 正官 正印 또는 正財 正官, 그리고 正官 正印 이 될 때 성립 된다. 飛天은 暗冲을, 祿은 正官을, 馬는 正財를 말하고 있으나 정인도 포함시켜 응용한다.

[강의 노트]

飛天祿馬格 : 법조계에서 출세하는 사주, 대법관, 검찰총장 등

- ○ 비천(飛天) : 暗冲
- ○ 녹(祿)   : 正官
- ○ 마(馬)   : 正財

→ 暗冲해 오는 지장간이 정재, 정관일 때나 정관, 정인이 될 때 에 성립한다.
여기서 暗冲은 地支에서 같은 자가 3개 이상일 때 성립하는 데 지지가 모두 같으면 더욱 좋다.

가령 子가 많으면 午를 冲起해 오고
     午가 많으면 子를 冲起해 오고
     亥가 많으면 巳를 冲起해 오고
     巳가 많으면 亥를 冲起해 온다

즉 陽極則 始陰이고 陰極則 始陽인데 巳午는 陽으로써 陰을 冲起해 오고 亥子는 陰으로써 陽을 冲해 오는데 巳, 午, 亥, 子 많이 지장간이 日干으로 祿馬가 될 수 있기 때문이다.

또한 지지가 같으면 군중심리가 발동하여 冲 되는 글자를 보아 준다는 것이 암충을 야기 시키고서 오히려 일주에게 유익 하게 해주기 때문이다.

⊙ 비천록마격은 지지에 같은 자가 3개 이상일 때 성립한다.

　　ㅇ ㅇ ㅇ ㅇ　　이런 경우는 午를 冲해 온다.
　　子 子 子 子　　정재, 정관을 冲해 오는 데
　　　　　　　　　　三奇이고 二德이다.

　　ㅇ ㅇ ㅇ 辛　　이런 경우는 巳를 冲해 온다. 亥가 혼자
　　亥 亥 亥 亥　　있을 때는 巳亥冲으로 巳에게 쥐어 터졌는
　　　　　　　　　　데 여럿이 있으니까 군중심리가 발동하여

앙갚음을 하려고 巳를 불러들인다. 巳속에 戊, 丙이 있는데 이것이 정관, 정인이 된다.

이럴 때 辛은 자기 힘으로 정인, 정관을 얻은 게 아니라 亥水 때문에 얻었다. 즉 내가 生하는 부하를 잘 두어서 승진했는데 고로 부하가 잘못하면 옷 벗어야 한다.

이 때 이런 사주는 비천록마가 아니더라도 從印格이 성립하는데 亥中으로 甲木까지 가니 좋은 사주이고, 亥는 天門이고 水니까 법조계이다.

이런 경우에 운에서 巳를 만나면 巳亥冲으로 깨뜨리니까 박살난다. 이런 경우가 전실(塡實) 이라고 한다.

```
○ ○ 甲 丙      이 경우 申을 冲해 오는데 申중에는 壬과
○ 寅 寅 寅     庚이 있다. 이것은 편인이고 편관이니까
               비천록마가 되지 못한다.
```

고로 비천록마는 体와 用이 다른 巳午, 亥子만이 성립된다.
子午는 본래 陰인데 陽으로 쓰고
巳亥는 본래 陽인데 陰으로 쓰니까...

💡 비천록마의 성립 조건
① 四柱內에 暗冲에 해당하는 글자가 없어야 한다.

```
가령   ○ ○ 辛      이런 경우는 巳가 이미 月에 있으니까
       亥 巳 亥 亥   冲을 해오지 않는다.
```

② 冲해 오는 지장간이 일간의 정재, 정관, 정인으로 해당해야만
한다.

```
            癸         巳를 冲해 온다. 巳속에는 戊庚丙인데
       ○ 亥 亥 亥     정관, 정인, 정재이다. 亥중의 甲木 용신
```
이다. 偏이 되면 못것, 대중의 것이니까, 먼저 차지하는 것이
임자니까 해당 안 된다.

💡 비천록마격이 성립하지 못하는 경우
① 暗冲되는 글자가 사주에서 있으면 성립 안 된다.
   戊 ○ 癸   이미 戊癸합이 있어서 성립 안된다.
   ○ 亥 亥 亥   이런 경우가 전실(塡實)인데 塡이란 메움전으로써
없어야 할 것이 있는 것을 의미하고 運에서도 역시 똑같다.

② 冲起되어 사용하는 글자의 지장간 오행 중에서 어느 한 字
   라도 사주에 있으면 성립 안된다.
   고로 癸亥 일주는 巳 속에는 戊.庚.丙이 있으므로 사주에 戊.

庚, 丙의 어느 한 字라도 있으면 비천록마가 되지 못한다.

고로 六十甲子 중에서 암충된 지장간이 二德(財官)으로 해당하는 日柱는
　　　癸亥 > 辛亥 > 庚子 > 壬子 > 丁巳 > 丙午
　일주의 6개만 해당한다.

가령　○ ○ 乙
　　　亥 亥 亥 亥　　巳를 冲해 오는데 戊庚丙인데 戊가 정재
　　　　　　　　　　　庚이 정관이지만
巳가 傷官이고 고로 상관 속에 들어 있는 財官이므로 쓰지 못한다.

③ 合冲하는 글자는 합하거나 冲해도 묶이고, 파괴되어서 성립하지 않는다.(운에서도 역시 같다)
　　　○ ○ 辛　　　寅亥合으로 亥를 묶어 버리니 巳를 冲하지
　　　寅 亥 亥 亥　　않는다(종재격으로 좋은 사주이다)
비천록마가 아니더라도 좋은 사주가 되니 항상 生剋制化가 우선이다.

　　　　癸　　　巳 : 戊(정관), 庚(정인), 丙(정재)
　　亥 亥 亥 亥　　윤하격, 甲木 용신이다.

　　　　辛　　　巳 : 戊(정인), 丙(정관)
　　亥 亥 亥 亥　　從兒가 변해서 從財까지 간다. 甲木용신이다

　　　　庚　　　午 : 己(정인), 丁(정관)
　　子 子 子 子　　金水雙淸, 金水운이 좋다. 종교인 팔자이다
　　　　　　　　　법관 아니다. 항상 生剋制化가 우선이다.

```
            壬        午 : 己(정관). 丁(정관)
    子 子 子 子      양인이 많다. 좋은 사주 못된다.

            丁        亥 : 甲(정인). 壬(정관)
    巳 巳 巳 巳      연상격이다. 壬이 필요 없다.
                    꽃으로 만족해야 한다.

            丙        子 : 癸(정관) → 제일 부실하다
    午 午 午 午      연상격이다. 양인만 많고 건조하니
                    羊刃無格이다.
```

💡 丁巳. 丙午는 陽이 陰을 冲한다고 해서 倒冲祿馬(거꾸로 冲했다)라고 한다.

💡 고로 辛亥日이 多逢亥, 癸亥日이 多逢亥 일 때만이 비천록마이다.

⊙ 이러한 이치로써 주중에 申子辰이면 寅午戌을 冲起하고, 寅午戌이면 申子辰을 冲起한다.
   또한 亥卯未가 있으면 巳酉丑을, 巳酉丑이 있으면 亥卯未를 冲起하는 작용이 생긴다.

```
가령        庚        寅을 冲해 오는데 寅은 편재니까 바람둥이
    申 申 申 申    사주가 되더라. 財가 부족하니까 장가 여
                  러번 가야하고, 庚申日 자체가 홍염살이니까 여자만 보면 못
                  살겠다고 하더라.
```

○ 이러한 비천록마격에 해당하는 사주는 모두 가정궁이 나쁘다.

남자면 비럭자식을 두게 되고, 여자면 비럭애인 두게 된다.
(귀신도 모르는,,, 몇다리 건너서 ,,,,)

가령   辛   여자라면
   亥 亥 亥 亥   고관상이니까, 바람 안 피는 것 같지만

"어디가니 ? 자식에게 간다,~ " 가고 나서는 "亥水야!, 예~ 가서 巳中丙에게 나 왔다고 해라!" 하더라.
 자식 때문에 丙인 남자 생긴다. 남의 서방이 나의 서방으로 둔갑해 보여서 미친 듯이 따라 다니는 것이 비천록마이다.

  乾 丁 辛 辛 己
     亥 亥 亥 亥   木火운이 좋다

   庚己戊丁丙乙甲
   戌酉申未午巳辰

- 인이나 머자 넣어서 이름 지으면 된다. 인이 더욱 좋다, 천을 도 된다. 머 넣으면 엄마가 희생한다.
- 비천록마격이다.
- 재주덩이고 영리하고 꿈이 잘 맞고 상상력 풍부하고 할 소리 모두 한다. 겁이 없는 사람이다.
- 여자면 서방 날라간다.
- 남자면 소실 득자이다. 火운에서 정감이 살아나서 소실 득자이다.
- 서울대 법대 나와서 25세 辛亥年에 고시에 합격해서 서울 고 검에서 근무하고 있는데 乙巳運에서 巳亥沖으로 塡實되니까 위험하다.
- 傷食이 많아서 검사인데 검사중에서도 사상 검사이다.

官을 죽이니까 귀신도 벌벌 떠는데 고로 사상범도 꼼짝 못한다

戌亥 天門으로 상식이 많아서 이 사람은 감각 수사하는데 두 수 앞을 내다 보니까 특출하다.

(운이 나쁠 때는 감각 수사가 안 맞는다)


```
乾   丁 壬 辛 己
命   未 子 亥 亥      편관용재격
                     亥未 木局이 용신이다
辛庚己戊丁丙乙        木火운이 좋다
亥戌酉申未午巳
```

- 법조계, 검찰총장의 사주이다. 비천록마 아니다.
- 金水雙淸이다. 처덕은 좋고 자식복은 안 주었다.
- 소식득자이다. 財가 꼭요하니까 항시 여자 찾는다.
  년상의 여인과도 인연 있고 亥중의 甲木인 딸 같은 여자도 잘 찾더라.
- 從兒가 변해서 종재격이다.
- 丁이 딸인데 날라리이다.

```
辛 甲 丙 己
酉 午 午 丑

   癸壬申庚己戊
   巳辰卯寅丑子
```

- 월봉도화이다. 양인이 둘이고 정기일 재관격이다.
- 축오가 귀문인데 신강하니까 약법도속 영리하다로 보면 된다.

편관용재격이다. 금수운이 좋다.
신왕재왕격이다.
- 요령이 없고 성격이 급하다. 기분에 살고 기분에 죽는다.
 년과 시에 재가 있으니 할아버지 대에서 자식 대까지 이 사람이 제일 출세한 사람이다.
- 오가 도화이다. 네온고사인과 같아서 여자들이 한 눈에 반하더라.
- 법관사주이다.

" 화끈해서 좋네요, ~ "

○ 癸巳 : 巳酉丑이니 좋고
○ 壬辰 : 辰酉니까 좋고
○ 辛卯. 庚寅 : 승진도 안되고 머진한 운이다.
○ 己丑. 戊子 : 최고의 운이다. 대검 검사까지 올랐다.

💡 직언 잘 하고, 자기 과시 잘 한다.
 火는 가벼우니까 "촐랑 바가지네요~"
 고로 "아이구~ 이 사주 눈꼴이 시려서 못 봐주겠네요, ~ "

암합으로 구성되는 격(暗合으로 構成되는格)

암합으로 구성되는 격의 구성 요건과 응용을 살피다.

[실증철학 원문]
 이격은 時支의 子나 丑에 暗合한 藏干 오행이 일주에 정재 정관 또는 정관 정인으로 二德이 될 때에 한해서 성립 된다.
 이와 같은 것을 고서에서는 遙巳라하여 멀리서 동경한 나머지 子中癸수와 巳中戊土가 戊癸로 합하고 또 丑中 癸수와 辛금이 巳中戊토와 丙화를 戊癸 또는 丙辛으로 暗合 誘引하여 끌어들인 것을 巳 中에 있는 丙화 戊토 庚금이 일간 대 二德이 되어야 하므로 이는 六十甲子에서 甲乙일생 子시, 辛일 子시 辛癸일 丑시, 癸일 寅시로 6종에 이른다. 또 甲子일 甲子시는 子遙巳格이라 하여 子中癸水에 巳中戊토가 暗合하면 같이 있는 丙화가 丙辛으로 辛금을 암합하여 오면 이는 甲木일주에 정관이 되므로 길하다 하였으나 이 또한 보이지 않는 가운데 子수로 인하여 巳화를 얻어 조후가 멋지게 되므로 길하다 말한 것인데 여기서 주의해야 할 것은 柱中에 巳 丙 戊 辛이 있으면 塡實 이라 하여 凶이 되고 丑토는 絆合하여 철저하게 묶이므로 遙巳를 못하여 이 또한 흉하다.

[강의 노트]

- 子와 巳가 暗合이 제일 잘 된다 : 戊癸가 암합이다.
  丑과 巳가 또한 암합이 잘 된다 : 戊癸, 丙辛 암합.
→ "멀리서 동경할 요"라고 해서 遙巳라고 한다. 요즘 말로는 상사병 걸린 것이다.
- 이 격 역시 사주 내에서 암합하는 지장간의 오행이 日柱의 정재. 정관. 정인의 二德이 될 때에 한해서 성립된다.

①　　　甲 甲　　巳와 암합된다. (巳중의 丙으로 인해서 양지
　　 ○ ○ 子 子　 나무가 된다) 巳의 戊와 戊癸合 하면서 巳의
　　丙이 辛을 꿇어 들이니까 辛이 정관이다.
　　자요사격이다. 貴格 사주이다.

② ◦ 癸丑일주가 丑을 많이 만났을 때
　　　巳중의 丙과 戊와 戊癸, 丙辛合 한다.
　 ◦ 辛丑일주가 丑을 많이 만났을 때 축요사격이다.
　　　이 격 역시 合, 塡實, 冲이면 성립 안한다.

③ 육을 서귀격(六乙鼠貴格)
　　　乙 丙　　　子에게 巳가 암합한다.
　 ○ ○ 子 ○　　戊가 정재. 庚이 정관이다.
　　　　　　　　→ 생극제화가 우선이다.

④ 육음조양격(六陰朝陽格) : 陰중에서 진짜가 辛이므로
　　　　　　　　　　　　　辛을 육음이라고 해서,,,

　　　辛 戊　　　朝陽 : 이은 아침 子時
　 ○ ○ 子 ○　　水 = 法
　　　　　　　　생극제화로 봐야 한다.

⑤　　　癸 甲
　 ○ ○ ○ 寅　　刑合格이다
　癸日 寅時가 刑合格인데 주색으로 인해서 몸 망가진다.
　아울러 칠살과 양인이 있으면 노상황천은 따 놓은 당상이다.
　(客巳)
→ 즉 寅이 巳를 刑하여 刑出하면 巳속의 戊庚丙이 癸水의 재관
인의 三奇를 얻어서 貴命이 된다는 이론인데 특징은 여자로　　인

해서 패망함이다.
◦ 원래 刑에서는 악기(惡氣)가 발생하고
  癸가 신강해야 많이 甲寅을 내것으로 만들 수가 있으므로 항상 생극제화가 최우선이다.

⑥　　　　戊 庚
　○ ○ ○ 申　　　　合祿格

申이 巳를 합해 오는데 巳 속의 丙이 戊의 正祿으로 작용하므로 合祿格이 된다.

→ 巳申은 刑合이므로 그 작용의 효과가 미미하다.
  고로 신강해야만이 申이 그 작용을 할 수 있다.
  항상 생극제화가 최우선이다.

⇒ 위의 格의 특징은,,,
◦ 남자는 처(妻)자(子) 궁이 부실하여 소실, 마누라의 두 군데서 자식을 얻게 되고,
◦ 여자는 부(夫)자(子) 궁이 부실해서
  신하면 주인있는 남자를 죽자살자 따라 다니는데,
  이유는 모두가 引合된 지장간이 정재, 장관이 되어서 남의 마누라가 나의 여자로 둔갑해 보이고 남의 남자가 나의 남자로 둔갑해 보이기 때문이다.

　辛 辛 辛 己
　丑 丑 丑 丑
　　　　　　　土金水운이 좋다
乙丙丁戊己庚
未申酉戌亥子

→ 丑遙巳格
- 내격으로 보자면
- 無財星으로써 결혼하기 힘들다. 冬丑辰 급각살에 꽁꽁 얼어서 뻗기 불능이다. 비견겁이 많아서 배다른 형제 많고 어머니가 둘이고 庫藏이 넷이니까 4번 죽었다 살아났고 여기가나 저기가나 방해자가 많다.
- 丑을 따라서 巳가 따라드는데 丙辛合, 戊癸合이다.
- 독신 사주에 선교활동이 제격이다.
- 그런 그러면 잘 그러겠다

💡 축인사격으로 보면,,,
　재주가 비상하며 어머니가 현숙하셔서 출세에 도움이 되었으며 인수격으로 한 없이 착하다.
　지지에 丑이 있어서 모든 것을 통합시키고자 함은 좋으나 지나치게 견고함이 흠이다.

○ 戊戌대운 : 丑戌刑으로 고생했고
○ 丁酉丙申 운에서 외무부에서 국장지냈고
○ 乙未대운 : 군겁쟁재, 丑未冲으로써 상처에 파산하여 65세로 세상을 떠났다.

이런 사주는 먼저 "건강이 괜찮아요?" 하고 물어보라

　乾　癸 乙 癸 癸
　　　亥 丑 亥 亥

　　甲癸壬辛庚己
　　子亥戌酉申未

💡 축요사격으로 보아 하지만 원칙으로는 亥중의 甲木이 용신으로 보아야 한다.

💡 癸일주가 癸亥.癸丑 時이면 "魁名及第 入翰林(과거급제해서 한림학자가 된다)"에 해당한다.

○ 壬戌대운 : 丑戌刑으로 파격이 되어 불리했고
○ 辛酉庚申 : 법관을 거쳐서 국회의원 했다.

→ 財가 없어서, 丑이 급각이고 고로 처자궁이 불리하다.

○ 사주첩경에 있는 사주이다

시지로 구성되는 격 (時支로 構成되는格)

시지로 구성되는 격의 구성 요건과 응용을 살피다.

[실증철학 원문]
 이격은 일간을 기준하여 시지로서 구성되고 것으로 이격 역시 내격을 무시해서도 안 되고 특히 일주를 기준한 生剋制和 通辯 病藥 調候 등을 고려하여야 한다는 점 잊지 말기 바란다.

[강의 노트]

⊙ 時支하면 時間으로써 이루어지는 格이고 말년으로 연결해도 된다.
→ 日干을 기준으로 해서 時支로써 구성되고 있는 것을 말한다.
 단 이러한 格과 이러한 格의 특징만 알아서 설명해주고 나머지는 內格으로 판단하면 된다.

① 금신격 (金神格)
 甲己 日生이 巳酉丑 時로써 성립된다.
 巳酉丑이 金局이니까 금신격이 된다.
 이 중에서도 己土일주가 금신격의 작용이 높게 형성되는데
 己가 陰이고 巳酉丑이 陰局이기 때문이다.
 암기력이 좋고 기억력이 좋다.
 눈으로 보는 것은 모두 하더라.

② 귀록격 (歸祿格)
 時支의 正祿으로써 구성되는 格이다.
 즉 時支에 비견이 있어서 일주가 뿌리하는 것을 말한다.
 고로 신왕에는 凶이고 신약에는 大吉이다.

③ 전재격(專財格)

時에 財를 놓고 있는 것이다.
時에 財庫를 놓고 있는 경우이다. 말년에 돈 번다.

```
          壬
   ○  ○  ○  戌
```

④ 시묘격(時墓格)
    日干의 入墓가 時支에 있는 것이다.

    ○ 甲乙   ○ 丙丁   ○ 庚辛   ○ 壬癸   ○ 戊己
      未   戌   丑   辰   戌

말년에 병 들어서 죽는 사주가 된다.
고로 교통사고로 죽지는 않으니까 안심하고 차 몰고 다니시라

⑤ 갑추건격(甲趨乾格)
    甲이 亥時이다. 乾方은 戌亥이다.

⑥ 임추간격(壬趨艮格)
    艮은 丑인데, 辛과 己가 인수와 정관이다.
⇒ 항시 內格과 生剋制化가 우선이다.
```
        癸 辛 庚 癸
        丑 酉 戌 未    庚己戊丁丙乙甲
                      申未午巳辰卯寅
```
→ 혼동하기 쉬운 사주이다.
    庚이 酉月에 나고 酉丑 金局이니까 金水가 많다.
    년에 癸丑이 백호니까 선조의 凶死이다.

이런 사주를 용신 잡으려면 土.水.木.火 등으로 각각 잡는다.
여기서

①   庚
  ○ 酉 申 未   어느 팔자가 더욱 좋은가?
                    ①이 더욱 좋다.

②   庚   이유는 옥당 천을귀인이고 財庫니까!
  ○ 酉 申 午

- 즉 酉월의 未시는 아직도 덥다. 고로 木火용신이다.
  전재격이고 羊刃用財格이다.
- 비겁이 多해서 버는 놈 따로 있고 쓰는 놈 따로 있다.
  형으로 태어나서 동생들 뒷바라지 해야하고 마누라는 항시 아프다고 곡곡 하겠고, 일지에 官庫니까 자식도 아프다고 곡곡 거리니 건강한 사람은 자신밖에 없더라.
- 전차가 지나가도 끄떡 없겠으며 바늘로 찔러도 피 한방울 안 나는 단단한 체구이다.

○ 庚申대운 : 肩劫太旺이 되니까 일찍 아버지를 여의였고
○ 乙未戊午 : 승승장구 하는 운이다.
○ 丁巳대운 : 巳酉丑으로 가 버린다. 그러나 火운이니까 조금 났다.
○ 丙辰대운 : 고생하는 운이다.
○ 乙卯대운 : 좋은 운이다. 늦바람났다. 寅午戌에 卯가 도화이니 "어디 있다 이제 왔니?" 하더라.
           많은 돈 번다.
           未戌刑을 卯가 들어와서 없앤다.
○ 甲寅대운 : 寅戌 火니까 자식이 제구실 하고 좋은 운이다
→ 완전무결한 것을 바라는 것이 흠이다.
→ 午火 넣어서 이름 지어라.

공협으로 구성되는 격(拱挾으로 構成되는格)

공협으로 구성되는 격의 구성 요건과 응용을 살피다.

[실증철학 원문]
　이격은 일주에 吉이 되는 것을 끼고 있으므로서 성격되는데 이격 역시 일주의 強弱은 물론 生剋制化 通辯 病藥 調候 등을 잘 살펴 결론 내려야만 착오가 없다. 대체적으로 拱挾으로 구성 되는 格은 拱祿格 拱貴格 拱財格이 있다.

[강의 노트]

○공협 : 끼고 있다는 것이다. 무조건 끼고 있어도 좋은 것은 아니다. 항시 생극제화가 우선이다.

　　가령　　　甲　　　子와 寅 사이에 丑이 끼어드는 데
　　　　○ 子 寅 ○　　공귀격(拱貴格)이지만 丑이 들어가서
子丑으로 추워지니까 좋아지는 것이 아니다.

　　그러나　　庚　　　신왕으로 午가 용신인데
　　　　○ 午 申 酉　　午와 申 사이에 未가 들어간다.
未는 財庫 이고 옥당천을귀인이니까 얼마나 좋은가 ?
거기에 午未 火局이니까 진정한 공귀격이 된다.

끼고 있는 것에도 吉과 凶이 작용한다.
또한 한다리 건너서 끼어드는가, 두다리 건너서 끼어 드는가 도 살펴야 한다.
寅日에 낳 사람이 辛巳年이면 두(二) 다리 건너서 온다.

① 공녹격(拱祿格)

正祿을 끼고 있어서 성격이 된다.

신왕에는 凶이고 신약에는 吉이 된다. 冲刑이 되면 파격이 된다.

```
        癸 癸
○ ○ 亥 丑
```

子가 亥의 正祿이다 : 신왕으로 보면 子가 끼어 드니까 개도 안 짓고 도둑 맞는다.

② 공귀격(拱貴格)

천을귀인을 끼고 있어서 성격된다.

```
        甲 丙                    甲 甲
○ ○ 子 寅              ○ ○ 寅 子
丑이 천을귀인이다        丑이 천을귀인이다

   戊 戊           戊 庚           乙 乙
○ ○ 寅 午    ○ ○ 午 申    ○ ○ 未 酉
    未              未              申
   辛 辛           辛 巳           甲 庚
○ ○ 丑 卯    ○ ○ 卯 丑    ○ ○ 申 午
    寅              寅              未
   乙 癸           壬 甲
○ ○ 酉 未    ○ ○ 寅 辰
    申              卯
```

③ 공재격(공재격)

財庫를 끼고 있어서 성립된다.

```
        癸 辛
○ ○ 亥 酉
        戌
```

戌이 財庫이다.

일 년 신수란 무엇인가?

신수라는 것은 나에게 주어지는 당년의 운세흐름을 말하는 것이다.

타고난 사주팔자는 고정되어 있는 것이고 당 년 당년 만나는 띠별로 들어오는 해의 간지는 60년을 주기로 매번 바뀌기 때문에 같을 수가 없어 사람들은 새해가 되면 금년의 운세가 어떨까? 미래를 추리하는 역학적인 변화의 흐름을 보는 것을 신수를 본다고 하는 것이다.

오래전부터 매년 운세를 보고 크고 작은 일들을 상담하시는 고객이 있었는데 방배동 사모님이라고 호칭하는 분이십니다. 방배동 사모님께서도 내년 신수가 궁금 하신가봅니다.<물론 성명도 알지만 밝힐 수 없어>년중 행사 같이 매년 하던 일이지만 2020년은 특별한 해이므로 특별하게 다뤄보려합니다. 방배동 사모님이라는 분과의 인연은 5~6년 전의 일입니다. 새해 첫날이었습니다. 어느 여성분이 아침 일찍 전화를 하셨더라고요. 오늘도 상담 가능하냐고요, 잠시 후 오신 그 여성분은 50대 초반으로 보이는 중년 여성분이었습니다. 새해 첫날이기도 하였지만 무엇인가 답답한 일이 있어 아침 일찍 오신 고객이기에 운세뿐만 아니라 전체적인 사주구성에서부터 평생대운의 흐름을 자세하게 이야기 식으로 풀이해 주었습니다. 듣고만 있던 그 여인의 입에서 한숨소리를 품어 내면서 제 사주구성이 그래서 그렇게 살아 왔군요, 이제부터라도 선생님 말씀대로 남편에게만 의존하지 말고 제 삶을 살아야 겠네요, 사실은 오늘 남편과 다투고 동해안 겨울바다 구경이나 갈려고 나왔는데 라면서 이제 집으로 가야겠다면서 돌아갔습니다. 알고 보니 이분의 남편은 대기업 월급쟁이 사장이었습니다.

이정도면 그 남편이 아기자기하게 가정적으로 아내와 자손 가정만을 생각하며 살아가기는 좀 박찬 삶이 아닐까요? 그런데 그 부인은 돈만이 전부가 아니고 애정결핍증 같은 것이 있는 것 같아 취미활동을 권유 했었습니다. 그 후로 그 부부는 부부사이도 돈독해졌고 취미생활로 주식도하고 여가활동을 하면서 잘 살아간답니다. 그런데 새해운세를 묻는 문자가 왔습니다.

"선생님 덕분에 갑 크게 투자도 하고 집도사고 팔고 나름대로 재미도 보았는데 앞으로 내년부터는 어찌 살아야 할지 고민이 많습니다. 가난하지도 않으면서 왜 이리 돈에 대한 욕심을 내는지 어떤 때는 자신이 한심 합니다. 남편과는 요즘 잘 지내보려고 노력합니다. 남편은 내년에도 돈이 좀 들어오는 해인가요 방배동 이 ○ ○ 올림"

세운과 월운을 자세히 풀어 보겠습니다.

<방배동 사모님의 사주입니다.>

60세.1961년08월27일卯시생							1	木
坤命	辛丑	丁酉	壬申	癸卯			1	火
							1	土
수	1	11	21	31	41	51	61	3	金
대운	戊戌	己亥	庚子	辛丑	壬寅	癸卯	甲辰	2	水

2020년은 庚子년 이라는 쥐 띠 해입니다.

쥐 띠 해의 종합적인 운세는 경(庚)이라는 쇠인 금(金)과 자(子) 라는 쥐가(오행으로는 물인 水) 동시에 나타나서 양력 2월 5일부터 2021년 02월 04일까지 12개월을 주관 한다는 것입니다. 일단 국운부터 이야기해 보려고 합니다. 왜냐하면 시대의 흐름과 정세를 살펴보고 경제적으로 어떤 영향을 미칠까? 를 살피기위해서입니다.

인터넷이나 무속 인들, 역술인들의 입에서는 대체적으로 국운을 이렇게 들 말합니다, 한국은 동방목의 나라인데 庚금인 무쇠가 와서 나무를 찍어 내버리는 형상이라는 것이죠, 아울러 庚이라는 글자는 변화를 의미하기에 시대적 변화가 많을 것이다 그것도 그럴듯한 것이 경(庚)자가 들어간 과거의 해가 모두 큰 변화나 난리법석이 났기에 귀 기우려 볼 대목이기도 합니다. 2010년경인(庚寅)년 범 띠 해 3월26일에 "천안함 폭침사건"으로 나라가 시끄러웠고, 1950년 경인(庚寅)년 범 띠 해에 6,25 전쟁이 났고, 1960년 경자(庚子)년 4월19일에 4, 19혁명이 발생하였으며 1980년 경신(庚申)년에 5.18광주항쟁으로 나라가 시끄러웠고, 대체적으로 경(庚)

이라는 글자가 나타난 해에는 나라가 시끄러웠던 것을 기억해야 합니다. 60년전 경자(庚子)년 쥐 띠 해를 잘 생각해보자고요, 4.19혁명, 학생혁명이 났잖아요, 그리고 1961년 신축(辛丑)년에 5.16 군사혁명으로 혁명정부가 수립됐었는데요, 여기를 주목해 볼 필요가 있습니다.

60년이 지난 지금 2020년 경자(庚子)년은 어떤 변화가 올까? 전쟁, 혹은 4.19혁명 같은 정변, 염려는 되지만 시대가 많이 흘러 큰 문제는 안 되겠지만 지금 흘러가는 정국의 흐름으로 보아 시끄러울 것은 사실일 것이고 문재인정부의 성공적인 임기 완수를 바라지만 그래도 무슨 변수가 있을지, 60년 전 신축(辛丑)년이라는 소 띠 해는 5.16군사혁명 있었고, 2021년 신축(辛丑)년에도 반드시 정변 같은 일이 발생 할 것입니다.

개인의 운세는 국운과 직결되지는 않는다고는 하지만 방배동 사모님께 하시는 일(증권)은 국운을 참고해야 할 것 같아 이렇게 장황하게 설명하는 것입니다. 국운으로 보면 반드시 새로운 변화가 발생 할 것인데 전쟁이 나거나 국가가 없어지는 큰일은 안 날 운이지만 북한과의 일이 잘 풀리면 호황으로 좋아질 것이고, 또 선거가 있는 해라서 경기부양책을 쓸 것이기에 좋아질 가능성은 보이나 부동산은 크게 내리지는 않지만 금년 같은 상승기류는 없을 듯 (청와대도, 정치권도 다가구 정리정책으로 매물 급등) 하나 증권 쪽은 재미를 볼 수 있을 국운의 흐름입니다.

그런데 말입니다 0숙 사모님의 개인적인 2020년 운세는 무조건 좋습니다, 로 말해 놓고 단서를 달아야 할 운세입니다. 庚子년의 庚子는 문서운이면서 子라는 쥐는 물로서 나와 같은 물이라서 힘을 받으니 재물인 火를 내 것으로 만들 힘이 흘러 넘쳐 큰돈을 벌어들일 수 있는 운인 것은 틀림 없는데 아차 하는 한 번의 실수가 어쩌면 큰돈을 버릴 수도 있는 운세여서 매우 신사숙고, 조심하여야 실수를 안 하게 될 것이고 살 어음 판 걸 듯 해야 할 것 같아 조심조심 하시라고 조언 드려야 하는 운입니다.

더욱 조심해야 할 것은 대운이 51세에 바뀐 운이 60세까지 살고 61세에 운이 바뀌는데요, 항상 운이 바뀌는 해를 전후해서는 좋은 운이라도 조심해야 합니다. 왜? 손재수로 봤나요? 倒食運이라서 조심하라고 한 것이죠, 전체 운을 어느 정도 말씀드렸으니 지금부터는 월운을 분석해 보겠습니다. 가정적으로는 평안 하고 안정적이므로 재물 운을 중점으로 다루겠습니다.

2020년 양력 1월 달 운세
정축월(丁丑月) : 財印鬪戰하는 달에 水路가 병목현상이 발생하여 재물관계로 끌탕을 하는 달입니다.

2020년 양력 2-3월 달 운세
무인월(戊寅月)-기묘월(己卯月) 음력으로 1월 2월 운세는 생각만 하고 실행은 관망하는 것이 좋을 것입니다. 관살운에 식상운이라서 한 말입니다.

2020년 양력 4-5월 달 운세
경진월(庚辰月)-신사월(辛巳月) 음력으로 3월 4월 운세는 비교적 좋은 운이니 실행해도 손해 없는 운세지만 만용은 금물입니다.

2020년 양력 6-7월 달 운세
임오월(壬午月)-계미월(癸未月) 음력으로 5월 운세는 생각보다 소득이 있는 운이지만 <u>6월 달은 잘 못하면 큰 손재수 있으니</u> 달콤한 유혹일수록 심사숙고 하셔야 합니다.<丁癸 沖 丑未沖으로 손재수보임>

2020년 양력 8-9월 달 운세
갑신월(甲申月)-을유월(乙酉月)음력으로 7월 운세는 배팅해도 좋은 운이지만 <u>8월은 주춤 하는 운이니 판세 파악 잘 하셔야 합니다.</u>

2020년 양력 10-11월 달 운세
병술월(丙戌月)-정해(丁亥月)음력으로 9월 운세는 구설 수 따르니 심사숙고하고 10월달 운은 돈 들어오는 달입니다.

2020년 양력 12월-01월 달 운세
무자월(戊子月)-기축(己丑月)음력으로 11월 12월은 한해를 정리하여 돈 창고에 저장하는 달입니다. <u>나가면 안 들어올 수 있으니</u> 조심조심 하세요, 1년 전체 운은 소득 있었음입니다.

실수만 조심하세요,
김동환운테크연구소

실증철학 사주팔자
강 의 노 트
(下)

2019년09월15일 초판1쇄 인쇄
2022년06월15일 재판3쇄 발행

엮은이 / 김 동 환
발행인 / 김 동 환
기 획 / 실증철학연구학회
발행처/ 도서출판 여산서숙
주 소 / 서울시 종로구 종로 346
(숭인동304번지) 욱영빌딩 301호

공급처/ **여산서숙** 02)928-8123
전화/ 02)928-2393 팩스/02)928-8122
등록/ 1999년12월17일 제5-32호
신고번호 제300-1999-192
무단복제불허
값 38,000원

잘못된 책은 구입처에서 교환해 드립니다.